PROF. BERND THOMSEN
Retten wir unsere Demo-kratie!
Oder willst du anders leben?
PLASSEN

PROF. BERND THOMSEN

Retten wir unsere Demokratie!

Oder willst du anders leben?

PLASSEN
VERLAG

2. Auflage 2026

Gestaltung Cover: Daniela Freitag, Team Thomsen
Fotos: S. 18 Vojtech Bartonicek, S. 58 Justin Campbell, S. 150 Jon Tyson,
S. 196 Christoph Amend, S. 312 Benny Rotlevy, Rückumschlag Mariana Vusiatytska,
Klappe Privat, Félix L. Salazar
Gestaltungsidee Layout: Team Thomsen
Umsetzung, Satz und Herstellung: Daniela Freitag
Lektorat: Claus Rosenkranz
Druck: Schleunungdruck GmbH, Marktheidenfeld

ISBN 978-3-86470-967-8

Bibliografische Information der Deutschen Nationalbibliothek:
Die Deutsche Nationalbibliothek verzeichnet diese Publikation in der
Deutschen Nationalbibliografie; detaillierte bibliografische Daten
sind im Internet über <http://dnb.d-nb.de> abrufbar.

BÖRSEN MEDIEN
AKTIENGESELLSCHAFT

Postfach 1449 • 95305 Kulmbach
Tel: +49 9221 9051-0 • Fax: +49 9221 9051-4444
E-Mail: info@plassen-buchverlage.de
www.plassen.de
www.facebook.com/plassenverlag
www.instagram.com/plassen_buchverlage

For eight blue eyes,
four born in the USA, four in Germany
and my true pride:
Nico, Collin, Vasco and Leon.

Retten wir unsere Demo
In 5 Kapiteln.

kratie.

Demokratien sind erfolgreicher.[1]

Bester sozialer Aufstieg. 90%

Am besten für Kinder. 100%

Geringste Korruption. 90%

Glücklichste Menschen. 90%

Am meisten Talente. 100%

Beispiel: 90 % der Länder, die den weltweit besten sozialen Aufstieg haben, gehören auch zu den besten Demokratien der Welt (vollständige Demokratien).

PROLOG

Wieder Lust auf Demokratie

Acht Jahre ist es her. Da wollte ein Verlag, dass ich ein Buch schreibe. Alles war vorbereitet, das Thema, der Inhalt, der Titel, der Vertrag. Und vor dem Büro des Verlagsleiters wartete bereits ein Blind Date: eine Ghostwriterin, die meine knappe Zeit kompensieren sollte. Ich musste mich kneifen, ob das gerade alles wirklich passierte.

Aus dem Buch wurde nichts. Einen weiteren unter den unzähligen Ratgebern dieser Welt zu schreiben war nicht mein Ding. Aber wer da vor der Tür wartete, war spannend. Ein echtes Multitalent. Eine Verlagsleiterin. Eine Autorin unzähliger Bücher, auch von Prominenten. Vor allem aber eine Wissenschaftsjournalistin, die „anders" denken konnte. Irgendwann saßen wir zum Lunch bei einem Italiener zusammen. Während sie mir bohrende Fragen über mich stellte, bohrte ich in meinen leckeren, von einer Parmesanwaffel umgebenen Bandnudeln. So lecker, dass mir erst beim Espresso auffiel, dass sie die ganze Zeit nur mitschrieb. In diesen zwei Stunden fand sie heraus, wofür ich tatsächlich seit meiner Kindheit brenne: die Demokratie. In den nächsten Jahren sollte ich sie mit der Größe dieses Buchthemas fast um den Verstand bringen.

Wusstest du, dass sich 76 Prozent der Menschen nicht für Politik interessieren?[2] Und 59 Prozent gar keine Bücher kaufen?[3] Den Nichtlesern die Schuld für ihr Desinteresse zu geben war mir zu einfach. Vielleicht mussten Bücher nur anders sein. Packender. Persönlicher. Leichter zugänglich auch im Komplexen. Ein Sachbuch könnte doch viel mehr Spaß machen, wenn es Wissen lebendig erzählt. Wie ein Roman. Oder ein spannender Podcast. Verlage sahen das ganz anders: Ein so ernstes Thema wie Demokratie müsse ernst behandelt und dürfe nicht erzählerisch umgesetzt werden. Aber muss ein Buch über ein solch wichtiges Thema, das uns alle angeht, wirklich schwer verdaulich sein, um als seriös zu gelten? Und muss es zwingend aus der Feder von Politikern oder Politologen stammen?

Und dann gab es diese eine Nacht, in der ich auf der Bettkante meiner kleinen Tochter saß. Mein jüngster Sohn hatte sich zuvor in das Bett seiner Schwester geschlichen. Bedrückt beobachtete ich, wie sie friedlich aneinandergekuschelt schliefen. Ich war zu ihnen ins Kinderzimmer gekommen, weil ich kurz vorher eine erschütternde Dokumentation über die Kinder vom „Bullenhuser Damm" gesehen hatte. Nachdem sie in das KZ Neuengamme transportiert worden waren, unternahmen die Nazis unmenschliche medizinische Versuche an ihnen. Alle 20 wurden 1945, in der Endphase des Zweiten Weltkriegs, in einem Keller erhängt, nachdem es angeblich ins Bett gehen sollte. „Wer von euch will die Mama wiedersehen?", wurden die Kinder gefragt, die zwischen fünf und zwölf Jahren waren, also genau im Alter meiner jüngsten Kinder. Ein grauenhaftes Beispiel für den Machtmissbrauch, den Autokratie ermöglicht. Unterdrückung. Unfreiheit. Unbeschreibliches Leid. Tod. Der Holocaust ist singulär, relativierende Vergleiche sind inakzeptabel. Ein unabhängiger Blick sieht aber auch Unterdrückung, Unfreiheit, unbeschreibliches Leid und Tod in unzähligen Ländern, deren Bürger nicht in einer Demokratie leben dürfen. Autokratien schränken ein, bevormunden und bekämpfen Andersdenkende. Meine Sorge, dass meine Kinder einmal nicht die Freiheiten leben dürften, die ich so schätze, brach auf einmal durch. In jener Nacht war mir klar, dass ich ein Buch über Demokratie schreiben werde. Aber ein anderes. Es sollte weniger um Theorie und trockene Fakten als vielmehr darum gehen, wie wir Demokratie lebendig leben können. Denn ich wollte ja auch die 76 Prozent nicht an Politik Interessierten und die 59 Prozent gewinnen, die (noch) keine Bücher kaufen. Das alles hat mehrere Jahre gedauert. Genauer gesagt fünf.

Vieleicht gehörst du ebenfalls zu den Menschen, die sich wenig für Politik interessieren. Wenn ja, hat das vermutlich gute Gründe. Und wenn es auch nur der ist, all die schlechten Nachrichten nicht mehr hören zu können. Das geht mir genau wie dir.

Unsere Demokratie ist gefährdet durch Populismus und Extremismus, angefeuert durch Klima- und Fluchtkrisen, Desinformation, auch mithilfe künstlicher Intelligenz, Echoräume in sozialen Medien, soziale Ungleichheit … Deshalb habe ich in diesem Buch Demokratie anders betrachtet. Denn Menschen, selbst wenn sich viele nicht für Politik interessieren mögen, sind sehr wohl am eigenen Leben interessiert. Verstehen wir also Demokratie nicht nur als Staatsform, sondern als Lebensform, ja als Lifestyle, dann geht uns das Thema doch alle an. Nur so können wir die Demokratie retten! Wenn ich junge Eltern mit Kinderwagen im Park sehe, will ich, dass ihnen niemand reinredet, wie viele Kinder sie haben dürfen oder eben nicht. Das ist ihre Entscheidung. Oder wenn es darum geht, ob sie heiraten und wenn ja, wen. Dann ist das auch ihre Entscheidung und nicht die des Staates. Ich bin fest davon überzeugt, dass auch Innovationen nur entstehen, wenn Menschen tun dürfen, was sie gern tun. Wenn sie frei sind.

Überall auf der Welt, wo mir nicht irgendjemand diktiert, was ich zu tun und zu lassen habe, finde ich das Leben wunderbar. Und das ist nur in Demokratien der Fall. Deshalb bin ich, was die Zukunft angeht, optimistisch. Das mag bei der aktuellen Weltlage naiv klingen. Ist es aber nicht. Denn tatsächlich hast du es selbst in der Hand, so zu leben, wie du willst. Wie das geht, verrate ich dir in diesem Buch. Ich kann aber auch in drei Wörtern sagen, was ich erreichen will: Lust auf Demokratie!

Mit der Demokratie und ihren Bürgerinnen und Bürgern, ob Ärztin oder Putzmann, ist es wie in einer Beziehung, die in die Jahre gekommen ist: Schenkt einer dem anderen keine Aufmerksamkeit mehr, hat der Anfang vom Ende bereits begonnen. Und das Ende ist Trennung. Die Gefahr, dass sich Bürger von der Demokratie trennen, ist global so groß wie nie zuvor. Die Spaltung freier Gesellschaften zerfrisst die Demokratie, also unser Leben, so wie wir es lieben. Daher lohnt es sich für uns alle, die Demokratie zu retten. Wir müssen es sogar tun! Sonst bekommen wir die Bedrohungen der Menschheit nicht in den Griff: Kriege, Klimawandel und künstliche Intelligenz. Ganz zu schweigen von dem, was China vorhat: Bis zum Jahr 2049 will die Volksrepublik zu ihrem hundertjährigen Bestehen ihrem Lebensmodell, das faktisch eines der Unfreiheit ist, zur Weltmarktführerschaft verholfen haben.

Was braucht es also, um die Demokratie zu retten? Zunächst einmal müssen wir uns trauen, Regeln zu brechen – und genau das ist mein Job. Klingt verrückt, oder? Damit meine ich natürlich nicht, dass ich professioneller Falschparker bin oder immer bei Rot über die Ampel gehe. Vielmehr darf ich Firmen und Regierungen dabei helfen, Ungelöstes und scheinbar Unlösbares zu lösen. Dafür muss man anders denken, als man bisher gedacht hat. Denn Regeln zu brechen ist nichts anderes, als out of the box zu denken. Die herrschenden Konventionen zu kennen und dann neue Wege zu suchen, um etwas besser zu machen. In meinem Job geht es vor allem darum, von außen auf ein Problem zu gucken (Politikerinnen und Politiker sind nur drin. Und innerhalb des Systems oft betriebsblind.), mit Betroffenen zu reden, unabhängig zu denken, den verschlungenen Pfad aus Herausforderung, Zukunft und Lösung zu finden. Genau das habe ich in diesem Buch getan. Der Demokratie mangelt es zum Beispiel gerade an Wertschätzung. Aber das ist nur ein Symptom, nicht die Ursache. Und wie man diese behebt, dazu habe ich in den letzten Jahren Antworten gefunden.

Zu den überholten Regeln, die ich meine, gehört auch jene, dass nur Politologen und Historiker sich mit Demokratie befassen dürfen. Ich bin keines von beidem. Ernst meine ich es dennoch. Die beiden einzigen Themen, bei denen ich mich gut auskenne, sind Zukunft und Strategie. Sollte ein zeitgemäßes Buch über Demokratie nicht exakt das mitbringen? Frisches Denken im Demokratiedschungel und frisches Blut im Bücherwald? Auf jeden Fall braucht es eine neue Strategie zum

Wohle der Demokratie. Deshalb war die Demokratie seit jeher die Kundin, die ich haben wollte.

Also, lehne dich zurück und genieße die folgende Geschichte. Du brauchst nur weiterzublättern und schon spürst du sie hoffentlich: die Lust auf Demokratie.

Reader's Manual

Die meisten Leute mögen keine Bedienungsanleitungen. Warum also braucht es ausgerechnet eine für ein Buch? Weil dieses anders ist als normale Bücher. Hol das Beste aus deinem Leseerlebnis heraus, indem du dir einen Moment Zeit nimmst, um dieses kurze Reader's Manual zu lesen.

Das ganze Buch hat zwei Farbcodes. Direkt nach diesem Reader's Manual geht es los und endet nach dem fünften Kapitel: Schwarz auf weiß findest du eine Erzählung, die Fiktion ist, aber genauso hätte stattfinden können. Weiß auf schwarz findest du „Prints", die dich durch das ganze Buch begleiten. Sie enthalten all die Fakten und das Wissen klassischer Sachbücher, nur eben kurz und leicht verständlich.

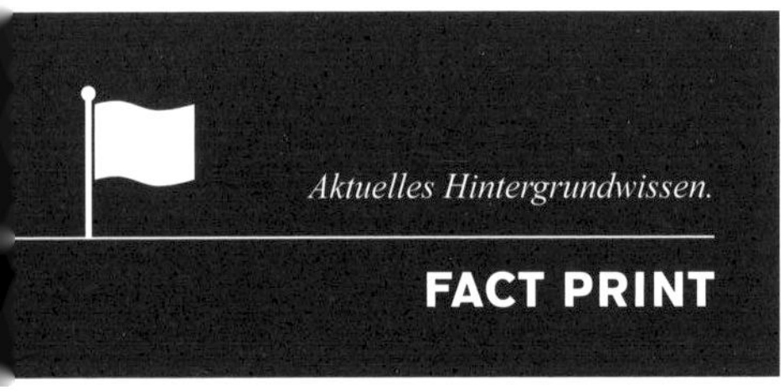

Auf dieser Doppelseite siehst du sie am linken und rechten Rand. Entscheide einfach selbst, ob du die Story dafür unterbrichst oder sie gerade zu spannend ist, weshalb du einfach weiterliest. Die Prints warten auf dich. Es gibt sechs verschiedene Prints, die du auch an den Symbolen gut unterscheiden kannst.

FACT PRINTS liefern dir aktuelles Hintergrundwissen zum jeweils gerade behandelten Thema.

FUTURE PRINTS stellen Erkenntnisse der Zukunftsforschung vor.

JOIN PRINTS sind Denkspiele für dich. Du entscheidest, ob du sie nur in deinem Kopf „spielen" oder mit anderen teilen willst. Dafür findest du jeweils einen QR-Code.

SCORE PRINTS – am Ende der Kapitel 1 bis 4 – zeigen dir die Zwischenstände an. Es sind ausgewählte Learnings, die zur Rettung der Demokratie beitragen können.

ACTION PRINTS schildern, nachdem die Strategie zur Rettung der Demokratie gefunden ist, beispielhafte Maßnahmen zur Umsetzung. Über Maßnahmen, die bereits in der Story oder in Prints behandelt wurden, erfährst du relevante Hintergründe.

QUOTE PRINTS sind wörtliche Zitate.

Wann immer du einen QR-Code siehst, kannst du mehr erfahren. Oder Ideen teilen. Scanne einfach den QR-Code mit deinem modernen Smartphone und schon bekommst du zum Thema der Seite weiterführende Infos, Fotos und Filme.

Zwischen den Kapiteln findest du, was in den Wochen passiert, in denen du nicht dabei bist.

Diese Doppelseiten zwischen den Kapiteln haben den Farbcode weiß auf schwarz, sie sind also ebenfalls nicht fiktiv. Dort kannst du einen Blick hinter die Kulissen einer Unternehmensberatung werfen. Sie offenbaren tagtägliche, sonst für die Öffentlichkeit nicht zugängliche Prozesse. Und damit das so authentisch wie möglich ist, berichte ich dir dort aus unserer eigenen Unternehmensgruppe, also aus erster Hand.

Unten auf jeder Seite siehst du, in welcher Woche das Kapitel, das du gerade liest, stattfindet, und oben, jeweils in Kleinbuchstaben, als Erstes, in welchem Kapitel, und als Zweites, in welchem Topic du gerade bist.

Am Ende dieses Buches gibt es eine Lösungsformel. „Winning Formula" würde wohl ein bisschen dick aufgetragen klingen, aber immerhin stecken in diesem Buch fünf Jahre Forschung in 39[1] Ländern der Welt, darunter alle 22 vollständigen Demokratien. (Natürlich war das keine One-Man-Show, denn ich habe das nicht allein geschafft, sondern mit vielen Helfern, denen ich dafür so dankbar bin!)

In der Geschichte wirst du außerdem eine Figur kennenlernen, die Ben heißt. Vielleicht wirst du dich fragen, ob die Ähnlichkeiten mit dem Autor zufällig oder beabsichtigt sind. Für die Zukunft der Demokratie ist das jedenfalls nicht wichtig.

Basis dieses Buches ist sogenannte Preta-Forschung[2], die verschiedene Methoden mit dem Ziel besonders hoher Aussagekraft der Studienergebnisse kombiniert. Zur Preta-Forschung zählen auch weltweite Indizes, die du immer wieder im Buch findest (siehe Fact Prints), allen voran der Demokratieindex (Symbol Freiheitsstatue), mit dem alle anderen Indizes verglichen werden. Sie sind ein flammendes Plädoyer für die Demokratie.

Die Heldin dieses Buches heißt übrigens Agora. Agora ist nicht nur der Geburtsort der Demokratie, sondern bedeutet im Portugiesischen auch: Jetzt!

Viel Spaß beim Lesen!

So sieht das Smartphone-Icon mit einem QR-Code aus. Einfach mit deinem modernen Smartphone scannen, schon bekommst du zum Thema der Seite weitergehende Infos, Fotos und Filme auf deinen Screen.

Auch kannst du damit deine „Denkspiele" der Join Prints teilen.

Woche 0

Kapitel eins

DAS MANDAT.

Topic eins

Blind Date.

Ms. Agora. Dieser Name sagte mir nichts und auch mein Team hatte keine Anhaltspunkte zu der Unternehmerin, auf die ich gerade im Hamburger Hotel Vier Jahreszeiten am Neuen Jungfernstieg wartete.

„Seine Chefin sei nur kurz in Hamburg und der Assistent legte mir partout nicht offen, worum es geht. Aber du solltest sie dennoch treffen!“, hatte mir Yvonne, meine Persönliche Assistentin, gesagt.

Weil ich der Intuition meiner PA vertraute, saß ich nun ohne jeden Anhaltspunkt auf einem der, wie Hanseaten sagen, gediegenen Sofas in der eleganten Wohnhalle des Hotels, die von Hamburgern liebevoll als „Wohnzimmer“ bezeichnet und als solches genutzt wird. Der große, unter Denkmalschutz stehende holzgetäfelte Raum wirkte trotz der von schweren Samtvorhängen eingerahmten großen Panoramafenster und des Lichts, das die Kronleuchter verbreiteten, mitten am Tag gedämpft. Mein Blick schweifte durch die von Regentropfen überzogenen Scheiben nach draußen. Die Alster-Fontäne war kaum zu erkennen durch den Schleier, der über der winterlichen Stadt lag. Dank der vielen Passagen in Hamburgs Innenstadt hatte ich den Weg von unseren Büros am Gänsemarkt zum Hotel fast trockenen Fußes zurückgelegt. Kein anderes Bundesland wies im vergangenen Jahr mehr Sonnentage auf als Hamburg. Gerade aber zeigte sich die Stadt mal wieder von ihrer „besten“ Seite. Hoffentlich trug Ms. Agora einen Schirm bei sich.

Ich lehnte mich zurück und schlug die Beine übereinander. Meine schwarzen Schnürschuhe reichten dabei fast auf Augenhöhe, weil ich so tief in den Kissen des dick gepolsterten Sofas versank. Ich schaute mich in dem weitläufigen Raum um: Das Mobiliar war luxuriös, gepflegt und traditionell, es herrschte eine fast andächtige Atmosphäre. Überall standen Blumenbouquets. Nur wenige Tische waren besetzt, vorwiegend von älterem, internationalem Publikum, das meist in Zweiergrüppchen leise miteinander sprach. „Was sagte das über eine potenzielle Mandantin aus, wenn sie sich in einem so traditionellen, ja irgendwie steifen Ambiente treffen wollte?“, dachte ich und ertappte mich dabei, dass auch ich, der ich sonst eher eine moderne Location bevorzugte, dem Charme dieses Grand Hotels genauso erlag wie Tom Hanks oder Sophia Loren.

Im Kamin prasselte ein Feuer. Ich beobachtete die geschäftigen Kellner, die sich schnell und zugleich auf leisen Sohlen bewegten, und genoss die wenigen entspannten Minuten. Irgendwie freute ich mich auf diese mysteriöse Ms. Agora. Während ich den letzten Schluck von dem Ostfriesentee mit braunem Kandis nahm, den der Kellner auf dem Couchtisch platziert hatte, dessen Oberfläche einem goldenen Tablett glich, überlegte ich, ob mein Gast wohl Hunger haben würde? Ich hätte ihr den geräucherten Hamburger Aal auf Rührei und pfannengeröstetem rustikalen Schwarzbrot empfehlen können, hätte er nicht inzwischen unter Artenschutz gestanden. Da ich null Ahnung hatte, was mich erwartete, stellte ich mich auf nichts anderes als ein entspanntes Gespräch mit einer Unbekannten ein. Und essen musste ich ohnehin, sozusagen eine kulinarische Garantie, keine Zeit zu verschwenden.

Punkt 14 Uhr unterbrachen Kirchenglocken meine Gedanken. Als ob St. Petri, St. Nikolai und St. Michaelis, letztere Kirche besser als „Hamburger Michel“ bekannt, um die Wette läuteten. Konnte man die wirklich bis hier hören?

„Reisegepäck hat bei uns einen eigenen Eingang. Bitte hier lang, die Dame“, sagte jemand im Hintergrund. Unmittelbar darauf klackerte ein Stakkato von Absätzen auf dem Marmorboden, das schließlich von dem dicken Perserteppich verschluckt wurde, der unter meiner Sitzgruppe vor dem Kamin lag.

Ich erhob mich und noch während ich mich umdrehte, sagte eine freundliche und jugendliche Stimme: „Sie müssen der Professor sein. Ich bin Agora, danke, dass Sie sich Zeit für mich nehmen!“

Vor mir stand eine ältere Dame im aufgeknöpften Trenchcoat, auf dessen Schultern noch Spuren des Regens zu sehen waren. Darunter trug sie ein roséfarbenes Seidenkostüm. „Chanel“, tippte ich im Stillen und wunderte mich, wie eine so elegante Dame tatsächlich ohne Schirm unterwegs sein konnte. An ihrem rechten Arm hing eine der feinen Lederhandtaschen, deren Designer es zu vermeiden wussten, ein effekthascherisches Logo zu platzieren, und in der linken Hand hielt sie ein edles Seidentuch. Jedes graue Härchen ihrer eleganten Hochsteckfrisur saß perfekt, und das, obwohl sie das Tuch vermutlich kurz vorher noch zum Schutz vor Regen trug. Ihr Blick wendete sich kaum merklich zum Concierge, der sie zu mir geleitet hatte und im Hintergrund stehen geblieben war, worauf er ihr sofort den Mantel abnahm und sich mit einer angedeuteten Verbeugung verabschiedete.

Mit einem Lächeln reichte mir Agora die Hand. Ihre Augen waren von einem klaren, kühlen Blau und strahlten Intelligenz und Scharfsinn aus. Die vielen Fältchen in ihrem Gesicht, die davon erzählten, dass diese Frau schon viel erlebt hatte, standen in starkem Kontrast zu ihrem lebhaften Blick. Auch ihr Händedruck war erstaunlich fest für die langen, feingliedrigen Finger einer Hand, die einer Pianistin hätten gehören können. Ich bot ihr einen Platz an. Sie wählte den Sessel links neben der Couch. Wie aus dem Nichts tauchte der Tea Master auf, um ihre

Bestellung aufzunehmen. Ich betrachtete Agora noch etwas genauer. Sie saß aufrecht, ja fast steif im Sessel. Ihre gesamte Erscheinung strahlte Eleganz und Autorität per Wimpernschlag aus. Wie alt sie wohl sein mochte? Schwer zu sagen, sie wirkte greisenhaft und jugendlich, zart und robust zugleich. Eine spannende Kombination.

Der Kellner wollte Agora die Speisekarte reichen, doch sie winkte mit einer kurzen Handbewegung ab. „Den Aal mit Rührei bitte, und einen Assam. Mit etwas Kandis. Vielen Dank." Während der Kellner ihr erläuterte, warum ihr Wunschgericht nicht mehr auf der Karte stand, lächelte ich in mich hinein: Dass sie ausgerechnet das bestellen wollte. Notgedrungen wich Agora auf Rösti mit Lachs aus. Der Blick des Tea Masters wanderte zu mir. „Für mich das Gleiche, bitte."

Der Teamaster verbeugte sich vor Agora, als sei sie eine Königin. Kaum war er weg, wandte sich Ihre Majestät mir zu. Mit einer unerwartet hektischen Bewegung strich sie über den glatten Stoff ihres Rocks. Diese Frau wusste vermutlich genau, was sie wollte. Aber sie wirkte auch angespannt, wenngleich ich mir den Grund dafür nicht erklären konnte. Wahrscheinlich würde sie mir gleich mitteilen, warum wir uns hier trafen und was sie auf dem Herzen hatte. Aber sie sagte nichts, sondern lächelte nur und schaute mich mit offenem und interessiertem Blick an. Ungewöhnlich lange. Nicht unangenehm. Im Gegenteil.

„Sie sind nicht das erste Mal in Hamburg?", fragte ich sie nach einer weiteren angenehmen Ewigkeit. Statt auf meine Frage zu antworten, kam Agora nun doch zur Sache. „Ich wende mich an Sie in einer etwas delikaten Angelegenheit." Sie verstummte und wartete, bis der Kellner, der erneut aus dem Nichts auftauchte, den Tisch auch für ihren Tee eingedeckt hatte. „Ich führe ein sehr traditionsreiches Familienunternehmen mit Niederlassungen unterschiedlicher Größe und Mitarbeiterzahl auf der ganzen Welt. Wir sind Marktführer. Die Besten in unserem Feld."

So etwas hörte ich nicht zum ersten Mal. Sie schien wohl eine dieser Hidden Champions zu sein, die ihren Erfolg meist nicht an die große

Glocke hängen. Bei dem Selbstbewusstsein, das sie an den Tag legte, vor allem aber bei der von ihr angesprochenen Marktrelevanz, hätte ich allerdings schon einmal von ihr gehört haben müssen.

Agora atmete tief durch. Auf mich wirkte es, als würden ihr die folgenden Worte nicht leicht über die Lippen kommen. „Ich bin sehr stolz auf mein Unternehmen. Unser Produkt ist denen der Konkurrenz haushoch überlegen, Kunden und Personal waren in der Vergangenheit sehr zufrieden. Ich will mich nicht beklagen, die Geschäfte gehen gut ..."

Agora hörte wieder auf zu sprechen, als der Kellner mit unserem Tee zurückkehrte. Während er servierte, widersprach ich ihr stumm. Meine Gesprächspartnerin würde schließlich nicht mit dem CEO einer Managementberatung zusammensitzen, wenn alles bestens wäre. Ihr Interesse galt vermutlich nicht einem netten Teatime-Talk. Zumal sie ja gar nicht wissen konnte, was für ein netter Kerl ich bin, witzelte ich in Gedanken.

Mit präzisen Handbewegungen entfaltete Agora ihre weiße Stoffserviette, ließ zwei Stück Kandis in die Tasse mit dem schwarzen Tee, den der Kellner eingegossen hatte, fallen und nahm anschließend ihren Gesprächsfaden wieder auf: „Wissen Sie, in einigen Ländern laufen die Geschäfte reibungslos, in anderen hingegen kommt es vermehrt zu Komplikationen. Es gibt zunehmende Uneinigkeit in unserem internationalen Steuerungsgremium, was die Unternehmensausrichtung angeht. Schwächen in der Führung der einzelnen Niederlassungen. Unzufriedenheit, Frustration und Widerstand im Team. Seit einiger Zeit kommt es vermehrt zu Streiks. Manchmal scheint es mir, als sei unser Unternehmen und unser Produkt für alle zu selbstverständlich geworden. Als sei unsere Firma, unsere Tradition, die langanhaltenden Erfolge, die Kraft hinter unserer Marke nicht mehr von Relevanz. Ich kann das wirklich nicht nachvollziehen!"

Die Jugendlichkeit und Dynamik, die Agora bisher ausstrahlte, war im Handumdrehen einer gewissen Erschöpfung gewichen. Ihr Gesicht schien plötzlich eingefallener, die Augen müde, die Haltung gebeugter. Erstaunlich, wie sich die Stimmung eines Menschen von einem Moment zum anderen so verändern konnte.

Wieder verstummte Agora, als der Kellner den Lachs servierte. Agora nahm Gabel und Messer und schnitt ein Stück vom Rösti ab. Ich nahm einen Schluck Assam. Eine Weile genossen wir beide schweigend, während ich über die von ihr gewählte Formulierung, ihr Produkt sei zu selbstverständlich geworden, nachdachte, die mich unweigerlich an ein klischeehaftes Ehepaar denken ließ. Nicht selten gewöhnten sich die Partner über Jahre aneinander, wurden bequem, vermissten Überraschendes. Es fehlte an gegenseitigem Interesse und vor allem Wertschätzung und keiner engagierte sich mehr, den anderen für sich zu gewinnen. Und eines Tages verlangte einer plötzlich wegen angeblicher Unvereinbarkeit der Charaktere die Scheidung. Genauso wirkte Agora gerade: als hätte ihr Partner sie vor vollendete Tatsachen gestellt.

„Unser Unternehmen ist so viel besser als die Konkurrenz!“ Mit Nachdruck legte sie ihr Besteck zurück auf den Teller. „Mittlerweile mache ich mir ernsthaft Sorgen, ob es uns in 30 Jahren noch geben wird. Um diese Frage positiv zu beantworten, wünsche ich mir Ihre Hilfe!“ Sie sah mir wieder lang in die Augen und beendete die Pause schließlich mit: „Vermutlich ein ungewöhnliches Briefing für Sie!?“

„Nein!“, antwortete ich ebenso kurz wie unaufgeregt. Das sanfte Lächeln und das neugierige Blitzen in Agoras Augen wertete ich als gutes Zeichen. Vielleicht war sie eine potenzielle Mandantin, die trotz einer nicht zu leugnenden Überheblichkeit, ja beinahe Arroganz in der Lage sein konnte, eine andere Sichtweise zuzulassen oder vielleicht sogar anzunehmen. Letzteres ließ mich Yvonnes Empfehlung schätzen, ausnahmsweise ein „Business Blind Date“ akzeptiert zu haben.

Ich griff erneut nach meiner Teetasse und trank einen Schluck und noch einen, bevor ich meiner Gesprächspartnerin schließlich erläuterte, dass seit den disruptiven Veränderungen, die vielen Menschen erst nach dem Niedergang von Unternehmen wie Nokia und Kodak bewusst geworden waren, Vorstände regelmäßig dieses Briefing im Gespräch mit uns formulierten.

„Der Unterschied zu Ihnen mag allerdings darin liegen, dass viele Vorstände nur die Kraft der Provokation nutzen. Sie selbst aber mögen noch gar nicht recht an eine Dramatik glauben, um dann doch die Schonungslosigkeit jener erarbeiteten Wahrheit, ob positiv oder negativ, von uns zu hören. Kurz: Die tatsächliche Sorge, die ich bei Ihnen spüre, mag in anderen Fällen nicht immer so groß sein." Einigen Unternehmern und Managern fehlte auch die Erfahrung, dass gute Berater keine Wattebäuschchen werfen, nur weil wichtige, Land auf, Land ab bekannte Persönlichkeiten die Empfänger der Arbeitsergebnisse sind. Das sagte ich ihr aber nicht. „Was haben Sie denn bisher unternommen, um sich der Frage, ob es Sie im Jahr 2050 noch geben wird, zu widmen?"

Agora musste nicht lang überlegen. „Nun ja, zunächst habe ich den Auftrag zur Optimierung unserer Prozesse intern auf Länderebene in Gremien und Arbeitsgruppen und dann extern an Beratungsfirmen erteilt." Dabei reihte sie wie selbstverständlich Namenskürzel bekannter Unternehmensberatungen aneinander, was mir zeigte, dass sie sich durchaus auskannte. „Leider", fuhr sie fort, „klang vieles wie ein Echo unserer eigenen Leute. Mit den üblichen Quick Fixes, die man mir vorschlug, ging es keinen Millimeter vorwärts. Die Probleme blieben, sie haben sogar zugenommen. Ganz ehrlich: Sie sind mein letzter Versuch, auf externe Beratung zu setzen."

„Welches sind denn die problematischsten Niederlassungen?", wollte ich von ihr wissen.

„Probleme gibt es in Indien und Brasilien, in den USA, in einigen europäischen Niederlassungen, zum Beispiel in der Türkei, aber auch in Deutschland, einem diffizilen Markt, jahrzehntelang solide, läuft es nicht mehr rund. Das Gleiche gilt für Frankreich, Spanien und Italien. In Europa funktioniert es zwar besser als in den USA, aber von ‚gut' kann man derzeit gerade mal in den skandinavischen Ländern und vielleicht noch der Schweiz und Kanada sprechen."

Dieses internationale Monopoly ließ mich aufhorchen. Der eigenartige Mix aus problematischen Märkten erschloss sich mir jedoch nicht. Warum machte sie bloß ein solches Geheimnis aus ihrem Business?

„Und ja, Sie sehen das richtig. Ich bin tatsächlich in großer Sorge. Umfragewerte in den kritischen Ländern haben ergeben, dass das Vertrauen in unser Produkt sinkt. Und das darf ich nicht zulassen." Sie schlug mit der flachen Hand auf die Lehne ihres Sessels, fasste sich aber schnell wieder. „Darf ich ganz offen sprechen?"

Ich nickte ihr ein „Selbstverständlich" zu.

„Ich habe das Gefühl, dass die Konflikte fast überall zunehmen. Aber statt Bereitschaft zu zeigen, die Ursachen der bestehenden Probleme auszumachen und das Unternehmen nach den länderspezifischen Bedürfnissen neu auszurichten, fokussiert sich ein Großteil der Führungsmannschaft auf interne und externe Machtkämpfe." Mir fiel auf, dass sie von „Mannschaft" sprach. „Dabei polarisiert genau das noch mehr." Sie schüttelte den Kopf. „Manchmal frage ich mich wirklich, was in den Köpfen meiner Leute vorgeht."

„Mögen Ihre Mitarbeiter Sie?", lenkte ich ihre Aufregung in eine neue, wenngleich nicht zwingend pulsärmere Richtung.

„Also bitte! Ich will nicht geliebt, ich will respektiert werden!" Agoras Widerrede kommentierte ich mit einem unsichtbaren Schmunzeln. In solchen Gesprächen passierte es anfangs oft, dass Unternehmer versuchten, Emotionen außen vor zu lassen oder ihre emotionalen Entscheidungen rational zu begründen. Chefs sind auch nur Menschen und sie treffen die meisten Entscheidungen emotional, selbst die finanziellen, wie es schon der Tiefenpsychologe Sigmund Freud und aktuell der Verhaltensökonom und Wirtschaftsnobelpreisträger Prof. Richard Thaler mit seinen Arbeiten zu Abweichungen menschlichen Verhaltens von der Rationalitätsannahme bewiesen.

„Glauben Ihre Leute an Sie?“, versuchte ich erneut, mehr als nur Protest bei ihr auszulösen. Denn ich bin davon überzeugt: Menschen wollen für Unternehmen arbeiten, von ihnen kaufen und in Firmen investieren, an die sie glauben. Mitarbeitende müssen mögen, was sie tun, damit sie sich täglich gern den Wecker stellen. Vertrauen in die Aufrichtigkeit der unternehmerischen Motive treibt sie nicht weniger an als betriebswirtschaftliche Faktoren.

Die Antwort auf meine Frage blieb mir Agora schuldig. „Sehen Sie nur, es hat aufgehört zu regnen“, sagte sie stattdessen. „Wollen wir uns etwas die Beine vertreten?“, schlug ich vor, um unserem Gespräch eine neue Dimension hinzuzufügen. Im Hinterkopf hatte ich dabei noch mehr: Ich wollte einige Etappen auf dem Weg nutzen, um ihr zu zeigen, wie erfolgreiche Unternehmen der Zukunft ticken.

Topic zwei

Walk and Talk.

„Sie hatten ein Steuerungsgremium erwähnt“, hakte ich nach, während wir in Richtung Außenalster marschierten. „Arbeiten Ihre Niederlassungen denn international zusammen oder operieren sie eher weitgehend getrennt voneinander?“ Agora schaute mich überrascht von der Seite an, einmal mehr, ohne zu antworten. Scheinbar war Ihre Majestät gewohnt, dass Ihre ausbleibenden Antworten als Schweigebefehl galten. Leider musste ich sie enttäuschen und beharrte auf einer Antwort: „Agora?“

„Weitgehend getrennt, bei vergleichbaren Geschäftsmodellen“, erwiderte sie knapp. Schweigend liefen wir weiter. Wieder überraschte sie mich, diesmal mit einem für ihr fortgeschrittenes Alter ungewöhnlich schnellen Schritt. Entweder sie kannte sich gut in Hamburg aus oder sie gehörte zu jenen Menschen, die selbst auf unbekanntem Terrain wussten, wohin sie wollten. Auf jeden Fall erinnerte mich ihre Geschwindigkeit eher an eine sportliche Disziplin als an einen innovativen Spaziergang, den wir in unserer Beratungsgruppe „Walk-and-Talk Meet“ nannten. Den Begriff „Walk and Talk“ verwendeten Film- und Fernsehproduktionen ursprünglich als Storytelling-Technik, um zu suggerieren, wie beschäftigt eine fiktive Figur war. Für mein Team und mich bedeutete diese Form eines auf wenige Gesprächsteilnehmer beschränkten Meetings eher das Gegenteil. Sie entfaltete ihre Kraft durch Entschleunigung und Bewegung an frischer Luft.

„Was ist denn Ihre Exitstrategie?“, fragte ich, um Agoras Schrittgeschwindigkeit zu bremsen.

„Wie bitte?“ Sie sah mich irritiert an, während sie ihr Tempo tatsächlich reduzierte. „Wie kommen Sie darauf, dass ich aufgeben will?“

„Sind Sie sicher, dass Sie das nicht wollen?“

„Aber natürlich!“ Das Ausrufezeichen hinter ihrer Antwort war förmlich in der Luft zu lesen.

„Also auf mich wirken Sie wie ein klassischer Übernahmekandidat.“

„Das ist jetzt nicht Ihr Ernst!“ Agora blieb abrupt stehen. Ich spürte die Entrüstung, die sie nur mit Mühe unterdrücken konnte, und dachte: Na bitte, hat geklappt. Endlich Butter bei die Fische! Diese norddeutsche Redewendung brachte es auf den Punkt. Sobald die geschmacksverstärkende Butter auf dem gebratenen Fisch war, durfte gegessen werden. Wir konnten also endlich zum Wesentlichen kommen, um das sich meine Gesprächspartnerin seit Beginn elegant herumdrückte. Vermutlich hatte noch niemand gewagt, so etwas zu ihr zu sagen.

„Nur damit wir uns verstehen: Ich habe eine wertvolle Errungenschaft zu verwalten. Und kommen Sie mir jetzt bloß nicht damit, dass ich Kosten einsparen und Mitarbeiter entlassen muss. Das habe ich schon zu oft gehört.“

Ich war hingerissen von den neuen Facetten, die meine bisher eher unterkühlte Gesprächspartnerin offenbarte. Und auch ein wenig davon, dass es mir gelungen war, sie aus der Reserve zu locken. Ich mochte ihre Leidenschaft und auch die Bockigkeit, die sie gerade an den Tag legte.

„Aber man nimmt mich und meine Errungenschaft gar nicht mehr wahr. Ich bin wie …“, sie rang nach den treffenden Worten, „… wie Luft. Alle atmen mich, aber keiner macht sich bewusst, woher der Sauerstoff kommt. Manchmal frage ich mich, ob ich zu alt für diese Aufgabe geworden bin.“

„Wen sehen Sie denn als Ihre unmittelbare Konkurrenz?“, warf ich, während wir uns wieder in Bewegung setzten, sachlich ein, um sie dabei zu unterstützen, sich etwas zu beruhigen.

„China!“, kam es wie aus der Pistole geschossen.

„Und warum?“ „Warum“ ist für mich das wichtigste Wort eines Beraters.

„Weil die dortige Art der Unternehmensführung auf Kontrolle und Angst basiert. Und das widerspricht meinen Werten, die auf Eigenverantwortung, Gleichberechtigung, Austausch und Konsens fußen."

Welch gute Botschaft, dachte ich.

ES LIEF GUT. ABER ES GEHT ABWÄRTS.

Bereits 3,3 Milliarden Menschen in 56 nicht freien Ländern werden drangsaliert und müssen unterdrückte Medien und manipulierte Wahlen ertragen.[1]

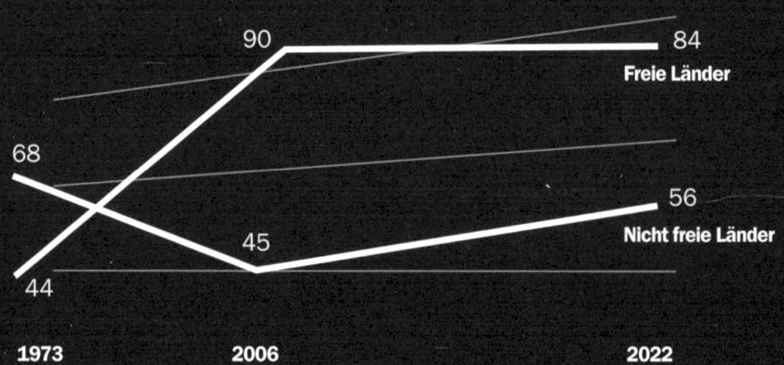

Aktuelles Hintergrundwissen.

FACT PRINT

Schweigend schlenderten wir am Restaurant des Fernsehkochs Tim Mälzer vorbei. Nach meinem Fragenhagel der letzten Minuten verzichtete ich darauf, weiter zu bohren, damit sich Agora in Ruhe umsehen konnte. Nach den Terroranschlägen vom 11. September 2001 wurde die

Straße „Alsterufer" mit Schutzmaßnahmen für das hier befindliche Generalkonsulat der USA ausgestattet, das wir gerade passierten. Während sich ihr Blick nach links dem Prachtbau im klassizistischen Stil zuwandte, dem Weißen Haus in Washington nachempfunden, wanderte meiner nach rechts zur Alster. Ich spürte gerade die gleiche Zufriedenheit, hier zu sein, wie jeden Montag- und Mittwochmorgen, wenn ich keine dunklen Schnür-, sondern helle Laufschuhe trug, sofern ich in Hamburg war. Wie schön die Hansestadt doch war.

„Kaufmann!", murmelte Agora mit ernster Miene vor sich hin, ohne mich anzuschauen. Ihr unvermittelter Gedankensprung zum hanseatischen Kaufmann ließ mich ihre Unternehmensentwicklung positiver sehen. Denn die dem Hanseaten zugeschriebenen Werte Verlässlichkeit, Anstand und Fairness waren schon immer eine harte Währung und würden Ökonomien künftig mehr prägen als bisher. Nachhaltiges Wirtschaften und Verantwortung für das Gemeinwohl werden heute nicht mehr nur dem hanseatischen Kaufmann zugeschrieben, sondern sind entscheidende Zukunftskriterien qualitativer Ökonomien.

Das war nicht immer so. Als der gern zitierte Begriff des Ehrbaren Kaufmanns im Jahr 1517 mit Gründung einer gleichnamigen Interessengemeinschaft seinen Ursprung nahm, war „ehrbar" nicht gleichbedeutend mit „ethisch". Als ehrbar galt, wer Erfolg hatte. Und das hatten die Kaufleute, zum Beispiel in der Hanse. Sie etablierten Hamburg als Knotenpunkt, dem prosperierenden Seehandel sei Dank. Dabei waren sie viel mehr ökonomisch ausgerichtet und viel weniger moralisch. Es gehörte einfach zum guten Ton des eigenen Geschäfts, weltweit einen guten Namen zu haben. Am anderen Ende der Welt galten andere, manchmal keine und oft wechselnde Gesetze. Da war der Handschlag, war Vertrauen, waren Verbindungen ohne kurzfristiges Denken elementar. Ihr ernster Tonfall jedoch, mit dem Agora den „Kaufmann" noch einmal wiederholte, mochte nicht recht zu meinem Gedanken der zukunftssicheren Ausrichtung auf qualitative Ökonomie passen.

„Agora?“, fragte ich deshalb. Reflexhaft drehte sie sich um: „Der Druck der chinesischen Konkurrenz auf unsere Märkte nimmt von Tag zu Tag zu.“

Ich konnte ihre Sorge im Hinblick auf China nachvollziehen. Die zu beobachtende Kapitalismusdepression fiel mit einem Hype des Staatskapitalismus zusammen. Die Ökonomien westlicher Länder hätten ein Katalysator für den Wandel hin zu einer qualitativen Ökonomie sein können, nur leider begannen die meisten Unternehmen das Ausmaß von Chinas wirtschaftlicher Machtausweitung gerade erst zu verstehen.

„Haben Sie Lust auf eine kleine Spritztour? Ich würde Ihnen gern etwas zeigen.“ Um aus der gedanklichen Sackgasse zu finden, in die Agora wohl gerade geraten war, schien es mir erneut Zeit für einen Ortswechsel. Ich checkte meine Car-Sharing-App, die mir einen verfügbaren Wagen in einigen Metern Entfernung gegenüber vom Hotel Fontenay anzeigte.

„Oh“, entfuhr es Agora, als ich den ID.3 startete. „Kaum zu hören“, kommentierte sie den E-Volkswagen, mit dem Tesla das Leben weniger leicht gemacht werden sollte. Ein paar Minuten später fuhren wir auf der anderen Seite der Außenalster entlang, eine beliebte Strecke der Touristenbusse, die den Gästen der Stadt die imposanten Villen und Gärten wohlhabender Hamburger zeigten. Keine 20 Minuten davon entfernt, am Holstenplatz, wo in Hamburg viele Kulturen aufeinandertrafen, lag unser früheres Headquarter: ein großes Bürogebäude, in deren beiden obersten Etagen wir viele Jahre lang die Gruppe führten.

„Ich würde Ihnen gern die Vergangenheit unseres Unternehmens zeigen“, sagte ich, während ich den Wagen in die Tiefgarage lenkte. Mit dem Aufzug fuhren wir in die oberste Etage, die sich öffnenden Lifttüren gaben den Blick frei auf die Lobby unserer alten, leergeräumten Büros, nur die in das geflämmte Eichenparkett eingelassenen Firmenbuchstaben aus poliertem Edelstahl erinnerten noch an unsere Arbeit hier. Agora ging an eine große, runde Fensterfront, die sie, wie sie sagte, an die Kommandozentrale eines Überseeschiffs erinnerte und eine fantastische Aussicht über die Dächer Hamburgs freigab. Ein Traumblick gerade jetzt, wo der Himmel nach dem Regen ganz klar war. Südöstlich lag die Elbphilharmonie und südwestlich wiesen die Hafenkräne den Weg zur Elbchaussee. „So hat man früher gearbeitet."

Sie drehte sich mit erstauntem Gesichtsausdruck zu mir. „Das ist hier doch schön. Und modern. Warum ist das Vergangenheit?"

„Die Zukunft von Arbeit hat nun mal nichts mehr mit einem Chef und Mitarbeitern zu tun, die alle ganz selbstverständlich hinter verschlossenen Türen sitzen. Als Unternehmen, das sich täglich mit Zukunft befasst, wollten wir nicht in Büros von gestern zu Hause sein, auch wenn sie noch so schön sind, sondern die Zukunft des Arbeitens vorleben. Kreativität auf der einen Seite und Soziabilität, unter der wir gemeinschaftliches Zusammenwirken verstehen, auf der anderen Seite sind die entscheidenden Faktoren des menschlichen Miteinanders, ja der Alleinstellung von Menschen gegenüber Maschinen. Diese beiden Parameter machen die freien Gesellschaften dieser Welt zukunftsfähig. In der Vergangenheit wurde ein Unternehmen durch Produkte und Dienstleistungen, oft mühsam über Jahrzehnte etabliert, erfolgreich. Aber in der heutigen Zeit gibt es keinen Kredit mehr auf die Vergangenheit." So in etwa hatte es Karl Lagerfeld, der verstorbene Hamburger und Chefdesigner von Chanel, einmal treffend formuliert." Agoras Lippen umgab ein süffisantes Lächeln. Sie schien meine Anspielung auf ihr Kostüm verstanden zu haben.

„Früher stellte man sich den Ausdruck von Unternehmenserfolg so vor." Ich ging mit ausgebreiteten Armen durch die große Chefetage. „Fahrstuhl direkt ins Office, Eckbüros für verdiente Kollegen, Vorzimmerdamen, selbstschließende, geräuschabsorbierende Türen und eine Etage nur für die Geschäftsführung, natürlich ganz oben, über allem. Aber die Welt hat sich verändert. Die Menschen sind mündiger geworden, haben ein viel stärkeres Bedürfnis nach Teilhabe, Sinnhaftigkeit ihres Tuns und bestärkenden Erfahrungswelten. Das gilt besonders bei Wissensarbeitern. Das Team, die zusammenarbeitende Community erfährt eine viel höhere Wertschätzung. Dieser Gemeinschaftsgedanke wird sich künftig noch stärker durchsetzen. Also haben wir uns entschlossen, unseren Mitarbeitern und Mitarbeiterinnen die Freude an partizipativem Denken und den Spaß am Miteinander-Arbeiten auch durch entsprechende Bürolandschaften aktiv zu ermöglichen. Und wir lernen viele interessante und inspirierende Leute kennen, weil wir nicht abgeschottet sind von anderen Unternehmen. Im Mit- statt im Nebeneinander erfährt Gemeinschaft eine ganz neue Bedeutung."

Agoras skeptische Miene traf mich, noch bevor ich fertiggesprochen hatte. Dieser Blick war mir aus Gesprächen mit anderen Unternehmenslenkern vertraut. Wahrscheinlich dachte sie gerade, dass das für Start-ups gelten mochte, aber nicht für ein Unternehmen ihres Kalibers. „Wer glaubt, in einer Co-Working-Atmosphäre seien nur Freelancer oder Anfängerfirmen zu finden, irrt gewaltig. Rund die Hälfte solcher Flächen werden weltweit schon von sogenannten ‚Corporates', also bedeutenden Konzernen, genutzt. Das wissen die meisten nur nicht."

„Ich verstehe zwar noch nicht, wie genau mir das weiterhelfen wird, aber zumindest haben Sie mich neugierig gemacht."

„Immerhin. Dann zeige ich Ihnen jetzt die Zukunft."

Topic drei

Ortstermin Gänsemarkt.

15 Minuten später rollten wir auf dem Weg zur Tiefgarage unserer neuen Hamburger Büros in Schrittgeschwindigkeit durch diese inspirierende Innercity-Mischung aus Touristen aus aller Welt, Teenies vor ihren Lieblingsläden, lässigen Stadtbummlern, aufgetakelten Luxusshoppern und geschniegelten Bankern, denen unsere Büros etwas suspekt erschienen.

Als wir in der zweiten Etage aus dem Aufzug stiegen, ging Agora wie schon zu Beginn unseres Spaziergangs entschlossenen Schrittes durch die Glastüren, die ich ihr aufhielt, in den hellen, großen Raum, der mit Tischen und vielen gemütlichen Sitzgelegenheiten eingerichtet war. Während meine Begleiterin sich umsah, winkte ich einer Gruppe von Mitarbeiterinnen und Mitarbeitern zu, die in der Mitte des Raumes an einem großen Holztisch diskutierten. Vereinzelt arbeiteten Teammitglieder auch in den bequemen Sesseln am Laptop. Sie nahmen keine Notiz von uns. Etwas abseits in einem kleinen Glasbüro saßen zwei unserer Leute in einem Videocall. Und in einer Ecke wurde auf dem Sofa gerade für unseren Futurecast, ein Videopodcast zum Thema Zukunft, ein Interview mit einem CEO geführt.

„Das ist ja interessant. Ihre Mitarbeiter wirken so … konzentriert und gleichermaßen entspannt. Eine angenehme Atmosphäre, das muss ich schon sagen. Aber ich bezweifle, ob das in einem Konzern wie dem meinen umsetzbar wäre. Wir sind die Besten in unserem Feld und damit das so bleibt, brauchen wir ein gutes Management mit klaren Strukturen. Sie verstehen, was ich meine."

„Aus eigener Erfahrung weiß ich, dass Formen von vergemeinschaftetem Arbeiten ganz unabhängig von der Unternehmensgröße mit weniger Hierarchie auskommen und zugleich viel mehr erreichen. Den Teams kommt es dann nämlich weniger darauf an, wie gut jeder Einzelne ist, sondern wie gut sie alle zusammen sein wollen, um an das Ziel, das größer ist als sie selbst, zu gelangen. Darf ich Ihnen etwas anbieten? Einen Kaffee oder ein Wasser?"

Statt mir zu antworten nahm sie sich selbst eine Cola aus dem gläsernen Kühlschrank. Ich reichte ihr ein Glas aus dem Regal, aber sie lehnte ab und nahm einen ersten Schluck direkt aus der Flasche. Ich tat es ihr gleich. Während wir zu einem der Sofas im hinteren Teil des Raumes gingen, fragte sie: „Wie schaffen Sie es, dass Ihre Leute tun, was sie sollen?" Bevor ich antworten konnte, klingelte Agoras Handy. Sie schaute auf das Display. „Bitte entschuldigen Sie, da muss ich kurz ran." Sie stand auf und stellte sich in ein paar Schritten Entfernung ans Fenster.

Ich nahm mein MacBook und checkte meine Mails. Zuoberst die Nachricht einer Mitarbeiterin, mit der ich am Morgen über einen wichtigen, aber schwierigen Kunden gesprochen hatte. „Wie wollen Sie das Problem lösen?", hatte ich sie gefragt. Nachdem sie mir ihren geplanten Weg skizziert hatte, hatte sie mich gebeten, mir ihren Entwurf für eine Antwortmail schicken zu dürfen. Mit Begeisterung las ich nun ihre Zeilen. Perfekt im Lösungsweg, brillant in der Formulierung. „Das kann so raus", schrieb ich zurück. Ich klickte auf „Antworten", um meiner Mitarbeiterin grünes Licht zu geben, und stellte dabei fest, dass die Mail bereits an den Kunden gegangen war, den Vorstandsvorsitzenden eines großen Konzerns. Ohne mein Feedback, um das sie gebeten hatte?

Agoras laute Stimme riss mich aus meinen Gedanken. „Das darf doch nicht wahr sein. Kaum bin ich weg, läuft alles schief." Sie wanderte ungeduldig auf und ab. Um nicht aufdringlich zu wirken, griff ich zum Handy und rief meine Mitarbeiterin, die in einer anderen Etage saß, an.

„Sie haben die Mail ja bereits abgeschickt!"

„Ja. War etwas daran auszusetzen?"

„Nein, nichts. Alles perfekt. Hätte ich nicht besser hinbekommen."

„Und warum hätte ich sie dann nicht rausschicken sollen?"

„Touché“, antwortete ich und bedankte mich bei ihr stolz für ihre gute Arbeit.

Mit geröteten Wangen kehrte Agora zu unserem Platz zurück und entschuldigte sich für die Unterbrechung. „Wo waren wir stehen geblieben?“ „Sie wollten wissen, wie ich meine Mitarbeiter dazu bringe, Verantwortung zu tragen und erfolgreich zu sein. Meine Antwort: Das machen sie selbst. Es geht um ein Miteinander in Eigenverantwortung. Menschen, die heute bereits 30 Jahre im Berufsleben stehen, fällt es leichter, sich unterzuordnen. Aber die jüngeren Generationen haben andere Vorstellungen von Autorität. Sie sind weniger obrigkeitsgläubig und orientieren sich stärker an digitalen Kompetenzen.“

Agora setzte sich wieder, nahm einen Schluck Cola, dann war sie wieder ganz Ohr. „Junge Menschen navigieren heute ganz anders durch die Welt, vor allem virtuell. Ihr Gehirn hat andere neuronale Verknüpfungen, was sich wissenschaftlich beweisen lässt. Ich sehe das an meinen eigenen Kindern. Nie in der Menschheitsgeschichte waren Achtjährige ihren Eltern und ihren Großeltern in einer Schlüsselkompetenz, in diesem Fall dem Umgang mit digitalen Medien, so überlegen. Ich könnte mir vorstellen, dass Sie in Ihrem Unternehmen das gleiche Problem haben.“

„Ich habe aber nicht nur junge Leute. Mein Team ist, wie man heute so schön sagt, divers. Vielleicht sollte ich Ihnen an diesem Punkt mehr über uns erzählen.“

„Gern.“ Ich lehnte mich zurück und dachte nochmals an die gebutterten Fische wie vorhin an der Außenalster.

„Sie müssen wissen, dass wir eine sehr lange Tradition haben. 2.300 Jahre, um genau zu sein. Zugegeben mit einigen Höhen und Tiefen dazwischen.“ Um welches Unternehmen soll es sich da handeln? Langsam war mir Agora nicht mehr geheuer. Doch ich beschloss, erst einmal still zuzuhören und so zu tun, als habe sie sich versprochen. Vielleicht sagte sie ja auch 230 Jahre, was schon ein sehr, sehr langer Lebenszyklus für den Verlauf einer Unternehmensentwicklung war. „Ich war die Gründerin“, schob sie beiläufig hinterher.

Wie bitte? Die Gründerin – vor 2.300 Jahren?

„Wie schon angedeutet haben wir unzählige Herausforderungen gemeistert. Daher bin ich selbstbewusst, was unseren Erfolg und unsere Reputation angehen.“

„Aber?“, fragte ich. Dieses rückwärtsgewandte Selbstbewusstsein störte mich allmählich doch. Wieso wehrten sich so viele Unternehmer gegen die Tatsache, dass das Gestern die Zukunft eines Unternehmens nicht sichern konnte? Ich sagte aber nichts, weil ich sie nicht belehren wollte.

„Nun ja, in den letzten zehn Jahren beobachte ich eine zunehmende Spaltung zwischen Führung und Belegschaft, ebenso wie innerhalb der Belegschaft selbst.“

„Und worauf führen Sie das zurück?“

„Na ja, ich hatte es schon kurz angedeutet. Meine Leute sind satt und selbstzufrieden. Irgendwie können sie sich nicht auf große Ziele einigen.“

„Können Sie mir ein Beispiel geben?“

„Nehmen wir die USA. Der Vorgänger des aktuellen CEO hat es innerhalb von vier Jahren geschafft, dass es tatsächlich zur Revolte kam. Dabei hatte dessen Vorgänger die Stimmung im Unternehmen zunächst verbessert, weshalb sein Vertrag auch nach vier Jahren verlängert wurde. Nach seiner Zeit bei uns schrieb er in einem Buch … wie war das noch gleich?“ Agora öffnete ihre Tasche, holte ihre Lesebrille und ein kleines Notizheft heraus. Dann las sie vor: „‚Wir taumeln am Rande einer Krise, einer Krise, die ihren Ursprung in der fundamentalen Auseinandersetzung zwischen zwei widerstreitenden Visionen davon hat, was Amerika ist und was Amerika sein sollte.‘“[2] Sie schaute von ihren Notizen hoch und fügte nicht ohne eine gewisse Entrüstung hinzu, „Wie finden Sie das?“

Diese Zeilen kannte ich doch. Wo hatte ich die bloß gelesen? Noch bevor ich reagieren konnte, sprach Agora weiter: „Es gab einmal eine Zeit, in der die Führungskräfte einer gemeinsamen Vision verpflichtet waren. Aber das ist lange her. Heute sind alle so kleinteilig geworden. Da wird mehrheitlich über die diversen Interessen gestritten und jeder versucht, dem anderen die Schuld in die Schuhe zu schieben. Mittlerweile scheint es mir, als wäre dieses Auseinanderdriften unaufhaltsam.“

Während Agoras Ausführungen dämmerte mir auf einmal, wo ich die Sätze von ihrem Notizzettel gelesen hatte. Sie stammten aus der Autobiografie eines amerikanischen Präsidenten. Und schlagartig hatte ich eine Ahnung, wen ich da vor mir sitzen hatte. Dieser Moment ergriff mich, was mir im Business äußerst selten passierte. Und ich tat, was ich seit Jahren nicht mehr getan hatte. Ich spielte mit der Spitze meines rechten Daumens an der unteren, weichen Haut am Rand des Ringfingers derselben Hand, an dem sich der Ehering befindet. Seit Jahren

LADY LIBERTY.

Die Freiheitsstatue wurde 1984 zum Weltkulturerbe erklärt. Sie ist ein Kunstwerk und lebendiges Symbol der Freiheit und gehört zu den höchsten Statuen der Welt. Sie wurde den USA von Frankreich als Zeichen internationaler Freundschaft geschenkt und stellt Libertas, die Göttin der Freiheit, dar. Das Monument hält eine Fackel in der rechten Hand hoch und in der linken trägt sie eine Tafel mit dem Datum der amerikanischen Unabhängigkeitserklärung. Eine zerbrochene Kette liegt zu ihren Füßen und symbolisiert die Befreiung von Unterdrückung. Sie wurde am 28. Oktober 1886 eingeweiht.
Ergebnisse der Preta-Forschung werden in diesem Buch in Fact Prints regelmäßig mit dem Demokratieindex in Beziehung gesetzt. Das Freiheits-Icon zeigt dann jeweils den Platz der Länder im Ranking.

Aktuelles Hintergrundwissen.

FACT PRINT

trug ich schweren Herzens – genau um nicht damit zu spielen – den Ring nicht mehr. Das hatte perfekt geklappt. Bis heute. Was, wenn ich völlig danebenlag und mich bis auf die Knochen blamierte? Aber meine Vermutung hätte alle Ungereimtheiten, die sich seit Agoras Ankunft im Vier Jahreszeiten ergeben hatten, aufgeklärt: Dass sie mit Begriffen aus der Wirtschaft, wie zum Beispiel „Marktführer“, jonglierte, obwohl sie, wenn ich richtiglag, gar nicht aus der Wirtschaft stammte. Oder auch, dass ihr Unternehmen 2.300 Jahre alt sein sollte. Dann hatte ich mich doch nicht verhört. Ich mochte es kaum aussprechen, aber offensichtlich befand ich mich gerade im Gespräch mit einer möglichen Mandantin, die ich mir schon immer gewünscht hatte: die Demokratie!

DIE DEMOKRATIE-WELTMEISTER.[3]

Land	Demo-kratie-Index
Norwegen	1
Neuseeland	2
Finnland	3
Schweden	4
Island	5
Dänemark	6
Irland	7
Taiwan	8
Australien	9
Schweiz	10

Deutschland (15), Österreich (20).

Aktuelles Hintergrundwissen.

FACT PRINT

Seit meiner Jugend bin ich an Politik und insbesondere an demokratischen Systemen interessiert. Von klein auf wollte ich das Gestalterische in die Gesellschaft einbringen. Mein Steckenpferd wurde nach und nach die politische Willensbildung. Deshalb engagierte ich mich bereits mit 15 Jahren als Chefredakteur einer Zeitung der Jugendorganisation einer Partei. Meine Laufbahn nahm allerdings ein jähes, aber immerhin freiwilliges Ende, als ein Kanzlerkandidat aufgestellt wurde, mit dem ich gar nicht einverstanden war.

Nur mit Mühe konnte ich meine Überraschung verbergen und hakte nach: „Sprechen Sie von dem Mann, dessen Großmutter zu ihm als kleiner Junge sagte, er solle sein vorlautes Mundwerk für etwas Sinnvolleres einsetzen?“ Agora bejahte mit einem Schmunzeln. Ich hatte also tatsächlich recht! Offensichtlich gefiel es ihr, dass ich nicht den Friedensnobelpreis oder andere weltpolitische Eckdaten zur Beschreibung von Barack Obama herangezogen hatte, sondern nur eine kleine Begebenheit aus seiner Kindheit. Natürlich verstand sie meine Frage als eine rhetorische. Aber zumindest war ich mir nun sicher. Wir schauten uns beide wieder lang in die Augen. Meine Sympathie für diese widersprüchliche und streitbare Frau stieg von Minute zu Minute. Was mich selbstverständlich, vielleicht auch gerade deshalb, nicht davon abhielt, ihr gleich zu widersprechen. Und damit auch Obama. Denn die Krise der amerikanischen Demokratie, die lange vor Trump begann, hatte aus meiner Sicht ihren Ursprung eben nicht in der Auseinandersetzung zwischen zwei widerstreitenden Visionen.

„Ihr früherer CEO“, womit ich bewusst ebenfalls diesen von ihr gewählten Titel aus der Wirtschaft verwendete, „hat sich zu Recht einen respektablen Platz in den Geschichtsbüchern verdient. Aber er beweist mit dieser Aussage auch, wie sehr er Teil des inneren Politikbetriebes wurde und damit nötiger objektiver Analytik entbehrte.“ Ich las in Agoras leicht zusammengekniffenen Augen, dass ich soeben nicht nur den 44. Präsidenten der Vereinigten Staaten unter Beschuss genommen hatte, sondern auch mein Gegenüber. Sie sammelte sich ein paar Sekunden, griff nach ihrer Colaflasche und erhob sich. Dann schlenderte sie ein paar Schritte zum Fenster und drehte sich zu mir. Sie prostete mir mit einem Augenzwinkern zu.

„Haben aus Ihrer Sicht die Menschen in Ihrer Firma“, ich verwendete die von ihr gewählte Begriffswelt der Wirtschaft bewusst weiterhin, „denn eine klare Vorstellung davon, was Demokratie in der Praxis bedeutet, also jenseits von zwar wichtigen, zunächst einmal aber leeren

Begriffen wie Freiheit, Gleichheit und Gerechtigkeit? Schließlich bezeichnen sich ja sogar diktatorische Systeme wie Nordkorea als demokratische Volksrepublik. Was macht Ihrer Meinung nach Ihr Produkt für Ihre Leute ganz konkret attraktiv, lebendig und vor allem schätzens-

WAS IST DEMOKRATIE EIGENTLICH?

Dass sich die unfreiesten Länder der Welt, wie die Diktaturen Russland, China, Iran oder Nordkorea, als „demokratisch" bezeichnen, beweist die Attraktivität der Demokratie. Viele Länder fingieren Wahlen. Wahlen allein machen aber noch keine Demokratie, schon gar nicht, wenn sie gefälscht sind. Echte Demokratien zeichnen sich durch wichtige Kriterien aus.
Dies sind die Top 7:

1. Zustimmung der Menschen.
2. Freie Wahlen.
3. Institutionen, die voneinander unabhängig und ihren Bürgern rechenschaftspflichtig sind.
4. Regelmäßiger Machtwechsel und Fähigkeit zur Selbstkorrektur.
5. Kontrolle der Leute, die Macht ausüben – durch unabhängige Presse und Gesellschaft.
6. „Gleiche" Gerechtigkeit, fairer Wettbewerb und Menschenrechte für jede und jeden.
7. Besseres Leben in Stabilität und Freiheit, also auch mit Meinungsfreiheit.

Vor allem aber ist Demokratie nicht nur eine Regierungsform, sondern eine Lebensform. (Mehr dazu später.)

Aktuelles Hintergrundwissen.

FACT PRINT

wert, damit die Leader ihre Arbeit nicht als Selbstzweck sehen und Bürger es sich nicht in einer halbherzigen Zufriedenheit bequem machen? Nach dem Motto: Wir dürfen nur zuschauen, wer als Nächster das Sagen hat. Aber mitmachen können wir ja nicht."

„Ich bitte Sie, das liegt doch auf der Hand! Wir haben das beste Produkt", verteidigte Agora die demokratische Staatsform mit sichtbarer Irritation. Scheinbar hatte ich einen wunden Punkt getroffen. Diese arrogante Selbstüberschätzung war möglicherweise eine Ursache für die von Agora beklagte Selbstverständlichkeit, mit der die Menschen Demokratie wahrnahmen. Um diese Selbstverständlichkeit zu durchbrechen, um ein Scheitern der demokratischen Werte zu verhindern, mussten wir zunächst herausfinden, wann und warum die Wertschätzung und das Vertrauen der Menschen verloren gegangen waren. Vor langer Zeit hatte ich als junger Vater ein Buch über demokratische Erziehung gelesen. Damals wurde mir klar, dass Kinder auch unser demokratisches Bewusstsein herausfordern. Ich bin Jahrgang 1962, die Generation meiner Eltern lebte zwar überwiegend in einer Demokratie, wendete aber autokratische Erziehungsmethoden an, die auf den Prinzipien Bestrafen des Negativen beziehungsweise Belohnen des Positiven beruhten. Nach der Lektüre des Buches fragte ich mich: Wie kann ich meine Kinder zeitgemäß erziehen? Welche Werte will ich ihnen mitgeben? In welcher Welt will ich sie aufwachsen sehen? Und wie kann ich dazu beitragen, dass sie diese Welt bestmöglich mitgestalten? Das wichtigste demokratische Erziehungsprinzip erschien mir die Anleitung zu Mut. Ich wollte meine Kinder dazu ermächtigen, die logischen Konsequenzen ihres Handelns zu verstehen und nicht nur etwas zu tun oder zu lassen, weil ein anderer es sagte. Meine Erfahrung im Umgang mit Kindern, die ich erlebt hatte, bevor ich Vater wurde: Viele Kinder zogen sich, statt ihr kreatives Potenzial zu entfalten, in Bequemlichkeit und Passivität zurück, wenn sie schlechte Erfahrungen mit ihrem Selbstwert machten. Meinen drei Söhnen und meiner Tochter versuchte ich deshalb schon im Kleinkindalter beizubringen, Treppen rückwärts runterkrabbelnd zu meistern, statt dass ich Treppengitter montierte. Und ich erlaubte ihnen, den Tisch zu decken. Natürlich ging ab und zu etwas zu Bruch. Aber es war mir lieber, dass Porzellan kaputt ging und nicht der Selbstwert meiner Kinder – für mich ein Grundrecht eines jeden Menschen. Rückblickend erforderte die demokratische Erziehung, ihnen immer wieder zuzuhören und mich mit ihnen auseinanderzusetzen, um Regeln zu hinterfragen und gemeinsame Entscheidungen zu treffen. Das verlangte Zeit und Energie, vor allem aber konsequentes Handeln. Auch wenn meine Kinder wegen ihres Mutes gegen Regeln verstießen, wusste ich zumindest, dass sie keine Angst vor dem Leben hatten und die Verantwortung für ihr Handeln übernahmen.

Das Tempo, das Agora vorhin bei unserem Spaziergang an den Tag gelegt hatte, passte so gar nicht zur Langsamkeit der Demokratie – für mich eine weitere mögliche Ursache für die abnehmende Wettbewerbsfähigkeit vieler freiheitlicher Nationen. Kein Wunder, dass sie China als unmittelbare Konkurrenz empfand. Während in vielen Demokratien Regularien das wirtschaftliche Wachstum behinderten, entwickelte sich die Volksrepublik in rasanter Geschwindigkeit zu einer Supermacht mit dem Versprechen an die Chinesinnen und Chinesen: Wohlstand für alle. Und sie lieferte bisher Ergebnisse. Nur passierte dieser Wandel eben leider nicht demokratisch. Und die Frage war, wie das chinesische Volk zu seiner autokratischen Regierung stehen würde, wenn dieses Ziel eines Tages erreicht war und immaterielle Forderungen, wie etwa die nach Freiheit und Selbstbestimmtheit, in diametralem Widerspruch zur Staatsform standen.

Auch Agora hatte sich für einen Moment in ihre Gedanken zurückgezogen: Ihr ernster Gesichtsausdruck erinnerte mich an den Moment, als wir das US-Konsulat passierten und sie „Kaufmann“ sagte. Ich dachte nach. Und mit einem Mal ging mir etwas auf: dass sie vorhin gar nicht an den ehrbaren, hanseatischen Kaufmann gedacht hatte, sondern an den Gauleiter und Vertreter Hitlers in Hamburg: Karl Kaufmann. Der unzutreffenden Legende nach übergab dieser Gauleiter die Hansestadt ohne Gegenwehr an die Alliierten, um eine weitere Zerstörung Hamburgs zu verhindern. Tatsächlich aber wollte er sich nur, wie es der Historiker Frank Bajohr von der Forschungsstelle für Zeitgeschichte in Hamburg 2011 formulierte, einen „guten Abgang" verschaffen. Die gravierendste Entscheidung in ganz Deutschland ging auf ihn zurück. Im September 1941 veranlasste er, in persönlicher Abstimmung mit Hitler, die in Hamburg lebenden Juden zu deportieren. Kaufmanns Tun war nicht nur Ausgangspunkt des Abtransportes der Juden aus Hamburg, sondern auch der Deportationen aus dem Deutschen Reich insgesamt.

„Als wir vorhin am Alsterufer standen", fragte ich Agora, „mussten Sie in dem Moment daran denken, dass sich Reichsstatthalter Karl Kaufmann diesen weißen Prachtbau, genau wie viele andere Gebäude, durch Nötigung zu Zwangsverkäufen oder durch Enteignung für nationalsozialistische Zwecke einverleibte?" Sie nickte. „Und daran, dass erst Ihre britischen Kollegen dafür sorgten, dass demokratische Gerechtigkeit, zu der ganz entscheidend auch der Schutz des Eigentums gehört, wiederhergestellt werden konnte?"

„Ja", antwortete Agora, „das ist doch ein wichtiger ‚Reason Why'. Wir haben doch so viele davon."

Wieder verwendete sie einen Wirtschaftsbegriff, diesmal einen, der den Grund für den Kauf eines Produkts beziehungsweise den Beweis für ein gegebenes Nutzenversprechen bezeichnete. Das Ziel des Reason Why war es, den Konsumenten rational durch objektive Tatsachen oder subjektiv empfundene von der Richtigkeit seiner Kaufentscheidung zu überzeugen beziehungsweise diese retrospektiv zu bestätigen.

Der Schutz des Eigentums etwa war ein hinterlegtes Nutzenversprechen der Demokratie, denn ein demokratisches Land schützte das

Eigentum tatsächlich. Agora hatte recht: Viele Nutzen der Demokratie waren für einen Gutteil der Bürger selbstverständlich geworden. Die Freiheit etwa, ein Leben ohne Zwang und Unterdrückung und in Unabhängigkeit, die selbstverantwortliches Handeln oder Unterlassen ohne äußeren Zwang erst möglich machte. Oder die Gleichheit aller Menschen vor dem Gesetz, auch bei Wahlen, ebenso wie die Chancengleichheit und, da schloss sich der Kreis, der Schutz und die Garantie des Eigentums, an die Agora am Alsterufer dachte, die mit der Gleichheit aller Menschen seit der 1789 erfolgten Erklärung der Menschen- und Bürgerrechte durch die französische Nationalversammlung in einem fortwährenden Spannungsverhältnis standen. In der Forderung nach sozialer Gerechtigkeit bündelte sich diese Auseinandersetzung. Da eine Herstellung der Gleichheit ökonomisch nicht möglich war, bot der Sozialstaat eine existenzsichernde Grundversorgung. Die Summe dieser Vorteile, die für viele Menschen das Leben lebenswert machten, lieferte die Demokratie.

„Aber wenn die Vorteile der Demokratie selbstverständlich werden, geht das gute Gefühl des Reason Whys doch verloren", nahm ich das Gespräch wieder auf.

Erneut bekam ich keine Antwort. Stattdessen fragte Agora mit wiedererlangter Sachlichkeit, während sie zum Sofa zurückkehrte: „Wenn ich Sie beauftrage, können Sie uns dabei unterstützen, der Demokratie wieder auf die Beine zu helfen?" Sie setzte sich wieder zu mir.

„Ja", antwortete ich und dachte zugleich: Nein! Denn mir war klar: Es brauchte ihre Bereitschaft für einen überfälligen Evolutionsschritt, damit Demokratie weltweit wieder auf das Wohl der gesamten Gesellschaft ausgerichtet werden würde. Unsere Aufgabe wäre es, eine Art Parship für Demokratie zu schaffen, damit sich die Bürgerinnen und Bürger in den demokratischen Ländern wieder neu in diese über 2.000 Jahre alte, bewährte Staatsform verliebten. Dazu mussten wir sie aber mit ihren gerechten und freiheitlichen Werten zu neuem Leben erwecken. Schluss mit eingefahrener Ehe zwischen Land und Bürgern! Die Frage war allerdings, ob Agora und ihre Lenker dazu bereit waren.

„Kennen Sie die aktuellsten Ergebnisse des World Happiness Report?“ Agora richtete sich in ihrem Sessel auf. Die Vereinten Nationen geben jedes Jahr einen Bericht heraus, der zeigt, in welchen Ländern der Welt die Menschen am zufriedensten mit ihrem Leben sind. Die Erhebung der Daten erfolgt durch Wissenschaftler verschiedenster Disziplinen auf Basis unterschiedlichster Kriterien: Wirtschaft, Psychologie, Lebenserwartung, aber auch soziale Zugehörigkeit, Freiheitsgefühl und Wohlbefinden. „Auf Platz 1 der Liste liegt, nicht zum ersten Mal, Finnland, gefolgt von den von Ihnen bereits angesprochenen anderen skandinavischen Ländern. Was trägt Ihrer Ansicht nach dazu bei, dass die Finnen und ihre Nachbarländer so glücklich sind?“ Agora rückte auf die Vorderkante ihres Sessels vor. „Was meinen Sie denn?“

„Die Forscher kamen einerseits zum Schluss, dass das finnische Volk viel Vertrauen in seinen Staat hat: in die Institutionen, die Parteien, die Regierung und die Gerichte. Und andererseits können die skandinavischen Länder Wohlstand in Wohlgefühl umwandeln.[4] Tatsächlich sollte man Demokratie nicht mehr nur als Staatsform denken, man muss sie auch als Lebensform betrachten. Und da können die Länder der Welt voneinander lernen. Was machen andere besser? Was davon können wir adaptieren? Wenn alle Demokratien kooperieren, gelingt es uns, nicht nur die Demokratie zu retten. Denn ihre Kraft kann auch entscheidend sein, die Zukunft des Planeten und damit der Menschen zu sichern.“

„Großartig!“ Agora gefiel es offensichtlich, größer zu denken. Doch schon kurz darauf hob meine Gesprächspartnerin die Arme und legte die Ellenbogen auf der Lehne des Sessels ab. Was wollte sie mir mit dieser Geste signalisieren? Oder wollte sie nur ihre noch anhaltende Ratlosigkeit überspielen? Agora neigte ihren Kopf etwas zu mir, während ich ihr fest in die Augen schaute. Dann setzte ich an, um tiefer zu bohren und herauszufinden, ob ich auf Granit oder fruchtbaren Boden stoßen würde: „Wirtschaftliche Ungerechtigkeit, Ohnmachtsgefühle, nicht mitwirken zu können und die Langsamkeit von Institutionen bewirken, dass aus dem Gefühl der Selbstverständlichkeit erst Unzufriedenheit und schließlich innere Emigration oder Aufbegehren wird. Was Menschen täglich tun und erleben, muss erfüllend sein. Das gilt für alle Bereiche des Lebens, auch für die Politik und erst recht für die nachwachsenden Generationen, über die wir bereits gesprochen haben und weshalb ich die heutige Tour von der alten zur neuen Bürowelt mit Ihnen gemacht habe. Sie wollen schlichtweg weder in einem Unternehmen ohne gesellschaftliche Relevanz arbeiten noch Bürger eines irrelevanten Landes sein."

„Sie meinen, sie wünschen sich mehr Greta und weniger Geissen?"[5]

Ich wusste es, sie hatte Humor! Das motivierte mich, noch einmal tiefer zu bohren: „Lassen Sie mich einen Businessvergleich ziehen: 90 Prozent der Mitarbeiter weltweit kennen die Unternehmensstrategie ihrer Firma nicht. Wissen die Bürgerinnen und Bürger Ihrer Länder, welche Ziele Sie verfolgen?"

Agora nahm die Arme von der Lehne und verschränkte ihre Hände im Schoß. Dann sagte sie leise: „Ich fürchte, diese Zahl ist bei uns nicht anders."

„Wenn die Demokratie, wie Sie sagen, die beste aller Staatsformen ist, wie kann es dann sein, dass sie immer noch ähnliche Probleme hat wie seit ihren Anfängen vor über 2.000 Jahren? Die griechische Demokratie schloss damals gut 50 Prozent der Bevölkerung aus, Frauen und Sklaven." Ich machte eine kurze Pause, nach der ich fragte: „In welchen Ländern hat sich die Demokratie Ihrer Meinung nach hinsichtlich Chancengleichheit signifikant entwickelt? Und wo hapert es noch? Fühlen sich alle Menschen unabhängig von Hautfarbe, Status, Geschlecht oder Bildungsstand gleichermaßen willkommen und gesehen?"

Einmal mehr zog es Agora vor, nicht zu antworten. Sie nahm eine kurze gedankliche Auszeit und währenddessen einen großen, letzten

Schluck aus ihrer Colaflasche. Um sie wieder für die Diskussion zu gewinnen, schlug ich einen anderen Weg ein: „Schauen wir uns einmal die Lebenszyklusanalyse Ihres, wie Sie vorhin immer wieder so schön sagten, ‚Unternehmens' an. Wo befindet sich die Demokratie gerade: in der Phase der Entwicklung, der Einführung, des Wachstums, der Reife, der Sättigung oder des Rückgangs? Produkte, die ihre Zeit überschritten haben, sind in Zukunft nicht mehr relevant und müssen durch neue Produkte ersetzt oder so stark weiterentwickelt werden, dass der Vergleich mit einem neuen Produkt gerechtfertigt ist." „Hm." Meinem Gegenüber stand die Ratlosigkeit ins Gesicht geschrieben. Ich konnte dabei zusehen, wie ihre Gedanken um meine Frage kreisten.

„Wo befindet sich die Demokratie gerade?", wiederholte Agora meine Frage und mit einem „Das ist eine schwierige Frage" zog sie ihre Denkpause weiter in die Länge. Plötzlich schien ihr eine Idee gekommen zu sein. Mit dem Lächeln der Siegerin sagte sie: „Sie wollen mir sagen: Wir dürfen nicht aufhören, unser Produkt zu verbessern." Sie atmete tief durch und fügte hinzu: „Wo glauben Sie denn, dass wir stehen?"

Diesmal blieb ich ihr eine Antwort auf ihre Frage schuldig und erwiderte stattdessen: „Wenn die Demokratie, wie Sie sagen, die beste Staatsform ist, auf welchem Wert beruht sie dann?"

„Das ist einfach: Offenheit!" Die Anspannung in ihrem Blick wich einem Strahlen. Nun strahlten wir beide.

„Und leben Sie und Ihre Führung das Postulat von Offenheit in den einzelnen Niederlassungen vor? Sind Sie Teil der Lösung oder eher des Problems?" Genau darum ging es mir, als ich sie vorhin hier in unser „Dynamic Office in Charge", unser „wechselndes Headquarter" gebracht hatte und ihr die zukünftige Art der Zusammenarbeit von Teams zeigte. Das Schlüsselwort war Kollaboration. Es ging um das Verschmelzen von Einzelnen zu einer kollaborativen Gruppe, die gemeinsam Dinge denken oder tun konnte, die sie allein bisher nicht dachten oder taten. „Eines liegt für mich auf der Hand“, sagte ich schließlich: „Die brennenden, entscheidenden Themen der Zeit wie Chancengleichheit, besonders Klimawandel, auch Bildung und Digitalisierung, den Umgang mit Autokratien in irgendwelche Gremien und Ausschüsse zu geben ist nicht die Lösung.“

„Eine der, wie Sie sagen würden, ‚CEOs‘, die ehemalige Kanzlerin des Landes, in dem wir uns gerade befinden, setzte für ihre eigene Meinungsbildung immer wieder auf Meinungsforschung. Was denken Sie darüber?“ Agora sagte nichts, aber das kannte ich ja schon. Ich wartete gespannt, wie sie die Antwort diesmal umgehen würde.

„Gut, dass Sie das ansprechen.“ Sie beugte sich zu mir und sagte deutlich leiser: „Ist diese Meinungs-, Markt- und Zukunftsforschung, die Sie machen, denn wirklich seriös?“

Ich neigte mich ebenfalls zu ihr und antwortete flüsternd: „Würden Sie sich sonst mit mir treffen?“

Nach einer langen rhetorischen Pause, die ich mir nicht verkneifen mochte, gab ich Agora eine differenzierte Antwort: „Anders als beispielsweise die Vorhersage des Wetters durch Meteorologen oder des Bruttoinlandsprodukts durch die Wirtschaftsweisen macht Zukunftsforschung, die von üblicher Markt- und Meinungsforschung zu unterscheiden ist, keine Vorhersagen, sondern liefert einen fundierten Bezugs- und Orientierungsrahmen. Zukunft ist immer von der Vielfalt der unterschiedlichen, sich beeinflussenden, oft verstärkenden gesellschaftlichen Entwicklungen geprägt, daher ist sie hochgradig abhängig von den Einstellungen der Menschen. Es geht also nicht um alternative Szenarien oder vage Vorhersagen, schon gar nicht um einen Blick in eine Glaskugel. Vielmehr nutzen wir, anders als die meisten Politikerinnen und Politiker, die Zukunft als Werkzeug, um in der Gegenwart die richtigen Weichen zu stellen, damit Wirtschaft und Politik geeignete Entscheidungen treffen können. Es geht um den aktiven Dialog über die wahrscheinlichste und beste Zukunft. Das macht Zukunftsforschung übrigens zu einer elementaren Grundlage für die Entwicklung einer demokratischen Gesellschaft und vielleicht sogar die Demokratisierung von noch nicht demokratischen Gesellschaften."

Wieder klingelte Agoras Handy. „Bitte entschuldigen Sie mich noch mal einen Augenblick", sagte sie und sprang auf. Ich schaute ihr amüsiert hinterher, wie sie in Richtung Flur marschierte. Wieder war sie mir

IST ZUKUNFTSFORSCHUNG SERIÖS?

Zukunftsforschung (engl. Foresight) nutzt Prognosemethoden, um zu einer Darstellung möglicher Zukunft zu gelangen. Während in der ersten Hälfte des 20. Jahrhunderts Zukunftsforschung insbesondere im militärischen und staatlichen Kontext und weitestgehend ohne wissenschaftliche Grundlage (aber mit Science-Fiction und Storytelling) stattfand, zeigte sich in der zweiten Hälfte des Jahrhunderts der starke ökonomische Nutzen. Der promovierte Jurist Ossip K. Flechtheim, ein Deutscher, der nur knapp den Nationalsozialisten entkommen und in die USA emigriert war, wo Zukunftsforschung im Wesentlichen entstanden ist, prägte dort 1943 den Begriff der „Futurologie" (Zukunftsforschung) als systematische Behandlung von Zukunftsfragen. Mit seinem Klassiker „Futurologie. Der Kampf um die Zukunft" sah er nicht nur Zukunftsforschung als Voraussetzung für eine Demokratisierung der Gesellschaft, sondern sensibilisierte auch für wissenschaftliche Zukunftsforschung, die aber erst seit der Jahrtausendwende internationales Ansehen als Wissenschaftszweig genießt.
Seriöse Zukunftsforschung verfügt über eine Vielzahl verifizierender und validierter Methodologien, die Objektivität, formale Genauigkeit und Generalisierbarkeit gewährleisten. In der sogenannten Preta-Forschung (Primär- und Metastudien) werden die verschiedenen Formen quantitativer und qualitativer Forschung sinnvoll kombiniert, um eine hohe Aussagekraft der Studienergebnisse zu erreichen.

Aktuelles Hintergrundwissen.

FACT PRINT

an einem wichtigen Punkt unseres Gesprächs entkommen. Dabei hätte ich Agora so gern noch etwas zu üblicher Markt- und Meinungsforschung gesagt. Sie hilft nämlich oft nur bedingt dabei, die Motive und Einstellungen der Menschen valide zu erfassen.

„Habe ich was verpasst?", fragte Agora und warf einen schnellen Blick auf die Uhr, während sie sich wieder zu mir setzte. Sie wirkte sichtlich frischer als zuvor. Ich schüttelte den Kopf, weil sie mir den Eindruck machte, als hätte sie es auf einmal eilig. „Über Marktforschung können wir ja auch ein anderes Mal sprechen."

Ich wechselte das Thema: „Interessiert es Sie noch, was mir persönlich an Barack Obama am besten gefällt?" „Aber natürlich." „Er hat seinen Töchtern immer gesagt, dass Leidenschaft eine Menge Schwächen wettmache." Das nahm ich auch für mich in Anspruch. Die Leidenschaft für eine Sache, für die dahinterstehenden Werte trieb meiner Erfahrung nach Menschen weit stärker an, gemeinsam mit anderen zu wirken, als Geld oder Ruhm. „Was denken Sie: Verkörpert Ihre Führungsriege diese Leidenschaft oder ist sie eher gefangen in den Zwängen eines Systems, das mehr dem Selbstzeck dient als den Menschen?"

„Wohl Letzteres", kam es nun etwas kleinlaut von meiner Gesprächspartnerin.

Ich war erleichtert, da die Überheblichkeit den Raum verlassen zu haben schien. „Und genau deshalb kann nur eine persönliche und emotionale Identifikation den erhöhten Blutzuckerspiegel der Demokratie wieder ins Gleichgewicht bringen. In vielen Ländern wird er durch Wahlversprechen in die Höhe gepusht, nur um im Lauf der nächsten Legislaturperiode wieder dramatisch zu sinken. Die Folge: Die Bevölkerung setzt gedanklich und emotional Fett an. Damit das nicht passiert, damit sich jeder in einer Demokratie willkommen und gesehen fühlt, braucht es ein zukunftsorientiertes weltumspannendes Gesamtkonzept, das auch die nachfolgenden Generationen einbezieht und daher weit über Change Management hinausgeht. Davon hatten Sie vermutlich in den Ländern, die Sie als kritisch ansehen, genug."

„Sehr richtig!" Ihre eben noch gefühlte Eile war wie weggeblasen. Der mädchenhafte Teil von Agora klatschte in die Hände, dann sagte sie wieder sachlich: „Wenn ich Sie beauftrage, bekomme ich dann nicht nur objektive Analytik, sondern auch Antworten auf den Ursprung der Krise der Demokratie, und zwar nicht nur in den USA, sondern global, vor allem aber auch auf die Frage nach Zukunftssicherheit?"

„Zweifelsfrei muss ihr Geschäftsmodell zwingend weiterentwickelt werden, um im Wettbewerb gegen Autokratien nicht zu unterliegen! In vielen Demokratien steigen populistische Parteien auf. Gleichzeitig sinkt die Wahlbeteiligung seit Jahren oder verharrt auf niedrigem Niveau. Dieser anhaltende Trend spricht eine deutliche Sprache. Die immer wieder diskutierte Wahlpflicht wie in Australien oder Belgien mag über eine Strafe die Stimmzettel mehren. Aber dann sind wir auf dem Weg in die Unfreiheit. Solche Maßnahmen werden die Menschen nicht dazu bewegen, sich mehr für ihre Demokratie zu engagieren."

Ohne auf meine erste Analytik einzugehen, insistierte sie: „Bekomme ich dann Antworten?" „Ja!", antwortete ich.

„Und bekomme ich neben strategischen Antworten auch noch konkrete Maßnahmen an die Hand, die wir dann umsetzen können?" Ich erläuterte ihr, dass strategische Antworten, um die es zurzeit gehen würde, von Umsetzungsmandaten zu unterscheiden sind. Sozusagen ein Schritt nach dem anderen: Nicht überhastet losfahren, sondern erst das Ziel kennen und noch an die Ladesäule, bevor die Fahrt dann losgeht. Dennoch versuchte ich ihr klarzumachen, dass wir auch in strategischen Mandaten exemplarisch konkrete Maßnahmen aufzeigen würden: ein Beispiel für einen kurzfristigen Schritt, eines für ein mittelfristiges Werkzeug und eines für ein langfristiges Instrument.

„Dann haben Sie ab heute eine neue Kundin!" Sie lächelte zufrieden.

„Noch nicht", entgegnete ich. „Es ist nämlich höchste Zeit, Wirtschaft wie Politik neu zu denken, sie insbesondere von herrschender Monokausalität, der Überhöhung des Rationalen, zu befreien. Es geht um die qualitative Evolution der Leistungsniveaus von Regierungen, Unternehmen, Produkten, Dienstleistungen und Menschen. Ich bin davon überzeugt, dass die Zukunft qualitativ sein wird. Auch deswegen nutzen wir eine Cultural and Integrity Due Diligence, kurz: CIDD. Hiermit entscheiden wir, mit wem wir leidenschaftlich zusammenarbeiten wollen. Und für wen wir nicht tätig werden, weil diese Leidenschaft bei dem möglichen Kunden fehlt."

„Aha." Agora rutschte etwas unruhig auf ihrem Sessel hin und her.

„Wir legen unsere Priorität also nicht auf die Quantität der Mandate, sondern ihre Qualität. CIDD arbeitet mit einer systematischen Evaluation, auch auf Basis unabhängiger Wirtschaftsinformationen, und gliedert sich in zwei Bereiche. Erstens: Integrity Due Diligence. Terrorismusfinanzierung, Geldwäsche und Korruption sind für Kunden, für die wir tätig werden, genauso inakzeptabel wie für uns. Also geben wir und unsere Mandanten eine entsprechende Integrity-Erklärung gegen Illegales und Unethisches ab."

Mit einem Ausdruck der Anerkennung stimmte Agora zu.

„Zweitens: Cultural Due Diligence. Nur Menschen, die etwas bewegen wollen und können, die gleich ticken, werden Mandaten eine herausragende Qualität verleihen. Persönliche Motivation, Kommunikations-, Führungs- und damit Entscheidungsstrukturen prägen die Kulturen von Unternehmen. Passen sie nicht zusammen, kommt es zu Problemen. Ein Match, also eine Übereinstimmung, ist daher von besonderer Bedeutung und wird von CIDD evaluiert. Unsere Teams nennen die CIDD übrigens auf unseren Firmenfluren etwas kürzer nur, bitte verzeihen Sie, ‚No Asshole Policy'."

Agora runzelte die Stirn. Vermutlich war ihr dieser letzte Begriff zu viel. Sie bohrte mit einem Finger in den Stoff des Sessels. Als sie es bemerkte, verschränkte sie ihre Hände und sagte mit gespielter Leichtigkeit: „Ich soll ihr freches CIDD also als Countdown, wie sagten Sie gerade: ‚leidenschaftlicher Zusammenarbeit' verstehen?" Und nach einer kurzen Pause: „Und ich soll mich gedulden, ob Sie ‚Ja' sagen?"

Mit einem, von einem langsamen Nicken begleiteten, langen Blick in Agoras Augen – ganz wie zu Beginn unseres Treffens im Vier Jahreszeiten – bejahte ich ihre Frage.

AUSGEWÄHLTE HIGHLIGHTS DES ERSTEN KAPITELS.

- Demokratie und ihre Vorteile werden zunehmend als selbstverständlich betrachtet.
- Gesellschaften verändern sich, sie werden offener, kollaborativer und digitaler.
- Junge Menschen navigieren anders durchs Leben als ihre Eltern und Großeltern: In der Schlüsselkompetenz „Umgang mit digitalen Medien" sind sie ihnen überlegen.
- Vertrauen in die Demokratie nimmt ab.
- Sorge um die Demokratie ist berechtigt.

Start Analysephase.

Die Due Diligence geht los.

In dieser Phase prüfen wir, ob die Firmenkulturen des Mandanten und unserer Gruppe sowie die Mitarbeitenden beider Partner gut zusammenpassen. Und dass die Integrität des Unternehmens einwandfrei ist. Das entscheidet darüber, mit wem wir zusammenarbeiten. Und für wen wir nicht tätig werden.

WOCHE 1

Wir unterschreiben den Vertrag.

Nachdem die Prüfung bestanden ist und wir uns über alle Konditionen verständigt haben, erfolgt die Unterzeichnung des aus drei Teilen bestehenden Vertrags: Vertraulichkeitsvereinbarung, Integritätsverpflichtung und der zentrale Beratungsvertrag. Anschließend kümmern wir uns um die Projektplanung. Nun kann der Strategieprozess starten.

WOCHE 3

Jetzt bereiten wir die ersten Co-Labs vor.

Unsere Teammitglieder machen sich mit Mandant, Mandat und Markt vertraut und entwickeln – bewusst noch ohne Informationen des Mandanten – einen Fragenkatalog für die ersten Co-Labs, eine innovative Form eines Workshops. Die Meta-Forschung startet, sie liefert eine statistische Zusammenfassung von Erkenntnissen, die bereits zuvor von unserer Gruppe oder dritten Instituten, z. B. aus der Wissenschaft, erarbeitet wurden.

WOCHE 4

Die Co-Labs beginnen.

Wir treffen uns digital oder analog mit den Teams des Mandanten in mehreren Co-Labs. Darin brieft er mit möglichst wenigen Vorgaben die Aufgabenstellung und liefert uns seine Informationen, zum Beispiel über seine Märkte, Wettbewerber, vermeintliche Wettbewerbsvorteile et cetera. Unser die Woche zuvor vorbereiteter Fragenkatalog dient dabei als Grundlage für intensive Diskussionen, etwa über mögliche Diskrepanzen zwischen seiner und unserer Sicht. Aus jedem Meeting ergeben sich Aufgaben für beide Partner.

WOCHE 5

Jetzt tauchen wir noch tiefer ein.

Unsere Teams werten das bzw. die Co-Lab-Briefing(s) aus, untersuchen die Schwerpunktthemen tiefer und definieren interne Aufgaben. Wir vertiefen die seit Woche 4 laufende Meta-Forschung. Außerdem stellen wir erste Zukunftsentwicklungen und Hypothesen zur Lösung der Herausforderungen des Mandats für die nächsten Co-Labs zusammen.

WOCHE 5

Regelmäßig tauschen wir uns mit dem Mandanten aus.

Ab jetzt finden einmal wöchentlich Jours fixes statt, in denen wir uns gegenseitig die Arbeitsergebnisse der vergangenen Woche vorstellen sowie neue Aufgaben und Termine festlegen.

WOCHE 5

Woche 6

Kapitel zwei

CO-LAB IN MIAMI.

Topic eins

Welcome.

Mit einem Glas frisch gepressten Orangensaft lehnte sich Agora in dem gemütlichen Sessel vor dem geöffneten Fenster ihres Zimmers im ersten Stock der Villa zurück. Eine frische Brise strömte durch das offene Fenster und wirbelte die geschlossenen, leichten Vorhänge auf. Mit einem Gefühl der Erleichterung schüttelte sie nach der Anreise nach Miami ihre Ballerinas ab, lief die wenigen Schritte barfuß auf dem Teppich zum Fenster und schob die weißen Gardinen zur Seite. Sie sah wieder die neongrünen Flip-Flops, die sie bei ihrer Ankunft auf dem kleinen Tisch neben ihrem Sessel vorgefunden hatte, konnte sich aber nicht entschließen, diese Dinger anzuziehen. Dann widmete sie sich der schönen Aussicht, während sie ein wenig mehr vom O-Saft trank. Der süßlich-saure Geschmack belebte ihre Sinne. Stille lag in der warmen Luft, die nach dem Meerwasser der glitzernden Biscayne Bay roch. Nur ein paar Silberreiher zogen ihre Kreise am Himmel. Auch die Vögel genossen die Morgensonne. Wenn das Co-Lab so stressfrei lief wie die Ankunft, dann stand der Zukunft der Demokratie nichts mehr im Wege. Sie schaute auf ihr Glas und spürte, wie die Unruhe sich langsam legte, die seit dem letzten Treffen mit Ben – sie würde sich nie daran gewöhnen, ihn beim Vornamen zu nennen! – in ihr rumorte. Die Due Diligence hatte weniger Zeit in Anspruch genommen, als von ihr erwartet. Ebenso war auch erstaunlich wenig Zeit vergangen von der Besiegelung der Zusammenarbeit bis zum heutigen Tag, an dem alle Regierungschefs und deren Vertreter aus insgesamt 33 demokratischen Ländern sich auch terminlich in der Lage sahen, an einem Co-Lab, wie Ben es genannt hatte, teilzunehmen, dessen Ziel es war, an der Gestaltung der Zukunft der Demokratie mitzuwirken. Der Begriff Co-Lab stand, so hatte Ben erklärt, für Kollaborieren in einer kreativen und entspannten Atmosphäre, die den Teilnehmern und Teilnehmerinnen Raum für die Darstellung ihrer individuellen Sicht hinsichtlich Problem- und Aufgabenstellung sowie dem gemeinsamen Entwickeln von Lösungswegen gab. Wie hier in Miami Beach fanden an unterschiedlichen Orten der Welt mehrere Co-Labs mit jeweils multilateral zusammengesetzten Gruppen statt. Bens Erfahrung dabei: Wenn unterschiedliche Menschen an unterschiedlichen Orten identische oder sehr ähnliche Problemstellungen identifizierten, dann schlummerte da ein übergreifendes, wichtiges Thema. „Als Erstes möchten mein Team und ich herausfinden", hatte er ihr erklärt, „wo die einzelnen Länder Probleme hinsichtlich der Demokratie sehen, und dann, wie sie diese bewältigen wollen. Das hilft uns einzuschätzen, an welchem Punkt jede Nation steht. Dazu haben wir an die Teilnehmenden zur Vorbereitung einen Fragenkatalog geschickt."

„Wie in aller Welt stellen Sie sich … äh … stellst du dir ein informelles Treffen von international bekannten Politikern in lockerer Atmosphäre sicherheitstechnisch und unter Ausschluss der Öffentlichkeit vor?", hatte sie zunächst entgegnet.

Security sei wichtig, so Ben, dafür sei natürlich eine Lösung zu finden. Diskretion sei aber elementar. Das Co-Lab müsse der Chatham House Rule folgen, damit alle Teilnehmenden frei und ungezwungen sprechen und brainstormen könnten. Daher durften die Co-Labs weder durch Presse noch durch Sicherheitsmaßnahmen merklich eingeschränkt werden.

Wer war gleich noch mal hier in Miami Beach dabei? Agora ging zu ihrer Handtasche, die sie bei der Ankunft aufs Bett geworfen hatte, holte ihr Notizheft heraus und blätterte die Seiten durch, bis sie fand, was sie suchte, und die alphabetische Liste, die auch die Teilnehmer enthielt, überflog:

Botswana, Sonderberaterin der Vereinten Nationen Bogolo Kenewendo
Costa Rica, Präsident Carlos Alvaro Quesada
Dänemark, Ministerpräsidentin Mette Frederiksen
Deutschland, Vizekanzler Robert Habeck
Estland, Premierministerin Kaja Kallas
Finnland, Ministerpräsidentin Sanna Marin
Frankreich, Präsident Emmanuel Macron
Großbritannien, Premierminister Boris Johnson
Indien, Premierminister Narendra Modi
Italien, Ministerpräsident Mario Draghi
Japan, Premierminister Fumio Kishida
Neuseeland, Premierministerin Jacinda Ardern
Niederlande, Ministerpräsident Mark Rutte
Taiwan, Präsidentin Tsai Ing-wen
Tschechien, Ministerpräsident Petr Fiala
USA, Präsident Joe Biden

Angesichts dieser Liste von Regierungsvertretern stellten sich ihr immer noch die Nackenhaare auf. Es war nicht leicht gewesen, alle zu überzeugen und einzuschwören, hatte aber funktioniert. Dass Joe Biden fast ohne Zögern zusagte, brachte selbst die letzten Skeptiker dazu, mitzumachen oder zumindest einen Stellvertreter zu schicken.

CHATHAM HOUSE RULE.

Diese vom Londoner Royal Institute of International Affairs entwickelte Vertraulichkeitsregel verfolgt das Ziel, einen möglichst offenen und vertrauensvollen Dialog zu führen. Teilnehmende in einem Meeting, das der Chatham House Rule unterliegt, fühlen sich verpflichtet, weder explizit noch implizit preiszugeben, wer was gesagt hat. Die besprochenen Informationen dürfen aber kommuniziert werden. So kann eine Gruppe ungehindert Ideen zur Lösung auch komplexer und sensibler Themen entwickeln, auch wenn sie möglicherweise nicht im Einklang mit der Institution stehen, die der oder die Teilnehmende vertritt.

Aktuelles Hintergrundwissen.

FACT PRINT

Bens Team hatte darum gebeten, dass die Gruppe ihre mobilen Devices während des Co-Labs so wenig wie möglich nutzte, um die gemeinsame Kreativität maximal auszuschöpfen. Begrenzte Erreichbarkeit sollte machbar sein, denn es gab schließlich Stellvertreter in den einzelnen Ländern. Aber da war noch das Damoklesschwert einer möglichen russischen Invasion in die Ukraine, das über ihrem gesamten Team hing. Vergangenen Samstag hatte NATO-Generalsekretär Jens Stoltenberg die Erwartung eines umfassenden Angriffs Russlands auf die Ukraine geäußert. Doch gestern noch hatte der ukrainische Präsident Wolodimir Selenskij erklärt, dass er nicht mit einem Krieg gegen sein Land rechne.

Nur mit Mühe schob Agora den Gedanken an die drohende Eskalation in der Ukraine beiseite. Sie ging wieder ans Fenster, der Ausblick auf das Wasser der Bucht mit den umliegenden Inseln beruhigte sie etwas. Wie gut, dass es ihr gelungen war, für ein so angenehmes Ambiente des Co-Labs zu sorgen. Ein langjähriger Freund hatte ihr seine abgeschiedene und bestens gesicherte Villa auf Hibiscus Island in Miami Beach zur Verfügung gestellt. Das moderne, kalkweiße Anwesen, dessen Front riesige korinthische Säulen zierten, verfügte über viele Zimmer, ein Kino, eine Wellnessoase und sogar ein Amphitheater im Garten, das sie fast ein bisschen an das Theater erinnerte, in dem sie vor rund 2.300 Jahren politischen Versammlungen beigewohnt hatte. Der perfekte Ort für ein kollaboratives Zusammentreffen, hatte Ben ihr zugestimmt, wenngleich er die Villa, was er gleich bei ihrer Ankunft sagte, zu protzig und überfrachtet mit technischen Spielereien fand.

Ein Knattern durchbrach die angenehme Stille. Am Himmel zog ein Doppeldecker mit einem Werbebanner vorüber. Agora musste schmunzeln. Wer schon einmal in Miami Beach war, wusste, dass die Flugzeuge ziemlich oft am Himmel kreisten, aber vermutlich ahnte keiner der Anwesenden, dass sich darin Sicherheitspersonal befand, das fortwährend das Gelände überwachte. Mit einem zufriedenen Seufzer nahm sie wieder in ihrem Sessel Platz. Es war alles vorbereitet, sie hatte eine spannende Auswahl an demokratischen Leadern zusammengestellt. Es konnte also losgehen.

WIE STEHST DU ZUM THEMA DEMOKRATIE?

- Was sind aus deiner Sicht die Vorteile der Demokratie?
- Was sind aus deiner Sicht die Nachteile der Demokratie?
- Welche Demokratie (welches Land) ist aus deiner Sicht besonders erfolgreich? Und warum?
- Welche Autokratie ist aus deiner Sicht erfolgreich? Worin? Und woran liegt das?
- In welchem Land steht die Demokratie besonders unter Druck? Und warum?
- Was sind übereinstimmende Merkmale regelmäßiger Nichtwähler?
- Was sind übereinstimmende Merkmale regelmäßiger Wähler?

Das persönliche Denkspiel.

JOIN PRINT

Topic zwei
Lebenszyklusanalyse.

Die Sonne strahlte. Ein Gefühl der Wehmut ergriff Agora, als die 16 anderen Teilnehmerinnen und Teilnehmer des Co-Labs sowie Ben und 16 vor Ort anwesende Beraterinnen und Berater seines Teams um 10 Uhr auf den steinernen Stufen des Amphitheaters versammelt saßen. Die Regierungschefs und die Thomies, wie Bens Mitarbeiterinnen und Mitarbeiter von vielen Kunden genannt werden, trugen alle Freizeitkleidung, einige sogar die neongrünen Flip-Flops. Man hätte meinen können, sie seien alle zusammen im Urlaub.

Sie hatte ja schon viele Workshops erlebt, aber dieses Co-Lab hier schien irgendwie anders zu sein. Die Thomies hatten jede Menge Distraktionen und Pausen vorgesehen, um die Teilnehmenden aus ihrer straffen Alltagsroutine zu reißen. Vielleicht hätte auch sie ihr Kostüm und die Lack-Ballerinas doch gegen etwas Bequemeres eintauschen sollen.

Ben erhob sich und ging auf die Bühne, an deren Ende eine große Steinwand stand, über die mit beruhigendem Plätschern kontinuierlich Wasser herablief. „Ich heiße euch herzlich zu diesem Co-Lab willkommen.“ Er schenkte der Runde ein Lächeln, um sogleich sehr ernsthaft fortzufahren: „Ich weiß es zu schätzen, dass ihr tatsächlich – trotz des europäischen Krisenherdes, der russischen Ukraine-Ereignisflut – heute hier seid. Und dass du, Joe, heute in Washington nicht selbst sprichst, und das meine ich stellvertretend für euch alle, sondern deine Pressesprecherin Jen Psaki in rund fünf Stunden zum Ukrainethema zu Wort kommen lässt.“[1] Agora spürte Bens Blick, während er weiterredete: „Hättest du in deiner Jugend gedacht, dass die Demokratie selbst zum Krisenherd der Welt werden könnte?“ Sie schüttelte unmerklich den Kopf.

Ben schaute von einem Anwesenden zum nächsten. In der gefühlten Ewigkeit hätte man eine Stecknadel fallen hören können. Schließlich fuhr er fort: „Mein Team und ich haben uns in den letzten Wochen intensiv mit dem Thema Demokratie auseinandergesetzt. Aus unserer Forschungsarbeit und den Einzelgesprächen mit euch haben wir Hypothesen zum Status der Demokratie abgeleitet, über die wir im Lauf der nächsten zwei Tage mit euch in kleineren Gruppen diskutieren möchten, um sie gemeinsam zu verifizieren beziehungsweise zu falsifizieren und innovative Lösungsideen zu entwickeln. Ich freue mich auf erkenntnisreiche 48 Stunden und natürlich auf die Königskrabben, eine Spezialität aus Miami, die uns beim heutigen Mittagessen erwarten."

Agora konnte sich angesichts dieser kulinarischen Auswahl ein Schmunzeln nicht verkneifen. Die Königskrabbe wurde nämlich auch Stalinkrabbe genannt, weil sie, sich in rasantem Tempo in den Weltmeeren ausbreitend, großen Schaden anrichtete. Egal wie sich das Co-Lab entwickeln würde, mit ihrer Leibspeise konnte das gesamte Team in Miami schon einmal einen wertvollen Beitrag leisten.

PAUSE ALS KREATIV-BOOST.

Manchmal sind es nur Momente, die Kreativität hervorbringen. Solche Geistesblitze kommen oft im entspannten Zustand, etwa unter der Dusche oder beim Sport, wenn wir uns nicht verkrampft auf die Lösung einer bestimmten Aufgabe konzentrieren, sondern uns außerhalb unserer Routinen bewegen.[2] Kreativität gelingt umso besser, je mehr wir uns zuvor mit dem Thema befasst und einem ebenso konkreten wie relevanten Ziel verschrieben haben.[3] Dieser Mix aus Anspannung und Entspannung verschafft uns den Vorteil kreativer Kompetenz, den uns zumindest in diesem Jahrhundert kein Roboter streitig machen wird.

Aktuelles Hintergrundwissen.

FACT PRINT

10 HYPOTHESEN ZUM STATUS DER DEMOKRATIE.

1 Machtmissbrauch und Korruption sind in Demokratien der Ursprung ihrer Beschädigung.

2 Der Bildungsgrad der Bevölkerung repräsentiert den Demokratiegrad des betreffenden Landes.

3 Politiker in Demokratien sind erheblich zu abhängig von der Wirtschaft.

4 Wenn Menschen steigender Wohlstand widerfährt, reduziert das ihre zuvor negative Wahrnehmung der Staatsform, in der sie leben, beziehungsweise stärkt es ihre positive Wahrnehmung der Staatsform, in der sie leben.

5 Die Langsamkeit demokratischer Prozesse bringt Demokratien in Gefahr.

6 Menschen fühlen sich in der repräsentativen Demokratie nicht mehr repräsentiert. Der Demokratie fehlt damit Legitimität.

7 Direkte Demokratie löst die Probleme der Demokratie.

8 Wenn Menschen an Entscheidungsprozessen beteiligt werden, gewähren sie jene Wertschätzung, die sie durch die Beteiligung empfinden, auch der Staatsform, in der sie leben.

9 Technologie hat entscheidenden Einfluss auf den Erfolg von Demokratien.

10 Populisten sind ursächlich für den Niedergang der Demokratie.

Auf Seite 294 f. findest du, welche Hypothesen im Laufe des Beratungsprozesses noch hinzukamen, welche verifiziert und welche falsifiziert wurden. Oder du checkst es einfach online mit diesem QR-Code:

Aktuelles Hintergrundwissen.

FACT PRINT

Bevor sich Ben wieder zur Gruppe setzte, drückte ein Thomie den Knopf einer Fernbedienung. Das Wasser hörte auf zu fließen und ein riesiger Bildschirm wurde in der Mauer sichtbar. Agora erinnerte sich an Bens Kritik am Protz der Location und konnte sich ein Schmunzeln nicht verkneifen. Sie setzte ihre Brille auf und las mit wachsender Irritation.

Den anderen ging es auch so: Ein Raunen ging durch die Gruppe. Ben ließ die Übersicht auf dem Bildschirm auf alle wirken. Einige Teilnehmende zeigten sich entrüstet, andere flüsterten miteinander, manche warteten einfach nur ohne erkennbare Emotion ab, was jetzt kommen würde.

„Bevor wir uns in kleineren Gruppen mit der Verifizierung oder eben auch Falsifizierung“ – Letzteres betonte Ben besonders – „dieser Hypothesen zum Status der Demokratie beschäftigen“, fuhr Ben fort, „habe ich bereits jetzt eine Frage an euch mitgebracht.“ Ein Thomie klickte erneut auf die Fernbedienung. Eine Grafik zu der mit Agora in Hamburg kurz besprochenen Lebenszyklusanalyse von Produkten erschien.

„Produkte durchlaufen einen Lebenszyklus“, erläuterte Ben, „der ihre Entwicklung im Markt abbildet – von der Einführung über Wachstum und Reife bis hin zu Sättigung und Verfall. Hat ein Produkt in den Märkten seine Zeit überschritten, ist es in Zukunft nicht mehr relevant und muss durch neue Produkte ersetzt oder stark weiterentwickelt werden.“

Der französische Präsident Emmanuel Macron meldete sich als Erster zu Wort: „Dass Produkte in der Rückgangphase den Markt den Wettbewerbern überlassen müssen, ist ja einleuchtend. Aber wie lässt sich das auf die Demokratie übertragen?“

„Vielleicht können wir uns gemeinsam auf dieses Gedankenexperiment einlassen“, schlug Ben vor. „Meine Frage an alle: Nehmen wir einmal an, die Demokratie sei ein Produkt: Wäre es klüger, sie in der

LEBENSZYKLUSANALYSE.

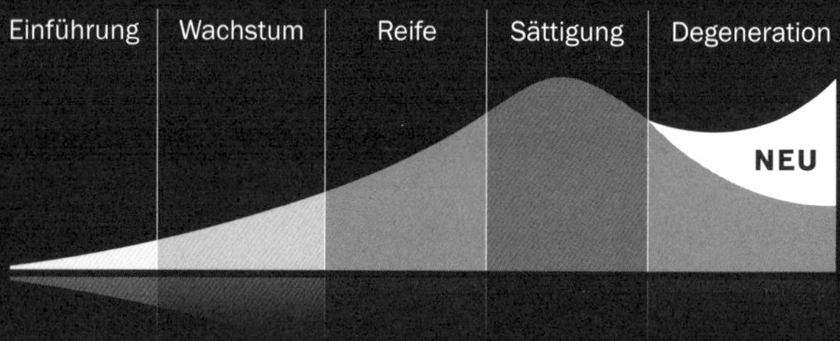

Aktuelles Hintergrundwissen.

FACT PRINT

Phase des Verfalls zu behalten und zu belassen, wie sie ist, als sie zu erneuern?“

Emmanuel Macron verschränkte die Arme und schwieg. Währenddessen tuschelten erneut einige der Anwesenden miteinander. Ben wartete einen Moment, bis sich das Plenum beruhigt hatte, dann fragte er: „Gesetzt den Fall, eine Demokratie würde einen solchen Lebenszyklus durchlaufen, wo, meint ihr, befindet sich euer jeweiliges Land gerade: in der Phase der Einführung, des Wachstums, der Reife, der Sättigung oder des Rückgangs?“

Nun meldete sich die Afrikanerin Bogolo Kenewendo, die der botswanische Präsident Mokgweedsy Masisi als Vertretung entsandt hatte. Die Mitte-30-Jährige, die geflochtenen Haare zu einem dicken Dutt gedreht, kam aus einer der ärmsten Regionen Botswanas und wollte schon als Kind eine Rolle bei der Entwicklung des Landes und des afrikanischen Kontinents spielen. Kenewendo war bis 2020 die jüngste Ministerin der Geschichte Botswanas, eine der wenigen Frauen im Kabinett der weibliche Anteil lag bei gerade einmal elf Prozent, erinnerte sich Agora – und damals zuständig für Investitionen, Handel und Industrie. Seit 2022 war sie Sonderberaterin der Vereinten Nationen.

„Auch wenn Botswana die älteste und erfolgreichste Demokratie auf dem afrikanischen Kontinent ist", sagte Bogolo, „befinden wir uns im Wachstum. Wir entwickeln zunehmend Stabilität, aber es gibt noch viel zu tun."

„Warum läuft es bei euch besser als in anderen afrikanischen Ländern?", fragte ein Thomie und blendete gleichzeitig eine Übersicht über einige Marktforschungsergebnisse zu den einzelnen Demokratien der Welt auf dem Bildschirm ein.

„Lasst mich das am Beispiel unserer Landesflagge aufzeigen." Bogolo schaute mit offenem Blick und einem gewinnenden Lächeln in die Runde, während sie weitersprach. „Der hellblaue Grund steht für Himmel und Wasser. Das schwarze Band mit dem weißen Rand, das horizontal über die Mitte läuft, symbolisiert das harmonische Zusammenwirken der verschiedenen ethnischen Gruppen. Dieses Bild drückt unser dezidiertes Ziel aus, nämlich Gleichberechtigung und Wohlstand für alle zu erreichen. Der Staat investiert in ein funktionierendes und vor allem kostenloses Gesundheitssystem und – das sage ich nicht ohne Stolz – in einen hohen Bildungsstandard 8,1 Prozent unseres Bruttosozialprodukts. Wir sind zwar noch keine vollständige Demokratie, aber mit Platz 30 im Demokratieindex auf einem guten Weg. Natürlich sind wir nicht frei von Problemen. Da ist AIDS, da ist Korruption, um nur zwei zu nennen." Sie deutete auf den Bildschirm, der Botswana nicht zeigte. „Unser Ranking im Korruptionsindex ist definitiv verbesserbar, aber zumindest lassen wir die anderen afrikanischen Länder weit hinter uns."

Je demokratischer, desto ehrlicher.

Mario Draghi räusperte sich und fuhr sich durch das perfekt sitzende Haar. Vermutlich war ihm das Thema Korruption nicht sehr angenehm, schließlich lag Italien, das er als Ministerpräsident wirtschaftlich und sozial wieder stabilisieren wollte, mit Platz 42 nur knapp vor Botswana, das sich an 45. Stelle im Korruptionsindex befand.

„Ich sehe Hypothese 1 als zu falsifizieren an", sagte Draghi, „Machtmissbrauch und Korruption sind in Demokratien der entscheidende Ursprung ihrer Beschädigung." Er räusperte sich erneut, nahm einen Schluck aus der Wasserflasche, die neben ihm stand, und sagte dann: „Machtmissbrauch und Korruption mögen schädlich für ein demokratisches Miteinander sein, aber sie sind nicht entscheidend für die Beschädigung." Einige Politiker und Politikerinnen nickten zustimmend.

Agora schätzte Draghis klare Worte. Vor seiner politischen Tätigkeit hatte der heute 77-Jährige als Chef der Europäischen Zentralbank die Institution durch die Eurokrise manövriert und war im Februar 2021 vom Staatspräsidenten nach einer der regelmäßigen Regierungskrisen Italiens zum Ministerpräsidenten ernannt worden, um die Zerstrittenheit und Zersplitterung der Parteien abzustellen und das Land aus der Wirtschaftskrise zu führen. Seit Ende des Zweiten Weltkriegs waren die meisten Ministerpräsidenten nicht

ANTIKORRUPTIONS-WELTMEISTER.[4]

Ranking	Land	Demokratieindex
1.	Neuseeland	2
2.	Finnland	3
3.	Dänemark	6
4.	Schweden	4
5.	Norwegen	1
6.	Schweiz	10
7.	Niederlande	11
8.	Luxemburg	14
9.	Deutschland	15
10.	Großbritannien	18

22. Österreich (20).

Aktuelles Hintergrundwissen.

FACT PRINT

länger als ein bis zwei Jahre im Amt geblieben, manche hatten ihrem Nachfolger bereits nach ein paar Monaten den Staffelstab überreicht. Agora hatte mit zunehmendem Alter Schwierigkeiten, sich die Namen der ständig wechselnden Ministerpräsidenten zu merken. Wie musste es da wohl den Bürgerinnen und Bürgern Italiens ergehen? „Whatever it takes“ kam Agora in den Sinn, dieser Ausspruch hatte Draghi seinerzeit als Chef der Zentralbank auf der ganzen Welt berühmt gemacht: Er werde alles unternehmen, um den Euro zu erhalten. Damals hatte der sonst so nüchterne Draghi seinen Ausspruch mit den Worten beendet: Und glauben Sie mir, es wird genug sein. „Whatever it takes“ war danach zu einer politischen Parole geworden, die ausdrücken sollte, in Krisenzeiten das Unmögliche möglich zu machen. Was aber nicht bei allen, die sich Draghis Phrase bedienten, zutraf – während der Ex-Zentralbankchef Wort gehalten hatte. Würde ihm das trotz des oppositionellen Gegenwindes auch als Ministerpräsident gelingen? Die Korruption in seinem Land einzudämmen stand vermutlich weit oben auf seiner Agenda. Die Frage war allerdings, ob er lang genug im Amt bleiben würde, um etwas bewirken zu können.

Kenewendo griff den Diskussionsfaden wieder auf: „Botswana braucht Skills für das 21. Jahrhundert und deshalb suchen wir Verbündete auf dem Weg zu mehr Gleichberechtigung und Wohlstand, zu mehr Demokratie.“

Agora wusste, dass sich dies mit Präsident Masisis Vision 2036 und einer der Top-Prioritäten auf seiner Agenda deckte: einen Mindset Change, um den Weg des Wohlstands für alle einzuschlagen. Masisi setzte unter anderem auf Bildung und Digitalisierung, um Botswana im internationalen Wettbewerb nach vorn zu katapultieren. War ein solcher Mindset Change nicht auch für einige der Demokratien relevant, deren Vertreter und Vertreterinnen gerade anwesend waren?

„Wer von euch ist der Meinung, fragte ein Thomie, „dass sein beziehungsweise ihr Land eine demokratische Sättigung erreicht hat?“ Ein paar Sekunden blieb eine Antwort von den anwesenden Damen und Herren aus. Agora konnte an ihren Gesichtern förmlich ablesen, wie sie diese Frage in ihren Köpfen hin- und herwälzten. Einzig die Skandinavierinnen Mette Frederiksen und Sanna Marin, die ganz oben auf einer Stufe des Amphitheaters nebeneinandersaßen, schien die Frage nicht zu verunsichern. Schließlich meldete sich der deutsche Wirtschaftsminister Robert Habeck zu Wort. „Ich muss echt zugeben, dass ich für Deutschland gern Reife sagen würde. Aber ich fürchte, dass wir, wie wohl einige andere europäische Länder, eher in der Phase der Sättigung sind."

„Und worauf führst du das zurück?", fragte Ben.

„Ich erlebe eine gewisse Demokratiemüdigkeit, die mich beunruhigt. Zum einen zeigen statistische Erhebungen, dass über 40 Prozent der Bürgerinnen und Bürger unzufrieden damit sind, wie Demokratie funktioniert, Tendenz steigend. Und zum anderen erstarken rechtspopulistische Parteien in einigen Ländern Europas, was ich zum Kotzen finde." Habeck suchte Augenkontakt zu seinen europäischen Kollegen, sein Blick blieb am französischen Präsidenten Macron hängen.

„Willst du damit sagen, dass Demokratie als Staatsform über kurz oder lang vom Aussterben bedroht ist?", brachte Macron seine kritische Haltung erneut zum Ausdruck. Er schaute in die Runde und sagte: „Das könnten wir doch noch in den Hypothesen-Katalog aufnehmen."

„Ich kann verstehen, dass dieser Schluss naheliegt", antwortete Habeck. „Aber aus meiner Sicht kann man diese Hypothese gleich falsifizieren. Natürlich dürfen wir nicht vergessen, dass weniger als 50 Prozent der Weltbevölkerung überhaupt in Demokratien leben. Ich als Deutscher werde, anders als die Hälfte der Menschen auf unserem Globus, nicht von autokratischen Machthabern beherrscht. Aber trotz dieser alarmierenden Zahl wäre es zu platt und auch zu risky, die Welt nur in Gut und Böse aufzuteilen."

Die meisten Anwesenden brachten ihre Zustimmung mit einem Nicken zum Ausdruck.

„Madre mia", platzte es aus dem bisher sehr gefassten Mario Draghi heraus. „Ein demokratischer Abwärtstrend ist doch historisch betrachtet nichts Neues. Demokratie braucht einen langen Atem. Ich kann der Kollegin aus Botswana nur beipflichten: Bei unserer politischen Arbeit geht es um eine Senkung der Staatsschulden, eine Zunahme des Wohlstands, eine Erhöhung des Bildungsstandards, um Reformen in Justiz und Wirtschaft, eine Erhöhung der Produktivität und insgesamt um eine Orientierung an freiheitlichen und emanzipierten Werten." Er blickte sich im Kreis seiner Kolleginnen und Kollegen um. „Oder sieht das jemand anders?" Als keine Reaktion kam, fragte er: „Aber sind wir Politiker auch bereit dafür?" Er ließ seine Worte wirken und setzte nach: „Was wir auf jeden Fall brauchen, ist ein starkes europäisches und transatlantisches Band."

„Wie stark ist ein europäisches Band, wenn ein Land wie Großbritannien austritt?", kam es von rechts außen, wo der britische Premier Boris Johnson, bekannt für seine Provokationen und populistischen Äußerungen, seine Bemerkung mit einem Grinsen begleitete.

„Jede demokratische Nation steht doch vor ganz unterschiedlichen Herausforderungen", mischte sich Indiens Premierminister Narendra Modi in die Diskussion ein. „Und je größer ein Land, desto größer die Herausforderungen. Deshalb lässt sich Demokratie auch nicht über einen Kamm scheren wie eine Ware."

Dieser Mann war Agora ein Rätsel. Einerseits wirkte er wie ein Asket, war Vegetarier und nicht verheiratet. Als junger Mann war er zwei Jahre durch Indien gewandert und hatte im Himalaya mit Sadhus meditiert, die nach den strengen Regeln des Hinduismus lebten. Der Premier schlief nur ein paar Stunden pro Nacht, hatte keine Hobbys und es hieß, sein Tag bestünde nahezu nur aus Arbeit. Seine Produktivität steigerte er angeblich mit Meditation. Am liebsten hätte Agora ihn gefragt, wie man mit einer so asketischen Haltung Verständnis für die Bedürfnisse der 1,4 Milliarden Inder unterschiedlichster Herkunft und sozialem Status aufbringen kann. Andererseits hatte er es geschafft, als Spitzenkandidat für die hindu-nationalistische Bharatiya Janata Party (BJP) die Wahl 2014 mit absoluter Mehrheit zu gewinnen. Das war vermutlich nicht nur seiner Aura des religiösen Hindu geschuldet, sondern auch seinem Wahlkampf als selbsternannter Selfmademan, der es trotz seiner Herkunft aus einer niedrigen Kaste vom einfachen Teeverkäufer zum Ministerpräsidenten gebracht hatte. Der indische Premier stellte eine kontroverse Mischung aus Tradition und Innovation dar. Manchmal wirkte er wie ein einfacher Mann in einer schlichten weißen Kurta und Hose mit beiger Weste, dann wieder trug er farbenfrohe und teure maßgeschneiderte Hindutracht, die er angeblich bei einem Bollywood-Schneider fertigen ließ. Mit Verständnislosigkeit erinnerte sich Agora daran, wie er zu einem Treffen mit dem ehemaligen US-Präsidenten Obama einen dunklen Anzug trug, dessen feine Nadelstreifen beim genauen Hinsehen aus seinem vollständigen Namen gestickt waren. Andererseits zeigte er sich weiten Teilen des Volks verbunden, indem er viele seiner Reden auf Hindi hielt, da der Hinduismus, eine der ältesten Weltreligionen, mit über 80 Prozent die am weitesten verbreitete Glaubensrichtung war. Es schien die Menschen stolz auf ihre Nation zu machen, wenn er nicht wie viele indische Politiker Englisch sprach, sondern wie sie redete. Im Wahlkampf 2014 erreichte er die 400 Millionen Millennials im Land, die technikerfahrenen Städter ebenso wie die arme und analphabetische Landbevölkerung, mit holografischen Live-Auftritten. So konnte er gleichzeitig an vielen Orten des Landes zum indischen Volk sprechen, als sei er wirklich anwesend. Die über 1.000 holografischen Auftritte fand Agora einerseits ebenso beeindruckend wie surreal. Andererseits fühlten sich die Muslime Indiens, und sie machten immerhin 200 Millionen Menschen in der Bevölkerung aus, aufgrund Modis hindu-nationalistischer Politik als Menschen zweiter Klasse. Sie spürten täglich Ablehnung, Diskriminierung und oft Aggression.

Von einer Sekunde auf die andere kam Bewegung in die „skandinavische Ecke“, die sich bisher noch gar nicht am Gespräch beteiligt hatte. Finnlands Premierministerin Sanna Marin und ihre dänische Amtskollegin Mette Frederikson tuschelten. Auch der holländische Ministerpräsident Mark Rutte war dabei.

„Wir würden gern alle an eurem Austausch teilhaben“, ging Agora etwas verärgert über die demonstrative Abgrenzung der Gruppe dazwischen.

„Wir sehen Demokratie weniger als einen von Gott gegebenen Auftrag“, antwortete Mette Frederiksen. Und Mark Rutte ergänzte: „Entscheidend für den Erfolg jeder Demokratie ist aus unserer Sicht die Stärke ihrer Leistungen für die Bevölkerung.“ „Die skandinavischen Länder punkten in Sachen Demokratie“, machte Sanna Marin weiter, „weil sie das Wohlergehen ihrer Bürgerinnen und Bürger an die erste Stelle stellen. Wie Botswana setzen wir vor allem auf Bildung und Gleichberechtigung. Und wir sind wirtschaftlich gut aufgestellt und daher attraktiv für Investoren aus aller Welt.“ Mit einem Nicken untermauerte Mette Frederiksen aus Dänemark die Worte ihrer Amtskollegin. „Und was die Einschätzung des Lebenszyklus angeht“, führte Sanna Marin weiter aus, „bewegen wir uns in einem ständigen Spannungsfeld von Wachstum, Reife und Einführung, wobei ich den letzten Begriff gern ersetzen würde durch Entwicklung. Die skandinavische Demokratie ist eine Art lebendiger Organismus.“

Agora wartete gespannt auf die Reaktion des indischen Premiers, die allerdings auf sich warten ließ. Er lehnte sich zurück, schlug die Beine übereinander und verschränkte die Finger. Schließlich sagte er: „Autokratische Länder wie China mögen im Systemvergleich verlieren, aber im Wettbewerb oft leider nicht. Im Reich der Mitte hat sich das BIP in den letzten 20 Jahren mehr als verzehnfacht. Chinas Mittelschicht wurde stärker. Mehr Menschen konnten sich Auto und Auslandsreisen leisten.“ Er begleitete seine Aufzählung mit einem energischen Fingerzeig.

„Das Land positioniert sich über seine Tech-Unternehmen als Vorreiter in der Weiterentwicklung künstlicher Intelligenz. Die Chinesinnen und Chinesen profitieren vom sozialistischen Konzept des gemeinsamen Wohlstands, das hohe politische Priorität hat, während in gesättigten Demokratien der Wohlstandszuwachs niedriger ausfällt." Die sachliche Information stand im Gegensatz zu dem fast aggressiven Tonfall, den Indiens Regierungschef anschlug und der wohl der Tatsache geschuldet war, dass er China gegenüber nicht gerade wohlgesonnen war.

„Aber dieser Profit hat in Chinas Fall einen hohen Preis", warf Präsident Carlos Alvaro Quesada aus Costa Rica ein, „den Verlust der Freiheit. In Autokratien wird doch das Beste fürs Volk nicht gemeinsam entschieden. Sie wird von oben verordnet!"

Zum ersten Mal beteiligte sich nun auch die estländische Premierministerin Kaja Kallas: „Autokraten kümmern sich eben nicht um die Bedürfnisse der Menschen im Land, sondern nur um ihren Machterhalt."

Genau, pflichtete Agora ihr im Stillen bei. Aber was würde passieren, wenn ein autokratisches Land ein bestimmtes Level an Wohlstand erreicht hatte? Erfahrungsgemäß sehnten sich die Menschen, sobald

WIE VIEL GELD MACHT GLÜCKLICH?

75.000 Dollar ist der Glücks-Schwellenwert.[5] Wer weniger als diese Summe verdient, empfindet bei finanziellem Zuwachs emotionales Wohlbefinden. Bei höherem Einkommen stellt sich dieses Glücksgefühl nicht mehr im gleichen Maße ein. Der Grund dafür ist der „abnehmende Grenznutzen", der sich einstellt, wenn das hohe Arbeitsaufkommen zu einer fehlenden Work-Life-Balance führt, was mehr Geld nicht mehr kompensiert. Mehr Geld garantiert also nicht mehr Glück, da der Mensch sich schnell an neue Lebensumstände gewöhnt. Das Bessere wird zum Standard.

Aktuelles Hintergrundwissen.

FACT PRINT

sie ein Ziel erreicht hatten, nach dem nächsten Schritt. Sobald es ihnen wirtschaftlich besser ging, sehnten sie sich nach mehr Freiheit und individueller Lebensgestaltung. Vielleicht war das der Grund, warum die chinesische Regierung Ende 2021 auf einmal in einem Weißbuch kommunizierte, der autokratisch regierte Einparteienstaat sei eine „Demokratie“, die funktioniere.[6]

„Oder in Anlehnung an den russischen Journalisten und Nobelpreisträger Dimitri Muratow gefragt“, fuhr Kaja Kallas fort: „Wer ist für wen da in Demokratien: Der Staat für die Menschen? Oder die Menschen für den Staat?“

Agora musste sich zurückhalten, um nicht zu applaudieren. Der letzte Satz erinnerte sie an eine Zeit vor rund 60 Jahren, als ein junger Mann sagte: Frage nicht, was dein Land für dich tun kann – frage, was du für dein Land tun kannst. Der abgesehen von Theodore Roosevelt jüngste US-Präsident aller Zeiten, John F. Kennedy, war mit Jacqueline Kennedy verheiratet. Ihre zehnjährige Ehe mit ihm war für sie nicht immer glücklich. Denn er hatte zahlreiche Affären, darunter mit berühmten Schauspielerinnern wie Marilyn Monroe. Aber John F. Kennedy war seinerzeit auch ganz vernarrt in Agora.

Sie strich sich mit der Hand über die Stirn, um sich etwas Kühlung zu verschaffen. Ihr Herz schlug höher bei dem Gedanken an seine Liebe, die alles überstrahlte: die zu ihr! Zur Demokratie. JFKs Handeln in Innen- und Außenpolitik und internationalen Krisen war geprägt von dieser Herzensneigung. Bürgerrechte, Bekämpfung von Armut, Bildung. So motivierte er 400.000 junge Amerikaner, in Entwicklungsländern freiwillig Kinder zu unterrichten. Ein Leben in Freiheit, hatte er gesagt, sei nicht leicht und die Demokratie sei nicht vollkommen. Mit Wehmut dachte sie an seine berühmte Rede vor dem Rathaus Schöneberg in West-Berlin im Juni 1963: „Aber wir hatten es nie nötig, eine Mauer aufzubauen, um unsere Leute bei uns zu halten und sie daran zu hindern, woanders hinzugehen. Alle freien Menschen, wo immer sie leben mögen, sind Bürger dieser Stadt Berlin und deshalb bin ich als freier Mann stolz darauf, sagen zu können: Ich bin ein Berliner."

Ein laut zerschellendes Glas, das ein Mitarbeiter des Catering-Service im Hintergrund hatte fallen lassen, riss Agora aus ihren Gedanken an JFK. Ihr Blick ging wieder zu Kaja Kallas. Der dienende Charakter der Politik, den die estländische Ministerpräsidentin gerade angesprochen hatte, entsprach ihrer tiefsten Überzeugung. Und das aus dem Mund einer Politikerin, die von der Presse als Prinzessin bezeichnet wurde. Kaja Kallas hatte ein Buch über ihre Jahre als Europaparlamentarierin und alleinerziehende Mutter geschrieben. Der estländische öffentlich-rechtliche Rundfunksender ERR bezeichnete ihr Werk nach Erscheinen als Prinzessinnen-Tagebuch, weil sie sich darin nicht bloß auf ihre Arbeit beschränkte, sondern auch von ihrem Leben und den Menschen, die sie traf, und den Kleidern, die sie trug, erzählte. Die estländische Ministerpräsidentin wurde von Beginn ihrer politischen Karriere an mit ihrem Vater, dem ehemaligen Ministerpräsidenten Siim Kallas, verglichen. Vielleicht war diese Offenheit ihr Weg, sich als Politikerin freizuschwimmen. Zumal diese 360-Grad-Lebensoffenheit doch, wie Agora vermehrt beobachtete, dem Zeitgeist unter jüngeren Menschen entsprach.

Kaja sprach weiter: „Ich bin zu Sowjetzeiten in direkter Nachbarschaft zu Russland aufgewachsen. Als 11-Jährige nahm mein Vater meinen Bruder und mich auf eine Reise in die DDR mit. Als wir dann in Berlin an der Mauer standen, sagte er: ‚Kinder, atmet tief ein – das ist die Luft der Freiheit, die von der anderen Seite kommt.' Da ist mir klar geworden, welchen Wert Freiheit hat."

Agora lächelte still in sich hinein. Eben noch JFK, jetzt Kaja Kallas – allen war Berlin eine Reise wert.

„Deshalb kann Demokratie nur dann erfolgreich sein, wenn alle in der Gesellschaft die gleichen freiheitlichen Rechte haben", kommentierte der costa-ricanische Präsident Carlos Quesada, ein ehemaliger Journalist und Mann der Kultur, der zwei Romane geschrieben und früher in einer Rockband gesungen hatte. „Ich habe mal eine Frau in einem Armenviertel interviewt, die ihren Sohn wegen psychischer Probleme verloren hatte. Noch heute erinnere ich mich daran, wie sie aus lauter Ohnmacht bitterlich weinte. Als Journalist konnte ich ihre Geschichte zwar mit vielen Menschen teilen, aber nichts gegen die Ungleichheit tun. In dem Moment ging mir ein Licht auf: Man muss sich persönlich engagieren, um etwas zu verändern. Die Ungerechtigkeit war für mich Antrieb, um in die Politik zu gehen. Und um deine Frage zu beantworten, Ben: Costa Rica gilt als konsolidierte Demokratie in Mittelamerika“, er schaute auf die Übersicht der Demokratie-Weltmeister, die ein Thomie vollständig auf dem Bildschirm eingeblendet hatte, und fügte hinzu: „Auf Platz 20.“

„Bildung und staatliche Fürsorge sind uns wichtig“, fuhr Quesada fort. Die verschiedenen Ethnien leben friedlich miteinander. Wir investieren in ein umfassendes soziales Netz, ein gutes Gesundheitssystem, Bildung und Umweltschutz. Wir verzeichnen wesentlich weniger Gewaltverbrechen als unsere Nachbarländer, haben eine freie Presse und sind so etwas wie ein Ökoparadies, weil wir uns seit Jahren für Umwelt- und Klimaschutz einsetzen. Nur ein Beispiel: 98 Prozent unseres Stroms kommt aus erneuerbaren Energien. Wie die Skandinavier sind wir deshalb interessant für Investoren. Aber dennoch stehen wir vor sehr großen Herausforderungen: eine Arbeitslosenrate von über 20 Prozent. Die Einkommensverteilung ist ungerecht. Ein Viertel der

Bevölkerung lebt noch immer unterhalb der Armutsgrenze. Die Staatsschulden wachsen und wir brauchen dringend eine Wirtschaftsreform. Angesichts dieser Probleme ist es für mich als Politiker wichtig, das Vertrauen der Bürger und Bürgerinnen in die Politik und die Parteien zu stärken."

„Demokratie passiert eben nicht zufällig", fasste Joe Biden, Präsident der Vereinigten Staaten, das bisher Gesagte zusammen. „Wir müssen sie verteidigen, dafür kämpfen, sie stärken und erneuern."

Amen, dachte Agora. Auch wenn Bidens Einwurf richtig war, ging es doch im Wesentlichen um den zweiten Teil seines Satzes: das Stärken und Erneuern, damit im Kampf gegen den Vormarsch der Autokratien die Demokratie als Staatsform nicht zu einer Ideologie verkommen würde. Es ging darum, das Volk wieder in die positive Pflicht zu nehmen, eine Wahl zu haben – und das nicht nur, wie viele derzeit dachten, zwischen Pest und Cholera. Die Menschen in Demokratien mussten wieder begeistert werden für die, wie Agora nie müde wurde zu betonen, beste aller Staatsformen. Aber wie?

Quesada lächelte. „Nicht umsonst nennt man Costa Rica die Schweiz Mittelamerikas. Im Lebenszyklus würde ich uns übrigens wie Botswana in der Wachstumsphase ansiedeln. Vielleicht ist das der entscheidende Punkt, Joe. Auch wenn wir das fortschrittlichste Land in Zentralamerika sind, ist der Ansporn fürs Kämpfen und Erneuern wesentlich stärker, weil wir in Fortschritt und Entwicklung und nicht in Erhaltung denken."

Man muss sich das einmal bewusst machen, dachte Agora. Costa Rica war jahrzehntelang umgeben von Diktaturen und Bürgerkriegen. Drogenhandel, Staatskrisen und Umweltzerstörung prägten die Nachbarländer. Und dennoch war es dem Land gelungen, sein demokratisches Verständnis zu vertiefen. Auf einmal dämmerte es ihr. Je weniger gesättigt ein Land im demokratischen Lebenszyklus, desto mehr schien es nach Aufbruch im wahrsten Sinne des Wortes zu streben. Und umgekehrt: Je gesättigter im Lebenszyklus, desto mehr Trägheit begleiteten Land und Leute. Brauchte Demokratie am Ende die Autokratie als Feindbild, um sich ideologisch abzugrenzen?

Die Sonne knallte auf seine Glatze, als Ben wieder vor dem Bildschirm aufs Podium sprang. Zeitgleich ertönte sanfte Loungemusik und der Bereich um den Pool gab den Blick auf eine lange, gedeckte Tafel frei. „Können wir uns am Ende dieser ersten Diskussion darauf einigen, dass Demokratie ein sehr wertvolles Produkt ist, das es wert ist, von Grund auf erneuert zu werden, um einen neuen Lebenszyklus zu starten? Und dass diese Aufgabe nicht nur eine systemische, sondern auch eine menschliche ist? Damit die Bürgerinnen und Bürger eurer Länder mehr Lust auf Demokratie bekommen, damit sie ihnen wieder schmeckt." Alle Anwesenden nickten. „Dann danke ich euch für die gute Diskussion und freue mich, gemeinsam mit euch dafür zu sorgen", er zwinkerte Agora zu, „den Atlantischen Ozean von ein paar Stalinkrabben zu befreien."

Topic drei

Macht Demokratie glücklich?

„Haben Sie etwas dagegen, wenn ich mich dazugeselle?" Agora wartete ab, bis Narendra Modi, der in einer langen hellen Kurta in meditativem Zustand auf einem der dick gepolsterten Tagesbetten im lichtgedämpften Ruheraum des Wellnessbereichs der Villa lag, mit einem Nicken zustimmte. Dann machte sie es sich, eingehüllt in einen weißen Bademantel aus dickem Frottee, auf der Liege rechts neben dem indischen Premier bequem. Sie genoss die Ruhe und lauschte dem sanften Plätschern des Springbrunnens, um den zehn Liegen angeordnet waren. Wie gut, dass Indiens Premierminister kein Freund von Smalltalk zu sein schien. Die Gespräche des Vormittags, an denen Agora teilgenommen hatte, waren sehr aufschlussreich und inspirierend, aber sie hatte sich auch angestrengt, außerhalb des politischen Systems zu denken, an das sie so sehr gewöhnt war. Bens Blicke vorhin wurden, so ihr Eindruck, nicht müde, sie daran zu erinnern. Den anderen Teilnehmern erging es bestimmt ähnlich. Deshalb waren wohl alle dankbar für die Pausen, die die Thomies einkalkuliert hatten. Sie ließ sich genüsslich in die weichen Kissen des Tagesbetts fallen. Ihre Zukunft, also die der Demokratie, würde sich nicht in der nächsten Stunde entscheiden. Auch nicht ohne sie. Agora schloss die Augen und hing eine Weile ihren Gedanken nach. Wie seltsam, dass Modi so ganz allein hier unten war. Normalerweise befanden sich alle Teilnehmer auch während der Pausen in einem Dialog miteinander und mit den Thomies, aber er hatte wohl alle abgehängt. Tja, jetzt nicht mehr. Auch wenn sie einräumen musste, dass ein bisschen Schweigen gerade guttat. Kaum war Agora ein wenig eingenickt, weckte sie das Geräusch der sich öffnenden Glastür und Stimmengewirr. Aus dem Augenwinkel beobachtete sie, wie die finnische Premierministerin Marin, Costa Ricas Präsident Quesada sowie zwei Thomies, alle in weißen Bademänteln und Flip-Flops, lachend in den

Je demokratischer, desto glücklicher.

Säulengang traten, der den Liegebereich des Ruheraums umgab. Modi schien das nicht zu stören, denn er blieb ungerührt mit geschlossenen Augen liegen. „So ein Dampfbad mag gesund sein, Carlos, aber ich mag unsere klassische finnische Sauna lieber“, wandte sich Marin ihrem Kollegen aus Costa Rica zu. „Von hier aus gehen wir für den nächsten Saunagang dort entlang.“ „Vielleicht ruhen wir uns erst mal aus“, entgegnete Quesada und fügte, als er Agora und den indischen Premier bemerkte, hinzu: „Oh, bitte entschuldigt, wir wollten euch nicht stören.“ Modi rührte sich immer noch nicht. „Ihr stört nicht.“ Agora zeigte auf die freien Liegen rechts neben sich. „Setzt euch doch zu uns.“

Kaum hatten die vier Neuankömmlinge Platz genommen, öffnete sich die Tür ein weiteres Mal und Boris Johnson, mit erhitztem, noch röterem Gesicht als ohnehin, sowie eine Thomie kamen herein und besetzten zwei weitere Liegen. „Ah, die glücklichen Finnen findet man natürlich in der Sauna.“ Johnsons Zynismus wurde begleitet von einem Feixen. „Finnen sind, wissenschaftlich bewiesen, die glücklichsten Menschen der Welt – zum vierten Mal in Folge seit 2018“, konterte Marin. „Wo stehen die Briten gleich noch? Ach ja, Platz 17. Vielleicht solltest du öfter saunieren.“

DIE GLÜCKS-WELTMEISTER.[7]

Ranking	Land	Demokratie-index
1.	Finnland	3
2.	Dänemark	6
3.	Island	5
4.	Schweiz	10
5.	Niederlande	11
6.	Luxemburg	14
7.	Schweden	4
8.	Norwegen	1
9.	Israel	23
10.	Neuseeland	2

11. Österreich (20), 14. Deutschland (15)

Aktuelles Hintergrundwissen.

FACT PRINT

Vier Bildschirme fuhren nach allen Richtungen aus dem Boden vor dem Springbrunnen hoch und zeigten allen Teilnehmern der Runde eine Übersicht über die glücklichsten Demokratien.

Boris Johnson lehnte sich auf seiner Liege zurück und verschränkte die Arme hinter dem Kopf. Agora fürchtete schon, sein Bademantel würde sich gleich öffnen. „Mit Verlaub, Sanna, beim Thema Glück finden wir keinen Konsens, weil wir einfach zu unterschiedliche Voraussetzungen haben. 90 Prozent der Glücks-Weltmeister sind Länder mit unter zehn Millionen Einwohnern. Es ist nun einmal einfacher, fünfeinhalb Millionen Menschen glücklich zu machen als über 67 Millionen."

„Oder 1,4 Milliarden", kam es aus der Ecke, wo Narendra Modi mittlerweile mit geöffneten Augen lag. Agora musste dem indischen Premierminister zustimmen. Indien war die größte Demokratie der Welt mit 1,4 Milliarden Menschen, eine Dimension, die sich nur wenige Regierungsoberhäupter vorstellen konnten. Die hier anwesenden 16 Nationen kamen zusammen, überschlug sie kurz im Kopf, gerade einmal auf die Hälfte der Einwohnerzahl Indiens.

Die Thomie neben Boris Johnson mischte sich ins Gespräch ein: „Nur 45,7 Prozent der Weltbevölkerung, die 7,9 Milliarden Menschen umfasst, lebten im Jahr 2021 in Demokratien. 2020 waren es noch 49,4 Prozent." „Vielen Dank", griff Modi den Faden auf. „Das bedeutet, zwischen einem Drittel und der Hälfte dieser 45 Prozent sind Inder."

Johnson, der gerade dabei war, mit eigenwilligen Bewegungen seinen Bademantel wieder zu arrangieren, sagte zu Sanna Marin: „Glücks-Weltmeister schützt allerdings nicht vor Depression und Alkoholproblemen. In Europa hat Finnland eine der höchsten Selbstmordraten und zum Thema Alkohol muss ich wohl nichts weiter ausführen."

„Madre mia", hätte Agora in Anlehnung an Mario Draghi am liebsten ausgerufen. Bestünde nämlich ein Kausalzusammenhang zwischen der geringen Einwohnerzahl eines Landes und dem Glück seiner Bewohner, wäre das ja eine Bankrotterklärung für alle Länder mit mehr als zehn Millionen Einwohnern, weil die Bevölkerung dann ja niemals eine Chance auf Glück hätte. Statt sich voneinander abzugrenzen wäre es doch viel besser, von- und miteinander zu lernen. Oder hatte sie am Ende eine ungünstige Auswahl der Teilnehmer an diesem Co-Lab getroffen?

Die Runde sollte sich zusammensetzen aus einem Mix aus großen und kleinen, demokratisch erfolgreichen und problematischen Ländern verschiedener Kontinente, um sich gegenseitig Impulse zur Entwicklung der Demokratie zu geben. Aber das, was sie sich erhofft hatte, Out-of-the-Box-Denken, erwies sich gerade als Streitpunkt. Sie zügelte ihren Drang, dazwischenzugehen, und wartete stattdessen die Antwort der finnischen Ministerpräsidentin ab.

Sanna, die inzwischen aufgestanden war und an dem Ausguss des Springbrunnens spielte, als wollte sie den Strahl jeden Moment auf Boris Johnson umleiten, antwortete: „Studien belegen, dass die Finnen nicht mehr Alkohol als andere Bewohner in der Europäischen

DAS RECHT AUF GLÜCK.

„We hold these truths to be self-evident, that all men are created equal, that they are endowed by their Creator with certain unalienable Rights, that among these are Life, Liberty and the pursuit of Happiness."

Aus der amerikanischen Verfassung vom 4. Juli 1776

Seit 2008 hat das Königreich Bhutan das Glück der Bevölkerung in der Verfassung verankert. Oberstes Regierungsziel ist es, das sogenannte „Bruttonationalglück" zu fördern. Eine Regierung, die das Volk nicht glücklich mache, habe keine Existenzberechtigung.

Das indigene Prinzip des „buen vivir", der Lebenszufriedenheit, fand Einzug in die Verfassungen von Ecuador (2008) und Bolivien (2009).

Aktuelles Hintergrundwissen.

FACT PRINT

Je demokratischer, desto steiler.

Union trinken. Wir liegen sogar leicht unter dem europäischen Durchschnitt. Vielleicht sollten wir uns gegenseitig weniger an Mythen zu unseren Nationen abarbeiten, als vielmehr positive Fakten zum Thema Demokratie sammeln und von beziehungsweise miteinander lernen."

Während die Thomie, die mit Johnson gekommen war, zufrieden lächelte, setzte Sanna sich, mit eleganter Leichtigkeit, wieder auf die Liege und sprach weiter: „Lasst mich also noch mal zurück auf Anfang gehen: Glück bedeutet nicht die Abwesenheit von Problemen oder komplexen Herausforderungen. Es bedeutet auch nicht, mit einem Dauerstrahlen durchs Leben zu schlendern. Wie jedes Land hier im Co-Lab stehen auch wir vor gesellschaftlichen Herausforderungen, aber darüber sind sich die finnischen Bürgerinnen und Bürger ebenso wie ihre Regierung im Klaren. Wir schauen nicht weg, sondern kümmern uns alle zusammen um das Wohl unseres Volkes." Mit einem Seitenblick auf Johnson schloss sie: „Ehrlich gesagt frage ich mich, wie es um den Rest der Welt stehen muss, wenn wir Finnen die glücklichste Nation sind."

DIE WELTMEISTER IM SOZIALEN AUFSTIEG.[8]

Ranking	Land	Demokratieindex
1.	Dänemark	6
2.	Norwegen	1
3.	Finnland	3
4.	Schweden	4
5.	Island	5
6.	Niederlande	11
7.	Schweiz	10
8.	Belgien	36
9.	Österreich	20
10.	Luxemburg	14

11. Deutschland (15).

Aktuelles Hintergrundwissen.

FACT PRINT

Johnson hüllte sich, Sannas herausfordernden Blick ignorierend, in Schweigen. „Als Finnin verstehe ich unter Glück ja eher eine Art

Lebenszufriedenheit. Wir haben in unserem Land ein hohes Maß an Grundvertrauen in die Politik und die Gesellschaft, die das Gemeinwohl als hohe Priorität setzt."

Agora musste plötzlich an einen Begriff denken, der von Skandinavien, genauer gesagt von Dänemark aus, die Lifestyle-Welt erobert hatte: Hygge. Das Wort entstammte dem Altnordischen und stand für einen Ort, an dem man sich wohlfühlte, wo man seine Batterien wieder aufladen konnte. Hygge war aber, so schien es ihr, mehr als Genuss oder eine gemütliche Atmosphäre bei romantischem Kerzenlicht mit Freunden vor dem offenen Kamin. Das Fundament von Hygge bildete ein Gefühl der Sicherheit und Zusammengehörigkeit, das auf Werten wie Vertrauen, Familie und Bescheidenheit basierte.

Der indische Premier atmete tief aus, sagte jedoch nichts. Agora war sich aber sicher, dass alle im Ruheraum ahnten, was er gerade dachte. Lebenszufriedenheit herzustellen war in dem Land, das er regierte, eine schier unmöglich erscheinende Aufgabe: Rund 20 Prozent der Bevölkerung, also 300 Millionen aller Inderinnen und Inder, lebten unterhalb der Armutsgrenze, die bei 1,90 US-Dollar[9] Kaufkraft pro Person und Tag lag. Etwa zehn Millionen Kinder unter zehn Jahren mussten arbeiten. Wie hoch die Dunkelziffer lag, daran mochte sie gar nicht denken. Die Kindersterblichkeit lag bei vier Prozent. Dazu kam eine unzureichende Schulbildung, gerade einmal 60 Prozent der Frauen konnten lesen und schreiben, bei den Männern waren es immerhin 80 Prozent. Die sanitären Bedingungen, unter denen viele Menschen lebten, waren katastrophal und Keimherde für Erkrankungen wie Typhus oder Gelbsucht. Wie hatte Modi es sinngemäß in einer seiner Reden am Unabhängigkeitstag ausgedrückt: Die Nation konnte eine Mission zum Mars entsenden, war aber nicht in der Lage, jede Schule mit einer Toilette auszustatten. Wie in aller Welt ließ sich angesichts solcher Herausforderungen die Lebensqualität der Menschen, ein elementarer Eckpfeiler einer glücklichen Demokratie, verbessern?

Studien zeigten, dass sich sozialer Aufstieg in den skandinavischen Ländern wesentlich leichter vollzog als in Indien. Aber auch die USA, ein wirtschaftlich erfolgreiches Land, erreichte im Global Social Mobility Index nur Platz 27. China als Antagonist demokratischer Länder fiel weit ab mit Platz 45. Agora betrachtete die junge und aparte finnische Ministerpräsidentin. Sie war doch das beste Beispiel für Chancengleichheit in Skandinavien. Sanna Marin wuchs im Arbeitermilieu in Helsinki bei ihrer alleinerziehenden Mutter auf. Ihre Familie sei wie bei vielen Finnen, so hatte sie auf ihrem Blog einmal erzählt, voller trauriger Geschichten. Ihre Mutter war als Kind im Waisenhaus gewesen, ihr Vater war Alkoholiker. Ihre Eltern ließen sich scheiden, als Sanna noch ein kleines Mädchen war. Nach der Trennung verliebte sich die Mutter in eine Frau und Sanna lebte von da an in einer Regenbogenfamilie, die damals nicht als gleichberechtigte Familie anerkannt wurde. Ihr Vorankommen in der Gesellschaft verdankte sie der sozialen Ausrichtung Finnlands, auch wenn sie von Kindesbeinen hart dafür gearbeitet hatte. Und das mit Erfolg, denn immerhin war sie zu ihrem Amtsantritt mit 34 Jahren die jüngste Regierungschefin der Welt. Man konnte über die Finnen sagen, was man wollte: Das Land hatte sich zu einer hoch entwickelten Demokratie entfaltet, in der Chancengleichheit gelebt wurde.

„Die Lebenszufriedenheit der Finnen und der anderen nordeuropäische Länder, die sich Top-Plätze im Glücksindex teilen, sind auf konkrete demokratische Erfolgsfaktoren zurückzuführen", sagte Marin und fing an aufzuzählen: „Stabile Wirtschaftsleistung, niedriges Gehaltsgefälle, hohes Bildungsniveau, Zugang zu modernster Technologie, mit über 80 Jahren eine gute durchschnittliche Lebenserwartung sowie ein großes Maß an Familienfreundlichkeit. Skandinavien steht außerdem für Gleichstellung. Dänemark, Finnland, Estland, Island und Schweden werden derzeit von Ministerpräsidentinnen regiert. Der Anteil von Frauen im Parlament liegt in den meisten nordischen Ländern bei über 45 Prozent."

PERFORMANCE IN VIER KATEGORIEN.

Ranking	Top 10 BIP/Kopf[10]	Top 10 Wirtschafts-performer[11]	Top 10 Vertrauen (in Wirtschaft, Staat und Gesellschaft)[12]	Top 10 Kinderfreund-lichkeit[13]
1.	Luxemburg	Schweiz	Dänemark	Schweden
2.	Norwegen	Schweden	Finnland	Dänemark
3.	Irland	Dänemark	Schweden	Norwegen
4.	Schweiz	Niederlande	Niederlande	Niederlande
5.	USA	Norwegen	Schweiz	Kanada
6.	Island	Taiwan	Irland	Finnland
7.	Dänemark	USA	Deutschland	Schweiz
8.	Australien	Finnland	Österreich	Island
9.	Niederlande	Luxemburg	Großbritannien	Australien
10.	Schweden	Irland	Belgien	Großbritannien

Aktuelles Hintergrundwissen.

FACT PRINT

„Ich bleibe bei meiner Meinung", winkte Johnson ab. „Euer Glück liegt an der Weitläufigkeit und Unberührtheit der nordischen Natur, an dem geopolitisch geschlossenen Raum und den vielen Saunen." Er hatte, während seine finnische Amtskollegin gesprochen hatte, auf seinem Handy herumgetippt und las nun vor: „Drei Millionen Saunen bei 5,5 Millionen

Einwohnern." Er hielt sein Mobiltelefon in die Höhe und rechnete in Gedanken. „Da hat doch jeder Zweite eine Sauna." Johnson sah zu seinem indischen Kollegen, der den Blick ignorierte, dann sagte er: „Mein Fazit lautet: In Finnland verbindet das Miteinander-Schwitzen."

„Nein", entgegnete Sanna Marin etwas forscher, als ihr vermutlich lieb war, „die Größe eines Landes entscheidet ebenso wenig, ob seine Bevölkerung glücklich ist oder nicht, wie darüber, ob das Land erfolgreich ist oder nicht. Auch ein kleines Land kann großen Impact haben! Dänemark zum Beispiel ist ganz weit oben in der Top 10 der internationalen Wirtschaftsperformer, und das, obwohl das Land nur rund 5,7 Millionen Einwohner hat. Schweden liegt auf Platz 2 bei zehn Millionen Einwohnern." Sie setzte sich auf und beugte sich nach vorn, wo zwei Liegen weiter rechts Boris Johnson lag. „So betrachtet müsste Großbritannien doch eigentlich Top of the Pops der Wirtschaftsperformer sein, oder? Und wo steht ihr?"

„Platz 18", checkte eine Thomie auf ihrem Tablet. Johnson rollte mit den Augen.

Die Tür ging auf und die taiwanesische Präsidentin Tsai Ing-wen trat zusammen mit einer Thomie in den Raum. Sie lächelte stumm, während sie sich vor der Gruppe verbeugte. Dann zeigte sie auf ihre Begleiterin und sagte: „Wir waren gerade auf dem Weg zum Schwimmbad. Aber diese Runde hier sieht sehr spannend aus. Haben Sie etwas dagegen, wenn wir uns dazusetzen?" Die beiden Frauen nahmen auf den letzten zwei freien Liegen Platz.

„Demokratien bieten ein Fenster zum Glück oder noch besser, ein Fenster zur Zufriedenheit der Menschen, einem zeitlich deutlich weniger limitierten, guten Gefühl", griff die Thomie, die rechts neben Boris Johnson saß, den Faden auf. „Sie haben einen identischen Kitt, der sie zusammenhält. Und dieser Kitt heißt Vertrauen.[14] Da erlitt das Vereinigte Königreich", resümierte sie, während sie Johnson anschaute, „starke Verluste, unter anderem durch die andauernden Brexit-Debatten."

„Pfff“, stöhnte Johnson und verschränkte demonstrativ die Arme. Sein hochrotes Gesicht bildete einen scharfen Kontrast zu seinem blütenweißen Bademantel und dem weißgetünchten Ruheraum. „Diese Diskussion hat so einen langen Bart.“ Er begleitete seine Worte, indem er mit der Hand an seinem nicht vorhandenen Vollbart entlangstrich. „Die Briten vertrauen ihrer Regierung, weil das Land endlich wieder die Kontrolle über die Gesetze und das eigene Schicksal zurückerlangt hat. Die EU kostet doch nur einen Haufen Geld und untergräbt die Demokratie. Der europäische Staatenbund hat Großbritannien verloren, weil er nur auf ein Land hört, wenn es Nein sagt.“

„Vielleicht ist ja nicht die EU das Problem“, sagte Taiwans Präsidentin Tsai Ing-wen mit sanfter Stimme. Agora beobachtete, wie die Gruppe aufhorchte. „Und der Brexit gar nicht die Lösung.“ Ing-wens Lippen umspielte ein sanftes Lächeln.

„Und was wäre die Lösung?“, fragte Johnson spitz, mit mittlerweile extrem hochrotem Kopf.

WAS STÄRKT DEIN VERTRAUEN IN DEMOKRATIE?

- Hohe Glaubwürdigkeit staatlicher Institutionen und deren Vertreter.
- Schnelle, durchdachte und transparente Krisenintervention.
- Klare Kommunikation positiver und negativer Entwicklungen im Land.
- Sich als Einzelner gesehen fühlen.
- Zunehmender Wohlstand für alle.

Das persönliche Denkspiel.

JOIN PRINT

Tsai Ing-wen schaute auf den Bildschirm mit dem Glücksranking. „Taiwan befindet sich nur auf Platz 24, aber wir sind die Nummer 1 in Asien. Unser Glück ist auf messbare Faktoren zurückzuführen: hohe Werte im BIP, eine überdurchschnittliche Lebenserwartung, soziale Hilfe, eine sehr gute Gesundheitsversorgung, ein gut ausgebautes Verkehrsnetz und – das ist das Wichtigste – Freiheit. Meinungs- und Versammlungsfreiheit, freie Wahlen und freie Partnerwahl. Ein Beispiel: Vor 20 Jahren war die gleichgeschlechtliche Ehe in Taiwan noch illegal. Im Jahr 2019 haben wir die Ehe für alle eingeführt. Taiwan ist, was das Glück betrifft, wie gesagt, die Nummer 1 in Asien. Auch wenn wir uns im internationalen Vergleich noch nicht ganz weit oben befinden, sind wir doch auf einem guten Weg." Sie verneigte sich vor Boris. „Was das Glück der britischen Bevölkerung mehrt, wirst du besser wissen als ich."

Wie interessant, dachte Agora. Die Ausführungen der taiwanesischen Präsidentin ähnelten sehr stark dem, was auch Sanna Marin über Finnland und das demokratische Glück gesagt hatte. Und sie belegten, dass Glück nicht davon abhing, wie klein ein Land war. Zumal der Einzelne sowieso mehr seinen Umkreis sah als das gesamte Land. Agora konnte nicht anders, als mit der besonnenen und zugleich mutigen Tsai Ing-wen zu sympathisieren. Die von der Öffentlichkeit manchmal als Angela Merkel Taiwans bezeichnete Juraprofessorin stand einem Land vor, das China seit der Abspaltung im Jahr 1949 als abtrünnige Provinz betrachtete, die eines Tages wieder mit der Volksrepublik vereint sein würde. Seit über 70 Jahren lagen China und Taiwan, das etwa der Größe der Schweiz entsprach, im Konflikt, weil China die Insel als Teil ihres Territoriums beanspruchte. In ihrer Antrittsrede hatte Tsai Ing-wen gesagt, China und Taiwan müssten die Last der Geschichte beiseiteräumen und positive Gespräche führen. Die diplomatische und resiliente Präsidentin kämpfte nicht nur für die Freiheit des Landes, sie zeigte auch viel Humor bei der Sicherung der demokratischen Werte. Da sie nicht dem klassischen Rollenbild einer Frau entsprach, weil sie weder verheiratet war noch Kinder hatte, dafür aber zwei Katzen sowie drei Hunde, mutmaßten die konservativen Kräfte und die staatsgesteuerten Medien Chinas, sie sei emotional instabil und würde zu Extremen tendieren. Man forderte sie sogar auf, ihre sexuellen Neigungen öffentlich zu machen. Die damals 63-Jährige ließ sich nicht beirren und zeigte sich 2020 während ihrer Kampagne zur Wiederwahl als Präsidentin mit einer ihrer Katzen auf den Wahlplakaten. Ihr kreativer Umgang mit Widerstand und ihre Bereitschaft, die Demokratie zu stärken, waren vermutlich die Gründe, warum fast 60 Prozent der 20 bis 29-jährigen Taiwanesen 2020 bei einer Umfrage erklärt hatten, sie würden Tsai Ing-wen wiederwählen. Sie gaben an, glücklich in Taiwan zu sein, einem demokratischen Leuchtturm, weil sie wählen durften und nicht den gleichen Weg wie Hongkong zurück unter die chinesische Kontrolle einschlagen wollten.

„Könnte es sein, dass die Probleme, die Großbritannien zu bewältigen hat, und die Tatsache, dass 70 Prozent der jungen Menschen wieder in die EU zurückwollen, die Nation spalten?“, fragte die Thomie links neben Sanna Marin.

„Pah“, winkte Boris mit einer abfälligen Handbewegung ab. „Kennt ihr die Comicfigur Hulk?“ Ohne das Feedback der Anwesenden abzuwarten, redete er weiter: „Hulk ist immer entkommen, egal wie tief er im Schlamassel steckte. So ist es auch mit Großbritannien.“ Nach diesen Worten erhob er sich, ging zu Tür und sagte beim Hinausgehen: „Ich möchte die Diskussion für das Vereinte Königreich mit einem Zitat von Robert Lee Frost abschließen: Das Glück gleicht an Höhe aus, was ihm an Länge fehlt. Und jetzt mache ich noch einen Saunagang, vielleicht hebt das meine Glücksgefühle wieder.“

„Warte, Boris. Ich würde gern eine weitere Hypothese aufstellen.“ Die Thomie, die mit dem britischen Premier in den Ruheraum gekommen war, sprang auf. Johnson, unverändert hochrot im Gesicht, blieb im Türrahmen stehen und drehte sich zu ihr um: „Und die wäre?“ „Demokratien verlieren nicht gegen Autokratien, sondern im eigenen Land.“ Ohne darauf zu reagieren, marschierte Johnson dampfend davon. Eigentlich kannst du dir den Saunagang sparen, hätte ihm Agora am liebsten hinterhergerufen.

„Da ist was dran“, lenkte Carlos Quesada, der kaum etwas zur Diskussion beigetragen hatte, die Konzentration wieder auf das Gespräch zurück. „Die Demokratie-Weltmeister scheint ein Vertrauen der Bürgerinnen und Bürger in die Institutionen und die Gesellschaft auszuzeichnen. Das ist vermutlich auch ein Grund dafür, warum es im Norden Europas und möglicherweise auch in Taiwan das Phänomen der Spaltung in der Form weniger gibt.“

Auf einmal setzte sich Modi auf und strich seine Kurta glatt. „Vielleicht hebelt ja das gemeinsame Saunieren gesellschaftliche Ungleichheit aus. Nackt sind alle gleich: jung und alt, arm und reich.“

Auch wenn Agora die Bemerkung des indischen Staatspräsidenten zunächst als nicht gerade konstruktiv empfand, musste sie sich doch ein Lachen verkneifen. Solche Worte hatte sie ihm gar nicht zugetraut. Und gesellschaftliche Ungleichheit sollte aus ihrer Sicht ohnehin noch thematisiert werden. In Indien, schoss es ihr durch den Kopf, leiden Muslime besonders darunter und kritische Denker ebenso. Sie konnte sich nur schlecht vorstellen, dass er mit seinem Hindu-Fokus jemals mit religiösen Minderheiten oder mit Journalisten, die seinen Umgang mit ihnen thematisierten, in der Sauna sitzen würde. Trotz aller berechtigten Kritik an diesem Demokratieverständnis war es ob der vielen Menschen, die Modi repräsentierte, und ob seiner Teilhabe in der Familie der Demokratien sehr richtig, dass er an diesem Co-Lab teilnahm.

„Wo befindet sich eigentlich China im Glücksranking?“, wandte sich die taiwanesische Präsidentin an die Thomie, die gerade von Boris Johnson versetzt worden war. Agora war gespannt auf die Antwort. „Aktuell auf Platz 72. Interessant dabei ist, dass sich die Volksrepublik zwischen 2013 und 2022 irgendwo zwischen Rang 70 und 90 auf und ab bewegt. Woran könnte das eurer Meinung nach liegen?“ „Vielleicht daran“, sinnierte Tsai Ing-wen, „dass steigender Wohlstand aus ideologischer Sicht mittelfristig einen Haken für China hat: Je besser es den

Menschen finanziell geht, desto größer wird ihr Bedürfnis nach Freiheit und Selbstentfaltung."

„Ich stimme zu", sagte Quesada, „allerdings nur, wenn sich Politiker und Politikerinnen ohne Ausnahme in ihrer Arbeit als Teil der Lösung und nicht des Problems verstehen. Ist das nicht der Fall, laufen Demokratien Gefahr, sich in der Kleinteiligkeit des Politalltags zu verlieren und die brennenden, zukunftsentscheidenden Themen der Zeit wie Chancengleichheit, Klimawandel und Nachhaltigkeit, Bildung und Digitalisierung zu vernachlässigen oder in langwierigen Prozessen in Gremien und Ausschüsse zu geben."

Agora hatte in einem Bericht gelesen, dass in den Niederlanden Happiness bereits ein Unterrichtsfach war. Dort trainierten die Kinder nicht nur Selbstvertrauen und Fehlertoleranz, sondern auch Soziabilität. Kinder in den Niederlanden waren laut einer UN-Studie weniger übergewichtig, tranken weniger Alkohol, hatten später Sex, redeten mehr mit ihren Eltern und waren nach der Schule seltener arbeitslos. Und sie waren freiere, autonomere Persönlichkeiten mit geringerem Obrigkeitsglauben.[15] Das sprach dafür, dass das Glück respektive die von Sanna Marin genannte Zufriedenheit der Bevölkerung ein entscheidender Punkt für das Gelingen von Demokratie und daher eine staatliche Aufgabe war. Tatsächlich hatte Boris mit seinem Zitat beim Rausgehen – aus medizinischer Sicht – recht, denn, das hatte sie von Ben gelernt, unser Gehirn lässt Glück immer nur kurz zu, Zufriedenheit dagegen länger. Das würde die Gruppe auch ohne ihre Anwesenheit verifizieren. Sie atmete aus und stand auf. Sie brauchte jetzt wirklich eine Pause. Es war wohl Zeit für einen Saunagang.

Topic vier

Bildung der Zukunft.

Am frühen Nachmittag ging Agora in den ersten Stock in das sogenannte Spielzimmer der Villa. Das warme Tageslicht beleuchtete wie ein Scheinwerfer einen riesigen Teppich, der das ganze Zimmer durchzog und in den eine bunte Weltkarte eingewebt war. Zwei Teilnehmerinnen hatten bereits auf ihrem jeweiligen Land auf einem Stühlchen Platz genommen: Bogolo Kenewendo, die Vertreterin aus Botswana, und Dänemarks Regierungschefin Mette Frederiksen. Sie waren beide barfuß, ihre Flip-Flops hatten sie am Rand des Teppichs abgestellt. Auch zwei Thomies warteten schon auf dem riesigen Teppich: eine junge Frau in einem Sari, einem Wickelrock mit einseitigem Schulterüberwurf, im Indischen Ozean und ihr Kollege, ein schlanker, blonder Deutscher, in der Nordsee.

Agora blieb am Rand des Teppichs stehen und begrüßte die Anwesenden, während sie fieberhaft überlegte, wo in aller Welt sie sich platzieren sollte. Sie zögerte einen Moment, dann zog sie ihre Flip-Flops aus, schnappte sich eines der Stühlchen und setzte sich auf Griechenland, genau dorthin, wo sich Athen befand. Im selben Augenblick betrat der tschechische Ministerpräsident Petr Fiala sowie eine weitere Thomie den Raum. Auch Fiala nahm sich ein Stühlchen und ging schnurstracks auf sein Land zu. Die Thomie, die ihn begleitete und sehr mediterran aussah, wählte das Mittelmeer als Platz. Zuletzt erschienen ein weiterer Thomie und Kaja Kallas, die estnische Ministerpräsidentin, die sich beim Anblick der Politiker und Politikerinnen auf dem Spielteppich ein Lächeln nicht verkneifen konnte. Sie verzichtete auf einen Stuhl und setzte sich im Schneidersitz auf den Bereich um Estland. Der Thomie, der sich in der Ostsee niederließ, eröffnete das Gespräch. „Was meint ihr: Ist Bildung ein entscheidender Faktor für das Gelingen von Demokratie?“

Während ihr Kollege sprach, blendete die Thomie im Sari vom Indischen Ozean aus eine Übersicht der Hypothesen ein und las vor: „Der Bildungsgrad der Bevölkerung repräsentiert den Demokratiegrad des betreffenden Landes.“ „Auf jeden Fall“, kommentierte Bogolo Kenewendo. „Und warum?“, fragte der Thomie aus der Nordsee zurück. „Weil Chancengleichheit und Fortschritt wesentliche Werte von Demokratie sind. Deshalb haben alle Bürgerinnen und Bürger eines demokratischen Landes das gleiche Anrecht darauf, über Bildung ihr eigenes Leben zu verbessern. Bildungsinvestments sind aber auch wichtig, weil die Bevölkerung nicht nur das Recht, sondern auch die Pflicht hat, mitzuwirken am Bau einer besseren Gesellschaft.“

DIE BILDUNGSGEWINNER.[16]

Land	Bildungsausgaben	Demokratieindex
Botswana	**8,1**	30
Island	**7,7**	5
Israel	**7,4**	23
Schweden	**6,7**	4
Südafrika	**6,6**	44
Costa Rica	**6,3**	21
Dänemark	**6,0**	6
Estland	**5,9**	27
Brasilien	**5,8**	47
Finnl./Ukr.	**5,7**	3/86

Österreich 5,0 (20), Schweiz 5,0 (10), Deutschland 4,5 (15)
% des BIP

Aktuelles Hintergrundwissen.

FACT PRINT

Auf dem Bildschirm an der Wand erschien nun eine Übersicht über die Bildungsausgaben innerhalb der Top 30 der demokratischen Länder.

„Das erklärte Ziel meiner Regierung ist es, unser Land zu einem der bestentwickelten der Welt zu gestalten“, schaltete sich Petr Fiala ins Gespräch ein. „Tschechien hat eine lange wissenschaftliche Tradition, die bis ins 18. Jahrhundert zurückreicht. Diesen Bereich wollen wir mit einem eigenständigen Ressort für Wissenschaft, Forschung und Innovation wieder stärken.“

Agora musste bei den drei Stichwörtern an die tschechische Tradition von Crowdfunding-Aktivitäten denken. Mit dieser Art der Schwarmfinanzierung wurde sogar „demokratische Kunst“ ermöglicht, die Stalin, Hitler und Mao auf allen Vieren posierend und an Ketten befestigt zeigten. Was da wohl noch alles kommen würde?

„Zudem verfolgt unsere Regierung“, führte Petr Fiala weiter aus, „zwei große Ziele mit einer Bildungsstrategie, die bis ins Jahr 2030 reicht. Erstens: Bildung soll sich stärker auf die Entwicklung von Kompetenzen zur Verbesserung des bürgerlichen und persönlichen Lebens ausrichten. Und zweitens: Jeder Schüler, jede Schülerin soll Zugang zu sehr guter Bildung haben, um das eigene Potenzial bestmöglich zu entfalten. Den Wert der Bildung für Chancengleichheit kann ich daher sehr gut nachvollziehen. Aber inwieweit, Bogolo, zahlt Bildung unmittelbar auf die Erhöhung des Demokratiegrades ein? Wenn man sich die Übersicht der Bildungsausgaben anschaut“, er deutete auf den Bildschirm, „dann sind die Hälfte der Weltmeister in den Top 10 des Demokratieindex. Die anderen sind aber ganz im Gegenteil relativ weit unten.“

Diese Bemerkung passte zu Fiala, der tschechische Sprache und Literatur, Geschichte, Politik und Philosophie studiert hatte, sehr belesen und in Agoras Augen ein kritisch denkender Geist war, auch wenn er als Politiker eher aus dem konservativen als einem progressiven Lager kam.

Bogolos Antwort kam prompt: „Chancengleichheit bereichert nicht nur den Einzelnen, sondern auch die Demokratie als Ganzes. Ich bin das beste Beispiel dafür: Denn ich komme aus einer der ärmsten Gegenden Botswanas. Ohne die Chance auf Bildung säße ich heute nicht hier – und könnte auch keinen Beitrag für die Entwicklung der Demokratie in der Welt leisten.“

„Das gilt auch für mich“, schloss sich Mette Frederiksen an. „Ich komme aus einer Arbeiterfamilie. Dass ich heute das Amt der Ministerpräsidentin ausübe, wäre ohne chancengleiche Bildung kaum möglich gewesen." Fiala, der aus einer traditionell bürgerlichen Familie stammte, runzelte die Stirn. Die sehr persönliche Argumentation der beiden Politikerinnen, die nach wie vor auf Chancengleichheit einzahlte, schien ihn noch nicht zu überzeugen.

„Es gibt ein sehr eindringliches Beispiel für den Zusammenhang zwischen Bildung und Demokratie", übernahm Bogolo Kenewendo wieder das Gespräch, „ein Beispiel, wie man im wahrsten Sinne des Wortes eine Nation bildet. Denn Bildung umfasst doch viel mehr als Wissen anzuhäufen und beginnt auch nicht erst in der Schule oder Universität. Es ist für mich auch die Fähigkeit, auf ein Problem angemessen zu reagieren und eine national tragbare Lösung dafür zu finden. Damit das gelingt und eine friedliche und gerechte Gesellschaft entstehen kann, muss jeder Einzelne lernen, sich mit seiner Nation zu identifizieren und eine positive Haltung zur Gesellschaft, in der er oder sie lebt, zu entwickeln. In Botswana ist das gelungen. Wenn ihr wollt, erkläre ich das genauer."

Alle Anwesenden wollten und Bogolo sprach weiter: „Bis zur Unabhängigkeit Botswanas im Jahr 1966 bestand das Land aus mehr oder weniger verfeindeten Stämmen. In den 60ern kam es ja auf dem gesamten afrikanischen Kontinent zu einer Befreiung von den dortigen Kolonialmächten. Während andere Länder Afrikas sich in den folgenden Jahrzehnen aufgrund von Stammesfehden bekriegten, statt in der Entwicklung des gesamten Landes voranzukommen, wuchs Botswana zu einer Nation zusammen."

Agora kamen unweigerlich die Bilder des grausamen Völkermords der Hutu an den Tutsi in Ruanda, der 1994 die Welt erschüttert hatte, und die kriegerischen Auseinandersetzungen zwischen den Igbos und den Yorubas in Nigeria in den Sinn. Kaum waren sie von den Kolonialmächten unabhängig, verloren sich viele der neuen Nationen Afrikas in blutigen Territorialkonflikten. Der Hass der verschiedenen Stämme grub tiefe Gräben und kostete viele Menschenleben. „Und was habt ihr besser gemacht als andere Länder in Afrika?"

„Seretse Khama, der erste Präsident des unabhängigen Botswana, der schon Premierminister unter der britischen Regierung war, hatte damals große Sorge, dass die unterschiedlichen Stammesidentitäten die Bildung einer Nation verhinderten, weil die Auseinandersetzungen der verschiedenen Ethnien, die Vorurteile gegeneinander und die unterschiedlichen Sprachen in den Stammesgebieten unüberwindbar schienen. Er erkannte: Die Menschen in Botswana identifizierten sich nicht mit dem neuen Botswana. Und das musste behoben werden, damit das Land zu einer Nation zusammenwachsen konnte." „Und?", fragte Agora ungeduldig, weil sie nicht verstand, worauf Bogolo hinauswollte.

Die junge Frau ließ sich nicht einschüchtern. „Khama verabschiedete ein sogenanntes Versetzungsprogramm für Staatsangestellte, die rund zehn Prozent der Bevölkerung ausmachten und zu denen auch Lehrer zählten. Dieses Versetzungsprogramm bedeutete, dass die Beamten alle paar Jahre eine neue Dienststelle irgendwo im Land antreten mussten. Das Ziel war, die Bildung und den Fortschritt überall im Land zu verbessern und die verschiedenen Ethnien Botswanas im Alltag näher zusammenzubringen, um den aus Unkenntnis resultierenden Berg gegenseitiger Ablehnung abzutragen. Im Laufe der folgenden Jahrzehnte durchmischten sich die Ethnien, Vorurteile bauten sich ab." An Bogolos Gesicht war ein gewisser Stolz abzulesen. „Heute hat Botswana als einheitliche Amtssprachen Setswana und Englisch, das Parlament setzt sich im Verhältnis zum Anteil in der Bevölkerung aus allen wichtigen Ethnien des Landes zusammen und die Mehrheit der Einwohner des Landes sieht sich als Teil der Nation, nicht eines Stammes."

Agora kannte das Versetzungsprogramm in Botswana, das Ausmaß seiner Wirkung auf Nation Building, wie es so schön hieß, war ihr jedoch nicht bewusst. Ein wesentlicher Aspekt des Phänomens der Spaltung war, dass sich Gruppierungen mit einem niedrigen Anteil in der Gesellschaft oft benachteiligt und wie die Christen und vor allem die Muslime Indiens von den Hindus, leider oft zu Recht, sogar bedroht fühlten, weil Menschen unterschiedlicher Glaubensrichtungen aufeinander losgingen. Da war es doch Aufgabe des Staates und seines Leaders, erst recht, wenn er wie im Falle Indiens selbst einer bestimmten religiösen Gruppe angehörte, das Problem an der Wurzel zu packen. Und zum Beispiel, wie in Botswana, Lösungsideen in gesetzliche Regeln zu gießen, um die Spaltung der Gesellschaft im Alltag zu überwinden.

„Das ist alles sehr interessant", reagierte der tschechische Ministerpräsident mit kritischer Miene auf Kenewendos Ausführungen. „Zugleich halte ich solche staatlich angeordneten Maßnahmen für problematisch. Nimmt es den Beamten nicht die Wahl, zu leben, wo und wie sie wollen, wenn sie zwangsweise immer wieder versetzt werden? Wie verträgt sich das mit den freiheitlichen Werten der Demokratie?"

Wieder blieb Bogolo ganz gelassen: „Das ist in der Tat eine gute Frage. Natürlich muss ein demokratisches Land eine gerechte Balance finden zwischen individuellem Spielraum und Vorschriften. Unsere werdenden Beamten kennen die Bedingungen und haben die freie Wahl, diesen beruflichen Weg einzuschlagen. Der Staat zwingt keinen, Beamter zu werden. Natürlich kommt es vor, dass Beamte hoffen, nicht versetzt zu werden, und dagegen protestieren, wenn der Fall eintritt. Aber Beamter zu sein heißt ja nicht nur, von den Sicherheiten, die das Land gewährt, zu profitieren, sondern ihm auch zu dienen. Diplomaten werden doch auch versetzt. Stößt dir das ebenfalls auf, Petr?"

Touché, dachte Agora. Denn Fiala schüttelte den Kopf und sagte nichts mehr.

„Entscheidend im Falle Botswanas ist, dass das Versetzungsprogramm Menschen zusammengebracht hat, die sonst nur schwer zusammengefunden hätten. Und sie profitierten am Ende alle von dem Wohlstand und der Entwicklung des Landes. Übrigens mussten bis Ende der 1990er-Jahre auch junge Menschen ein ziviles Jahr in einem anderen ‚Stammesgebiet' machen. Das wurde allerdings abgeschafft, weil die

Gesellschaft mittlerweile gut zusammengewachsen ist. Wie es anders laufen kann, sehen wir in vielen Ländern Afrikas, wo die Stämme die Einheit des Landes bis heute verhindern. Wo, wie in Nigeria, die Korruption regiert. Nigeria fällt mit Platz 154 im Korruptionsindex im Vergleich zu Botswana auf Platz 35 stark ab. Zum Vergleich liegt Tschechien auf Platz 49." Petr Fiala wippte kaum merklich mit seinem linken Fuß, sagte aber nichts. „Und auch einige andere demokratische europäische Länder liegen hinter uns, was nichts daran ändert, dass der Weg in eine demokratische Zukunft für viele afrikanische Länder immer noch ungleich weiter ist."

„Die Spaltung der Gesellschaft ist ja nicht nur ein Stammesphänomen des afrikanischen Kontinents", griff der Thomie, der in der Ostsee saß, das Thema wieder auf. „Wir sehen das ja genauso in den USA zwischen Demokraten und Republikanern oder in Europa zwischen Rechtskonservativen und der Mitte der Gesellschaft. Was könnten andere Nationen hier von Botswana lernen?", fragte der Thomie. „Jedes Land muss individuell herausfinden, was genau die Ursache für die Spaltung ist, und das Thema als oberste Priorität auf die politische Agenda setzen. Nur so lassen sich konkrete und praktische Maßnahmen ergreifen, um die Menschen wieder näher zusammenzubringen. Das bedeutet im Klartext, eine für alle sichtbare Brücke über die bestehenden Gräben zu bauen, damit die Menschen auch wirklich darübergehen können", antwortete Kenewendo.

Gut gesprochen. Agora nickte Kenewendo anerkennend zu. Um eine nationale Identität entwickeln zu können, braucht es persönliche Begegnungen und ehrliche Kommunikation zwischen den so unterschiedlichen Menschen in einem Land. Vorurteile und Widerstände konnten nur gebrochen werden über persönlichen Kontakt, weil man die Erfahrung machte, dass der andere, der Fremde, manchmal gar der „Feind", der eine konträre Ansicht vertrat und verteidigte, ebenso ein Mensch war wie man selbst. Dazu brauchte es allerdings ein übergeordnetes

Ziel und Lenker, die bereit waren, dieses Ziel, auf das alle gemeinsam hinarbeiten konnten, als Grundlage eines jeden Gesetzes und eines jeden Handelns unter ihr Kopfkissen zu packen. Auch wenn es unpopuläre Entscheidungen nötig macht. Das war der Weg zu einem Mindset Change, den Botswanas Präsident Masisi immer wieder kommunizierte. Es ging in diesem Fall darum, dass jeder Bürger und jede Bürgerin schon früh eine demokratische Haltung zur eigenen Nation und zu seinen Mitmenschen entwickelte. An dem Punkt kam wieder die Bildung ins Spiel, die Botswana sehr wichtig war. Denn das Land stand nach wie vor noch vor großen Herausforderungen. Aber die Nation hörte nicht auf, gemeinsam nach wirksamen Lösungen für ihre Probleme zu suchen. Bildung war wie ein Baustoff, um ein stabiles und zukunftstragendes Demokratiefundament zu schaffen.

„Ich finde erstaunlich“, bemerkte Mette Frederiksen, „dass Botswanas Bildungsetat zwei Punkte höher liegt als bei uns zu Hause in Dänemark.“ „Und Tschechien viereinhalb Punkte unter Botswana“, ergänzte der Thomie in der Nordsee. Petr Fiala runzelte die Stirn. „Wie kann Botswana einen so hohen Etat finanzieren?“, wandte sich die dänische Ministerpräsidentin an Bogolo.

„Vorweg: Botswana ist nicht perfekt. Aber unsere Politik macht vieles richtig. Der afrikanische Kontinent hat eine Menge Rohstoffe zu bieten. Kobalt in der Demokratischen Republik Kongo, Ölvorkommen in Nigeria und bei uns in Botswana Diamanten, die kurz nach der Unabhängigkeit entdeckt wurden. Im Unterschied zu anderen Ländern Afrikas, in denen der Reichtum aus Rohstoffen nur einer kleinen Elite vorbehalten bleibt, kommen die Diamanten über eine Gerechtigkeitspolitik der gesamten Nation zugute. Der Staat ist wenig verschuldet und die Wirtschaft wächst konstant. Ein Großteil der Profite aus dem Diamantenabbau fließt in die Entwicklung des Landes, beispielsweise in die Verbesserung der Bildung, des Gesundheitswesens und der Infrastruktur. 1966 gab es nur ein paar Schulen im Land, heute besuchen 90

Prozent der Kinder eine Schule. Für die allermeisten ist Bildung gratis vom Schulstart bis zur Promotion."

Das Schlagwort Ressourcenfluch kam Agora in den Sinn. Der Reichtum an Bodenschätzen konnte, wie man beispielsweise an Nigeria sah, aufgrund von sozialer Ungleichheit, Korruption und politischer Instabilität den Wohlstand für alle auch verhindern. Waren junge Demokratien offener dafür, die Gesellschaft ein Gefühl von Chancengleichheit zu lehren und das politisch „vorzuleben"?

„Ich würde an diesem Punkt gern noch über die Art der Bildung sprechen", wechselte die Thomie im Indischen Ozean das Thema. „Muss sich für die Zukunft etwas am Bildungsauftrag in demokratischen Ländern ändern, damit wir global betrachtet zu mehr Demokratie finden?"

„Ich bin überzeugt, dass Dänemark einem sehr zukunftsweisenden Bildungsauftrag folgt", meldete sich Frederiksen zu Wort. „Im Fokus steht nicht eine Elitenbildung, sondern die bestmögliche Entwicklung der individuellen Fähigkeiten aller dänischen Kinder und Jugendlichen. Unser Ziel ist es, selbstbestimmte Persönlichkeiten heranzubilden. Wir legen Wert auf Verantwortungsbewusstsein. In der Schule sind Neugier, Innovationslust, kritisches Denken, Kommunikationsfähigkeit, Teamgeist, Toleranz, persönliche Erfahrungen beim Lernen und eine eigene Meinung gefragt. Unsere Kinder sollen das Leben als aktiven und gemeinschaftlichen Lernprozess und dabei ein hohes Maß an Selbstwirksamkeit erfahren, um in eine erfolgreiche und erfüllende Zukunft zu starten. Das dänische Bildungsfundament fußt auf Eigenverantwortung, Freiheit, Gleichberechtigung und Solidarität. Diese Werte wollen wir in der Erziehung junger Menschen etablieren, damit sie sich als Teil einer Gesellschaft empfinden. Um das zu erreichen, gehören Themen wie Wertschätzung, Zusammenhalt, Problemlösungsfähigkeit, Eigeninitiative, Respekt, Kreativität und Innovation gleichwertig in den Schulplan mit Fremdsprachen und Mathematik."

Bildung musste für alle in gleicher Qualität und damit wohl kostenlos erreichbar sein. Länder wie die USA oder Großbritannien bewirkten mit hohen Schulgeldern und Studiengebühren eine gesellschaftliche Selektion. Und dennoch hinterließen Mettes Worte einen bitteren Nachgeschmack bei Agora. 2010 war die Politikerin öffentlich kritisiert worden, als bekannt wurde, dass sie ihre Kinder auf eine Privatschule schickte. Das war als Mutter ihr gutes Recht, aber als Volksvertreterin hatte sie zuvor gutsituierte Eltern dafür kritisiert, Privatschulen den Vorzug vor staatlichen Schulen zu geben. Damals sagte Mette, sie habe aus ihren Fehlern gelernt und wolle anderen die Entscheidung für die Schulwahl nicht mehr vorgeben. Eine solche Diskrepanz zwischen der Haltung eines Politikers und seines persönlichen Handelns erschien Agora nicht vertrauensbildend – und Vertrauen in die Institutionen und ihre Vertreter war doch der Superkleber, der eine Demokratie zusammenhielt.

„Ein Bildungsauftrag für gesellschaftliche Teilhabe hat eine wissenschaftliche Begründung“, schloss der Thomie aus der Ostsee an. „Die psychologische Forschung spricht vom ‚Mere-Exposure-Effekt‘. Je früher ein Mensch mit einem Reiz, der sogenannten mere exposure, in Berührung kommt, desto eher wird er oder sie den Reiz positiv wahrnehmen. Die Vertrautheit mit einem Menschen beispielsweise lässt diesen attraktiver und sympathischer erscheinen.[17] Wenn Kinder also bereits sehr früh demokratische Werte kennenlernen und persönlich erfahren, ist die Wahrscheinlichkeit höher, dass sie diese Werte als positiv empfinden und verinnerlichen.“

Dieser psychologische Ansatz klang logisch und gefiel Agora – und er zahlte einmal mehr auf einen Mindset Change ein, der ihr in vielen Demokratien notwendig erschien. Ein stärkeres Bewusstsein für die vielfältigen Möglichkeiten der eigenen Lebensgestaltung und die damit einhergehende Gemeinschaftserfahrung stärkte zugleich das gesellschaftliche Bewusstsein. Aus Kindern, denen vorgelebt wurde, sich als Teil einer Gesellschaft zu verstehen und mit ihr zu interagieren, würden

Erwachsene werden, die leichter ihren Platz inmitten dieser Gesellschaft finden und einen größeren Beitrag für sie leisten.

„Eine Frage interessiert mich in diesem Zusammenhang brennend", wandte sich Petr Fiala an die Thomie im Mittelmeer. „Wie sieht die Zukunft des Themas Bildung aus?"

„Einmal außer Acht gelassen, dass in der Tat jedes demokratische Land vor individuellen Herausforderungen steht", antwortete die Thomie, „ist die Bildung der Zukunft von einer Kombination zweier Faktoren geprägt: Kreativität und Soziabilität. Die fortschreitende Technisierung führt dazu, dass viele Tätigkeiten, denen Menschen heute beruflich nachgehen, im Laufe der nächsten Jahre und Jahrzehnte nicht mehr erforderlich sein werden. Und: 65 Prozent der Jobs, die unsere Kinder als Erwachsene haben werden, gibt es noch gar nicht. Auswendiglernen nach Frontalunterricht ist also schon heute von gestern, weil künstliche Intelligenz unser Leben revolutioniert und Roboter uns in vielem überlegen sein werden. Doch in Sachen Kreativität bleiben wir Menschen mindestens in diesem Jahrhundert noch unerreicht. Anders als Maschinen, die in Regelmäßigkeit und Mustern agieren und so Kreativität vortäuschen können, können wir Regeln brechen und damit wirklich Neues erschaffen. Kreative Menschen identifizieren überholte Formeln, werfen sie über Bord und ersetzen sie durch innovative Formeln. Und das braucht die Politik doch genauso dringend wie die Wirtschaft. Diese Form von kreativer Stimulation rüttelt eine Gesellschaft durch, belebt sie aber auch. Sie ist vor allem in der Bildung dringend vonnöten." Die Thomie fuhr fort: „Derzeit vermittelt Schule leider viel zu wenig die Fähigkeit zu kreativem Denken und Handeln, die jeder Einzelne von uns in den nächsten Jahrzehnten zwingend benötigen wird.[18] Deswegen ist das Bildungssystem vieler Nationen in seiner jetzigen Form auch nicht zukunftsfähig. Wären Schulen Firmen, wären viele längst pleite."

Der Thomie aus der Ostsee ergänzte: „Aber erst in der Kombination mit Soziabilität wird ein schicker Schuh daraus, weil die soziale Interaktion einer Gruppe die Kreativität so richtig pusht. Meine Kreativität schenkt mir eine gute Idee, dann diskutiere ich sie und diese Soziabilität macht die Idee noch besser. Dieser Kreislauf macht die Kinder für die Zukunft stark und überlebensfähig, weil sie handlungsfähig für zukünftige Herausforderungen werden. Die Bildung der Zukunft lässt sich am besten mit einem Future Asset beschreiben, das wir Abilitization nennen.“

FUTURE ASSET ABILITIZATION.

Bildung wird individueller auf veränderte Anforderungen zugeschnitten sein. Die bisherige im Rahmen der Erstausbildung erfolgte Vermittlung von Wissen als Vorrat, der für die gesamte Lebensspanne reichte, wird zugunsten neuer Kompetenzen reduziert werden: Abilitization bildet künftig verantwortungsvolle Persönlichkeiten heraus und ist damit der Schlüssel zu neuem Miteinander in der Weltgesellschaft und das Fundament für Freiheit und Demokratie. Denn kritisches Hinterfragen unterscheidet Demokratie von Autokratie. Im Zuge technologischer Innovationen werden bestimmte Qualifikationen über Nacht nicht mehr nachgefragt werden und neue werden erforderlich. Um diese Herausforderung zu bestehen, sind neue Bildungsdimensionen, die sich gegenseitig beeinflussen und die Gefahr von Fachidiotie und Inseldenken (Insularity) vermeiden, entscheidend: von praktischem Know-how über emotionale und werteorientierte bis zu analytischer Kompetenz. Dazu gehört die Fähigkeit, Fakten und Fiktion unterscheiden zu können. Es geht auch darum, Robotern mit ihrem schier unendlichen Wissensspeicher überlegen zu bleiben. Kreativität und Soziabilität sind die dabei zentralen Fähigkeiten.[19] Abilitization ermöglicht eine erfolgreiche Auseinandersetzung mit einer komplexen Welt.

Wichtiges Zukunftswissen.

FUTURE PRINT

Petr Fiala hatte den Ausführungen der beiden Thomies aufmerksam zugehört. Kaum waren die beiden mit der Erklärung des Future Assets Abilitization durch, sagte er: „Das heißt konkret: Die Fähigkeit, lebenslang zu lernen, wird im Rahmen des Bildungsauftrags immer wichtiger. Und die Bedeutung von zum Beispiel Geschichte wird immer geringer?“

„Ja“, antworteten beide angesprochenen Thomies wie aus einem Mund.

„Und nein“, fuhr die Thomie vom Mittelmeer aus fort. „Es geht darum, im Prozess des Lernens und Sich-Entwickelns zu bleiben, statt nur auf das Ergebnis fokussiert zu sein. Was dein Beispiel Geschichte betrifft, so wird ein Verständnis der Essenz geschichtlicher Ereignisse in Bezug auf die Gestaltung der Zukunft wichtiger als die reinen Fakten, die sich mühelos im Internet finden lassen. Eine wichtige Frage, die wir bei Abilitization ausgemacht haben, ist auch: Warum müssen eigentlich alle Kinder das Gleiche lernen, wo doch jedes Kind anders ist? Was meint ihr?“[20]

Fiala ging nicht auf diese Frage ein, sondern sagte: „Das würde ja in letzter Konsequenz bedeuten, dass sich der Bildungsstandard auflöst. Wäre das nicht unfair, weil es gegen das Prinzip der Chancengleichheit verstößt? Wie sieht aus eurer Sicht eine Lösung für die Zukunft aus?“

„Technologie wird die Befriedigung individueller Bildungsbedürfnisse in Zukunft besser ermöglichen, sodass Kinder eben nicht als ‚zurückgeblieben‘ etikettiert werden. Sie werden sich zum Beispiel online in digitalen Parallelwelten mit maßgeschneiderten Programmen ihr persönliches Skillset zusammenstellen und offline ihre kreativen und sozialen Fähigkeiten entwickeln.[21] Dass der Zugang zur Technik dabei einem Grundrecht gleichkommen muss, versteht sich von selbst“, antwortete die Mittelmeer-Thomie.

„Guter Punkt“, schaltete sich Mette Frederiksen wieder ein. „Im Übrigen halte ich es angesichts der Informationsflut des Internets und des Grundrauschens in den sozialen Medien für essenziell, dass Kinder sehr früh lernen, Informationen und Quellen einzuschätzen, um Fake News von Real News zu unterscheiden sowie Fakten und Meinungen auseinanderzuhalten. Wenn Bildung die Grundlage einer modernen Gesellschaft ist, und zwar nicht nur hinsichtlich Qualifikationen, sondern auch was demokratische Werte und intellektuell unabhängiges und flexibles Denken betrifft: Sind wir als Gesellschaften unseren Kindern gegenüber nicht verpflichtet, sie auf die mit der Technologisierung einhergehenden Herausforderungen vorzubereiten?"

Ein wichtiger Hinweis, befand Agora, auch wenn sie sich wie vermutlich viele Menschen, besonders das Bildungsbürgertum, an diesen innovativen Ansatz zugegebenermaßen noch gewöhnen musste. In vielen demokratischen Ländern lautete der Bildungsauftrag bereits, die Schüler zu mündigen Bürgerinnen und Bürgern zu erziehen, damit sie eigenverantwortlich und proaktiv ihr berufliches und persönliches Leben gestalten und ein Teil der politischen und gesellschaftlichen Kultur werden konnten.

Unklar war allerdings, ob der bestehende Lehrplan diesen hehren Anspruch tatsächlich noch widerspiegelte und ob die Lehrkräfte auch umfassend befähigt und wertgeschätzt wurden, diesen Auftrag zu erfüllen. Die Frage, die Demokratien sich heute stellen mussten, lautete doch: Passten sich die Lehrpläne schnell genug an die rasante Entwicklung unserer Welt an? Und wurden die heutigen Kinder ausreichend darauf vorbereitet, als Erwachsene den zunehmenden Spagat zwischen Komplexität und Lösungsansätzen für kommende Probleme zu bewältigen?

Abilitization, als ein auf die Zukunft ausgerichteter 360-Grad-Ansatz, hatte nicht nur zur Aufgabe, Wissen bereitzustellen. Bildung musste befähigen, Glück in einer Gesellschaft zu finden, deren Teil sie nicht nur waren, sondern deren Zukunft sie vor allem aktiv mitgestalteten. Eltern wünschten sich, dass ihre Kinder glücklich würden. Das bedeutete doch, dass demokratische Regierungen ihr Bildungssystem darauf ausrichten mussten, die zukünftigen Bürgerinnen und Bürger bereits zu Kindergarten- und Schulzeiten dazu zu ermutigen, mit anderen gemeinsam ihr Glück in diesem Leben zu machen, und sie von Anfang an aktiv dabei zu unterstützen. So betrachtet war das Amt des Bildungsministers in Demokratien ein enorm wichtiger Posten

„In puncto Bildung müssen wir aber auch über Diversität sprechen.“ Bogolo Kenewendo ließ den Satz auf die Gruppe wirken, bevor sie fortfuhr. „Vielfalt ist politisch wie gesellschaftlich eine immense Kraft, die Demokratien über den Bildungsauftrag noch viel stärker nutzbar machen könnten.“ „Inwiefern genau?“, hakte Petr Fiala nach.

„Demokratische Systeme müssen sich von innen stärken, um ein für die Gesellschaft attraktives Gegenmodell nicht nur zu Autokratien, sondern auch zu einer gestrigen Situation zu schaffen. Das geht aber nur, wenn wir keinen zurücklassen. So hat es auch mit den unterschiedlichen Ethnien in Botswana funktioniert. Die Menschen haben ein Zusammengehörigkeitsgefühl entwickelt. Das geht nicht von heute auf morgen, aber es hat geklappt.“

Agora spitzte die Ohren. So betrachtet war Diversität eine Stärke von Demokratien, aber nur, wenn Vielfalt kein Lippenbekenntnis des Landes war, sondern gelebt wurde in einer aktiven Politik, die eine nationale Einheit verschiedenster sozialer, ethnischer und religiöser Gruppierungen förderte und die Probleme, die eine zunehmend diverse Gesellschaft mit sich brachte, im Sinne möglichst aller löste. Dazu gehören auch Menschen mit besonderen Fähigkeiten, die genauso Förderung statt Verunglimpfung erfahren sollten wie alle anderen auch. Warum war es so schwer, Gleichberechtigung zu erreichen? Sie nahm doch keinem etwas weg. Im Gegenteil, je verschiedener die Menschen in einem Land, desto mehr kreativer Input. So betrachtet war Bildung, da musste Agora der dänischen Ministerpräsidentin beipflichten, eine tragende Säule, um gegenseitige Akzeptanz, Wertschätzung und Kooperation aufzubauen. Bereits im Kindesalter anzusetzen war nur logisch, weil man in jungen

Jahren Stereotypen und Vorurteilen sehr früh gegensteuern konnte. Bei Erwachsenen würde es, wie das Beispiel von Botswana und den unterschiedlichen Stammesidentitäten zeigte, 30 Jahre oder länger dauern, eine nationale Einheit herzustellen.

„Interessanterweise ist Gleichberechtigung ein historischer Aspekt erfolgreicher Demokratien“, sagte die Mittelmeer-Thomie. „Nehmen wir etwa die Gleichstellung der Frau.“ Sie blendete auf dem Bildschirm eine Übersicht über die Gleichberechtigungs-Weltmeister ein. „60 Prozent der Demokratie-Weltmeister haben das Frauenwahlrecht bereits zwischen 1893 und 1919 eingeführt. Und von diesen sechs Spitzenreitern haben heute vier Nationen einen Frauenanteil von mindestens 45 Prozent im Parlament.“

„Und inwiefern wirkt der Frauenanteil im Parlament, natürlich jenseits von Gleichstellung, auf Demokratie ein?“, fragte Petr Fiala.

Möglicherweise interessierte ihn die Gleichstellung der Frau auch deshalb, weil Tschechien diesbezüglich vor ganz eigenen Herausforderungen stand. Auf Tschechisch setzte sich der Nachname einer Frau, wie in allen slawischen Sprachen seit dem 15. Jahrhundert üblich, aus dem Namen ihres Vaters oder Ehemanns und der Nachsilbe -ovà zusammen. Selbst mit ausländischen Politikerinnen verfuhr man dergestalt, sodass zum Beispiel Angela Merkel zu Frau Merkelovà wurde. Das leuchtete den Frauen von heute nicht mehr ein und viele forderten eine Gesetzesänderung, die Ende 2021 auch durchging.

„Die Gleichstellung der Frau zahlt auf die Förderung von Demokratie ein“, führte die Thomie aus, während sie nach dem Zitat auf ihrem Tablet suchte. „Von über 100 Ländern gaben die Nationen, die einen Frauenanteil in der Regierung vorschrieben“, las sie schließlich vor, „3,4 Prozentpunkte mehr für Soziales aus als die Länder, die keinen Frauenanteil vorgeschrieben hatten.“[22] Das erinnerte Agora an Costa Rica und die Diskussion über den Lebenszyklus von Demokratie. Präsident Carlos Quesada hatte erzählt, dass es in der „Schweiz Mittelamerikas“, wie er das Land genannt hatte, seit dem Ende des Bürgerkriegs im Jahr 1948 keine Armee mehr gab. Die polizeilichen Sicherheitskräfte waren für den Schutz der Grenzen, die Kontrolle des Drogenhandels sowie die Verfolgung von Straftaten zuständig. Anstatt in Verteidigung zu investieren, verwendeten sie die Staatsgelder für Umwelt- und Klimaschutz und Soziales wie eben Bildung. Allerspätestens angesichts des drohenden Angriffs Russlands auf die Ukraine war es allerdings zu überdenken, Verteidigungsausgaben zurückzuschrauben. Es musste doch andere Wege geben, eine innovative Bildung zu finanzieren. Vielleicht gab ja das Fortschrittsdenken in Costa Rica den Ausschlag dafür, dass der Chiphersteller Intel dort ein Forschungs- und Entwicklungszentrum

DIE FIRST MOVER DER GLEICHBERECHTIGUNG.[23]

Land	Frauenwahlrecht eingeführt im Jahr	Demokratie-index	Anteil von Frauen im Parlament in %
Neuseeland	**1893**	2	49,2
Australien	**1902**	9	31,1
Finnland	**1906**	3	45,5
Norwegen	**1913**	1	45,0
Dänemark	**1915**	6	39,7
Deutschland	**1918**	15	34,9
Estland	**1918**	27	25,7
Österreich	**1918**	20	41,5
Niederlande	**1919**	11	40,7
Schweden	**1919**	4	46,1

etablierte, das rund 2.700 Menschen beschäftigte und damit auch die Wettbewerbsfähigkeit des Landes erhöhte. Die einzelnen Faktoren, die den Demokratiegrad einer Nation ausmachten, befruchteten sich also gegenseitig.

„Wie steht es eigentlich in China um die Gleichstellung der Frau?“, warf Fiala ein. Der Thomie in der Nordsee reagierte prompt: „Das Frauenwahlrecht kam 1949 und der Anteil der Frauen im Parlament liegt bei 24,9 Prozent. In Sachen Demokratie befindet sich China auf Rang 148. Zum Vergleich vielleicht die Schweiz, auf Platz 10 der Demokratie-Weltmeister. Dort führte man das Frauenwahlrecht erst im Jahr 1971 ein, aber das Parlament setzt sich mit 42,5 Prozent Frauen fast gleichberechtigt zusammen.“

Fiala schien angestrengt nachzudenken. „Mein Eindruck ist“, sagte er, „dass es möglicherweise weniger darum geht, sich an autokratischen Ländern zu messen, sondern am Standard zukunftsweisender Demokratien. Und da würde ich, was Bildung angeht, auf jeden Fall die skandinavischen Länder als wegweisend ansehen. Dänemark und die Nachbarländer haben also einen sehr hohen und zugleich inklusiven Bildungsstandard.“

„Das Entscheidende ist für mich“, reagierte Mette Frederiksen, „dass demokratische Regierungen nie aufhören dürfen, in ihren Bildungssystemen schnell auf die Anforderungen der Zukunft zu reagieren. Nur so können sie sicherstellen, dass sich kein Kind, egal welcher Herkunft, welchen Geschlechts, welcher Hautfarbe oder Religion zurückgelassen fühlt. Ich will das nicht als Kritik an den Kolleginnen und Kollegen aus anderen Ländern verstanden wissen. Was ich sagen will, ist: Das Bessere ist immer der Feind des Guten.“ Sie suchte den Blick aller Anwesenden. „Denn wir wissen doch alle, wie wichtig es für die Zukunft einer erfolgreichen Demokratie ist, dass in der Politik Menschen unterschiedlichen Geschlechts und unterschiedlicher Backgrounds am Entscheidertisch sitzen.“

„Zu den Anforderungen der Zukunft wird auch das Migrationsthema zählen“, so der Nordsee-Thomie, „das viel zu oft undifferenziert von der politischen Rechten instrumentalisiert wird: dringend nötige Zuwanderung auf der einen und Flucht auf der anderen Seite. Dänemark wurde für seine harte Gangart in der Asylpolitik kritisiert, wird vielleicht bald aber sogar Modell sein? Dennoch: Vieles, was Dänemark tut, ist Symbolpolitik.“

Agora wollte die Provokation des Thomies nicht zulassen und kam Frederiksen mit ihrer Antwort zuvor: „Symbolpolitik sollte in diesem Fall seine negative Konnotation verlieren. Ist es besser, Selfies mit Geflüchteten in die Welt zu posten und gleichzeitig rechtliche Rahmen nicht zu nutzen, wenn Menschen unrechtmäßig kommen, was sich auch wie ein Lauffeuer – oder wie eine Einladung – rumspricht und einen ganzen Kontinent zum Magneten Flüchtender werden lässt? Oder ist es besser, fest zu sein? Ich würde, wir sprechen ja gerade über Bildung und Erziehung, auch allen Eltern genau das raten. Regeln definieren und einhalten, das meine ich mit fest sein.“ Mette, die es in ihrer Heimat schaffte, rechte Parteien kleinzuhalten, nickte. „Dazugehören klappt durch Willen zur Zugehörigkeit“, ergänzte der Nordsee-Thomie. „Die Frage ist nur, wozu zugehörig. Nationaler Kulturkampf, gar Abschottung oder entgrenzte Toleranz sind nicht die Lösung. Länder können von erfolgreichen Firmen lernen, die auf ‚rule-based diversity‘ setzen. Ohne Normierungszwang respektieren, ja fördern sie Andersartigkeit, weil jene ihren Erfolg begünstigen. Spielregeln und ihre Einhaltung sind für die Unternehmen selbstverständlich. Grauenhafte Verbrechen werden von Terroristen begangen, auch muslimischen. Schnell werden dann alle Muslime als Terroristen oder Messerstecher beschimpft. Da tut es gut, sich daran zu erinnern, dass es Muslime waren, die bei der deutschen Firma BioNTech, die mit der amerikanischen Pfizer zusammenarbeitet, den entscheidenden Impfstoff gegen das Virus entwickelten. Jene muslimischen Köpfe beherrschen erstens die Sprache des

Landes, sind dort zweitens tätig und haben drittens zahlreiche Sozialkontakte. Genau diese drei Faktoren sind für erfolgreiche Integration hochrelevant, ganz gleich, ob wir über eine frühe Phase der Immigration sprechen oder eine, bei der es um Einbürgerung geht. Immer sollten die Länder diese Faktoren zum Maßstab machen, also: ‚fest' sein."

Die Thomie aus dem Mittelmeer unterbrach ihren Kollegen und berichtete von einem anderen Co-Lab zu genau diesem Thema mit ähnlichem Ergebnis, bis sie das Wort weiterreichte: „Aber du hattest dich schon gemeldet, Bogolo". „Für mich hast du eben ein entscheidendes Stichwort gegeben, Mette", sagte Bogolo Kenewendo, „Demokratien stehen doch heute vor einer grundlegenden Herausforderung: Schnelligkeit. Deshalb stelle ich eine weitere Hypothese auf und verifiziere eine andere." „Schieß los", sagte die Thomie neben Fiala mit gespanntem Gesichtsausdruck. „Die neue Hypothese lautet: Je mehr Vielfalt und Gleichberechtigung in Demokratien herrscht, desto stärker sind sie."

> **ICH HABE MIR MEINE ERZIEHUNG NIE DURCH SCHULBILDUNG VERDERBEN LASSEN.**
>
> Mark Twain (1835-1910), amerikanischer Schriftsteller
>
> *Wörtliche Zitate.*
>
> **QUOTE PRINT**

Mette hob beide Daumen und sagte: „Finde ich sehr gut. Und welche andere Hypothese siehst du verifiziert?"

Kenewendo hielt kurz inne. Agora hatte den Eindruck, als ließe sie sich die nachfolgenden Worte auf der Zunge zergehen: „Die Langsamkeit demokratischer Prozesse bringt Demokratien erheblich in Gefahr. Das war", sagte sie, während ihr Blick zu den Thomies ging, „eure fünfte Hypothese. Mahlen die politischen Mühlen noch schnell genug, um etwa beim Thema Bildung mit dem Fortschritt mitzuhalten? Muss

Politik nicht schneller und vor allem unbürokratischer werden? Sollten Entscheidungen sich nicht eher drei Monate als drei Jahre hinziehen? Sonst laufen wir doch Gefahr, dass sich Chinas Vorsprung und damit auch sein Einfluss vergrößert."

Agora musste tief durchatmen, um sich mit einer Entgegnung zurückzuhalten. Der Demokratie vorzuwerfen, die langsamen Prozesse brächten sie in Gefahr – das ging ihr bei aller Aufgeschlossenheit und Zukunftsausrichtung doch zu weit. Sicher, sie war nicht mehr die Jüngste. Aber Langsamkeit war doch gerade ein Plus ihrer Staatsform, die Jahrtausende Bestand hatte und weiterhin haben sollte. Rasantes Technologiezeitalter hin oder her, das Tempolimit für eine sichere Entwicklung und Evolution durfte nicht überschritten werden. Das war doch nicht eitel von ihr, oder? Wenngleich politische Prozesse durchaus schneller und unbürokratischer werden konnten, erforderte Demokratie im Grundsatz eine gewisse Langsamkeit, um die demokratischen Werte zu sichern. Es ging darum, sich mit Weitsicht mit Themen auseinanderzusetzen, unterschiedlichste Informationen einzuholen und Probleme von verschiedenen Seiten zu beleuchten, sie zu diskutieren und gründlich abzuwägen, in der Sache zu streiten, um die beste Entscheidung für die Mehrheit zu finden. Wie könnte ein solcher Prozess schnell sein?

Das Vibrieren ihres Handys, das sie extra lautlos gestellt hatte, riss Agora aus dem Grübeln. Sie schaute auf das Display und war beinahe erleichtert, dass es 15 Uhr anzeigte und sie diesem Teil des Gesprächs nicht mehr beiwohnen „musste". Es war Zeit zu gehen. Denn gleich würde das Boot starten, das sie, Ben und ein paar der Teilnehmer nach Jungle Island bringen würde. Dort sollte eine Besichtigung des zoologischen Parks stattfinden, der eine Vielzahl von Vögeln beherbergte, und im Anschluss ein Gespräch über Populismus und Demokratie. Sie erhob sich leise, um die weitere Diskussion nicht zu stören, und überlegte beim Hinausgehen, was in aller Welt ein Tierpark mit Populisten zu tun haben mochte.

Topic fünf

Leadership: Tschüss, Jasager.

„Ich fühle mich gerade, als wäre ich wieder acht Jahre alt", sagte die estländische Ministerpräsidentin Kaja Kallas grinsend, als sie aus dem Motorboot auf den Anlegesteg sprang. Nach ihr folgten Neuseelands Regierungschefin Jacinda Ardern, Mark Rutte, der Ministerpräsident der Niederlande, Japans Premierminister Fumio Kishida und Frankreichs Ministerpräsident Emmanuel Macron. Ben hüpfte als Vorletzter aus dem Boot, das sie soeben die kurze Strecke über das Wasser von Hibiscus Island nach Jungle Island gebracht hatte. Er reichte Agora die Hand, die sich mit einem Lächeln für die Geste bedankte, froh darüber, endlich wieder festen Boden unter den Füßen zu haben. Was hatten sich die Thomies bloß dabei gedacht, diese Runde des Co-Labs in einem Abenteuerpark zu veranstalten? Und wie war es ihnen gelungen, das Gelände für zwei Stunden sperren zu lassen, ohne ein riesiges Loch in das Budget zu reißen?

Die Gruppe lief einen langen Holzsteg entlang, an dessen Ende sie das üppige Grün einer Dschungellandschaft erwartete. Farbenprächtige Papageien, deren Gefieder grün, rot, türkis, gelb und weiß leuchteten, empfingen sie krächzend am Eingang. „Hello", wiederholte einer von ihnen immer wieder.

„Hallo zusammen", begrüßte sie eine junge Frau in einem buntgeblümten Hawaiihemd und Shorts, auf deren Schulter ein großer, rotgefiederter Papagei saß. Neben ihr standen vier Thomies. „Ich bin Tiffany, euer Tourguide, und freue mich, euch heute durch Jungle Island führen zu dürfen. Dieser Park wurde 1936 als Parrot Jungle von einem Ehepaar namens Francis und Louis Scherr gegründet. Nach einem Besuch eines Tierparks war Francis so begeistert von dieser Attraktion, dass er beschloss, selbst einen zu eröffnen. Und zwar mit Vögeln, die frei fliegen sollten. Gesagt, getan. Wir hatten übrigens im Lauf der Jahrzehnte schon andere berühmte Gäste hier, darunter der frühere englische Premierminister Winston Churchill, Präsident Jimmy Carter und Regisseur Steven Spielberg." Agora lächelte. „Ich würde jetzt gern mit euch eine kurze Tour durch den Park machen und dann im Parrot Bowl Theatre etwas mehr über die spannende Welt der Papageien erzählen."

„Anschließend haben wir einen Platz am See vorbereitet", schloss einer der Thomies, „wo wir eine Pause einlegen werden." Die Gruppe setzte sich in Bewegung. „Wir beherbergen hier nicht nur Papageien, sondern Tiere aus aller Welt", referierte Tiffany, während sie über verschlungene Wege durch die subtropische Gartenlandschaft mit Kokos- und Bananenpalmen und duftenden exotischen Blüten spazierten. Die Probleme der Welt erschienen hier weit weg, dachte Agora, als sie an einem Streichelzoo vorbeikamen, in dem Ziegen meckernd die Köpfe nach ihnen reckten. Als sie ein Gehege mit Flamingos passierten, hörte Agora, wie Jacinda Ardern Mark Rutte zuflüsterte: „Es ist ja schön hier. Aber ich habe noch nicht ganz verstanden, warum wir uns ausgerechnet in einem Zoo treffen. Du?" „Keine Ahnung, aber nach dem heutigen Vormittag bin ich gespannt." Er lächelte zuversichtlich.

Über eine Holzbrücke, unter der sich ein Bach schlängelte, gelangten sie schließlich zum Parrot Bowl Theatre, wo Tiffany die Politiker und Politikerinnen zu den darin aufgestellten Sitzreihen begleitete und danach die davor liegende Bühne betrat. Sie setzte den roten Papagei auf eine Holzstange. „Papageien sind die Vögel mit der höchsten Intelligenz. Sie lernen schnell, alles nachzuplappern, was man ihnen vorsagt." Sie streckte den linken Arm aus und der rote Papagei setzte sich darauf. „Hello", sagte sie. „Hello", antwortete der Papagei. Tiffany griff mit der rechten Hand in ihre Hosentasche und holte ein Leckerli heraus, das sie dem Tier gab. „Sagt der Papagei nicht, was er soll, wiederhole ich es so lange geduldig und helfe ihm dabei, die richtige Antwort zu finden."

Agora kam es fast so vor, als würde Tiffany über Menschen sprechen. Die zurückliegende Diskussion über Demokratie und Bildung schoss ihr durch den Kopf. Da war es darum gegangen, die Menschen in Demokratien beharrlich dabei zu unterstützen, ihren Horizont zu erweitern und ihre demokratische Haltung zu entwickeln.

„Nachplappern ist allerdings die geringste Denkleistung, die ein Papagei erbringen kann. Wenn man sich ausreichend mit Papageien beschäftigt, sind sie sogar in der Lage, bis zu 500 Wörter zu lernen, Fragen zu beantworten und Objekte auszumachen. Wie heißt du?", richtete Tiffany das Wort an den Vogel. „Henri", krächzte der. „Guter Junge." Sie gab Henri erneut ein Leckerli. „Man muss allerdings aufpassen. Denn wenn so ein Papagei nicht lernen mag, ignoriert er einen, kreischt oder beißt sogar."

Das war ja wie in der Politik. Agora schaute zu Ben, der sie angrinste, als würde er ahnen, worum ihre Gedanken gerade kreisten.

„Papageien sind überhaupt ziemlich coole Vögel: gelassen und sozial eingestellt. Sie helfen sich gegenseitig, ohne dafür sofort eine Gegenleistung zu bekommen."

Aus dem Augenwinkel beobachtete Agora, wie Ben ihr wieder einen Blick zuwarf. Als hätten sie eine stumme, aber einvernehmliche Konversation.

„Forscher haben Versuche angestellt, bei denen die Papageien nicht neidisch waren, wenn ein Artgenosse eine größere Belohnung als sie bekam. Und: Sie sind treu, denn sie bleiben ein Leben lang mit ihrem Partner zusammen." Tiffany schaute zu dem Papagei, der immer noch auf ihrem Arm saß, und sagte: „Henri, findest du, dass unsere Gäste sympathisch sind?" Der Papagei trällerte und schlug dabei freudig mit den Flügeln, was sein Publikum zu einem Applaus animierte. Tiffany und Henri bedankten sich mit einer Verbeugung, dann setzte die Guide sich den Papagei auf die Schulter und ging voran in Richtung See.

Fünf Minuten später saßen die Politiker und Politikerinnen auf mehreren auf einer Rasenfläche ausgebreiteten Decken, auf denen Kissen und auch einige Snacks auf Tabletts bereitstanden. Agora schnappte sich ein Kissen und machte es sich halb liegend bequem. Die anderen taten es ihr gleich. Wie sie schienen alle beinahe hypnotisiert zu sein von dem Anblick des spiegelglatten, tiefblauen Sees, der von dichtem Dschungelgrün umgeben war und an dessen Ende sich ein Wasserfall mit beruhigendem Rauschen ergoss. Vereinzelt war das Kreischen eines der Papageien zu hören, die in den Bäumen saßen. Agora nahm sich ein Stück Käse und eine Olive von einem der Tabletts und dachte: fast wie im alten Griechenland.

„Ich hätte nicht gedacht, dass Papageien so inspirierend sind“, riss sie die Bemerkung von Jacinda Adern, die sich rechts neben Agora legte, aus ihren Gedanken.

„Ich bin da anderer Meinung“, erwiderte Emmanuel Macron von der gegenüberliegenden Seite der Decke.

„Warum?“, fragte der Thomie links neben ihm.

„Ich dachte, wir sprechen heute Nachmittag über die Bedeutung von Leadership made for the future und darüber, was der wachsende Populismus in Demokratien anrichtet. Das war doch auch eine der Hypothesen.“ Er schaute nach rechts zu Ben. „Warum müssen wir dazu einen Abenteuerpark besuchen?“

Ben erläuterte: „Damit genau das passiert, was du eben gemacht hast: Hinterfragen. Widerstand. Kein Mitlaufen. Kein Nachplappern.“

„Willst du damit etwa sagen, dass wir Politiker Jasager sind?“, warf Mark Rutte ein und richtete sich irritiert aus seiner bequemen Sitzhaltung auf.

Schauen wir kurz auf deine deutschen Nachbarn“, antwortete Ben ruhig. „Als du Chef deiner Partei geworden bist und einen Monat später Fraktionschef, war Frank-Walter Steinmeier Außenminister Deutschlands und Angela Merkel Kanzlerin. Als du Ministerpräsident warst und der Türkei erklärt hast, dass euer öffentlicher Raum generell kein Ort für den Wahlkampf anderer Länder sei, war Sigmar Gabriel Außenminister, auf den Heiko Maas folgte. Diese deutschen Kollegen, auch deren Mitarbeiter im gesamten politischen Betrieb, traten für gute Beziehungen mit Russland ein. Klingt irgendwie harmlos und richtig. Schauen wir aber heute Mittag an die Grenze der Ukraine, wo ein russisches Gemetzel kurz bevorstehen kann, war es weder harmlos noch richtig. Zumal diese Politiker und ihr Stab es besser wussten, aber die vermeintlich mehrheitlich russlandfreundliche Wählerschaft fürchteten. Man könne das den Wählern nicht erklären, hieß es dann oft. Waren das keine Jasager? Meine Antwort auf deine Frage lautet dennoch: Nein! Denn in solchen Kategorien, in Stereotypen, denke ich schon aus beruflichen Gründen nicht. Demokratie hat also nicht nur ein systemisches Problem, sondern auch ein menschliches. Aus vermeintlichen oder persönlichen Nützlichkeitserwägungen sich bedenkenlos anzupassen gehört nicht zu den positiven menschlichen Eigenschaften."

„Da stimme ich dir vollkommen zu", sprang Jacinda Ardern Ben zur Seite.

Agora war nicht erstaunt über die Bemerkung der neuseeländischen Premierministerin. Sie verkörperte einen modernen Führungsstil, der nicht nur von Kompetenz geprägt war. Im Umgang mit den Bürgerinnen und Bürgern ihres Landes zeigte sie immer wieder Menschlichkeit. Sie verfügte über eine exzellente Kommunikationsfähigkeit, konnte gut zuhören und bewahrte auch bei Gegenwind stets Ruhe. Während der Coronazeit hatte sie sich bei ihrem „5-Millionen-Team" für ihr gemeinschaftliches Handeln bedankt. Dieser Ausspruch brachte auf den Punkt, wie eine Krise eine Bevölkerung zusammenschweißen konnte, und hatte es sogar auf T-Shirts geschafft.

Jacinda sprach weiter: „Viel zu oft wird Wert auf Stärke und Durchsetzungsvermögen gelegt. Manche Kollegen reichern diese leider mit Opportunismus an. Und viele Kollegen nehmen an, Durchsetzungskraft schließe automatisch Freundlichkeit und Empathie aus. Aber angesichts der großen Herausforderungen, vor denen die Politik allerorts steht, ist Empathie für mich die wichtigste Qualität."

„Warum?“, fragte die Thomie, die links von Jacinda saß.

„Weil Empathie auf jeder Ebene, nicht nur auf der politischen, die Grundlage von Vertrauen ist. Deshalb darf man als Politiker gerade in Krisenzeiten keine Angst davor haben, sondern sollte getragen von Empathie sein. Und das ist kein rein weibliches Soft Skill, auch wenn Teile der Gesellschaft emotionale Intelligenz gern darauf reduziert.“

EMPATHIE BEDEUTET NICHT NUR DEN VERSUCH, SICH VORZUSTELLEN, WAS ANDERE DURCHMACHEN, SONDERN BEINHALTET AUCH, DEN MUT AUFZUBRINGEN, ETWAS DAGEGEN ZU TUN.

Cornel West, US-amerikanischer Harvard-Professor[24]

Wörtliche Zitate.

QUOTE PRINT

Die Thomie rechts von Mark Rutte erläuterte: „Unsere Gruppe forscht seit Jahren zu diesem Thema. Das Erfolgsrezept der Zukunft nennen wir ‚Shebility‘. Schon heute wünschen sich Menschen ein von Shebility geprägtes Führungsverhalten, basierend auf Wertschätzung und Teilhabe, zwei Kernkompetenzen, die in ihrer Bedeutung für Innovationen wichtig sind. Dass diese Fähigkeiten einem Geschlecht zuzuordnen wären, beruht auf einem Irrtum. Anders als häufig vermutet bilden sich prosoziale Motive wie Empathie und Mitgefühl erst im Kleinkindalter, Macht- und Leistungsmotive sogar erst im Vorschulalter heraus. Weiblich konnotierte Fähigkeiten sind also tatsächlich nicht per Geschlecht und Geburt vorhanden, sondern entwickeln sich durch bisher noch geschlechtsspezifische Erziehung. Menschen, die eine ‚weibliche‘ Erziehung erhalten haben, sind viel mehr auf soziale Interaktionen ausgerichtet, die auch dem Wohle anderer dienen. Wer ‚männlich‘ erzogen wurde, strebt eher nach Anerkennungs- und Ansehensmaximierung. Ein Mann oder eine

FUTURE ASSET SHEBILITY.

Dieser Begriff setzt sich zusammen aus den Wörtern „she“ (deutsch: sie) und „ability“ (deutsch: Fähigkeit). Shebility führt unter anderem durch die empathischen und kommunikativen Fähigkeiten zu einem erhöhten Innovationsfluss. Sogenannte Soft Skills wie Empathie, Kommunikationsstärke und Konfliktfähigkeit sind Kernkompetenzen, die oft eher Frauen zugeschrieben wurden und für gesellschaftliche und wirtschaftliche Innovationen von hoher Bedeutung sind. Ihr integratives Mindset führt zur Verbesserung des Teamverständnisses und damit zu einer erhöhten Soziabilität, die wiederum Kreativität fördert. Während Frauen eine neue Wertschätzung erfahren, werden Männer mit weiblichen Kompetenzen zunehmend attraktiver. Das integrative Mindset eines Menschen mit Shebility - egal ob Mann oder Frau - fördert Lösungsorientierung, die Politik und Wirtschaft dringend benötigen.

Wichtiges Zukunftswissen.

FUTURE PRINT

Frau zu sein lässt sich also nicht bloß auf eine unterschiedliche Chromosomenstruktur oder unterschiedliche Geschlechtsmerkmale reduzieren.“[25]

„Neuseeland scheint das schon sehr früh erkannt zu haben“, ergänzte der Thomie neben Emmanuel Macron. Die Neuseeländer, immerhin auf Platz 2 im Demokratie-Ranking, haben das Wahlrecht für Frauen bereits 1893 eingeführt, als erstes unabhängiges Land überhaupt.“ Jacinda Ardern grinste stellvertretend für fünf Millionen Neuseeländer.

„Das passt gut zu den Erkenntnissen aus einem Gespräch von heute Mittag“, brachte sich die Thomie neben Jacinda ein: „Die Vertrauens-Weltmeister sind vier Länder, die zugleich Demokratie-Weltmeister sind: Dänemark, Finnland, Schweden, Niederlande.“

„Ist ja logisch“, ergriff Mark Rutte das Wort. „Starke Demokratien wollen das Beste für die Bevölkerung. Es schafft Vertrauen, wenn die Menschen das spüren. Ist das nicht so, fühlen sie sich weniger verbunden mit der Politik, den Parteien, die zur Wahl stehen, und auch weniger gebunden an ihre gespürte Pflicht, überhaupt wählen zu gehen. Die Wahlbeteiligung nimmt in vielen Ländern immer mehr ab. Vielleicht liegt das auch daran, dass Menschen heute nicht mehr nur Parteiprogramme wählen wollen, sondern auch die glaubhaftesten Politiker."

Der Einwand des niederländischen Ministerpräsidenten war Agora unter die Haut gegangen. Zum zweiten Mal an diesem Tag kam die Kritik auf, das demokratische Vertrauen sei beschädigt. Es fiel Agora schwer, das nicht persönlich zu nehmen. Zugleich musste sie sich eingestehen, dass sie selbst in vielen Ländern beobachtete, wie Teile der Bevölkerung sich in Krisenzeiten nicht selten von den Regierenden distanzierten. Als ginge sie der Politikbetrieb nichts mehr an. Als gäbe es keine attraktive Option mehr zu wählen, sondern nur noch zwischen zwei oder mehreren Übeln zu entscheiden. In vielen Ländern wurde die Regierungsbildung immer schwieriger, weil es keine klaren Mehrheiten mehr gab. Dass das auch positiv gewertet werden könnte, leuchtete ihr gerade nicht ein. Vielleicht lag das an dem Druck, der so sehr auf ihr, auf der Demokratie lastete. War mehr Mitbestimmungsrecht eine Lösung, um wieder politisches Vertrauen aufzubauen? Agora nahm sich eine Flasche Wasser und trank etwas.

„So betrachtet ist Vertrauen eine harte Währung", sagte die Thomie zu ihrer Rechten. „Je demokratischer ein Land, desto höher oft auch die Wahlbeteiligung. In sieben Ländern, die sich in den Top 10 der Demokratiesieger befinden, liegt die Wahlbeteiligung bei über 75 Prozent."

Ein wenig Erleichterung machte sich in Agora breit. Vielleicht stand es doch nicht so schlecht um ihr Erbe und sie waren in diesem Co-Lab zumindest endlich am Kern ihrer Probleme angelangt.

„Wie kann es gelingen, den demokratischen Puls der Wählerinnen und Wähler wieder nach oben zu bringen?", fragte Ben.

DIE TOP 7 DER WAHLBETEILIGUNG.[26]

Land	Höchste Wahlbeteiligung	Demokratieindex
Uruguay	90 %	13
Australien	90 %	9
Luxemburg	90 %	14
Schweden	84 %	4
Dänemark	84 %	6
Neuseeland	82 %	2
Island	80 %	5

Deutschland 77 % (15), Österreich 76 % (20), Schweiz 45 % (10)

Aktuelles Hintergrundwissen.

FACT PRINT

„Wir müssen viel mehr in engem Kontakt mit den Menschen sein, die wir repräsentieren. Ihnen die Überzeugung geben, weil sie es spüren, dass wir ihre Bedürfnisse wahrnehmen und etwas dafür tun, dass ihr Leben einfacher wird", antwortete Kaja Kallas. „In Estland haben wir zum Beispiel alle Bürgerdienste ins Internet verlegt, damit die Leute Behördengänge, aber auch ihre Stimmabgabe bei Wahlen einfach und bequem von zu Hause aus rund um die Uhr erledigen können. Das ist gerade für junge Menschen relevant, aber auch die ältere Bevölkerung nimmt diese Services gut an. Dafür sind wir sogar in Supermärkte gegangen, um zu schulen. Wir haben auch eine elektronische Bürgercard, die gleichzeitig Ausweis, Führerschein, Versichertenkarte und noch viel mehr enthält. Bringt eine Frau ein Kind zur Welt, erhalten die Behörden sofort eine Information und kümmern sich proaktiv um alle Sozialleistungen wie zum Beispiel Kindergeld. Es muss also niemand lange Anträge auf Papier ausfüllen und darum kämpfen, gesehen zu werden. Angst vor Daten-Hacking hat bei uns übrigens niemand. 2007 waren wir Opfer eines massiven Cyberangriffs. Deshalb hat Cybersicherheit bei uns höchste Priorität. Eine staatliche Behörde unternimmt alles Notwendige, damit unsere Daten sicher sind. Wir mögen ein kleines Land sein, aber wir haben vor über 20 Jahren damit begonnen, eine digitale Demokratie zu werden, und könnten einigen Ländern der Welt noch etwas zum Thema beibringen."

Diese Vorreiterrolle bei der Digitalisierung war in Agoras Augen nicht nur dem menschlichen Bedürfnis nach Einfachheit geschuldet, sondern auch der Geschichte Estlands. Historisch betrachtet wurde das Land jahrhundertelang von Fremdherrschaft bestimmt, zuletzt von der Sowjetunion. 1940 annektiert, wurde Estland zur estnischen Sowjetrepublik. 1991 setzten die Esten schließlich ihre Unabhängigkeit durch. Wer sich so lange einem autokratischen Regime beugen musste und sich freigekämpft hatte, für den waren Transparenz, Gleichberechtigung und das Gefühl, nicht zurückgelassen zu werden, nicht selbstverständlich, sondern ein kostbares Gut.

„Autokratien kümmern sich nicht um die Menschen, sondern nur um eigene Macht. Das ist doch der wesentliche Unterschied zu Demokratien", brachte Kaja Kallas einen anderen Aspekt ein.

„Also ist die Digitalisierung kein Innovationsfaktor, sondern ein Tool für mehr und schnelleren demokratischen Handlungsspielraum. Und gleichzeitig ist es die Aufgabe der Lenker, Kontakt zu den Menschen, die sie repräsentieren, zu halten", warf Ben in die Runde. Die Politiker und Politikerinnen bejahten.

FUTURE ASSET EASITY.

Sowohl die Bedienung als auch die Verständlichkeit verschiedenster Produkte und Dienstleistungen werden zunehmend dem Kundenanspruch der Komplexitäts-Entwirrung gerecht. Politik und Wirtschaft müssen sich die Mühe machen, ihre „Kunden" besser zu verstehen. Die wörtliche Übersetzung von „easy", mit ihrer doppelten Wortbedeutung, definiert den Anspruch: „einfach" und „bequem".

Wichtiges Zukunftswissen.

FUTURE PRINT

„Wie schaffen Sie das?“ „Über Digitalisierung. Indem wir über die sozialen Medien persönlich Kontakt halten. Ein Politiker kann Millionen Menschen auf diese Weise erreichen. Vorausgesetzt, er lässt nicht einen Marketing-Kanal produzieren, sondern die Menschen an seinem politischen und vielleicht auch persönlichen Leben teilhaben.“

Kein Wunder, dass ausgerechnet Jacinda Ardern das sagte. War sie doch vor ein paar Jahren vom *Time Magazine* zu einer der 100 einflussreichsten Persönlichkeiten gekürt worden. Das wurde man nicht, da war sich Agora sicher, wenn man still und leise arbeitend im Kämmerlein saß.

„Was du sagst, spiegelt sich zum Beispiel in Robert Habecks Social-Media-Arbeit wider“, ergänzte die Thomie neben Jacinda. „Für einen Vizekanzler und Wirtschaftsminister ist er sehr offen und ehrlich im Umgang mit seinen Followern. Er informiert und klärt auf, sagt aber auch ganz offen, warum die Komplexität der Politik manchmal schwer auszuhalten ist. Er kommuniziert die Probleme, die ihn beschäftigen, ebenso wie Widersprüche, die ihn beschäftigen. Die Bürger wissen, was dieser Mensch für sie tut und dass das oft ein Ringen um die beste Lösung für Gegenwart und Zukunft ist.“

„Aber es birgt doch auch ein Risiko, sich jenseits des rein politischen Kontextes in den sozialen Medien zu zeigen. Online kann viel schneller Stimmung gegen eine Person des öffentlichen Lebens gemacht werden“, merkte Fumio Kushido an, der bisher etwas abseits neben Emmanuel Macron sitzend still zugehört hatte.

„Ich sehe das anders, Fumio. Die sozialen Medien sind eine Chance für Politiker, sich als Menschen zu zeigen und die Politik, die sie für die Bevölkerung machen. Ist das nicht wichtiger als die Sorge um eine schlechte Stimmung?“, entgegnete Jacinda.

„Die Digitalisierung“, sagte Ben, „ist ein Paradigmenwechsel, wie er nur etwa alle 100 Jahre passiert. Sie wird auf Dauer alle gesellschaftlichen Bereiche umkrempeln. Selbst die, die heute noch nicht so daran interessiert oder davon betroffen sind. Das gilt auch für die Politik. Die Digitalisierung an sich hat genauso wenig Bedrohliches wie die sozialen Medien. Bedroht wird unsere Gesellschaft eher von etwas, das wir HAWISOMA nennen. Die Haltung: Das haben wir so schon immer gemacht. In zehn Jahren werden 40 Prozent aller rückwärtsorientierten Unternehmen ausgestorben sein, ebenso wie ein Großteil rückwärtsgewandter Politiker abgewählt oder verschwunden sein wird."

„Und was sollen Politiker deiner Meinung nach dagegen tun?", fragte der japanische Premier.

„Nicht alle im Politikbetrieb ziehen bisher in Betracht, was wir Wahldreiklang nennen. Dabei ist es so einfach: Nur wen ich kenne, kann ich sympathisch finden und Vertrauen schenken. Nur auf wen das zutrifft, werde ich wählen. Populistische Politiker haben dieses Prinzip schon lange verstanden und setzen diese Formel gezielt in den Medien und auf Social Media ein."

Fumio Kushido überlegte kurz, dann sagte er: „Nur beruht das Vertrauen bei Populisten leider nicht auf Kompetenz und die Sympathie nicht auf Transparenz."

Populisten verkürzten komplexe gesellschaftliche, wirtschaftliche und politische Probleme mit überspitzten Parolen und Feindbildern. Sie verletzten unausgesprochene demokratische Regeln, indem sie ihre politischen Gegner öffentlich verunglimpften, beschuldigten und beschimpften. Indem sie Wahlergebnisse nicht anerkannten und dagegen klagten. Indem sie Presseorgane zur Verbreitung von Fake News über historische Ereignisse und politische Gegner nutzten oder die Bevölkerung mit Fremdenfeindlichkeit gegeneinander aufwiegelten. Indem sie die Gewaltenteilung unterwanderten und versuchten, sich über verfassungsändernde Maßnahmen mehr Kontrolle zu sichern. Nur ungern erinnerte sich Agora an das Jahr 2019, als der damalige US-Präsident Donald Trump im Streit um die Finanzierung des Baus der Grenzmauer zu Mexiko in Betracht zog, den nationalen Notstand auszurufen. Da der

Kongress, der als Legislative des Landes verantwortlich für die Steuergelder war, ihm nicht genügend Gelder bewilligt hatte, rüttelte er an der Gewaltenteilung, einem Grundpfeiler der Verfassung. Um die Entscheidung der Legislative zu umgehen, versuchte er, über den vermeintlichen Notstand an der Grenze eigenmächtig auf bereits bewilligte Mittel aus dem Verteidigungsetat zuzugreifen und den Mauerbau voranzutreiben. Im Grunde genommen war das ein Angriff auf die Grundfeste der Demokratie. Denn die drei Gewalten Judikative, Exekutive und Legislative hatten innerhalb eines demokratischen Systems die Aufgabe, sich gegenseitig zu kontrollieren.

Ein noch größerer Angriff war der vom 6. Januar 2021, als Anhänger von Donald Trump das Kapitol in Washington, D.C., stürmten, um die Bestätigung des rechtmäßigen Wahlsiegs von Joe Biden zu verhindern und Trump illegal im Amt zu halten. Bei diesem versuchten Staatsstreich gab es fünf Tote und zahlreiche Verletzte, darunter 140 Polizisten. Glücklicherweise kam Trump damit nicht durch. Was dafür sprach, die Hypothese, Populisten seien ursächlich für den Niedergang der Demokratie verantwortlich, zu falsifizieren.

Deshalb war es so wichtig, dass Agora und ihr Politteam hier zusammensaßen. Die demokratischen Regeln und Werte mussten unter allen Umständen geschützt werden, damit keine demokratische Gewalt mehr Macht erhielt, als es die Verfassung erlaubte.

„Aber warum kommen Populisten damit durch?“, fragte Kaja Kallas.

„Weil hohe Bekanntheitswerte fast immer mit hohen Sympathiewerten korrelieren“, erklärte Ben. „Aber auch, weil sie über schwarz-weiß gemalte Feindbilder, die auf stereotypen Denkmustern beruhen, eine komplexer werdende Welt auf Freund/Feind beziehungsweise Gut/Böse reduzieren. Die Frage ist: Wie bringt man die Teile der Bevölkerung, die diese Schokoriegel bevorzugen, auf einen anderen, gesünderen Geschmack?“ Ben suchte Blickkontakt zu den Politikern und Politikerinnen.

„Ganz klar: durch Empathie“, kam es wie aus der Pistole geschossen von Kaja Kallas. „Menschen, die sich verloren fühlen, suchen nach Orientierung. Die Feindbilder, mit denen Populisten arbeiten, haben eine verbindende Funktion, weil sie ein Gefühl der Identität mit einer Person, einer Gruppe oder einem Thema schaffen. Über ein gemeinsames Feindbild schweißen Populisten die Unzufriedenen und Zurückgelassenen zu einer Gruppe zusammen, die über Schuldzuweisungen die Verantwortung für Missstände überträgt. Empathie und Kompromissbereitschaft sind bei einer Dämonisierung des ‚Feindes‘“, sie malte Anführungszeichen in die Luft, während sie sprach, „nicht mehr möglich.“

Genau das machte Feindbilder zu einem gefährlichen Instrument der Radikalisierung von gesellschaftlichen Gruppierungen. Und je nach Menschentyp wurden Angst- oder Wutreaktionen aktiviert. Agora hatte das immer wieder in einzelnen Ländern erlebt. Warum machten sich die Menschen nicht bewusst, dass kollektiver Hass und kollektive Angst nicht in eine erfolgreiche Zukunft führten, weil sie nur negative Emotionen hochkochten statt gemeinschaftliche Lösungen zu finden?

„Ich denke bei diesem Thema an Hannah Arendt, eine deutsch-jüdische Philosophin, die 1941 in die USA emigrieren musste“, schaltete sich Ben wieder ein. „Sie plädierte für eine Pluralität in der Politik, die den Menschen ermögliche, auch die Perspektive der anderen in Betracht zu ziehen, und damit politische Gleichheit und Freiheit fördere. Was wieder auf Empathie hinausläuft. Dieses In-Betracht-Ziehen des anderen sehen wir, auch dann, wenn der Individualismus viele Gesellschaften prägt, als ein wesentliches Asset der Zukunft. Menschen werden für Menschen wichtiger.“

„In Japan glauben viele nicht mehr an die Politik und sind ihr gegenüber misstrauisch geworden. Aus diesem Krisenbewusstsein heraus habe ich als Premier kandidiert“, erläuterte Fumio Kishida. „Um etwas zu verändern, muss man nach meiner Erfahrung aber zuerst einmal wirklich zuhören.“ Der japanische Premier war auch schon in früheren politischen Funktionen dafür bekannt, der Bevölkerung aufmerksam zuzuhören. Seit 2009 hielt er die Stimme des Volkes, wie er die Meinungen, Ideen, Kritik, Fragen und Probleme bezeichnete, in einem seiner von vielen Japanern als Signature-Kishida-Notebook bezeichneten Hefte fest, die er überall mit sich trug.

Jacinda Ardern richtete sich abrupt auf. „Aber zuhören reicht doch nicht! Ich sehe es als wichtigste Aufgabe der Politik an, den Bürgern wieder Lust zu machen, die Zukunft ihres Landes mitzugestalten. Und ihnen Wege aufzuzeigen, wie sie das einfach und schnell tun können. Wir haben in diesem Zusammenhang ja schon über die demokratische Kraft der Digitalisierung gesprochen. Sie kann Politik und Volk näher zusammenbringen. Deshalb meine ich, wir können an dieser Stelle noch eine Hypothese aufstellen und nach unserer Diskussion als verifiziert einordnen: Je demokratischer ein Land, desto fortschrittlicher ist es."

„Guter Punkt. Das sieht man ja auch an den skandinavischen Ländern: ein hohes Demokratie-Ranking und weit oben im digitalen Index", sagte die Thomie neben ihr und notierte die Hypothese auf ihrem Tablet.

„Was es aber auch braucht, ist eine demokratische Haltung in der Politik, die über den Interessen der eigenen Partei steht, um Populisten auch auf Parteiebene keine Chance zu geben", sagte Emmanuel Macron. Vermutlich war allen klar, worauf Macron anspielte. Agora erinnerte sich nur zu gut an das Jahr 2017, als der parteilose Mitte-Kandidat Emmanuel Macron und die rechtspopulistische Marine LePen sich für die Stichwahl qualifiziert hatten. Der zuvor gescheiterte konservative Präsidentschaftskandidat François Fillon empfahl seinen Anhängern damals, Macron zu wählen. Agora versuchte, sich die eindringlichen Worte ins Gedächtnis zu rufen: „Enthaltung entspricht nicht meinen Genen, vor allem wenn sich eine extremistische Partei der Macht nähert. Der Extremismus kann Frankreich nur Unglück und Spaltung bringen."[27] Deshalb war es für ihn ohne Alternative – und das sah er für alle anderen Demokraten genau so –, am 7. Mai die extreme Rechte nicht zu wählen.

„Aber wie schaffen wir es, diese Haltung und die Lust auf die demokratische Zukunft auf allen Ebenen in der Bevölkerung zu reetablieren?", fragte Fumio Kishida.

Agora räusperte sich. Vielleicht war nun doch der Zeitpunkt gekommen, sich in die Diskussion einzumischen. „Man darf ja nicht vergessen, dass meine Führungsteams einem hohen Stress ausgesetzt sind. Ihre Aufgaben sind meist dringlich. Zum Beispiel wenn Medien Themen nach vorn bringen, die sich bisher weiter unten auf der politischen Agenda befanden. Dazu stehen sie unter konstanter Beobachtung der Öffentlichkeit sowie der Opposition und riskierten in manchen Ländern bereits bei einem Fehler in der Reisekostenabrechnung den Rücktritt."

Die Politiker und Politikerinnen pflichteten ihr einhellig bei.

„Mir ist klar, dass eure Position exponiert ist", sagte Ben. „Dennoch frage ich mich, ob es bei der Arbeit von Politikern immer um Perfektion gehen muss. Oder auch um Evolution der Demokratie. Und wenn das so ist, kann das nicht reibungslos laufen. Denn auch Politiker lernen wie alle Menschen am meisten aus Fehlern."

„Aber wie lässt sich eine neue Fehlerkultur mit dem überkritischen Blick von Öffentlichkeit und Opposition vereinen?", fragte der Thomie neben Ben. „Aus meiner Sicht haben demokratische Länder, und zwar seitens der Politiker wie auch der Bürger, noch Luft nach oben, was innovationsgetriebene Neugier betrifft." Ratlosigkeit stand in den Gesichtern einiger Anwesender geschrieben. „Allerdings", ergriff Ben das Wort, „nehmen sich Politiker diese Luft allzu oft selbst. Klar ist, mit einer Selbst-schuld-Haltung kommen wir nicht weiter. Und ja, die Ansprüche der Gesellschaft an Politikerinnen und Politiker haben sich nicht selten in unerfüllbare Sphären geschraubt. Teufelskreisläufe lassen sich aber nur besiegen, wenn man sie bewusst durchbricht. Eine neue Offenheit, eine neue menschliche Ehrlichkeit sind die Schlüssel dazu. Also aufhören, den Wählern vormachen zu wollen, man sei fehlerfrei. Schluss mit Storys, die in den 1980ern noch funktionierten. Diese Vorbilder, bei denen Menschen vorgemacht wurde, der Konsum

FUTURE ASSET KIDABILITY.

Der Begriff setzt sich zusammen aus den Worten „Kid", Kind, und „Ability", Fähigkeiten. Kinder sind neugierig, wissenshungrig und wollen mit der immer wiederkehrenden Frage nach dem „Warum" hinter den oberflächlichen Details zum Kern einer Sache vordringen. „Warum", fragte die dreijährige Tochter des Physikers Edwin Land, „kann ich unsere Fotos nicht sofort sehen?" Land dachte darüber nach und gründete 1937 in Boston eine Firma. Das war die Geburtsstunde von Polaroid. Mittlerweile ist das Unternehmen im 3D-Druck tätig.
Kidability macht kreativer. Das klappt aber nur, wenn Scheitern erlaubt ist und Fehler begrüßt werden. Im Innovationszeitalter müssen Misserfolge gewissermaßen als Preis für den späteren Erfolg einkalkuliert werden. Die Kreativität von Kidability geht oft einher mit Regelbruch, der etwas Neues schafft. Dieses Unrulity-Denken ist das wichtigste menschliche Kapital, weil wir damit, anders als Maschinen, algorithmische Muster brechen und zukunftsweisende Ideen entwickeln können.[28] Ein Beispiel für Unrulity ist Steve Jobs. Der Apple-Gründer fasste seine Sicht wie folgt zusammen: Man kann sie verachten, aber nicht ignorieren, die positiven Nonkonformisten, die den Status quo missachten. Sie identifizieren überholte Formeln, werfen sie über Bord und ersetzen sie durch innovative. Statt im vermeintlich ruhigen Hafen zu liegen und dann doch im Orkan neuer Wettbewerber unterzugehen, führen kreative Lenker ihre Organisation lieber selbst in und durch einen Sturm.[29]

Wichtiges Zukunftswissen.

FUTURE PRINT

einer bestimmten Zigarette brächte das Gefühl von Freiheit und Abenteuer, funktionieren definitiv nicht mehr. Je eher Politiker sich und anderen klarmachen, dass sie auch nur Menschen sind, desto eher ist der Boden für gute Fehlerkultur bereitet."

Ben schien die Gruppe überzeugt zu haben.

„Und wie kann man sich die Neugier im politischen Alltag bewahren?", fragte Mark Rutte.

„Mit einer Fähigkeit, die wir Kidability nennen", antwortete der Thomie neben Fumio Kishida. „Die kindliche Neugier, die Freude am Gestalten kommt Politikern im Alltag oft abhanden. Kinder fragen hundertmal am Tag ‚Warum?'. Ein Zauberwort, das Raum für Innovation schafft, die Demokratie, wie wir festgestellt haben, so dringend benötigt. Es geht darum, neugierig und hungrig zu bleiben und an den Kern eines Problems gelangen zu wollen.[30] Kidability macht Menschen – Politiker wie Bürger – innovativer."

„Da stimme ich zu", sagte Jacinda Ardern. „Wir können von Kindern viel lernen. Sie gehen mit offenen Augen durch die Welt und lösen, wenn man sie lässt, eine Aufgabe nicht selten kreativer und damit besser als Erwachsene. Warum? Weil sie keine Grenzen beim Denken haben.[31] Ich selbst bin mit 17 Jahren in die Labour-Partei meines Landes eingetreten, weil ich dazu beitragen wollte, die Kinderarmut abzuschaffen. Oder ein anderes Beispiel: 2018 haben wir in Neuseeland Plastiktüten abgeschafft, weil ich unzählige Briefe von Kindern bekam, die in Sorge um unsere Umwelt waren."

„Aber wie können Politik und die Gesellschaft diese ‚nonkidablen' Denkgrenzen überwinden?", fragte Emmanuel Macron.

Die Thomie links von ihm übernahm: „Zum Beispiel mit einem Zukunftsministerium, das der Regierung wie der Opposition als Nordstern dient, um die Entscheider immer wieder rauszuholen aus dem Alltag, und ihren Blick auf eine größere Perspektive, auf die Zukunft ausrichtet. Ein Platz, an dem gemeinsam nach Lösungen für die Herausforderungen gesucht wird, die heute noch keiner so genau kennt. Ein Platz, an dem …"

„Ein Zukunftsministerium?", unterbrach Macron die Thomie. „Das ist ja nicht gerade etwas Neues!"

„Der Name des Ministeriums ist nicht so wichtig", schaltete Ben sich ein. „Es muss auch gar kein Ministerium sein, sondern vielleicht ein anderes Regierungsorgan."

„Der Gedanke ist absolut richtig", warf Mark Rutte ein. „Ich für meinen Teil bin froh, dass wir hier auf diese Papageieninsel gekommen sind. Politiker sind mehr als Ja- oder Neinsager in der Gegenwart. Sie müssen, egal wie viele Krisen sie zu bewältigen haben, aktiv an der Gestaltung einer demokratischen Zukunft arbeiten."

„Genau deshalb", erläuterte Ben, „sehen wir ein Zukunftsressort nicht bloß als Spielplatz für Innovationen. Eine solche Querschnittsaufgabe muss strategische Überlegungen zur grundsätzlichen zukünftigen Ausrichtung demokratischer Politik erarbeiten – und zwar auf allen Ebenen. Jede bedeutende Firma verfolgt dazu eine Corporate Strategy. Wie ist das bei euch in der Politik?"

Die Regierungschefs und -chefinnen schwiegen. Während alle nachdachten, flüsterte die Thomie neben Agora dieser etwas zu. Anschließend fragte sie laut: „Wie hast du, Agora, beim ersten Treffen mit Ben in Hamburg die Summe der demokratischen Länder genannt?"

„Firma!", antwortete sie und streckte die Beine aus, die ganz steif von dem langen Sitzen waren.

„Dann sollten wir uns in einem der nächsten Co-Labs darauf konzentrieren, eine Corporate Strategy für demokratische Länder zu entwickeln", schlug Ben vor.

Agora räkelte sich. Es war Zeit für sie, endlich wieder in Bewegung zu kommen. Sie stand auf, verabschiedete sich von der Gruppe. Nach allem, was sie heute gelernt hatte, war sie sicher, dass ihr Team auf einem guten Weg war. Sie würden gerade auch ohne sie zurechtkommen.

Um sich die Beine zu vertreten, spazierte sie langsam ins Innere der Insel. Das üppige Grün tat ihren Augen und das lustige Gekrächze der Papageien ihrer Seele gut. Ein Gefühl der Erleichterung machte sich in ihr breit, das sie schon lange nicht mehr empfunden hatte. Denn eines hatte der heutige Tag deutlich gemacht: Die Demokratie war stärker, als sie dachte. Ungerechtigkeit, Krisen und Konflikte hatte es schon immer gegeben. In der Attischen Demokratie, der ersten der Welt, war politische Teilhabe nicht der gesamten Bevölkerung möglich. Sklaven, Frauen und Fremde durften im alten Griechenland nicht wählen. Damals war das für die Menschen selbstverständlich.

Das Erstarken von Populisten war ein Phänomen geschwächter Demokratien, aber nicht die Ursache. Populisten schädigten die Demokratie, weil sie ihre grundsätzlichen Werte von Gerechtigkeit, Gleichheit und Solidarität verrieten. Sie konnten Schaden anrichten, sie aber bisher nicht zerstören. Überließ man den Populisten jedoch das Ruder, öffnete das Tür und Tor für längst vergangen geglaubte Zeiten des Unrechts. Bisher war die Demokratie resilient geblieben. Die Frage war allerdings, was mittelfristig geschehen würde, wenn sich Demokratie nicht weiterentwickelte, nicht zukunftsfähig bliebe. Wenn das Gefühl der Selbstverständlichkeit in der Bevölkerung, aufgrund dessen sich viele nicht für Politik interessierten und nicht wählen gingen, noch weiter um sich griff. Eines erschien ihr zum jetzigen Zeitpunkt dringlicher denn je: Die Menschen, die in Demokratien lebten, mussten verstehen, dass die persönliche Freiheit und Entwicklungschance, die ihre Staatsform versprach, einen Preis hatte: nämlich sich im politischen Leben zu engagieren. Mindestens aber sie wertzuschätzen.

Agora spürte, wie ihr Puls bei diesem Gedanken nach oben schnellte. Missstände, Krisen und die politische Auseinandersetzung damit bargen das Potenzial, die Demokratie zu erneuern. Vorausgesetzt, Politik und Bevölkerung hielten den Blick auf die Zukunft gerichtet. Sie war die Brücke, um die Kluft, die die allgegenwärtige Spaltung gerissen hatte, zu überwinden. Auch wenn die einzelnen Länder, die in diesem Co-Lab anwesend waren, immer wieder vor individuellen Krisen standen, die ihre Aufmerksamkeit verlangten, war es oberste Priorität politischer Leader, den an sich toten Begriff Demokratie wieder zum lebendigen Synonym für menschliche Gemeinschaft zu machen. Agora beschleunigte ihren Schritt. Jetzt musste sie mit ihrer Führungsriege nur noch einen Weg finden, den Menschen wieder Lust auf Demokratie zu machen. Ein Zukunftsressort und von Kindern zu lernen waren gute Ideen. Genau deshalb saßen sie zwei Tage in Miami zusammen. Sie musste an die Worte des ehemaligen britischen Premiers Winston Churchill denken und ein Lächeln huschte über ihr Gesicht: Demokratie war die schlechteste aller Regierungsformen. Abgesehen von allen anderen.[32] Er hatte wohl recht!

Topic sechs

Party-Crasher.

„We will rock you“, sang Carlos Alvaro Quesada aus vollem Hals mit einem Mikro in der Hand in die sternenklare Nacht. Jacinda Adern stand grinsend am Mischpult unter der Überdachung der Terrasse. Es schien sie zu freuen, wie der costa-ricanische Präsident auf diesen Song von Queen, den sie soeben aufgelegt hatte, ansprang. Boris Johnson begleitete seinen singenden Kollegen auf der Luftgitarre und schüttelte wie wild sein hellgelbes Haar. Joe Biden tanzte mit Kaja Kallas aus Finnland und drei Thomies. Agora war erstaunt über das Rhythmusgefühl des amerikanischen Präsidenten und zugleich erleichtert, dass die drohende Eskalation des Russland-Ukraine-Konflikts nicht die gute Stimmung nach einem erfolgreichen Tag überschattete. Die Zukunft der Demokratie und das Gefühl, gemeinsam daran arbeiten zu wollen, durfte nicht untergehen. Auch wenn eine gewisse Unruhe und das Bedürfnis, sich zur gegenwärtigen Weltlage auszutauschen, ebenso angebracht wie verständlich war. Agora beobachtete, wie Robert Habeck, Mario Draghi und Emmanuel Macron mit zwei Thomies an der Bar diskutierten, völlig unbeeindruckt von dem Lärm der Musik. Einige Vertreterinnen der skandinavischen Länder hatten sich mit ein paar Thomies etwas abseits der Terrasse auf einem Sofa gruppiert und sprachen ernst miteinander. Immerhin prosteten sie sich gerade mit Cocktails zu. Mit Freude stellte Agora fest, dass sogar Indiens Präsident Narendra Modi noch auf war. Er stand am Rand des Pools neben dem japanischen Premier Fumio Kishida und der taiwanesischen Präsidentin Tsai Ing-wen. Gemeinsam mit zwei Thomies verfolgten sie das Geschehen auf der Tanzfläche. Agora wusste, dass Indiens Staatschef meist sehr früh zu Bett ging, deshalb rechnete sie es ihm hoch an, dass er nach dem Abendessen noch bei ihnen geblieben war. Er hatte sich in eine seiner leuchtenden Roben geworfen, eine seidene hellblaue Kurta und Hosen in der gleichen Farbe sowie einen orangefarbenen Turban.

Ein bisschen gute Stimmung würde allen Anwesenden guttun. Denn der Tag war erfolgreich gelaufen, aber auch anstrengend gewesen. Agora war stolz auf ihr Team, das hochkonzentriert und engagiert geblieben war, obwohl die Sorge um einen möglichen russischen Einmarsch in der Ukraine immer wieder die Konzentration Einzelner vom Co-Lab abgezogen hatte und es immer noch tat. Gerade hatte sich Joe Biden nach einem Blick auf seine iWatch von der Tanzfläche entfernt. Agora hörte nur noch, wie er im Weggehen „Tony" sagte. Sprach er gerade mit dem US-Außenminister Blinken? Und wenn ja, was hatte das zu bedeuten?

Um 22:20 Uhr klopfte eine Thomie mit ihrem Ring an das Glas, das sie in der anderen Hand hielt, und sagte laut in die Runde: „Ich würde gern mit Ihnen allen endlich anstoßen, denn nach deutscher Uhrzeit hat Ben bereits seit vier Stunden Geburtstag."

Unmittelbar darauf schallte Stevie Wonders „Happy Birthday" über die Terrasse und alle, auch die Skandinavierinnen, allen voran Sanna Marin, mit eleganten High Heels und schwarzer Lederjacke gekleidet, liefen auf die Tanzfläche. Sie sangen und tanzten um Ben herum, der es sichtlich genoss, sich von den Anwesenden hochleben zu lassen. Als der Song zu Ende war, erhob auch er sein Glas und prostete der Runde zu. „Vielen Dank für die guten Wünsche", sagte er. Doch bevor er weitersprechen konnte, begannen überall – auf den Tischen, in Hosen- und Handtaschen – Handys zu vibrieren. Die Politiker und Politikerinnen, auch Ben, griffen sofort zu ihren Devices. Unruhe machte sich breit. Schließlich sagte Joe Biden, was kurz darauf auf den Tickern der Welt zu lesen war: „Russland hat um 22:29 Uhr, also um 4:29 Uhr mitteleuropäischer Zeit, vorsätzlich einen Krieg gegen die Ukraine begonnen."

- Wo warst du, als du vom Überfall Putins auf die Ukraine erfahren hast?
- Was waren deine ersten Gefühle und Gedanken?

Das persönliche Denkspiel.

JOIN PRINT

An Feiern war nicht mehr zu denken, dachte Agora erschüttert und musste sich setzen. Seit dem Ende des Kalten Krieges hatte sie es nicht mehr für möglich gehalten, dass es auf europäischem Boden zu einem Krieg kommen würde. Demokratie war, das musste sie sich zu ihrem Leidwesen eingestehen, wohl auch für sie selbst zu selbstverständlich geworden. Ein Krieg zwischen Autokratie und Demokratie hatte begonnen, nach dessen hoffentlich baldigem Ende die Welt nicht mehr dieselbe sein würde wie vorher. Der russische Angriff würde weitreichende Folgen nach sich ziehen, nicht nur für die Ukraine, sondern weltweit für die Demokratie wie auch für die Wirtschaft. Sie stand auf und straffte ihren Rücken. Auch wenn das Co-Lab damit leider ein vorzeitiges, jähes Ende fand, war es nun ihre Aufgabe, alles daranzusetzen, dass die Kollaboration der Regierenden trotz all der mit dem Krieg einhergehenden politischen Unwägbarkeiten voranging. Seit 22:29 Uhr war es wichtiger denn je geworden, gemeinsam Frieden zu schaffen und Freiheit zu sichern.

Agora bemerkte, wie Ben sich aus der Gruppe löste. In der Mitte der Tanzfläche angekommen, sagte Ben mit ebenso gehobener wie fester Stimme: „Eben noch habt ihr mich mit euren Geburtstagswünschen happy gemacht – und jetzt müssen wir erleben, worüber wir heute immer wieder gesprochen haben: Demokratie ist nicht mehr selbstverständlich. Denn es herrscht Krieg. Ist das skrupelloses, politisches Kalkül? Oder der Wahn eines Hasardeurs? Für die entgrenzte militärische Gewalt wird das keinen Unterschied machen. Für unsere gemeinsame Arbeit zur Rettung der Demokratie aber sehr wohl. Denn seien wir ehrlich: Viele der Länder, die ihr repräsentiert, haben es an Abschreckung mangeln lassen, die den Geschichtsrevisionismus, also das sowjetische Imperium mit Gewalt wieder zusammenfügen zu wollen, verhindert hätte.“ Fast alle im Kreis, deren Blicke gerade noch zu Boden gerichtet waren oder in die Ferne, schauten auf. „Die Ordnung in einem System – ob in der Familie, in einem Land oder der Welt – stürzt nicht durch eine Regelverletzung, sondern durch das Fehlen einer angemessenen Reaktion darauf. Die demokratische Welt zeigte keine klare, keine ausreichende Reaktion auf die russischen Hackerangriffe, den Anschlag auf den Regimekritiker Alexej Nawalny und auf die Krim-Annexion. Die Sanktionen haben Russland nicht wirklich wehgetan. Deutschland, von Putin als Schwachpunkt erkannt, sprach nicht einmal einen Stopp von Nord Stream 2 aus.“

Der sonst so gefasste Ben erschien Agora deutlich bewegt. „Immer schön lieb sein, russisches Gas war ja so schön billig. Diese Kombination aus mangelnder Abschreckung und Opportunismus verleitete Putin, davon bin ich überzeugt, den Krieg zu wagen. Das alles ändert aber nichts daran, dass der Despot aus Moskau der Aggressor ist!“ Täuschte sich Agora, oder hörte sie ein leichtes Zittern in Bens Stimme?

„Angesichts dieser aktuellen Entwicklungen halte ich eine weitere Hypothese für bewiesen: Nationalismus kann Demokratien beschädigen und Kriege provozieren.“ Er machte eine Pause. Erst als die meisten nickten, redete Ben weiter: „Zweifelsfrei wohnt jeder erfolgreichen Demokratie die Bereitschaft und Fähigkeit inne, sich in Menschen einzufühlen. Und genau die braucht es jetzt, damit aus dem Ukraine-Überfall keine globale Katastrophe wird.“

Es kam Gemurmel auf, was Agora als Protest interpretierte. Und sie konnte es ihnen nicht verdenken. Kritik am Tun der am Co-Lab teilnehmenden Länder war das eine. Sorge, Angst, Wut – ja. Solche Reaktionen waren im Angesicht eines Krieges verständlich. Aber wollte Ben jetzt etwa, dass wir uns in einen Despoten wie Putin hineinversetzen? Das war, wenn überhaupt, das letzte Gefühl, das sich Agora in diesem Moment vorstellen konnte. Ben schien Agoras irritierten Blick wahrzunehmen. Mit einer bemerkenswerten Ruhe fuhr er fort: „Unsere Aufgabe, gerade an einem Tag wie heute, ist es, weiterzudenken. Besonders wenn Putin gefühlsgeleitet entschieden hat, waren weniger Fakten wichtig, sondern was in Russland ankam. Und hier gabelt sich der Betrachtungsweg. Das eine ist, was Putin sagt und was deshalb viele russische Bürgerinnen und Bürger glauben. Aber damit befasst sich am heutigen Tage kaum jemand. Das andere ist, was Putin wirklich antreibt. Wir müssen seine wahre Motivation erkennen. Und uns von der Annahme verabschieden, dass sich jemand nur böse verhält, weil man selbst nicht nett genug war. Was also treibt Putin an? Er fürchtet nur eine einzige Waffe. Eine Waffe, die Despoten entmachtet: die Demokratie! Dieser Krieg darf sich für Putin nicht lohnen, sonst beträgt die Gefahr von Nachahmern wie zum Beispiel China 100 Prozent.“ Ben machte in der Runde Tsai Ing-wen aus und sagte in ihre Richtung: „Taiwan weiß das.“ Seine Aufmerksamkeit richtete sich wieder auf die restlichen Anwesenden: „Sorgen wir dafür, dass Putin sich verkalkuliert hat! Indem das Klima profitieren wird, weil wir viel schneller aus fossiler, oft russischer Energie aussteigen. Indem die

WAS CHINA UND RUSSLAND VERSCHLEIERN.

Kurz vor Russlands Überfall auf die Ukraine, am 4. Februar 2022, unterzeichneten Xi Jinping und Wladimir Putin eine Absichtserklärung mit dem Titel „Internationale Beziehungen auf dem Weg in eine neue Ära und nachhaltige globale Entwicklung“. In Wirklichkeit handelt es sich um ein autokratisches Manifest, das eine neue Weltordnung anstrebt, die Schwachen den Willen der Starken unterwirft und das Ende souveräner Staaten bedeuten soll.

Aktuelles Hintergrundwissen.

FACT PRINT

Kraft des von uns unterstützten, menschlichen Willens stärker sein wird als die von russischen Waffen. Und indem unsere gemeinsame Arbeit an der Zukunft der Demokratie heute kein Ende nimmt, sondern erst der Anfang ist. Sorgen wir dafür, dass Putin sich verkalkuliert hat!"

Robert Habeck nuschelte für alle hörbar, weil es so stecknadelleise war: „Mann, du hast recht!"

AUSGEWÄHLTE HIGHLIGHTS DES ZWEITEN KAPITELS.

- Harmonie zwischen verschiedenen ethnischen Gruppen fördert demokratische Stärke.
- Steigender Wohlstand hilft der Regierungsform.
- Lebenszufriedenheit fördert hoch entwickelte Demokratien.
- Spaltung kann verhindert oder besiegt werden, wenn sich alle Gruppen der Gesellschaft repräsentiert fühlen.
- Je früher Kinder demokratische Werte kennenlernen, desto mehr schätzen sie sie.
- In erfolgreichen Demokratien ist das Vertrauen der Bürger und Bürgerinnen in Politik und Verwaltung hoch.
- Bildungssysteme in KI-Zeiten sind nur zukunftsfähig, wenn sie auf Kreativität und Soziabilität fokussieren.
- Demokratien müssen schneller werden als heute, aber nicht mit Autokratien gleichziehen.
- Digitale Demokratien können besonders starke Demokratien werden.
- Die Migrationsfrage wird weder durch nationalen Kulturkampf, gar Abschottung, noch durch entgrenzte Toleranz beantwortet, sondern durch „rule-based diversity“.
- Demokratien brauchen Neugier als Zukunftssicherung, auch durch ein Ressort mit Nordstern-Funktion.

Zukunfts- und Preta-Forschung.

Wir beginnen mit der Preta-Forschung.

Wir kombinieren die seit Woche 4 laufende Meta-Forschung nun mit jeweils nationaler Primärforschung, die aus bisher noch nie gestellten Fragen an die Kunden unseres Mandanten besteht.
Das ist die Grundlage für die bevorstehende Transformation. Dieser Prozess nennt sich Preta-Forschung (Primär plus Meta). Sie dient einer hohen Aussagekraft der Studienergebnisse.

WOCHE 7

Auch mit der Zukunftsforschung geht es weiter.

Unsere laufende Zukunftsforschung, die der Mandant im Hypothesen-Co-Lab kennengelernt hat, ergänzen wir durch eine mandantenindividuelle Zukunftsforschung. Dabei geht es darum zu erkennen, welche Sprösslinge künftiger Entwicklungen zu stabilen Eichen werden. Dieser Prozess dauert Wochen.

WOCHE 7

Die One-2-one-Gespräche beginnen.

In den Co-Labs nutzen wir die Schwarmintelligenz. Die One-2-one-Gespräche auf Entscheider-Ebene mit hoher Vertraulichkeit liefern uns individuelle Sichtweisen und Detailinformationen, die in Gruppen nicht immer kommuniziert werden. Sie sind Teil der Primärforschung.

WOCHE 9

Weitere Hypothesen auf dem Weg zur Lösung.

Aus den Co-Labs, den One-2-one-Gesprächen und der laufenden strategischen Arbeit ergeben sich weitere Hypothesen, die wir bis zum Schluss des Beratungsprozesses durch Preta-Forschung verifizieren beziehungsweise falsifizieren.

WOCHE 12

Start der globalen Primärforschung.

Nun erweitern wir die nationale Primärforschung, die in Woche 7 begann, um die internationale Primärforschung, natürlich in Abhängigkeit vom Vertriebsgebiet unseres Mandanten.

WOCHE 13

Das dritte One-2-one-Gespräch steht an.

Wir bereiten uns sorgfältig darauf vor, welche Themen wir erörtern wollen.

WOCHE 24

Woche 25

Kapitel drei

ONE-2-ONE MIT JOE BIDEN.

Topic eins

Aufmerksamkeitsökonomie gegen Despoten.

Am späten Nachmittag bog der Wagen, den Joe mir zum Flughafen hatte schicken lassen, in die Farview Road ein, die, wenn der Präsident sein Strandhaus in Rehoboth Beach, Delaware, besuchte, meist gesperrt war. Sicherheitspersonal kontrollierte die Zufahrt, dennoch war ich angenehm überrascht, wie die örtliche Polizei es schaffte, den Anwohnern und Sommergästen so wenig Unannehmlichkeiten wie möglich zu machen.

Joes Vorschlag, das Meeting in seinem Beachhouse abzuhalten, begeisterte mich mit jedem Kilometer, den wir vom Flughafen zurücklegten, mehr. Die Sehnsucht nach ein wenig Privatsphäre war vermutlich einer der Gründe, warum Rehoboth Beach, das im Marine One keine Helikopterstunde von Washington, DC entfernt lag, für Joe Biden und seine Familie ein so heimeliger Ort geworden war. In Miami hatte der Präsident beim Lunch erzählt, dass Jill und er viele Jahre von einem Haus am Strand träumten. 2017 war dieser Traum endlich Wirklichkeit geworden.

Auch wenn der Ort um diese Jahreszeit von Touristen überlaufen war, schienen die meisten Einwohner daran gewöhnt zu sein, dass ihr Präsident mit seiner Frau Jill und mehreren Bodyguards im Schlepptau einen

Strandspaziergang oder eine Radtour machte. Die entspannte und freundliche Atmosphäre des Küstenortes, der abgesehen von den Sommermonaten gerade mal 1.500 Einwohner zählte, der feine weiße Sandstrand, die weitläufigen Dünen und das beeindruckende Naturschutzgebiet gefielen mir auf Anhieb. Bidens Haus war ideal, um eine gelassene und zugleich konzentrierte Stimmung zu schaffen, wie es auch im Co-Lab Ende Februar gelungen war. Die Villa in Miami Beach war ein echter Coup von Agora. Denn der informelle Rahmen, jene Mischung aus geschützter Abgeschiedenheit und Normalität, hatte wesentlich zu den außergewöhnlich tiefen und persönlichen Gesprächen beigetragen, die Politiker und Politikerinnen nur selten oder gar nicht auf internationalen Treffen erlebten.

Kaum hatte der Wagen die Einfahrt zum Haus erreicht, trat der Präsident in blauen Shorts, einem Poloshirt in der gleichen Farbe, Sneakers und Aviator-Sonnenbrille durch die offene Tür auf die überdachte Veranda im ersten Stock. Von dort aus verfolgte er, wie ich in Jackett, Jeans und weißen Sneakers aus dem Wagen stieg, während der Fahrer mein Gepäck auslud. Commander, der knapp zweijährige Schäferhund des Präsidenten, lag neben ihm und streckte sich mit schläfrigem Blick. „First Dogs" waren seit 120 Jahren die heimlichen Stars im Weißen Haus. Donald Trump hatte die langjährige Haustier-Tradition allerdings gebrochen. Vielleicht ein ungünstiges Omen, schoss es mir durch den Kopf. Schließlich waren Hunde in der Lage, innerhalb weniger Sekunden zu entscheiden, so bewies eine japanische Studie, ob ihr Gegenüber Zuneigung verdiente oder nicht.[1] Hatte Trump deshalb auf einen Hund im Weißen Haus verzichtet?

„Ich komme runter, Ben", rief mir Biden winkend zu und kehrte ins Haus zurück.

Kurz darauf öffnete sich die Haustür und er trat heraus. An seiner Seite wieder Commander, dem man ansah, dass er nur mit viel Anstrengung seinen Drang zügeln konnte, den fremden Gast zu beschnuppern.

Mit einem „Fuß“ bändigte Biden das Temperament des Hundes. Ganz langsam gingen die beiden die Stufen, die zur Einfahrt führen, hinunter. Auf der letzten Stufe war es mit Commanders Disziplin vorbei und er stürmte auf mich zu. Der junge Rüde setzte zu einem Sprung an, was Menschen, die die „Sprache“ von Hunden nicht zu lesen verstanden, Angstschweiß auf die Stirn getrieben hätte. Aber da mein Vater Hundefan war, blieb ich angesichts des vor Freude wedelnden Schwanzes gelassen. Ich animierte ihn sogar mit einem Schnalzen, das Commander sofort als Aufforderung zum Spiel erkannte, und er sprang begeistert an mir hoch.

„Bei Fuß!“, rief Joe entschieden, was seinen Hund sofort veranlasste, mit reumütig gesenktem Kopf zu ihm zurückzukehren.

Joe streckte mir die Hand mit einem vielsagenden, besonders breiten Biden-Lächeln entgegen, als würde er damit zum Ausdruck bringen wollen, dass ich den Hundetest „guter oder schlechter Mensch“ bestanden hatte. Ich folgte meinem Gastgeber ins Haus. „Kaputt von der Reise?“, fragte Joe an der Treppe. „Überraschenderweise gar nicht“, entgegnete ich.

Biden setzte sich sogleich auf eine Treppenstufe und schlug zweimal mit der flachen Hand neben sich, was Commander als für ihn bestimmt missinterpretierte und neben ihm Sitz machte. Als wir schließlich zu dritt dicht an dicht auf der Treppe saßen, sagte er: „Weißt du, was interessant war nach unserem Co-Lab in Miami? In einer Krise poppt bei vielen Regierungschefs meist impulsiv im Kopf der Weg in den Situation Room auf.[2] Deine Worte, als Putin begann, die Ukraine zu überfallen, haben diesen Impuls unterbrochen.“

„Du hast uns in Miami ganz schön die Leviten gelesen.“ Joe grinste. Dann verfinsterte sich seine Miene auf einmal. „Was meinst du: Sind Russen böse?“

„Nein. Es gibt vielmehr ein Unverständnis des Westens für den Osten. Und das hat auch mit jahrhundertelanger Verleumdung zu tun. Der russische Feldmarschall Potjomkin stellte 1787 Kulissen von Dörfern auf und ließ deren vermeintliche Bewohner von einem zum nächsten Ort transportieren, um Katharina die Große auf einer Reise durch Neurussland über den Wohlstand der neu besiedelten Gegend zu täuschen. So ist der Begriff der ‚Potemkinschen Dörfer' entstanden, der als Synonym für die Vorspiegelung falscher Tatsachen steht."

„Aha", murmelte Biden. „Und was hat das mit Putin zu tun?"

„Das Problem ist: Die Story ist nicht wahr. Der deutsche Diplomat Georg von Helbig steckte aus Neid über Potjomkins Erfolge und dessen Beziehung zur Zarin hinter der üblen Nachrede und deren Verbreitung." Das war nur ein Beispiel westlicher Abwertung, die mehr Fakes als Facts enthielt. Bis zur Renaissance galt in Europa der Süden als kulturell hochstehend und der Norden als barbarisch, später der Westen als aufgeklärt und fortschrittlich, der Osten dagegen als unzivilisiert und rückständig. Noch herablassender war Hitler, der über die „minderwertige russische Rasse" lamentierte, die jegliches Recht auf Selbstbestimmung verwirkt habe. Noch heute findet sich dieses Stereotyp etwa in der Polizeiarbeit, in der bei einer Täterbeschreibung „osteuropäisches Erscheinungsbild" verwendet wird. Aber das hätte in der gegenwärtigen Diskussion zu weit geführt. Ich spannte Joe noch weiter auf die Folter: „Hast du Harry Potter gelesen?" Joe schaute mich überrascht an. Ohne seine Antwort abzuwarten, fuhr ich fort: „Obwohl die sonst junge Leserschaft der englischen Autorin J. K. Rowling keine Erinnerung an den Kalten Krieg hat, ist der Kampf zwischen Gut und Böse nach diesem Muster angelegt: Es gibt einen finsteren Quidditch-Star, Schützling eines gewissen Igor Karkaroff, dessen Name auf osteuropäische Herkunft deutet. Und auch die gute Hexe wird von Osteuropa entführt und ermordet. Differenzieren macht also Sinn." Ich machte eine kurze Pause. „Dennoch ist Putin faktisch ein Despot!"

„Und was wäre der größte Fehler, dem wir in diesem Krieg erliegen könnten?"

„Aufmerksamkeitsökonomie! Ich glaube, Putin ist es scheißegal, wie viele Russen in diesem Krieg sterben. Das heißt: Der Krieg kann lange dauern. Wer auf die Einsicht Putins hofft, zögerlich ist und Furcht vor einer Eskalation hat, ist strategisch zweideutig und verlängert den Krieg. Und je länger der Krieg dauert, desto mehr droht er in der alltäglichen Nachrichtenflut unterzugehen. So wie sich Menschen an die Vorteile der Demokratie gewöhnt haben, würden sie sich an den Krieg gewöhnen. Dadurch leidet die Bereitschaft, die Ukraine zu unterstützen. Diese Unterstützung ist aber notwendig, damit das Putin-Regime diesen Krieg und seine politische Zukunft verliert. Je höher die Aufmerksamkeit, desto größer die Unterstützung. Und ohne Unterstützung keine Niederlage von Putin.“

WARUM WIR ABSTUMPFEN.

Der Mensch ist ein Gewohnheitstier, auch was schlechte Nachrichten angeht. Die Wissenschaft nennt dieses Phänomen den „moralischen Wiederholungseffekt“[3]. Immer wieder demselben Reiz ausgesetzt zu sein verringert unsere Empfindsamkeit dem Reiz gegenüber. Das bedeutet: Je mehr unmoralisches Verhalten anderer wir über die Medien konsumieren, desto weniger verwerflich finden wir es. Wir stumpfen ab.

Aktuelles Hintergrundwissen.

FACT PRINT

Topic zwei

Metaversity.

Eine Stunde später, nachdem ich mein Zimmer bezogen hatte, empfing mich Joe mit einem „Und, bereit für den Real Deal?“, auf der dem Ozean zugewandten Terrasse hinter dem Haus. Dicht an dicht stehende Bäume versperrten Schaulustigen die Sicht. Ich musste grinsen, denn so viel Ironie hatte ich von dem Präsidenten der Vereinigten Staaten nicht erwartet. „The Real Deal“ war der Titel eines Buches, das George A. Sorial, Rechtsanwalt und ein vertrauter Mitarbeiter aus dem engen Zirkel von Donald Trump, über die „Dekade, in der er Schlachten geschlagen und Kriege mit Trump gewonnen hat“, ein Jahr vor der Wahl im Jahr 2020 verfasst hatte.

Biden trug eine Schürze aus seinem letzten Wahlkampf, auf der in großen Lettern „Joe 2020“ stand, in der Hand hielt er eine Grillzange. Auf der Ablage des Grills, neben dem Commander bereits seinen Wachposten bezogen hatte, lagen zwei Hamburgerpatties. Ich bat Biden um ein alkoholfreies Bier, obwohl ich überhaupt kein Bier trank. Als er zurück war, hielt er mir eine Flasche hin. „Ich liebe den Duft von Hopfen, der über der Holzkohle verdampft. Darf ich?“ Joe nickte.

Ich nahm die Flasche, hielt die Öffnung mit dem Daumen zu und schüttelte sie kräftig. Dann zog ich den Daumen etwas zur Seite und bespritzte das Grillgut mit Bier. Joe lachte breit, als auch ihm der Duft in die Nase stieg. „Die Fries kommen auch gleich. Handgeschnitten von meiner Frau. Nimm schon mal Platz. Gleich weise ich dich in die Kunst ein, einen echten Hamburger zu belegen.“ Er deutete mit der Grillzange auf eine Flasche mit einer braunen Flüssigkeit auf dem Tisch. „Das ist übrigens meine Lieblingssauce, die unserem Abend die passende Würze verleihen wird.“ „Dafür brauche ich keine Sauce“, entgegnete ich, was Joe ignorierte und stattdessen fragte: „Wie magst du dein Fleisch?“ „Medium Rare bitte.“

Die nächsten Minuten hantierte Biden am Grill und ich genoss die abendlichen Sonnenstrahlen mit geschlossenen Augen von meinem Platz am Tisch aus. Die Patties zischten, als er sie aufs Feuer legte. Ich machte die Augen wieder auf und beobachtete Commander, der sein Herrchen nicht aus den Augen ließ.

„Welche Geister, die Trump rief, sind mir jetzt eigentlich genau auf den Fersen?“, riss mich Biden aus meinen Gedanken. „Er mag ja vieles sein, aber er ist kein Magier!“ Mit einem „Hm“, überschlug ich die Beine. Insgeheim freute ich mich, dass ihm diese Bemerkung, die ich in Miami während des Lunchs gemacht hatte, im Kopf geblieben war.

„Gegenfrage. Womit musst du dich täglich mehr und mehr rumschlagen: auf sachlicher Ebene mit Trumps politischen Positionen und denen seiner Anhänger oder auf emotionaler Ebene mit der Abwehr der zunehmenden Fake News und Conspiracy, so nenne ich dieses unselige, verschwörungstheoretische Universum knapp?“

Biden reagierte nicht auf meine Frage. Stattdessen legte er die Brötchen an die Seite des Grills, um sie ebenfalls anzuwärmen. Ich war mir nicht sicher, ob diese Frage Ärger in ihm ausgelöst hatte, den er verbergen wollte. Sicher war ich mir hingegen, dass es für viele Menschen inner- und außerhalb Amerikas immer schwieriger wurde, Realität und Fiktion zu trennen, weil einige Player auf jeder Seite – Politiker, Medien, Bürger – die Realität bis zur Unkenntlichkeit manipulierten.

Noch bevor wir den Gesprächsfaden wieder aufnehmen konnten, tauchte Bidens Frau mit einer Schüssel Fries auf. Im Vorbeigehen strich sie ihrem Mann mit der Hand über die Schulter. Sie begrüßte mich freundlich, zog sich aber gleich darauf wieder mit einem „Meldet euch, wenn ihr noch was braucht“ ins Haus zurück.

Ich griff nach einer Flasche stillem Mineralwasser, die auf dem Tisch stand, und fuhr fort: „Die Geister, die ich meine, sind Unwahrheit und Verschwörung und sie untergraben das parlamentarische System.“ Ich nahm einen Schluck aus der kleinen Flasche und sprach weiter: „Was mir Sorgen bereitet, ist, dass die als Wahrheit verkleideten Lügen die demokratischen Freiheiten instrumentalisieren – nur leider mit dem Ziel, sie zu zerstören. Jetzt könnte man ja annehmen, dass uns der gesunde Menschenverstand davor bewahren müsste, auf Lügen reinzufallen.“ Ich hielt einen Augenblick inne. Der Begriff „Fake News“ wird zwar inflationär von Trump als Medienverleumdung verwendet, er selbst ist aber paradoxerweise einer der größten Lügner und der Begriff, auch wenn man das glauben könnte, stammte nicht von ihm, sondern war uralt. Deshalb setzte ich hinzu: „Aber leider ist das nicht so.“

FIKTION UND FAKE NEWS.

Bereits die Nazis erschufen eine komplett fiktive Welt von Weltherrschaft bis Volksgemeinschaft. Die totale Fiktion war auch in der Sowjetunion ein Thema: die klassenlose Gesellschaft. „Die Lügen der Täter erscheinen glaubhafter als eine Wahrheit, die jedes Vorstellungsvermögen sprengt.“[4] Propaganda versteckt traurige Wahrheiten: 91 Millionen Tote allein durch diese Regime: Hitlers Deutschland (6 Millionen ermorderte Juden), Stalins Russland (40 Millionen Tote[5]) und Maos China (45 Millionen Tote[6]).

Und heute erfährt Fiktion in China ihre Fortsetzung. Unter dem Deckmantel des kollektiven statt individuellen Menschenrechts leiden Uiguren in Lagern. Eine Schlüsselschrift des 20. Jahrhunderts, „Elemente und Ursprünge totaler Herrschaft“ von Hannah Arendt, ist ein Beleg, dass Fake News und Fiktion als Ersatz für Realität keine Erfindung von Donald Trump sind und dass sie der Anfang vom Ende der Demokratie sind. Wer keinen Wert mehr darauf legt, zwischen Wahr und Falsch zu unterscheiden, verlässt den demokratischen Spielraum und bereitet den Weg in ein totalitäres System.[7]

Aktuelles Hintergrundwissen.

Erneut ohne auf das, was ich eben gesagt hatte, zu reagieren, trat Biden an den Tisch, um meinen Teller zu holen. Zurück am Grill packte er die zwei Hälften des Brötchens darauf und legt das Pattie auf eine. Danach wiederholte er das Gleiche mit seinem Teller. Zwei Minuten später saßen wir gemütlich vor unseren Hamburgern, zu Bidens Füßen schlummerte der zusammengerollte Commander. Die Kleiber in den Bäumen vor und um das Haus zwitscherten fröhlich. Irgendwo hatte ich kürzlich gelesen, dass diese Vogelart den Eingang zur Nisthöhle, wenn er zu groß war, zum Schutz ihrer Jungen mit Lehm verklebte. In der Vogelwelt mochte das funktionieren, aber für uns Menschen war das Dichtmachen auf Dauer keine Lösung, um sich gegen gefährliche Einflüsse abzuschotten.

Nachdem Biden etwas von seiner Lieblingssauce auf das obere Teil des Brötchens gekippt hatte, stellte er die Flasche resolut vor mir auf den Tisch und fragte: „Woran liegt das deiner Meinung nach und was können Demokratien tun, um die Menschen vor Fake News zu schützen?"

Während ich nach der scharfen Sauce griff, antwortete ich: „Machen wir uns dazu als Erstes das ‚Warum' klar. Verschwörungstheorien in die Welt zu setzen ist ja kein neues politisches Phänomen. Ich sage nur Potemkinsche Dörfer. Seit jeher wurden sie von den Herrschenden als Mittel eingesetzt, um über Feindbilder ihr eigenes Handeln zu legitimieren. Hexenverbrennungen zu Zeiten der Inquisition, Antisemitismus, Islamfeindlichkeit – mithilfe von selbst fabrizierten, angeblichen Fakten wurde die Realität, wie es gerade passte, manipuliert. Das war und ist besonders in Krisenzeiten zu beobachten. Heute kommt allerdings eine Besonderheit dazu, denn die Verschwörungstheoretiker finden im Internet die ideale Plattform, um ihre ‚Wahrheiten' schnell und flächendeckend zu verbreiten, weil Gleichgesinnte das auch noch unzählige Male teilen."

„Ja, klar", antwortete Biden und nahm einen Bissen von seinem Hamburger, den er genüsslich kaute. „Auch zu Zeiten des Kalten Krieges

DER ECHORAUM-EFFEKT.

Soziale Netzwerke sind ein wesentlicher Bestandteil unseres Lebensalltags. Der Begriff Echoraum kommt ursprünglich aus dem Bereich Akustik und beschreibt das Phänomen der Verstärkung durch Hall. Sozialpolitisch steht Echoraum für die Einengung der Weltsicht durch wiederholten Umgang mit Ansichten Gleichgesinnter auf diversen Plattformen. Aufgrund der Selektion durch Algorithmen häufen sich übereinstimmende Einzelmeinungen, sodass der Eindruck entstehen kann, diese Inhalte seien Fakten. Wer ein Argument zehnmal liest oder hört, bewertet es höchstwahrscheinlich als relevant und lässt sich daher leichter in seiner eigenen Meinung beeinflussen.

Aktuelles Hintergrundwissen.

FACT PRINT

frisierten die beiden Erzfeinde ihre Statistiken nach Gutdünken, um die eigene Stärke zu demonstrieren."

„Aber heute", entgegnete ich, „sind das Ausmaß und die Dynamik viel größer geworden. Viele User umgeben sich im Netz nur noch mit Gleichgesinnten, was das Entstehen von Filterblasen begünstigt. Deshalb setzen sich viele nur noch mit Nachrichten auseinander, die den eigenen Überzeugungen entsprechen. Den Botschaften außerhalb der Echoräume – von Journalisten oder Andersdenkenden – wird konsequent misstraut. Oft ist sogar von einer ‚Lügenpresse' die Rede, obwohl mittlerweile Computerprogramme für eine gezielte Steuerung der Botschaften sorgen und dabei nicht selten Fake News nutzen. Deren Betreiber haben oft wenig zu befürchten, denn eine Kontrolle der Quellen und Inhalte ist nur schwer möglich. Zudem meinen viele Nutzer, falsche von richtigen Nachrichten unterscheiden zu können."

„Als ich vorhin ankam, Joe, sprachen wir über ‚Aufmerksamkeitsökonomie', also dass die Unterstützung der Ukraine Aufmerksamkeit voraussetzt. Nicht zu verwechseln ist dieser Begriff mit den Geschäftsmodellen vieler Konzerne, etwa aus dem Silicon Valley, die man auch dem ‚Aufmerksamkeitskapitalismus' zuordnet, weil deren Algorithmen sich der knappen Ressource Aufmerksamkeit widmen, die umso wertvoller ist, je aufgebrachter und aktiver User sind, wenn sie so lange wie möglich auf den Plattformen sind und so viele ‚Freunde' wie möglich dahin holen und alle zusammen damit bewusst oder unbewusst als Werbebotschafter auch seltsamer Inhalte werden. Was in Echoräumen besonders gut funktioniert."

„Bist du auf Tinder?", fragte Joe scheinbar aus heiterem Himmel. Aber ich ahnte, worauf er anspielte. Bereits bei den amerikanischen Wahlen 2010 und 2012 hatte nicht nur Facebook mit Wahlaufrufen experimentiert, um potenzielle Wähler zu mobilisieren: Wenn ein Nutzer auf einen Button klickte und damit seine Absicht bekräftigte, an der Wahl teilzunehmen, erhielten seine sämtlichen Freunde eine entsprechende Nachricht. Mithilfe des Gruppendrucks sollte eine Sogwirkung erzielt werden. Und diese schien sich auch prompt einzustellen, denn Facebook konnte danach 340.000 zusätzliche Wählende vermelden. Das waren zwar nur 0,14 Prozent der Wahlberechtigten, aber immerhin gaben bei der Wahl Donald Trumps nur 80.000 Stimmen den Ausschlag. Die politische Hebelwirkung von Facebook wurde damals öffentlich thematisiert. Gleichzeitig wurden andere Anbieter inspiriert, ähnliche „Dienstleistungen" auf den Markt zu bringen. Wie die Dating-App Tinder, die Nutzer anhand bestimmter politischer Fragestellungen auswählte. Besonders aktiv in Sachen politischer Mobilisierung war Snapchat, eine vor allem bei Jugendlichen populäre Messenger-App. Dort gab es neben Kandidatenauftritten auch ständig Berichte zu den Wahlen und die Nutzer konnten sich via App direkt für die Wahlen registrieren.

METAVERSITY.

Mit zunehmender Leistungsfähigkeit der Datenübertragung werden wir in Echtzeit in eine neue, digitale Parallelwelt eintauchen. Wir werden uns eine Brille von Apple oder Ray-Ban aufsetzen, die sich von jenen, die heute weltweit bereits fast 3 Milliarden Menschen tragen, kaum unterscheidet – und das Smartphone, das 2006 zunächst als iPhone die Welt veränderte, ersetzen wird. Damit werden wir durch Tausende Jahre Geschichte wandern und mit historischen Persönlichkeiten diskutieren, Kollegen an unserem Konferenztisch im Büro Platz nehmen und Kunden durch die Produktionsstätten ihrer Lieblingsprodukte schlendern, ohne vor Ort zu sein. Möglich macht dies die nächste Stufe des Internets, das ‚verkörperte Internet'. Dort schaut man sich Inhalte nicht nur vor einem Screen sitzend an, sondern man ist als Digital Double, also als digitaler Zwilling von sich selbst, mittendrin. Diese digitalen Zwillinge wird es von allem und jedem geben: Menschen, Grundstücke, Häuser, Möbel et cetera. In diesem sogenannten Metaverse verschwimmen Realität und Fiktion. Inzwischen investieren Unternehmen massiv in ein künftiges, leistungsfähiges Metaversum. Dieser Begriff wurde 1999 im dystopischen Science-Fiction-Roman „Snowcrash" erstmals verwendet. Das Future Asset Metaversity, das 2002 identifiziert wurde, beschreibt die zunehmende Bereitschaft und Faszination der Menschen, sich dieser digitalen Parallelwelt zu widmen.

Wichtiges Zukunftswissen.

FUTURE PRINT

„Auf einen Nenner gebracht", kam ich auf Trumps Geister zurück, „hat das Internet sämtliche wirtschaftlichen und gesellschaftlichen Bereiche demokratisiert. Außer ironischerweise die Demokratie selbst. Im Gegenteil: Conspiracy und Metaversity rasen wie zwei Schnellzüge aufeinander zu, die zwischen ihnen die Demokratie brutal exekutieren können!"

„Ich verstehe noch nicht", sagte Joe in beeindruckender Offenheit.

„Das Phänomen Metaversity, das zu oft fälschlicherweise als Spielerei oder Spinnerei eingeschätzt wird, kann die Demokratie brutal exekutieren."

Ich fuhr fort: „Das Metaverse eröffnet Chancen und Gefahren zugleich. Aber das weißt du, alles andere würde mich wundern, aus deinen President's Daily Briefs." Diese Briefings, kurz PDB, existierten seit 1961 auf Wunsch von John F. Kennedy und enthielten eine Zusammenstellung der wichtigsten Erkenntnisse, die dem US-Präsidenten täglich vorgelegt werden. „Unternehmen eröffnet das Metaverse eine Optionenvielfalt unzähliger neuer Geschäftsfelder, Geschäftsmodelle und Wertschöpfungsketten. Es ist jedoch nicht nur für die Wirtschaft relevant, sondern auch für die Politik. Websites werden nicht mehr nur zu betrachten sein, sondern zu betreten: Es werden digitale Räume sein, in denen sich Menschen bewegen können. Im Gesundheits- und Fitnessbereich werden sich Trainingswelten über das Metaverse realer anfühlen. Auch Bildung kann packender werden, wenn Schüler in Geschichte mit historischen Persönlichkeiten diskutieren. Solche zukünftigen Entwicklungen richten sich aber immer nach den Bedürfnissen der Menschen, die schon heute sichtbar sind."

„Aber ist der Hype um das Metaverse nicht längst durch Artificial Intelligence abgelöst worden?"

„Bei diesen beiden technologischen Themen geht es nicht um ‚oder', sondern um ‚und', ganz unabhängig davon welche Sau die Medien gerade durchs Dorf treiben!"

„Und wie würdest du die Gefahr für die Demokratie beschreiben?"

„Vereinfacht gesagt ist das Metaverse eine digitale Alternative in Echtzeit zur physischen Welt. Wenn viele Menschen aber schon jetzt nicht mehr in der Lage sind, Fiktion von Realität in der Presse oder auf den Social-Media-Kanälen zu unterscheiden, wie soll ihnen das dann in den unzähligen Parallelwelten, die das Metaverse bieten wird, gelingen? Die DNA des Metaverse ist Fiktion! Deswegen sagte ich, dass die zunehmende Conspiracy und das beginnende Metaverse wie zwei Schnellzüge aufeinander zurasen. Mit uns Meschen als Fahrgästen."

Das Gespräch verstummte für ein paar Minuten, während der wir uns auf unsere Hamburger konzentrierten. Als wir aufgegessen hatten, sagte Biden: „Das erinnert mich an die Story einer *BBC*-Journalistin, die sich vor ein paar Jahren in einer Virtual-Reality-App, die für über 13-Jährige freigegeben war, als Kind ausgab und mit jeder Menge Missbrauchsabsichten von Avataren in Berührung kam." Er schüttelte sich kaum merklich. Commander erhob sich und legte den Kopf in Bidens Schoss. Er streichelte dem Hund über den Rücken. „Allein der Gedanke, so etwas könnte meinen Enkelkindern widerfahren, widert mich an."

Ich nickte. „Die Frage ist allerdings, ob das ein Metaverse-Problem ist. Menschen, die anderen so etwas antun, gibt es ja im realen Leben und auch im bisherigen Internet bereits. Genau deshalb ist es so wichtig, Attribute wie Verantwortung, Sicherheit und Transparenz neu zu definieren. Und im Vergleich zur physischen Welt aus den hier bestehenden Problemen, wie mangelnde Gerechtigkeit oder mangelndem Datenschutz, durch frühe und offene Diskussionen zu lernen. Ob diese Chance tatsächlich genutzt wird, halte ich zumindest für fraglich, weil globale Konzerne, die bisher nicht immer für derartige Werte standen, bei der Entstehung des Metaverse maßgeblich beteiligt sind." Joes Augen waren hellwach. „Hoffnung jedoch gibt mir paradoxerweise die Bedrohung der Konzerne selbst." Sein Blick bohrte sich in meinen.

„Ihr Agieren im bisherigen Internet offenbart eine für ein notwendiges Werteset kritische Machtkonzentration, die zu Gegenreaktionen freier Gesellschaften geführt hat, von Besteuerung bis zur Diskussion möglicher Zerschlagung. Kurz: Eine positive Entwicklung kann das Metaverse weiter beflügeln. Etwa durch Unternehmen, die, wenn auch nur aus Eigeninteresse, ein Metaverse schaffen, das für Verantwortung und Sicherheit steht. Oder Chancenräume nutzen, die eine neue Konsens- statt der bisherigen Aufmerksamkeitsökonomie zum Wohle der Demokratie bieten. Konsensökonomie führt zusammen, statt Spaltung zu fördern. Erst wenn die digitalen Großunternehmen auch ihre eigenen Vorteile erkennen, werden sie sich darauf einlassen. Auf jeden Fall müssen demokratische Länder das Thema schnellstens angehen und das Feld nicht autokratischen Ländern wie China oder Russland überlassen."

„China und Russland?".

„Das Metaverse ist inhaltlich Fiktion. Und Fiktion wird heute von Demokratie-Feinden und Demokratie-Zerstörern eingesetzt. Was heute also die Demokratie massiv gefährdet, die Fiktion, kommt in anderen Schläuchen, nämlich in jenen des Metaverse: unaufhaltsam."

„Ich sehe da eine neue Hypothese, die wir nach allem, was wir gerade zusammengetragen haben, bereits verifizieren können: Demokratien können die Bedrohungen durch das Metaverse besser bekämpfen."

„Ich stimme dir zu 100 Prozent zu!"

„Aber was müssen wir deiner Meinung nach konkret tun?", fragte Joe, während er seine Serviette drangsalierte.

„Wir brauchen schnellstmöglich ein Duo aus Spezialkompetenz und Spielregeln. Zunächst zur Kompetenz: Im Co-Lab in Miami hatte eine Arbeitsgruppe zum Thema Bildung herausgearbeitet, dass in Zukunft immer mehr modulare Qualifikationen erforderlich werden. Eine für das Metaverse entscheidende ist eine neue digitale Kompetenz, die viel mehr umfasst als etwa Programmierkenntnisse. Es geht darum zu lernen, dass es Fiktion gibt und wie man damit umgeht. Es geht um Analysekompetenz, die Teil künftiger Bildungsdimensionen ist, die wir Verständnisbildung nennen: analytische Fähigkeiten, um kausale Zusammenhänge zu verstehen. Wenn wir im Beratungsgeschäft einem CEO mit niedriger Digitalaffinität erklären wollen, wie das Metaverse in der Lage ist, unser Gehirn zu betrügen, reichen wir ihm eine Trinkflasche, die Wasser über sogenannte retronasale Aromawahrnehmung aromatisiert. Beim Trinken wird ein bestimmter Geschmack, zum Beispiel Limone, flüchtige Aromen, aus der Mundhöhle über den Rachenraum zu den Rezeptoren in die Nase transportiert, wo sie einen Duftreiz auslösen. Was kompliziert klingt, ist nicht nur einfach, sondern auch wirtschaftlich ein großer Erfolg. Die trendigen Trinkflaschen kosten nicht nur ein Vielfaches der Konkurrenzprodukte, sie bescheren dem Hersteller auch laufende Einnahmen durch den Verkauf von Duftpods, die einfach auf die Flasche aufgesteckt werden. Weil 80 Prozent unseres Geschmacks durch Geruch entsteht, schmeckt das Getränk wie Limonenwasser, obwohl man reines Wasser trinkt. Das Gehirn lässt sich also betrügen. Im Metaverse wird es ganz ähnlich sein. Fiktion und Realität verschwimmen. Wir müssen also lernen, uns das bewusst zu machen. Meine Kinder sind ein gutes Beispiel: Sie nutzen diese Trinkflaschen, sie schmecken ihr Lieblingsgetränk, aber wissen dennoch, dass es nur Wasser ist. Es geht tatsächlich beides. Was das Internet angeht, kann ich noch mehr von meinen Kindern lernen. Als mein jüngster Sohn sich auf meine Empfehlung vom sozialen Netzwerk TikTok trennte, das aufgrund von Jugendschutz, Zensur und Spionage durch die chinesische Regierung bedenklich ist …" „Sehr gut!", unterbrach mich Joe. Sein Lob verwunderte mich nicht, schließlich wollte er TikTok mindestens auf Regierungsgeräten verbieten lassen.

„Neulich fragte ich meinen Sohn, wie er mit TikTok-News umgegangen war, bevor er sich abgemeldet hatte. Weißt du, was er mir geantwortet hat?" Biden schüttelte den Kopf. „‚Wenn mich was interessierte‘, sagte er, ‚habe ich die News gecheckt.‘ ‚Wie gecheckt?‘, habe ich nachgehakt. ‚Durch vertrauenswürdige Quellen‘, antwortete er mir – wörtlich! Seine Wortwahl empfand ich nicht als altersgerecht, also vermutete ich, dass er das in der Schule gelernt hatte. ‚Woher hast du dieses Handwerkszeug?‘, fragte ich ihn. Seine Antwort: ‚Von dir.‘ Das bewegte mich sehr und bestärkt mich in der Überzeugung, dass Analysekompetenz wichtig und erlernbar ist.“

Joe nickte lächelnd und ergänzte, dass diese Art von Bildung auch zur Bereitschaft führen würde, den Ausknopf zu drücken, um wieder in die reale Welt zu gelangen.

„Kommen wir nun zu den erforderlichen Spielregeln“, machte ich weiter. „Du erinnerst dich bestimmt an den US-Geheimdienstbericht von Daniel Coats, dem Director of National Intelligence vom Januar 2019.[8] Damals warst du im Senat. Der Bericht warnte vor der Nutzung von Deepfakes, also gefälschten Videos, die für politische Desinformation eingesetzt werden. Inzwischen sind Deepfakes auf banalen Apps angekommen, deren Software Mimik und Bewegungen erkennt und ein beliebiges Gesicht mit einer von unzähligen Videovorlagen verschmelzen und millionenfach veröffentlichen kann. Ein Porträtfoto genügt, um per App gefälschte Clips von einer Person zu erzeugen. Besonders beliebt: Pornofilme. Und zwar solche, von denen die Darsteller und Darstellerinnen nichts wissen. App-Anbieter waschen sich mit ihrem Kleingedruckten rein. Was ich damit sagen will: Dystopische Geschäftsmodelle lassen sich nur mit klaren Spielregeln verhindern. Sonst könnten ja Tesla oder VW auf Bremsen in ihren Fahrzeugen verzichten, wenn sie nur im Kleingedruckten darauf hinwiesen. Was bei den Autos die Bremsen, sind bei solchen Apps intelligente Filtersysteme, die den beschriebenen Missbrauch verhindern und zudem die Wirtschaft ankurbeln. Auch Tesla und VW steht es frei, die Bremsen selbst zu entwickeln und zu produzieren oder von einem der Zulieferer, die übrigens weltweit rund 1.000 Milliarden Euro Umsatz machen, zu beziehen.

Hauptsache, die Bremsen verhindern Unfälle. Mit klaren Spielregeln lassen sich hoch entwickelte Filtersysteme auch gegen politische Desinformation einsetzen."

„Halt!" Joe hob den Finger, als wollte er das Gespräch unterbrechen. „Noch mal zurück zu den Digital Doubles: Erstens gibt es die doch noch gar nicht. Und zweitens: Es wird noch eine ganze Weile dauern, bis sie nicht mehr von ihren Originalen zu unterscheiden sind."

Ich schüttelte schon während er sprach mit dem Kopf. „Natürlich gibt es die Digital Doubles schon. In Berlin oder Bangkok konnten Kunden das bei der Modekette H&M bereits ausprobieren." Was die Zeitachse betraf, erinnerte ich ihn an die Covid-19-Pandemie und was wir dort über exponentielles Wachstum gelernt hatten. „Auch die Qualität des Metaverse wird exponentiell wachsen! Und ihr zentrales Element werden Digital Doubles sein."

„Also fucking eilig", entfleuchte es Joes Lippen. „Fucking eilig", bestätigte ich. „Deshalb müssen die Spielregeln zugleich auch ethische Leitplanken sein. Ein Digital Double braucht einen fälschungssicheren digitalen Ausweis. Außerdem muss man erkennen können, woher im Metaverse welche Informationen stammen. Spielregeln sind im analogen Leben völlig normal. Wir haben unendlich viele Rechte, aber auch Gesetze und Polizei, die die Einhaltung der Spielregeln sicherstellen. Das muss doch auch für die digitale Parallelwelt gelten. Das bedeutet: Spielregeln spiegeln."

„Spielregeln spiegeln – das merk ich mir", sagte Joe, während er mir die Schüssel mit den Fries hinhielt, die während der ernsten Diskussion fast kalt geworden waren. Gemeinsam verputzten wir den Rest. Als unsere Teller leer waren, nahm ich das Gespräch wieder auf: „Spielregeln spiegeln und Analysekompetenz bilden sind nicht nur komplexe Herausforderungen. Sie sind auch neu. Das zu schaffen, erfordert neue Wege."

„Da hast du doch bestimmt einen ‚Lifehack' für mich!", überraschte mich Joe mit einem Begriff, der bei Leuten über 40, wenn sie ihn im

Radio hörten, oft Fragezeichen hinterließ. Besonders, weil Biden immer wieder mit seltsamen Auftritten Schlagzeilen machte, die viele als Altersschwäche interpretierten. Mir lief es immer noch eiskalt über den Rücken, wenn ich daran dachte, wie Joe während einer seiner Reden im Saal eine tote Frau begrüßte, obwohl er ihren Angehörigen bereits persönlich kondoliert hatte.

„Klar habe ich einen kreativen Tipp für dich", antwortete ich. Biden gähnte verstohlen. „Oder wollen wir lieber für heute Schluss machen?", fragte ich. Er antwortete mit einem weiteren Gähnen und einem dankbaren Nicken, während er sich erhob.

Ein paar Minuten später stand ich unter der Dusche, um den Grillgeruch loszuwerden. Der amerikanische Duschkopf traf mich mit seinem harten Strahl. Als wolle das Wasser den deutschen Berater dafür angreifen, dass er den US-Präsidenten belehrt hatte. Ich schluckte kurz. Obwohl ich diesen Job seit fast 40 Jahren machte, hatte ich mir, seit ich den ersten globalen CEO beraten hatte, jedes Mal dieselben Fragen gestellt: Hat er sich belehrt gefühlt? Oder habe ich ihn dazu gebracht, mir zuzuhören? Wann immer ich offen ansprach, dass ich mich nicht über sie erheben wollte, erhielt ich fast immer, egal wo auf der Welt, eine ähnliche Gegenfrage von den Regierungschefs und Vorständen: Wollen Sie etwas bewirken oder beliebt sein? Ich musste ihnen zustimmen. In der Tat ist es wichtiger, sich für eine Sache einzusetzen, als beliebt zu sein. Meine Aufgabe war es, mich jeden Tag damit zu beschäftigen, wie sich unsere Welt in Zukunft entwickeln würde. Ich wusste also Dinge, die einfach gesagt werden mussten, um unsere freie Welt fit für die Zukunft zu machen.

Ich schloss meine Augen und ließ das Wasser auf mein Gesicht prasseln.

Topic drei

Individualismus und Gemeinsinn.

Am nächsten Morgen brachen wir gleich nach dem Frühstück zu einer Radtour auf. Draußen erwartete uns bereits ein Securityteam. Biden stieg auf sein Rad und atmete einmal tief durch, bevor er in Begleitung seiner Bodyguards in die Pedale trat. Ich folgte ihm auf einem Rad, das man mir zur Verfügung gestellt hatte. Die warme Sommersonne prickelte angenehm auf der kleinen Hautfläche in meinem Gesicht, die nicht von Fahrradhelm und Sonnenbrille, auf beides hatte Joe bestanden, bedeckt war. Das heutige Ziel war Cape Henlopen an der Südspitze der Delaware-Bucht. William Penn, der Gründer der Kolonie Pennsylvania, hatte den heutigen State Park vor über 350 Jahren den Bürgerinnen und Bürgern der späteren Vereinigten Staaten von Amerika als Public Land garantiert, um es nutzbar zu machen.

Die Holzbretter der Brücke, die über ein Feuchtgebiet des Gordon Pond Trail führten, zitterten unter den Reifen. Biden und ich fuhren nebeneinander, umgeben von einigen Bodyguards, ebenfalls auf Fahrrädern. Biden gähnte wieder verstohlen, offenbar in dem Glauben, ich sei von der atemberaubenden Natur zu abgelenkt, um das zu bemerken. Aber ich konnte ihn verstehen, denn letzte Nacht dürften ihn einige Gedanken beschäftigt haben.

Eine Radtour gestaltete sich, seit Biden Präsident geworden war, nicht mehr so simpel. Er konnte nicht einfach vor die Türe treten und die Verantwortung, Präsident der Vereinigten Staaten zu sein, für ein paar Stunden abgeben. Auf Schritt und Tritt begleitete ihn eine Entourage aus Secret-Service-Agenten, die wie hier auf dem Wanderweg in Sweatern, Shorts und Baseballcaps gekleidet vor und hinter ihm und an seiner Seite radelten. Eigentlich hätte man uns für eine Gruppe Ausflügler halten können. Weil die Leute aber Joe Biden trotz Helm und Sonnenbrille erkannten, waren Ruhe und der pure Genuss der Landschaft bloße Illusion. An einigen Stellen hatte das Sicherheitsteam sogar ganze Wege abgesperrt, während wir an Schaulustigen vorbeifuhren, die dem Präsidenten zuwinkten oder Schmähworte zuriefen, was Joe beides gelassen hinnahm. Auch wenn er sich bestimmt daran gewöhnt hatte, dass ein Teil der Bevölkerung ihn nach wie vor nicht als Präsidenten haben wollte, war ich sicher, dass ihn die Ablehnung in Delaware und besonders in Rehoboth Beach mehr berührte als anderswo. Denn das hier war sein zweites Zuhause. Außerdem wehte hier an diesem Teil der Ostküste ein historisch demokratischer Wind. Delaware hatte im Jahr 1787 als erste der ursprünglichen 13 Kolonien die neue amerikanische Verfassung ratifiziert. Der Bundesstaat war gewissermaßen die Wiege der amerikanischen demokratischen Werte und Joe Biden damit beauftragt, diese zu verteidigen. Aber die Spaltung, die sich wie eine düstere Nebelschwade durchs gesamte Land zog, war auch in diesem Teil der Vereinigten Staaten spürbar. Es musste doch schmerzhaft sein, dass Trump bei der Wahl 2020 ausgerechnet im Bezirk Sussex, zu dem Rehoboth Beach gehörte, mit 55 Prozent der Stimmen gewonnen hatte.

Als wir Fort Miles passierten, hielt Biden an. Sofort schossen einige Secret-Service-Agenten in Zivilkleidung aus der Menschenmenge heraus und postierten sich in einer Art Schutzwall um den Präsidenten. Biden griff nach der Wasserflasche, trank einen Schluck und erklärte mir mit spürbarem Stolz: „Das Museum war im Zweiten Weltkrieg eine Installation der US-Armee zur Verteidigung der Küste und des Hafens."

„Was daran beeindruckt dich so?" „Für mich ist diese Anlage auch ein Symbol für den unbedingten Willen zur Verteidigung demokratischer Werte", antwortete Biden und stieg vom Rad ab.

Das konnte ich gut nachvollziehen, denn Fort Miles war ein wichtiger Ort, was die Verteidigung der Demokratie anging. Als die Nazis Ende der 1930er-Jahre ihre Vorherrschaft in Europa ausbauten, befürchteten die USA eine Invasion der deutschen Marine an diesem Teil der Ostküste. Deshalb errichteten sie die Verteidigungsanlagen von Fort Miles, das damals noch Camp Henlopen hieß. In den Jahren des Zweiten Weltkrieges entwickelte sich daraus eine große Befestigung mit Unterkünften, einem Krankenhaus und sogar einem Postamt für die 2.500 dort stationierten Soldaten. Von den Kontrolltürmen aus beobachteten die Wachhabenden den Schiffsverkehr, um sich frühzeitig gegen feindliche Angriffe zu wappnen. Im Mai 1945 ergaben sich bei Fort Miles deutsche Soldaten eines U-Bootes dem US-Militär.

„Dieser unbedingte Wille, von dem du sprachst, macht eine Nation stark“, sagte ich. „Das kann man gut am Ukrainekrieg beobachten. Obwohl militärisch zunächst unterlegen, trotzen die Ukrainer den russischen Angriffen. Die Einigkeit in der Bevölkerung, ihre Freiheit zu bewahren, macht das Land so stark und einen Sieg nicht unmöglich.“

Biden stimmte mir mit einem Nicken zu, stieg ab und übergab sein Rad einem Securitymann. Dann ging er schnurstracks auf zwei Adirondack-Stühle zu. Sie standen wie bestellt in der kargen Landschaft und waren aufs Meer ausgerichtet. Er setzte sich. Mein Herz schlug höher beim Anblick, dieser berühmt gewordenen Gartenstühle, die ich aus meiner zweiten Heimat Miami gut kannte, denn sie waren für mich der Inbegriff eines entspannten amerikanischen Lifestyles. Der Adirondack-Stuhl wurde 1903 von dem Amerikaner Thomas Lee kreiert, als einfache Sitzgelegenheit für Familienfeiern im Garten. Auch in Europa erfreuten sich die Adirondack-Stühle immer größerer Beliebtheit. Es gab sie in vielen Modellen, aus Holz und aus Plastik. Diese hier waren, das erkannte ich beim Näherkommen, aus klassischem Zedernholz, das für seine Wetterfestigkeit bekannt war. Der Geruch des Holzes sollte auch vor Insekten schützen, hatte ich einmal gelesen.

„Aber warum muss es immer erst zu Konflikten oder einer kriegerischen Bedrohung kommen, damit Menschen sich auf gemeinsame freiheitlich-demokratische Werte besinnen?“, fragte Biden, während ich mich neben ihn setzte.

„Es gibt einen anderen Weg – ohne Kriege –, damit die Menschen sich der Demokratie wieder mehr verbunden fühlen." „Und der wäre bei uns in den USA?" „Ein Problem, das in allen Gesellschaften schlummert, die euch imitieren, versteckt sich in dem Individualismus, der dem American Dream innewohnt."

Biden, dessen Blick bisher aufs Wasser gerichtet war, drehte abrupt den Kopf. Ich spürte seinen kritischen Blick. Aber dieses Gespräch war zu wichtig, um mich davon irritieren zu lassen. Also fuhr ich fort: „Dieser Individualismus hat entscheidend dazu beigetragen, dass die Vereinigten Staaten das wurden, was sie heute sind. Ihr glänzt mit einer weltweit erfolgreichen Wirtschafts-, Wissenschafts- und Militärpower. Ideen, die aus den USA kommen, werden selbst in feindlich gesinnten Gesellschaften zur Massenkultur. Der Dollar ist die wichtigste Währung der Welt. Und der größte Schuldner der USA ist ausgerechnet die Volksrepublik China, die somit dazu beiträgt, dass es erst einmal bei eurer Vormachtstellung bleibt." Biden nickte mehrfach, inzwischen wieder mit entspannten Gesichtszügen.

„Aber ausgerechnet dieser demokratischen Supermacht droht der Herzinfarkt." Mein Gesprächspartner presste die Lippen aufeinander, als müsste er sich zwingen, mich nicht zu unterbrechen.

Ich schaute Biden in die Augen und fragte: „Was bringt den American Dream auf den Punkt?" Und bevor er antworten konnte, setzte ich nach: „Vom Tellerwäscher zum Millionär. Oder?" Wieder nickte Biden.

„Jeder Mensch kann durch harte Arbeit, ganz gleich, wie sein aktueller Status ist, einen höheren Lebensstandard erreichen. Dieser Grundgedanke ist ja sogar in eurer Unabhängigkeitserklärung von 1776 verankert. Aktuelle Studien zeigen aber, dass im Vergleich zu Ländern im heutigen Westeuropa in den USA der soziale Status einer Person viel mehr von der sozialen und wirtschaftlichen Position ihrer Herkunftsfamilie beeinflusst wird. Das Problem: mangelnde Chancengleichheit, stark gestiegene ökonomische Ungleichheit, gesellschaftliche Spaltung. Letztere wurde weiter befeuert durch die faktenfressenden Lügen – darüber haben wir gestern schon gesprochen –, die dem Land der unbegrenzten Möglichkeiten die bedrückende Möglichkeit beschert, den Fall der Demokratie zu erleben."

„Und was ist verkehrt an unserem Individualismus?", fragte Biden, nun wieder gefasst. „Anders als zu Zeiten des Zweiten Weltkriegs, wo die Bedrohung der Demokratie von außen kam, verursacht der ausgeprägte Individualismus der amerikanischen Gesellschaft eine innere Schwäche, die immer gefährlicher wird und letztlich auch erklärt, warum Populisten wie Trump eine so große Rolle eingenommen haben. Ich nenne nur die Lügen über eine angeblich gefälschte Präsidentschaftswahl und den Sturm aufs Kapitol. Individualismus in seiner übersteigerten Form ‚Nur was ich selbst in die Hand nehme, wird was' bringt die amerikanische Demokratie an den Rand des Abgrunds."

„Und was ist verkehrt an unserem Individualismus?", fragte Bi-

FUTURE ASSET CO-INDIVIDUALISMUS.

Diese Form des Individualismus stellt eine Reaktion auf den fundamentalen Wandel der Welt dar, mit dem vieles komplexer, digitaler und virtueller wird. Das Future Asset Co-Individualismus erweitert Invidualismus um eine neue, in Richtung Gemeinschaft tendierende Facette. Es wird nicht mehr versucht, das Wohl des Einzelnen um jeden Preis zu verwirklichen. Vielmehr geht es um die proaktive, positive Bereitschaft zur Übernahme von Verantwortung. Menschen wollen nicht länger nur für sich selbst, sondern auch für andere Verantwortung übernehmen. Werte wie Ehrlichkeit, Echtheit und Redlichkeit erfahren dadurch neue Relevanz. Digitalisierung ebnet den Weg dafür: Menschen können sich mittels Internet und sozialer Plattformen formieren, organisieren und aktivieren.

Wichtiges Zukunftswissen.

FUTURE PRINT

den und zeichnete mit seinen Sneakers Kreise in den Sand zu seinen Füßen. „Was, denkst du, braucht Amerika stattdessen?"

„Der Individualismus, der sinnbildlich für die Folgewirkungen der modernen Massenwohlstandsgesellschaften steht, in denen jeder gesellschaftliche Akteur nach dem für sich selbst maximal zu erzielenden Nutzwert strebt, braucht ein Gegengewicht, den Gemeinsinn. Natürlich wäre es falsch, pauschal von fehlendem Gemeinsinn in den USA zu sprechen. Viele vermögende Amerikaner sehen den individualistischen American Dream als Selbstverpflichtung an und unterstützen mit persönlicher Großzügigkeit soziale Organisationen und gesellschaftliche Ziele. Mir scheint allerdings: Dem Vertrauen hierin steht ein Misstrauen den politischen Institutionen gegenüber, diesen Gemeinsinn nicht ausreichend wahrzunehmen. Aufgrund dieses Ungleichgewichts zwischen Individualismus und Gemeinschaft gelingt es zunehmend nicht mehr, die Spaltung zu überwinden und die Demokratie zu schützen."

„Gib mir mal noch ein oder zwei Beispiele mehr für diesen übersteigerten Individualismus", bat Biden.

„Nimm den Waffenwahn. Ich formuliere das absichtlich so provokant, weil ich um den 2. Zusatzartikel zur Verfassung weiß, der das Recht auf den Besitz und das Tragen von Waffen garantiert. Aber: Viele Amerikaner denken, sie müssten sich selbst verteidigen und könnten ihrem Land nicht einmal im Kern das Gewaltmonopol überlassen. Das Waffenrecht hat zudem teure Folgen. Kaum ein Land der Welt sperrt so viele seiner Bürger ins Gefängnis wie die USA, die Rate liegt rund neunmal so hoch wie zum Beispiel in Deutschland. Dabei sind die Kosten enorm, vor allem, wenn man einrechnet, dass Gefängnisaufenthalte zugleich die persönlichen und beruflichen Chancen der Eingesperrten zerstören. Wegen der Auffassung, jeder sei für sich selbst verantwortlich, kommt das Land aber kaum dazu, die gesellschaftliche Verantwortung für Kriminalität zu akzeptieren, geschweige denn zu tragen." Ich hielt kurz inne. „Auch das Bildungssystem ist ein Beispiel dafür. Aufgrund der vom Geldbeutel abhängigen Qualität sorgt es zuverlässig für die beständige Reproduktion der bisherigen gesellschaftlichen Verhältnisse. Dazu trägt bei, dass viele Schulen über die zum Teil sehr hohen Grundsteuern der Kommunen finanziert werden, sodass reiche Gemeinden wesentlich mehr Geld für gute Lehrer ausgeben können als arme."

„Der überhöhte Individualismus ist in deinen Augen also gefährlich, weil Spaltung folgt?" Ich nickte. Eine Weile schauten wir dem Tanz der Wellen, die aufs Ufer schlugen, zu. Ich strich mit dem Finger über die breite Armlehne des Adirondack-Stuhles. Die graue Patina des Holzes fühlte sich weich und hart zugleich an. Dieser Sessel war ein Stück Amerika. Es machte mich happy, ihn anzuschauen, ihn anzufassen und darauf zu sitzen. Obwohl er aus Holz und nicht aus Plastik war, hielt er jeder Witterung stand. „Vielleicht ist es mit der Demokratie wie mit diesem Stuhl. Die Menschen müssen die Entwicklung des Beständigen wertschätzen und wieder ein Glücksgefühl verspüren, wenn sie sich mit dem befassen, was Demokratie für sie ganz individuell bedeutet."

Biden stand auf und ging ein paar Schritte in Richtung Meer. Eine frische Brise durchwehte ihn. Plötzlich drehte er sich um und sagte: „Wollen wir weiterradeln?"

Topic vier

Populismus first?

Auf dem Weg nach Herring Point, einem von Joe Bidens liebsten Plätzen in dieser Gegend, erzählte er, dass er jedes Mal, wenn er dorthin unterwegs sei, eine Mischung aus Vorfreude und Traurigkeit spüre. Denn dort stand seine Lieblingsbank, auf der er oft mit seiner Frau Jill saß. Meist überkam ihn dort eine tiefe innere Ruhe, sodass er selbst unter größtem Druck leichter das Wichtige vom Unwichtigen trennen konnte.

„Komm mit“, sagte Biden, als wir angekommen waren. Er übergab Fahrrad und Helm einem der Agents. Dann stellte er sich, begleitet von einigen Securitymännern und -frauen, vor die Bank, die einen spektakulären Blick auf den Park und den Atlantik in Richtung Harbor of Refuge Lighthouse freigab. „Lass uns runter zum Strand gehen“, schlug er vor und entfernte sich ein paar Schritte. Ich blieb einen Moment an der Bank stehen und las das Schild, das dort angebracht war: „Given in Honor of Attorney R. (Beau) Biden for his service to the People of Delaware.“

„Leider hat mein Sohn 2015 den Kampf gegen den Krebs verloren“, erklärte mir Biden, als ich ihn eingeholt hatte. Er rieb sich mit der Innenfläche seiner linken Hand über das Kinn. „Beau diente als Generalstaatsanwalt von Delaware und war Major in der Delaware Army National Guard.“

Inzwischen hatte sich um uns eine kleine Menschenmenge gebildet, die von den Secret Service Agents einigermaßen in Schach gehalten wurde. Biden ging auf eine Mutter zu, die ihren etwa sechsjährigen Sohn an der Hand hielt. Er beugte sich zu dem Kleinen hinunter und fragte: „Wie heißt du denn?“ „Kevin, und das ist meine Mama: Sie heißt Mallory. Aber alle sagen nur Mal.“ „Ich bin Joe.“ Er reichte dem Kleinen die Hand, der erst zögerte und ihm dann eine Hand entgegenstreckte. „Seid ihr in den Ferien?“ „Ja“, antwortete Kevin. „Wo kommt ihr denn her?“ Biden lächelte die Mutter an. „Aus … aus Wisconsin“, stotterte Mallory und trat mit irritiertem Gesicht einen Schritt zurück.

Schön, dachte ich. Die beiden stammten ausgerechnet aus dem Rust Belt, einer sterbenden Industrieregion im Nordosten der USA, wo die Menschen bei der Präsidentschaftswahl 2016 mit großer Mehrheit für Donald Trump gestimmt hatten. Wahrscheinlich hätte Mallory gerade lieber das Weite gesucht, als sich auf einen Plausch mit einem Demokraten einzulassen.

„Und wo ist der Rest eurer Familie?“, fragte Biden. Die leicht angespannte Atmosphäre schien ihm nichts auszumachen. „Da unten“, erklärte Kevin bereitwillig und winkte einer Gruppe von Erwachsenen und Kindern zu, die am Strand ihr Lager aufgeschlagen hatten. Um sie flatterten ein paar in den Sand gesteckte Flaggen im Wind. „Komm mit.“ Kevin ließ die Hand seiner Mutter los und griff tatsächlich nach der Hand des Präsidenten. Dann zog er ihn, umringt vom Sicherheitsteam des Präsidenten, mit sich. Mallory folgte, aber der Widerwille stand ihr ins Gesicht geschrieben.

„Vielleicht eine gute Gelegenheit, ein demokratisches Glücksgefühl bei potenziellen Wählern zu erzeugen“, flüsterte ich Biden mit einem Augenzwinkern zu, als sich der gesamte Tross in Richtung Strand bewegte. Auch wenn wir nicht barfuß waren, tat es gut, über den Sand zu laufen.

Das „Let’s go, Brandon!“, das uns ein Mann aus der Gruppe entgegenrief, während wir näherkamen, verhieß allerdings nichts Gutes. Die Agenten rückten näher an Biden heran, doch der blieb von dem Schmähruf unbeirrt. „Klingt doch besser als ‚Fuck Joe Biden‘, oder?“, murmelte er mit einem Grinsen. Diesen Schmähsatz hatten Zuschauer bei einem Nascar-Rennen gerufen, worauf eine *NBC*-Reporterin, die gerade den Fahrer Brandon Brown interviewte und den Satz im lauten Getümmel scheinbar falsch verstanden hatte, vor laufender Kamera sagte:

„Wie Sie laut den Sprechchören aus der Menge hören können – Let's go, Brandon!" Anhänger von Donald Trump waren später der Ansicht, die Journalistin habe sich nicht verhört, sondern den Kampfruf bewusst falsch wiedergegeben, um die gegen Biden gerichtete Stimmung zu verschleiern. Trump hatte das seinerzeit als Aufhänger genommen, dass nicht er, sondern seine Gegner Fake News verbreiten würden. Seither konnte man diesen Kampfslogan auf T-Shirts, Mützen, Tassen und Flaggen lesen.

„Dieser Euphemismus, der die Gesellschaft spaltet, ist für mich so rückwärtsgewandt wie das Antriebskonzept der Nascar-Autos", antwortete ich mit gedämpfter Stimme nur für Joe vernehmbar.

„Das ist mein Papa, er heißt Robert", sagte der Kleine, als wir bei der Gruppe angekommen waren. Er sprang auf die Decke, auf der sein Vater saß, und rief Joe Biden zu: „Du kannst bei mir sitzen." Verstörte Blicke wurden unter den Anwesenden ausgetauscht. Nach einem Moment des Zögerns erhob sich der Vater und stammelte: „Mr. President." Biden bat ihn, keine Umstände zu machen. Rechts rückte ein zweites Paar aus der Gruppe zusammen, sodass auf der Decke neben dem Jungen ein Platz für Joe und mich frei wurde. Biden setzte sich mit einem, wie ich hoffte, nicht zu gequält wirkenden Lächeln in die Runde. Vermutlich sagte eine Stimme in seinem Kopf gerade: „Schau bloß zu, dass du aus der Situation so schnell wie möglich wieder rauskommst!"

Während das Secret-Service-Team mit spürbarer Anspannung das Terrain absicherte, begutachtete ich die Flaggen näher: Eine zeigte das Sternenbanner der Vereinigten Staaten, eine trug die Aufschrift „BYE-DEN 2024!" und auf einer weiteren, wie konnte es anders sein, prangte „LET'S GO BRANDON!". Ein paar Schweißperlen zeichneten sich auf Bidens Stirn ab. Ich hoffte, dass die Leute das der Mittagssonne und nicht der skurrilen Situation zuschrieben. Im Schutz des politischen Systems von den eigenen Beratern auf die expliziten Formen des Hasses gegen die eigene Person hingewiesen zu werden war nicht schön, aber mittendrin in diesem Hass zu sitzen, musste sich trotz aller Wachsamkeit der Sicherheitsleute um uns herum sehr unangenehm anfühlen.

Selten empfand ich ein Schweigen als so laut. „Heiß heute!“, versuchte ich das Schweigen zu brechen. Da schwebte so viel verhärtet Ungesagtes in der Luft, dass selbst die ansonsten klärende Meeresbrise nicht dagegen ankam. Ich musste an das Ergebnis aus dem Gespräch auf der Papageieninsel denken: Der Demokratie wohnte eine Empathie inne, also die Bereitschaft und Fähigkeit, sich in Menschen einzufühlen. Empathie machte vor allem in Krisenzeiten Vertrauen und damit die Lösung von Konflikten erst möglich. Das klang in der Theorie logisch und vernünftig, aber ob das auch funktionierte, wenn die Fronten so verhärtet waren wie in den USA? Ich war gespannt, wohin uns Empathie hier führen würde. Keep cool, Joe, spornte ich Biden im Geiste an. Vermutlich war er gerade skeptisch, ob sich Spaltung allein durch Mitgefühl überwinden ließe.

„Hi, ich freue mich, euch kennen zu lernen. Ich bin Joe und wie heißt ihr? Seid ihr im Urlaub hier?“, begann der Präsident, um das Eis zu brechen.

Stille.

Nach einer gefühlten Ewigkeit sagte die Frau, die Biden gegenübersaß, mehr als kühl: „Ich bin Hillary. Und was Urlaub angeht, so was können wir uns nicht leisten. Wir haben das Wochenende am Meer bei einem All-Friends-Preisausschreiben gewonnen.“

Wieder Stille.

Biden überhörte die letzte Bemerkung von Hillary und sagte stattdessen auf mich zeigend: „Das hier ist Ben. Wir arbeiten dieses Wochenende gemeinsam an einer Strategie, um die Demokratie zu verbessern. Habt ihr was Kaltes für uns?“ Robert beugte sich nach vorn und holte aus der Kühlbox, die mitten auf den Decken stand, zwei Flaschen Mineralwasser und reichte sie Biden und mir, auch ich lehnte nicht ab.

„Bullshit“, polterte der Mann rechts von Hillary, der zu seiner Begrüßung „Let’s go, Brandon!“ gerufen hatte und offensichtlich zu der unterkühlten Hillary gehörte. „Ich bin raus hier!“ Er sprang auf, schnappte sich seine Dose Bier und marschierte, vor sich hin schimp fend, in Richtung Meer. Ich empfand eine Art Mitgefühl für den Mann, weil er seine Frau jeden Tag mit dem Vornamen der früheren demokratischen Präsidentschaftskandidatin Hillary Clinton ansprechen musste. „Lauf doch nicht weg, Peter.“ Hillary stand mit einem Seufzer auf und ging ihrem Mann hinterher. Die beiden diskutierten heftig in einiger Entfernung, ihre Tochter rannte zu den Eltern.

Jetzt saßen außer Joe und mir nur noch Mallory, Robert, Kevin und ein zweites Paar da, das sich noch nicht vorgestellt hatte. Wenigstens war die Gruppe kleiner geworden.

Vielleicht erinnerte sich Biden an das, was wir am Vortag zum Thema Emotionen besprochen hatten. Emotional betrachtet hatten die Menschen, die ihm hier gerade null Sympathie entgegenbrachten, nicht nur etwas gegen die Demokraten, sondern auch gegen ihn persönlich. Oder war es genau andersrum? Weil ihre volle Sympathie Donald Trump galt und der in der Öffentlichkeit keine Gelegenheit ausließ, mit voller Wucht gegen Biden persönlich anzugehen, taten sie das auch. Aber warum fanden sie Trump eigentlich so sympathisch? Voraussichtlich würde er irgendwann als unverantwortlichster Präsident in die Geschichtsbücher eingehen, egal wie oft seine Anwälte gegen seine Widersacher klagten.

„Darf ich euch eine Frage stellen, die mir schon lang auf den Nägeln brennt?“ Biden lächelte in die Runde. Er hatte offenbar beschlossen, aufs Ganze zu gehen.

Wieder schwiegen alle, bis der Mann des Paares, das links von mir saß und sich noch nicht vorgestellt hatte, sagte: „Schießen sie los, Mr. President.“ Seine Frau zupfte ihn am Ärmel und flüsterte ihm etwas zu. Daraufhin fügte er hinzu: „Sorry, Mr. President. Ich bin Abe und das ist meine Frau Rachel.“

„Also“, setzte Biden an, „ich würde gern wissen, warum ihr Donald Trump so gut findet?“

Diesmal dauerte es nicht lang, bis eine Antwort kam. „Das ist einfach“, sagte Mallory von links. „Er meint, was er sagt.“ „Was man von anderen Politikern, vor allem bei euch Demokraten, nicht behaupten kann“, kommentierte ihr Mann Robert. „Trump ist, was Amerika gebraucht hat und“, er hielt die Hände schützend vor sich in die Luft, „nichts für ungut, Mr. President, weiterhin braucht. Er hat frischen Wind in dieses marode politische System, ins ganze Land gebracht und nach dem Desaster mit Obama endlich die Wirtschaft wieder angekurbelt. Wollen Sie wissen, wie er das geschafft hat?“ Biden bejahte. „Weil er ein Businessmann ist, der das Land regiert wie ein Unternehmen. Er denkt nicht im System.“

„Ich mag an Donald, dass Mama und Papa nach der Wahl so happy waren“, mischte sich Kevin, der bis dahin damit beschäftigt war, mit den Händen ein Loch in den Sand zu buddeln, auf einmal ins Gespräch ein. „Und warum, glaubst du, waren sie so happy?“, fragte ich. „Hm“, er überlegte eine Weile, während er mit einer Hand im Sand grub. „Vielleicht ist der Donald so wie Mama, wenn sie zu mir sagt: ‚Du kannst das, Kevin‘ oder ‚Wir machen das zusammen‘.“ Er ließ den Sand durch seine Finger rieseln. „Dann trau ich mich gleich mehr.“ Die Antwort des Jungen überraschte mich nicht. Diese Menschen hier fühlten sich von Trump gesehen und von den Demokraten, am deutlichsten repräsentiert durch den Präsidenten, übersehen. Da halfen auch alle freundlichen Worte nichts.

Biden wandte sich an die Eltern des Jungen: „Hat euch Trump denn wie ein Vater geholfen?“ Als würde er seine Worte gleich wieder bereuen, weil sie vielleicht persönlicher rüberkamen als beabsichtigt, fügte er hinzu: „Ich meine, habt ihr euch mehr zugetraut, als Trump Präsident war?“ Er hielt kurz inne. „Und weniger, seit ich euer Präsident bin?“

„Ich habe Trump 2016 und auch 2020 gewählt, weil ich mit ihm endlich wieder eine Zukunft für meine Familie sehe“, erklärte Robert, der, wie ich beobachtete, vor seine „BYEDEN 2024“-Flagge gerückt war, als sei ihm die offensichtliche Parole etwas unangenehm. „Ich will, dass meine Kids in einem Amerika aufwachsen, das wieder groß ist. Trump hat mir das Gefühl gegeben: Das ist machbar.“

„Natürlich ist nicht alles, was er so von sich gibt, immer politisch korrekt“, sprang ihm Mallory zur Seite, „aber wir hatten beide das Gefühl, dass er uns eine Zukunft gibt.“ Noch bevor ich fragen konnte, wie sie dazu stand, dass Trump sich nicht immer respektvoll gegenüber Frauen verhielt, fuhr sie fort: „Nur weil ich eine Frau bin, bedeutet das ja nicht, dass ich mich persönlich angegriffen fühlen muss. Klar, Trump ist nicht perfekt. Aber wer ist das schon? Man hört heutzutage so viel, da weiß doch keiner mehr, was richtig oder falsch ist. Daher verlasse ich mich lieber auf mein Bauchgefühl.“

Ich fokussierte meinen Blick auf Biden in der Hoffnung, dass er auf das eben Gesagte als Mensch, nicht als Präsident reagierte. Dass er gar nicht erst versuchte, die Leute, die ihm gerade so viel Gegenwind entgegenbliesen, in seinen politischen Kosmos zu ziehen. Bitte nicht argumentieren, dachte ich. Einfach nur zuhören und herausfinden, was die Leute bewegt. Woher die starken Emotionen kamen, die sie dazu brachten, sogar in ihrer Freizeit Flaggen mit Parolen gegen ihn mit sich herumzuschleppen.

Eine gefühlte Ewigkeit sprach keiner ein Wort. Irgendwie schien es wohl gerade allen in der Gruppe ähnlich zu gehen. Sie mussten das Gesagte erst sacken lassen. Zu meiner Erleichterung gelang es uns allen, diese Situation auszuhalten.

Aus dem Augenwinkel beobachtete ich, wie Hillary ihren widerwilligen Mann an der Hand zurück in die Gruppe zog. Kaum saßen sie Biden wieder gegenüber, sagt Peter: „Ihr Politiker versprecht viel und haltet wenig. Ich kann eure ganze Scheiße mit der Globalisierung und

Political Correctness nicht mehr hören. Es geht doch nicht an, dass fremde Menschen in Amerika willkommener sind als wir. Und alles umsonst bekommen, während der Staat uns vergisst. Ach nein, uns sogar immer mehr Steuern und Auflagen aufhalst.“ Er beugte sich entrüstet zu Biden vor. Ein Secret-Service-Agent trat demonstrativ dazwischen und rückte erst wieder ab, als Biden den Kopf schüttelte und Peter schließlich in etwas ruhigerem Tonfall weiterredete: „Ihr Demokraten wollt die Welt retten und macht Amerika dabei kaputt! Deshalb braucht es Trump wieder, weil er sich nicht für was Besseres hält und seinen Job als Präsident hinbekommen hat. Und er bleibt unser Präsident – bis er 2024 wiedergewählt wird. Trump lässt uns nicht im Stich, schon allein deshalb nicht, weil er die Wahl ja gar nicht verloren hat.“

Ich musste sehr tief durchatmen. Denn es war eines, in Deutschland darüber zu lesen, wie viele Menschen Trumps Legende vom Wahlbetrug glaubten, aber eine andere, sie, wie öfter bei meinen US-Aufenthalten, aus dem Mund eines Amerikaners zu hören. Ich war stolz auf Joe, dass er niemanden unterbrach, so schwer ihm das auch fallen mochte.

„Sie haben zu Beginn Ihrer Amtszeit gesagt“, pflichtete Hillary ihrem Mann bei, „dass Sie das gespaltene Amerika heilen wollen. Aber wir im Rust Belt werden vergessen. Was tun Sie denn für uns?“

„Ich kann euch verstehen. Eure Ahnen haben das Land groß gemacht und ihr fühlt euch jetzt, als hätte dieses Land euch vergessen“, antwortete Joe Biden und es war ihm anzusehen, dass er es ernst meinte und nicht argumentieren, sondern lieber zuhören wollte.

Die Gruppe stimmte einhellig zu, ohne den Präsidenten zu unterbrechen. Trotz aller Harschheit der eben noch vorgebrachten Argumente waren diese Leute keine engstirnigen Republikaner, sondern Amerikaner, die sich um ihre persönliche Zukunft sorgten. Ihre Vorfahren hatten sich eine erfolgreiche Existenz aufgebaut im Manufacturing Belt, wie der Rust Belt im 19. Jahrhundert und auch in der ersten Hälfte des

20. Jahrhundert hieß, weil er als eine der ältesten und erfolgreichsten Industriezonen der USA galt. Wo früher Kohlekraftwerke standen, die Eisen- und Erdölförderung florierte, die Stahlproduktion und Automobilindustrie glänzte, bezeugten heute verwaiste Städte, heruntergekommene Gebäude und rostige Fabriken wie Mahnmale den wirtschaftlichen Niedergang seit den 1970er-Jahren. Der Zusammenbruch der Industrie im Rust Belt hatte für die Bevölkerung fatale Folgen: Die Qualifizierten wanderten mit ihren Familien ab, sodass die Bevölkerung schrumpfte und ganze Stadtviertel leerstanden. Die Infrastruktur – Gesundheitswesen, Bildungseinrichtungen, Versorgung mit Nahrungsmitteln, Transportwesen – verschlechterte sich dramatisch. Die Arbeitslosigkeit nahm drastische Ausmaße an. Kein Wunder, dass sich die Enkel und Urenkel der Menschen, die einst für einen wirtschaftlichen Aufschwung Amerikas mitverantwortlich waren, im Stich gelassen fühlten. Trump hatte es in die Herzen dieser Menschen geschafft – mit seiner Parole „Make America great again“. Dieses Versprechen, der Region wieder zu Prosperität zu verhelfen, hatte er während seiner Amtszeit jedoch nicht eingelöst. Die Zölle etwa, die er 2018 auf Stahl und Aluminium einführte, brachten nicht die erwarteten Arbeitsplätze. Sie erzeugten für Unternehmen aber Mehrkosten, zum Beispiel bei der Automobilherstellung, weil nun Zubehörteile teurer geworden waren.

„Was ich richtig fand während Trumps Amtszeit, ist“, setzte Biden auf einmal an und zog damit die erstaunten Blicke aller Anwesenden auf sich, „dass er die Strafrechtsform unterstützt und damit die Chancen auf Resozialisierung erhöht hat. Und dass er in den Dialog mit Nordkorea gegangen ist. Auf einmal wussten wir wieder mehr, was dort los ist. Und dass er Amerika gegen China schützen wollte.“

Ich traute meinen Ohren nicht, was ich da aus dem Mund des Präsidenten hörte. Das war Empathie in Reinform. Den politischen Gegner ebenso wie seine Anhänger nicht zu diskreditieren oder mit Argumenten zu schlagen, sondern Verständnis zu zeigen.

„Mir wird allerdings der Hass langsam zu viel", wandte plötzlich Rachel ein, die sich bisher noch gar nicht zu Wort gemeldet hatte. „Das schaffe ich nicht mehr!" Sie unterstrich den Satz mit einer wegwerfenden Handbewegung und stieß dabei versehentlich die amerikanische Flagge neben sich um. „Seit sieben Jahren haben wir einen Obst- und Gemüseladen in unserer Stadt. Beim letzten Wahlkampf 2020 wollte ich nicht, dass die Republikaner Wahlplakate aufhängen. Ich verkaufe Lebensmittel und keine Politik, da kann ich mir doch nicht die Fenster zukleistern lassen, in denen ich meine Ware präsentiere." Ein leichtes Zittern war in ihrer Stimme zu hören. Abe legte den Arm um seine Frau und übernahm: „Auf einmal bekamen wir Hassmails, ein Teil der Kunden blieb aus und der Umsatz ging zurück. In diesen, wie soll ich das sagen", Abe geriet ins Stocken, „in diesen angespannten Zeiten will man seine politische Gesinnung ja nicht mehr an die große Glocke hängen. Aber jetzt muss ich das einfach loswerden: Nach dieser Erfahrung im letzten Wahlkampf haben wir für die Demokraten gestimmt." Robert wirkte regelrecht schockiert angesichts dieser Beichte. „Weil uns der Hass Angst macht, der aufseiten der Republikaner irgendwie immer mehr auf die normalen Leute übergeht. Und nach dem, was am 6. Januar 2020 am Kapitol passiert ist, bin ich froh über unsere Entscheidung, auch wenn uns das als Unternehmer, wie die Trump-Leute immer behaupten, das Leben schwer machen wird."

Dieser letzte Satz schien allen Anwesenden unter die Haut zu gehen, sogar Robert. Wie würde man wohl in 30 oder 40 Jahren vom Capitol Riot sprechen? Als Reaktion auf eine Wahllüge? Oder als Entfernung der Wähler vom demokratischen System? Das, was die Regierung heute tat, würde darüber entscheiden.

„Auch das kann ich gut verstehen. Die Spaltung der Nation muss ein Ende finden. Im Grunde wollen wir doch alle dasselbe: dass Amerika, dass wir alle gemeinsam vorankommen", versuchte Biden Brücken zu bauen.

„Dann wäre es auch weniger wichtig, wer gerade Präsident ist.“ Abe schaute zu seiner Frau. „Oder, Liebling?“ Rachel lächelte ihn an und sagte: „Wenn wir unsere Region gemeinsam wieder stark machen könntcn. Das wärc was.“

„Pffff“, machte Peter mit einer abfälligen Handbewegung. „Ihr geht diesem Kuschelkurs doch nicht ernsthaft auf den Leim?“

„Ich stehe nicht für einen Kuschelkurs.“ Biden hielt Peters durchdringendem Blick stand. „Aber es ist Zeit, das abfällige Label Rust Belt endlich zu begraben. Wir arbeiten zusammen mit der Wirtschaft daran, die Industrie der Region wieder nach vorn zu bringen. Innovative Technologien für Mobilität und Energie und enorme Investitionsförderung, die ich bereitgestellt habe, helfen uns dabei. Aber eines ist mir heute klar geworden. Es geht nicht ohne euch, die ihr hier sitzt.“

Einer der Secret-Service-Agenten beugte sich zu Biden hinunter und ich hörte, wie er ihm ins Ohr flüsterte: „Mr. President. Wir sollten langsam aufbrechen. Das Spiel ist vorbei. Immer mehr Menschen kommen an den Strand. Wir können Ihre Sicherheit nicht mehr garantieren.“

Bevor er sich anschickte aufzustehen, wandte er sich noch einmal an die Runde: „Leider müssen wir jetzt aufbrechen. Aber ich danke euch allen für eure Ehrlichkeit. Eure Kritik zu hören ist echt nicht leicht. Aber als Präsident liegt mir die gesamte Bevölkerung am Herzen. Auch ihr, auch der Rust Belt. Euer Feedback war wirklich hilfreich und ich möchte den Dialog mit euch fortsetzen. Hat jemand Stift und Papier?“

Rachel zog einen kleinen Notizblock und einen Kugelschreiber aus ihrer Tasche und reichte sie dem Präsidenten. Der riss ein Blatt heraus und notierte etwas. Dann sagte er: „Das ist meine E-Mail-Adresse. Schreibt mir! Ihr seid hiermit ins Weiße Haus eingeladen, damit wir dieses wichtige Gespräch weiterführen können. Ich meine das ernst: Ich will einfach wissen, welche Kritikpunkte an meiner Politik, welche Ideen und Vorschläge ihr noch habt, wie wir den Rust Belt und insgesamt unser wunderbares Land zusammen wieder auf Kurs bringen und wie jeder von euch davon profitiert. Denn wollen wir nicht alle das gleiche: gut und erfolgreich zusammenleben, ohne Hass?“

Alle aus der Gruppe erhoben sich, als der Präsident im Begriff war zu gehen, auch die, die zuvor sitzen geblieben waren. Ein letztes Mal wandte sich Biden zu Kevin. „Danke auch an dich, Kleiner. Denn ohne deine mutige Einladung hätten wir uns nicht kennengelernt. Und ich nicht so viel gelernt.“

Der Junge schob mit seinem Fuß ganz langsam den Sand in das Loch zurück, das er im Verlauf des Gesprächs gebuddelt hatte, und sagte dabei mit verlegenem Grinsen: „Vielleicht ist es gar nicht so wichtig, wer der Chef von Amerika ist. Wenn er nur macht, dass alle happy sind.“

Topic fünf

Empathie first!

Zurück im Beachhaus marschierte Joe schnurstracks zum Pool, der rechts vom Hauseingang lag. Er zog seine Sneakers aus, setzte sich an den Rand des Beckens, dort, wo die umliegenden Bäume Schatten spendeten, und steckte die Füße ins türkisfarbene Wasser. „Ah, das tut gut“, sagte er. Er spritzte ein wenig Wasser aus dem Pool. Ich fühlte mich sofort an den Wasserstrahl des Duschkopfs erinnert.

Das Alter des ältesten US-Präsidenten der Geschichte würde die Diskussionen der Zukunft sicher prägen, vielleicht sogar belasten. Und doch sah ich keinen planschenden Großvater am Beckenrand, sondern einen Mann, der mich – wie vorhin am Strand – immer wieder beeindruckte. Er hatte die Arbeitslosenquote auf den niedrigsten Stand seit 50 Jahren gesenkt. Er nahm die Sorgen der Menschen ernst, er war kein Lügner, er war authentisch: vernünftig und einfühlsam. Kurzum, er hatte mehr Größe, als er zeigte. Dieses Oberhaupt der wichtigsten Supermacht der Welt hatte es nicht nötig, belehrt zu werden. Vielleicht liegt das daran, dass er kritisches Hinterfragen als wichtige Quelle ansah. Vielleicht wollte sich ein amerikanischer Präsident ja doch etwas von einem Deutschen sagen lassen.

Jill kam mit einer Flasche Gatorade und drei Gläsern sowie einer Schale mit Eiswürfeln. „Ihr seht aus, als könntet ihr das gebrauchen. Auch wenn wir gleich zu Abend essen.“ Ich ertränkte den Geschmack in Eiswürfeln. „Setz dich doch“, sagte Joe zu seiner Frau und klopfte mit der Handfläche auf den Platz zu seiner Linken. Er stieß erst mit seiner Frau und dann mit mir an, bevor er seinen ersten Schluck nahm. „Das war ein spannender Vormittag“, sagte er und berichtete Jill von der Begegnung am Rehoboth Beach. „Weißt du, was mir heute klar geworden ist?“ Jill schüttelte den Kopf. „Dass die Leute, die gegen einen stimmen, erst recht mit Widerstand reagieren, wenn man ihnen mit Argumenten Widerstand entgegenbringt." „Und was sollte man stattdessen tun?", fragte Jill. „Anteilnahme zeigen, vor allem: wirklich zuhören und gemeinsam Lösungen finden. Was meinst du, Ben?"

„Die Sorge dieser Leute um die eigene Zukunft ist so groß, dass sie trotz der Bedrohung, die das für unsere demokratischen Grundwerte bedeuten würde, bereit sind für eine zweite Amtszeit von Trump. Und das, obwohl er viele seiner Wahlversprechen, wie zum Beispiel die Schaffung neuer Jobs, nicht wirklich eingehalten hat."

Diese Menschen heute kamen aus Wisconsin, einem der Battleground-Staaten, der eigentlich eine lange demokratische Tradition hatte. 2012 stimmte man dort noch für Obama, 2016 jedoch gewann Trump mit einem knappen Vorsprung von 0,77 Prozent. Mit sechs Prozent Zuwachs an Arbeitsplätzen in Bundesstaaten wie Texas, die wirtschaftlich für Trump wichtig waren, hatte er etwas bewirkt. Aber was hatte er für den Rust Belt getan, für Wisconsin, Ohio oder Michigan? Die verbuchten gerade einmal eine minimale Steigerung. Vielleicht hatten in Wisconsin bei der letzten Präsidentschaftswahl deshalb über 49 Prozent wieder für die Demokraten gestimmt – was Trump nicht wahrhaben wollte und weshalb er den Wahlausgang von seinen Anwälten anfechten ließ. Damit verschwendete er jede Menge Steuergelder, die man sinnvoller hätte einsetzen können. Zumal ein Sieg in Wisconsin nichts am Wahlausgang geändert hätte. Aber Donald Trumps Aufwiegeln hatte die Stimmung nicht nur in Wisconsin, sondern auch in vielen anderen Bundesstaaten kippen lassen, sodass Wähler heutzutage lieber nicht mehr auf offener Straße einen politischen Dialog führen wollten, wie Rachel am Strand bestätigt hatte. Diese Art von Opportunismus kannte die demokratische Welt eher von autokratischen oder totalitären Ländern. Demokratie hingegen lebte doch gerade von der Meinungsfreiheit, dem Gemeinsinn und einem ehrlichen wie konstruktiven Dialog.

„Ich fand die Begegnung heute richtig stark", sagte ich, „weil dort am Strand nicht Menschen auf einen Politiker trafen, sondern auf einen

Menschen, der es sich zur Aufgabe gemacht hat, gemeinsam mit ihnen die Zukunft zu gestalten."

Biden drehte das Glas in seiner Hand, während er über das, was ich eben gesagt hatte, nachzudenken schien. Schließlich sagte er: „Ich verstehe die Republikaner, die ich heute auf eine sehr persönliche Weise kennengelernt habe. Sie wollen Sicherheit, die Trump ihnen nicht nur mit geschlossenen Grenzen, sondern auch mit einem düsteren Bild einer demokratisch regierten Zukunft vermittelt hat."

Ich nickte. „Für viele dieser Menschen sind Demokraten Sozialisten. In ihren Augen kümmern sie sich um viele Minderheiten, vergessen dabei aber die ‚Menschen, die aus ihrer Sicht Amerika groß gemacht haben'. Nicht wenige von Trumps Anhängern fühlen sich im gegenwärtigen System als ignorierte und verlorene Randgruppe." Ich stellte mein Glas ab, streckte die Arme nach hinten und lehnte mich zurück. „Solange es Demokraten nicht gelingt, ihnen die Gewissheit einer gemeinsamen Zukunft zu geben, werden sie gegen dich sein."

„Nur leider habe ich einen entscheidenden Nachteil: Diese eine Hälfte Amerikas bringt für Biden, den Demokraten, weniger Geduld auf, weil sie dem Republikaner Trump emotional verbunden ist."

„Aber der Sturm aufs Kapitol war doch für viele ein Wendepunkt, Joe", warf Jill ein. „Das war ein Aufwachmoment. Bist du nicht der Meinung, dass viele der Trump-Anhänger an dem Punkt gemerkt haben, dass die demokratischen Grundfesten in Gefahr sind?"

„Deine Reaktion damals goss aus meiner Sicht eigentlich noch mehr Öl ins Feuer", griff ich das Thema auf. „Wieso das denn?", rief Jill entrüstet aus. „Weil Joe auf den Hass der Leute mit vom Publikum empfundenen Hass gegen Trump geantwortet hat. Und Hass verändert gesellschaftlich nichts, er trägt nur zu größerer Spaltung bei."

„Du hast recht!" Biden fasste sich an die Stirn, als habe er soeben einen Geistesblitz gehabt. „So viel dazu, sich die Konsequenzen des eigenen Handelns bewusst zu machen. An diesem Punkt war ich nicht besser als der damalige Präsident, auch wenn ich zu meiner Ehrenrettung weniger populistisch argumentiert habe."

„Ich fasse es nicht", sagte Jill. Bist du innerhalb der letzten 24 Stunden zum Trumpisten-Versteher geworden?" Biden umarmte seine Frau und küsste sie auf die Wange. Für diese erfrischende Ironie schien er sie wohl sehr zu lieben.

„Gibt es eigentlich etwas, das deine politischen Gegner und dich verbindet?", reagierte ich auf Jills Bemerkung. Sichtlich überrascht drehte Biden den Kopf zu mir.

„Da muss ich nicht lang nachdenken: Uns alle eint, dass wir uns um die Zukunft eines freien Amerikas und einer freien Welt Sorgen machen. Seit Russlands Angriffskrieg gegen die Ukraine oder Chinas Drohungen gegen Taiwan ist doch bei den meisten angekommen, dass es um das Wohl aller gehen muss, wenn die demokratische Freiheit auf dem Spiel steht."

„Wenn euch das verbindet, ist die Lösung vielleicht nicht einfach, aber machbar." „Okay? Und was machen wir als Nächstes?" „Nach den ersten Co-Labs arbeiten wir in weiteren mit Teams aus Politikern und Politikerinnen in einem sogenannten Opportunity Room gemeinsam an der Strategie, wie wir die Demokratie und ihre freiheitlichen Werte wieder attraktiv für die Bürgerinnen und Bürger machen."

Jill nahm die Hand ihres Mannes und drückte sie. „Die Menschen werden verstehen, dass du meinst, was du sagst. So wie sie sich daran gewöhnt haben, dass ich als First Lady noch einen bezahlten Job als Englischlehrerin haben kann." Sie zog die Füße aus dem Wasser und stand auf. „So, und jetzt essen wir eine Kleinigkeit." Mit einem Grinsen sagte Joe Biden beim Aufstehen: „Empathie first!"

AUSGEWÄHLTE HIGHLIGHTS DES DRITTEN KAPITELS.

- Die Fähigkeit, Facts von Fakes zu unterscheiden, erfordert Analysekompetenz als Teil künftiger Bildung.
- Anbieter digitaler Technologien müssen zu Spielregeln verpflichtet werden.
- Aus überhöhtem gesellschaftlichen Individualismus resultiert Spaltung. Zu verhindern durch: Gemeinschaft.
- Wenn Menschen sich gesehen fühlen, öffnen sie sich.

Strategie-Entwicklung.

Jetzt finden wir disruptive Lösungsansätze.

Auf Basis der Forschungsergebnisse entwickeln wir in der jetzt startenden Disruptionsphase innovative Lösungsansätze für die Herausforderungen des Mandanten.

WOCHE 26

Wir widmen uns der Strategie-Entwicklung.

Weltweit kennen 90 Prozent der Mitarbeiter ihre Unternehmensstrategie (Corporate Strategy) nicht. Das liegt auch daran, dass viele Strategien zu kompliziert sind. Bis zur Woche 36 begleitet uns nun täglich die Aufgabe, alle Erkenntnisse zusammenzuführen und aus Lösungsansätzen eine Lösung zu entwickeln. Übrigens eine, die nicht nur der Chef oder die Chefin nennen können, wenn wir sie mitten in der Nacht aus dem Tiefschlaf holen würden.

WOCHE 27

Sind wir genug neue Wege gegangen?

Seit Beginn nutzt unsere Gruppe systematisiertes Wissen internationaler Organisationen und Regierungen, auch wenn unser Mandant keine Firma ist. Aber haben wir uns auch ausreichend von der Fragestellung entfernt und von anderen Branchen, Ländern, Themen und Herausforderungen gelernt? Das stellen wir nochmals auf den Prüfstand, um weitere Analogien und damit Chancenpotenziale zu finden.

WOCHE 27

Weil Zählbares zählt.

Alternative Wege werden jetzt quantitativ bewertet. Sogenannte Ratings geben Aufschluss über die am besten geeigneten Elemente der Strategie.

WOCHE 30

Eine Brücke von heute ins morgen.

Mit der Methodik des Bridging beleuchtet unsere Gruppe abermals mandantenindividuelle Herausforderungen der Ist-Situation und vergleicht diese mit der geplanten Soll-Situation. Hierbei werden interne und externe Herausforderungen untersucht.
Die aus dem Bridging resultierenden konkreten Reaktionsstrategien helfen, die richtigen Entscheidungen zu treffen.

WOCHE 30

Wir räumen den Opportunity Room noch einmal ordentlich auf.

Seit Start des Projekts besuchen die Mitarbeiter unserer Gruppe regelmäßig den virtuellen Möglichkeitenraum, ein internes Werkzeug. Dort werden alle spontanen Lösungsansätze für die Herausforderungen des Mandanten gesammelt.
Sie sind ungefiltert und oft noch nicht mit Forschung untermauert.
So geht nichts verloren, sei es auch noch so verrückt.
Der Opportunity Room spielt in drei Phasen des Projekts eine besonders wichtige Rolle: wenn die Disruptionsphase (Woche 26) und die Strategie-Entwicklung (Woche 27) offiziell starten. Dann sehen wir, welche Ansätze im Opportunity Room überschätzt und welche unterschätzt sind. Und wenn wir gemeinsam mit unserem Mandanten eintreten, beginnt die dritte Phase (Woche 33).
In einem oder mehreren Co-Labs stellen wir dem Mandanten die Inhalte des aufgeräumten Opportunity Rooms, die wir um Ergebnisse der Disruptionsphase ergänzen, vor und er liefert wichtigen Input dazu.

WOCHE 31

Woche 33

Kapitel vier

NEUNTES CO-LAB AM GARDASEE.

Topic eins

Die Zukunft heißt Quality Society.

„Wieso hat das Boot eigentlich eine amerikanische Flagge?“, fragte Agora, kaum hatte Ben links und rechts vom Lenkrad den Gang der beiden Motoren eingelegt. Er strahlte sie von der Seite an, machte eine Geste mit der rechten Hand, die ihr signalisierte, dass er gleich antworten würde, und manövrierte das historische Runabout, wie er das offene Sportboot mit geschlossenem Vorderdeck und einem hinteren Sonnendeck genannt hatte, vorbei an den diversen zum Schutz der Politiker patrouillierenden Sicherheitsbooten. Die Werft in diesem kleinen Hafen in der Bucht von Saló, hatte Ben erzählt, war auf diese Boote, die seit drei Jahrzehnten nicht mehr gebaut wurden, spezialisiert. Als der Fahrtwind stärker wurde, zog Agora aus ihrer Handtasche ein Kopftuch, dessen Enden sie unter dem Kinn überkreuzte und im Nacken verknotete. Ben war die Freude, auf dem Wasser zu sein, anzusehen. Behutsam schob er auf dem Weg aus der Bucht an der inneren, linken Bordwand die beiden Gashebel nach vorne. Agora hielt sich vorsichtshalber an dem Chromrahmen fest, der die Windschutzscheibe und das Armaturenbrett verband.

„Die Flagge ist da“, antwortete Ben ihr nach einer Weile mit lauter Stimme, um das durchdringende Geräusch der Innenbordmotoren zu übertönen, „weil meine beiden jüngsten Kinder in den USA geboren sind." Der zärtliche Blick, der Bens Worte begleitete, berührte Agora. Diesen Zug, der einen liebevollen Daddy offenbarte, kannte sie bisher noch nicht an ihm.

„Hier ist das Wasser ganz schön zurückgegangen", bemerkte der deutsche Wirtschafts- und Klimaminister Robert Habeck, der zusammen mit dem kanadischen Premierminister Justin Trudeau auf dem Vordeck mit dem fast maronenbraunen und von hellen Adern durchzogenen polierten Holz saß. Vermutlich hat er den Klimawandel im Kopf, dachte Agora. Dennoch schienen die beiden Herren auf dem Vorschiff, ein Bein jeweils geschmeidig zwischen Decks-Klampe und Oberlicht ausgestreckt und das andere lässig angewinkelt nach Backbeziehungsweise Steuerbord, große Freude am Spritzwasser zu haben, das von links und rechts ihre sommerliche Freizeitkleidung mit Seewasser besprenkelte. Es blieb Agora ein Rätsel, warum Robert und Justin sich ausgerechnet diesen rutschigen Platz da vorne auf dem Motorboot ausgesucht hatten. Seltsam, dachte Agora, dass Robert und Ben bisher nie etwas miteinander zu tun gehabt hatten. Wusste sie doch, dass die Geburtsorte der beiden nah beieinander lagen und sie ihre Schulzeit in derselben Stadt verbrachten, in der Roberts Eltern eine Apotheke führten und Bens einen Supermarkt. Bevor Bens Eltern dorthin zogen, lebte er mit ihnen nahe der dänischen Grenze, wo Robert noch heute lebt.

Agora lehnte sich auf der Beifahrersitzbank, die sie sich mit Jonas Gahr Støre teilte, zurück, während das Boot geschmeidig durch die Wellen glitt. Sie mochte den norwegischen Ministerpräsidenten, der seit 2021 im Amt war. Er hatte Staatswissenschaften in Paris studiert und bereits als Außen- und Gesundheitsminister sowie als Vorsitzender der Arbeiterpartei Erfahrungen gesammelt, bevor er Premier wurde. Irgendwie schien es ihm in Norwegen gut zu gelingen, die sogenannten kleinen Leute anzusprechen. Ein Intellektueller unter Arbeitern.

Jonas stammte aus einer wohlhabenden Familie, sein Vater war Schiffsmakler, vielleicht fühlte er sich deshalb auf diesem Boot so wohl und sprach vom „kühn ausgekragten Vorschiff" bis zum sogenannten „barrel back" des halbrunden Hecks, in dem zwei Achtzylinder wummerten. Diese Vintage-Maschinen würden auf freier Wasserfläche „mit anarchischer Rotzigkeit" zur Sache gehen. Von der „raffiniert geschützten Bugspitze" über die „seitlich eingelassenen Scheinwerfer und wohlgeformten Luftansauger" sei das Boot ein „Objekt der Begierde".

Eine Welle drückte Agora gegen den norwegischen Ministerpräsidenten. Fast „auf" ihrem Team zu sitzen, das war Agora nicht gewohnt, und schon gar nicht, dass alle, sie eingeschlossen, barfuß waren. Eine Bootsregel. Das fühlte sich zwar luftig, aber zugleich irgendwie nackt an. Sie schloss für einen Moment die Augen, um die Sonnenstrahlen zu genießen, die sich langsam durch den bewölkten Himmel gekämpft hatten. Vielleicht würde der Tag, der mit einem heftigen Sommergewitter und verspäteter Flug- und Bahnankünfte einiger Teilnehmer und fast aller Thomies in Verona schlecht begonnen hatte, doch noch gut werden. Auch wenn sie wusste, dass das nichts brachte, ärgerte sich Agora über das Wetter. Schließlich hatten die meisten Politiker ihren Sommerurlaub wegen der Co-Labs für einen Tag unterbrochen. Mit einem Schmunzeln erinnerte sich Agora, wie irritiert sie anfangs von den vielen Co-Labs gewesen war, die Bens Leute aufgesetzt hatten. Aber nachdem nun einige hinter ihr lagen, war sie ganz heiß darauf, weiterzuarbeiten. Deshalb war sie froh darüber, dass Ben und die bereits Anwesenden die Zeit bestmöglich nutzen wollten, bis der Rest hoffentlich bis zur Mittagszeit auf der Isola del Garda angekommen sein würde, wo ein gemeinsamer Lunch geplant war. Ben hatte einen Ausflug auf dem Wasser in eine der umliegenden Buchten vorgeschlagen. Alle waren einverstanden – solange das Wetter hielt, hatte Agora im Stillen angefügt und hoffte, die Isola später trockenen Fußes zu erreichen.

„Was wollt ihr trinken?“, fragte der einzige Thomie, der es ohne Verspätung zum Gardasee geschafft hatte, von der Rückbank aus. „Wir haben auch frische Erdbeerschorle.“ Er stand auf und bat Agora und Jonas Støre, kurz den Platz zu wechseln. Agora stellte sich neben den Fahrersitz zu Ben. Jonas krabbelte einfach auf die Rückbank zu Han Duck-soo, dem südkoreanischen Ministerpräsidenten, wo er wortlos seine Bootskenntnis bewies. Er zauberte aus der Rückseite der vorderen Sitzbänke zwei mit hellem Wiener Geflecht bespannte Tische. Der Thomie drückte einen Chromknopf, in dem sich die Sonne spiegelte, hob die schwere Sitzfläche der Sitzbank an und griff in die gut gefüllte Kühlbox.

„Ein Wasser, bitte“, orderte der südkoreanische Premierminister Han Duck-soo, während er sich mit einem Stofftaschentuch die feuchte Stirn trocknete. „Erdbeerschorle, bitte“, sagte der deutsche Vizekanzler Robert Habeck. Trudeau hob seine Hand und streckte Zeige- und Mittelfinger empor. „Mach zwei draus.“ „Für mich auch eine“, schloss sich der australische Premier Anthony Albanese an, den Agora noch kaum kannte, weil er erst seit etwa drei Monaten im Amt war.

Agora hätte auch gern den Erdbeergeschmack genossen, nahm aber ein Wasser aus Sorge, dass sie, falls Ben zu wild über den See brausen oder, wie Jonas es formuliert hatte, „mit anarchischer Rotzigkeit“ zur Sache gehen würde, nicht gleichzeitig sich selbst und den Drink festhalten könnte. Und Erdbeeren würden auf ihrem weißen Outfit – das aus einer Seidenbluse, einem Leinenrock sowie Tennisschuhen bestand, die sie vorhin brav unter der Rückbank verstaut hatte – hässliche Flecken hinterlassen. Diese aparten Wasserstraßenkreuzer, die für Bootsbaugeschichte standen, mochte ja eine besondere Aura umgeben, sie mochten ein Mythos sein, dem schon Brigitte Bardot, Sean Connery, Sophia Loren oder George Clooney erlegen waren. Fürst Rainier von Monaco soll, so hieß es, sogar den Grimaldi-Palast für ein Bootslager untergraben haben, um die Holzboote wie guten Wein in einem dunklen und kühlen Gewölbe aufzubewahren, damit der Lack nicht welk und das Holz nicht trocken wurde. So interessant die Geschichten auch waren, die Ben und noch mehr Jonas einfließen ließen, für Agora stand eines fest: Sie war eine Landratte.

Ben nahm die Wellen, die eine vorbeifahrende Fähre erzeugte, im 90-Grad-Winkel. Agora klammerte sich mit einer Hand an Bens rechten Arm und balancierte mit der anderen ihr Getränk. Aus dem Augenwinkel sah sie, wie auch der Thomie, während er den Getränkekühler schloss, sich kurz festhalten musste. Gischt spritzte an den Seiten des Bootes auf und ein paar Wasserspritzer gelangten auf Agoras Arm. Sie warf Ben einen strengen Blick zu, den er mit einem fröhlichen Grinsen beantwortete. Wieso hatte sie seiner Idee zu dieser – im wahrsten Sinne des Wortes – „Spritz“-Tour ohne nachzudenken zugestimmt? Roberts und Justins Lachen drang vom Vorderdeck zu ihr. Die beiden, die inzwischen deutlich nasser waren als Agora, genossen die Schaukelei wie kleine Jungs. Oder lag die gemeinsame Begeisterung daran, dass sie gerade in Kanada zusammen mit Bundeskanzler Scholz ein Wasserstoff-Abkommen geschlossen hatten, das Habeck als einen „Meilenstein“ bezeichnete? Nicht nur, weil es frischen Wind in die Energiepolitik bringen und Deutschland dabei helfen würde, sich energieunabhängiger zu machen. Sondern auch, weil damit Industriezweige wie das Flug- oder Schiffswesen, die schwer CO_2-frei zu machen waren, klimaneutral mit Energie versorgt werden konnten. Abkommen wie diese machten Agora stolz auf ihre Belegschaft. Ben würde vermutlich sagen, dass dies die Art von Kooperation zwischen Ländern sei, die auf gemeinsamen demokratischen Werten basiere.

Nach hinten zu den anderen Politikern wagte Agora gar nicht zu schauen, weil sie befürchtete, dass ihr übel werden könnte. Wie in aller Welt sollten sich hier auf dem Boot tiefe Gespräche ergeben?

Mittlerweile hatte sich der See wieder beruhigt und Ben hielt ein angenehmes Tempo. Agora trank einen Schluck und spürte Erleichterung. Vielleicht war dieser Ausflug ja doch nicht verkehrt.

„Das wirtschaftliche Ziel kann nicht nur der Profit Einzelner oder des Staates sein, sondern die Resultate für die Gesellschaft“, drang die Stimme von Robert Habeck vom Vorderdeck an ihr Ohr. Agora horchte auf und machte einen Schritt nach vorn, um die beiden Politiker besser zu verstehen. „Am Ende müssen wirtschaftliche Beziehungen doch dem Wohl des Landes und seiner Bürgerinnen und Bürger dienen“, führte Habeck weiter aus.

„Das ist genau die Definition von Unternehmens-Purpose“, schaltete sich Ben, während er das Tempo weiter drosselte, vom Fahrersitz aus ins Gespräch ein. „Und damit meine ich nicht den Unternehmenszweck, der im Handelsregister steht. Im Mittelpunkt eines echten Purpose steht die Frage nach dem Warum. Und dieses ‚Why‘ hat eine enge Beziehung zur Amts- oder Unternehmensführung gemäß ‚Environmental Social Governance‘, kurz ‚ESG‘. Das sind Kriterien für die Berücksichtigung von Umwelt-, Nachhaltigkeits- und Sozialfragen, damit die – in meinem Beispiel – unternehmerische Praxis auch diese Themen berücksichtigt. Die internationale Wirtschaft lächelt einen Unternehmenszweck, der sich nicht ausschließlich am Profit ausrichtet, noch zu oft gern weg, tut ihn als ‚Floskel‘ oder ‚Bullshit‘ ab und bezeichnet deren Verfechter wahlweise als davon infizierte scheinheilige Sozialisten oder Wohltäter. Aber sobald gesellschaftliche Verantwortung explizit in Rede steht, weicht das Lächeln immer wieder gespielter Empörung: Man mache ‚sowas‘ doch schon seit Jahren und befürworte selbstverständlich eine ‚Corporate Social Responsibility (CSR)‘ – die faktisch leider oft zur Feigenblattphilosophie verkommt.“[1] Ben verstummte einen Augenblick, um einem rasant kreuzenden Speedboot auszuweichen. Agora packte seinen Arm. Robert Habeck rief dem knallgelben Ungetüm „Spritfresser“ hinterher. Ben schien es unangenehm zu sein, ebenfalls starke Motoren unter Deck zu beherbergen und klang aufrichtig: „Sorry for no sails.“

„No sorry, Ben! Sind wir hier nicht gerade auf einem extrem seltenen Oldtimer?“, fragte Robert rhetorisch und schwang sich auf die Knie,

FUTURE ASSET PURPOSITY.

Demokratien brauchen Purpose – in der Politik wie in der Wirtschaft. Denn er hilft, sich Autokratien gegenüber zu behaupten. Purpose steht für einen höheren Zweck. Für die Verantwortung gegenüber den Bürgerinnen und Bürgern sowie den nachfolgenden Generationen. Das Vorgaukeln sozialer Verantwortung etwa in Form eines Purpose als PR- und Marketinginstrument hilft keinem demokratischen Land und keinem Unternehmen. Der wirtschaftliche und politische Purpose definiert, was die Menschen, die in einem Land leben und in einer Organisation arbeiten, bewegt. Er gibt Aufschluss, warum Bürger und Mitarbeiter tun, was sie tun, und produzieren, was sie produzieren. Zudem verrät der Purpose oft, warum Menschen morgens aufstehen, wieso sie sich ihren Aufgaben hingebungsvoll widmen. Purpose stellt die Frage nach dem Warum in den Mittelpunkt und gibt Antworten zur Umwelt, zu Sozialem und zur Staats- beziehungsweise Unternehmensführung. Unternehmer und Politiker der Zukunft sind von einem Mind- und Soulset geleitet, in dessen Fokus die Sinnhaftigkeit ihres Tuns steht. Während „Mindset" für Mentalität steht, also Denkmuster, ist mit „Mind- und Soulset" auch die Berücksichtigung emotionaler Aspekte bei Einstellungs- und Verhaltensnormen gemeint.
Unternehmen nutzen mit Purposity den sogenannten „Sweetspot", also das Beste aus folgenden „Zutaten": was das Unternehmen gut kann, was die Welt braucht und wofür das Herz aller Menschen im Unternehmen – sowie der Kunden und der Gesellschaft – schlägt. Auch wenn Purposity inhaltlich ohne das Thema Finanzen auskommt, weil ein höherer Grund für die Existenz eines Unternehmens existiert als nur Gewinn zu erzielen, überzeugen auch die Zahlen: Unternehmen mit Purpose machten bis zu 400 Prozent mehr Umsatz als jene ohne[2] und die Aktienkursentwicklung von Unternehmen mit Purpose übertraf in einem Zeitraum von 15 Jahren das derjenigen ohne Purpose um bis zu 1.681 Prozent.[3]

Wichtiges Zukunftswissen.

FUTURE PRINT

während er sich mit beiden Händen am glänzenden Windschutzscheibenrahmen festhielt. „Man kann im Alltag nicht immer das hundertprozentig Richtige tun. Einerseits fährst du nur wenige Male im Jahr, andererseits bist du mit deinen Beiträgen und dem, was wir hier tun, Teil der Lösung. Auch ich muss oft mit einer gewissen Zerrissenheit leben und mich von ihr ansporn lassen, weiter nach guten Lösungen zu suchen. Schmeißen wir die Ideologie ins Wasser und holen die Gelassenheit an Bord!"

„Leider", fuhr Ben fort, nachdem er auch noch ein Segelschiff an dessen Heck umfahren hatte, „liegt die Verantwortung für CSR in Unternehmen noch oft in der Marketingabteilung, deren Chefs gern vor dem in Übergröße ausgedruckten Spendenscheck posieren. Für Lenker solcher Unternehmen ist Purpose das ultimative PR- und Marketing-Instrument nach dem Motto: Sich eben mal was ‚mit Sinn' ausdenken und schon steht man nicht mehr in der Kritik."[4]

Mit einem Nicken bekräftigte Agora Bens Aussage. Dann aber kam der Ärger in ihr hoch, weil sie leere Worte, denen keine Taten folgten, schon ihr Leben lang ebenfalls verabscheute.

„Ich muss gerade an eine Fahrradtour denken", wandte sich Ben zu ihr, offenbar wusste er Agoras Gesichtsausdruck richtig zu interpretieren, „die ich vor einer Weile mit meiner Tochter gemacht habe. Nach einem Zwischenstopp auf dem Spielplatz wollten wir gerade weiterfahren, als mir auffiel, dass meine Tochter mehrmals zu einer Gruppe enttäuscht dreinschauender Kinder zurückblickte. Auf meine Frage, was denn los sei, antwortete die Kleine: ‚Wir waren schaukeln und einer der Jungs da hat den anderen erzählt, auf der Wiese weiter hinten gibt es Eis für alle. Wir sind alle dorthin gerannt, aber da war nichts. Er hat gelogen, damit er die Schaukel für sich hat!' So enttäuscht wie die Kinder sind auch Kunden, wenn Unternehmen nicht halten, was sie versprechen." „Und die Bürgerinnen und Bürger", ergänzte Jonas Gahr Støre, „wenn Politiker nicht halten, was sie versprechen."

„Klar, Jonas“, entgegnete Justin, „aber lasst uns ruhig ein wenig bei Unternehmen bleiben. Den gedanklichen Transfer zur Politik bekommen wir alle hin.“

„Isolierte Profitsucht“, schaltete sich der Thomie ein, der gerade die Badeleiter nach hinten zum Durchstieg zur Badeplattform gebracht hatte und nun wieder nach vorn hüpfte, „kann dazu führen, zweifelhafte Geschäfte zu machen. Die Manipulation von Abgaswerten durch die deutsche Automobilindustrie – die ganz aktuell auch vom US-amerikanischen ‚Center of AI Safety‘, das sich der Verringerung der von künstlicher Intelligenz ausgehenden Risiken für die Gesellschaft widmet, als Negativvorbild für KI in den Fokus genommen wird –, ist nur ein Beispiel dafür, dass schwarze Schafe vorrangig auf ihren eigenen Vorteil und den ihrer Firma bedacht sind. Was sie aber noch nicht verstanden haben: Das Anforderungsset an Unternehmen reicht künftig über einwandfreies kaufmännisches Verhalten weit hinaus.“[5]

„Und wie bringt man Unternehmen dazu, sich mehr für ‚People‘ und ‚Planet‘ einzusetzen, wenn das Engagement in Menschen und Umwelt für viele Unternehmen erst einmal zulasten des finanziellen Erfolgs geht?“, fragte Trudeau. „Außerdem schreiben sich doch viele heute Klima und Umwelt bereits auf die Fahne“, ergänzte Habeck. „Das darf man doch als Fortschritt werten.“

„Es fragt sich halt nur, wie viel davon wirklich auf eine umwelt- und menschenfreundliche Zukunft einzahlt“, konterte der Thomie. „Natürlich gibt es in einigen Unternehmen mittlerweile sogar Nachhaltigkeitsabteilungen. Das ist an sich positiv und wird auf den ersten Blick auch so wahrgenommen – ein Unternehmen übernimmt Verantwortung.“ „Und es gilt auch“, warf Ben kurz ein, „Profit nicht zu verunglimpfen. Verantwortliches Tun harmonisiert Profit, Planet und People!“ „Das Problem entsteht nur“, fuhr der Thomie fort, „wenn die Jobdescription der Nachhaltigkeitsabteilung in der Praxis Greenwashing ist. Dumm gelaufen!“

Je demo-
kratischer,
desto
besser.

„Unsere Erfahrung ist", sagte der Thomie an Justin gerichtet, „dass am Ende nur Ganzheitlichkeit und Authentizität gewinnt. Oder anders gesagt: Zwischen einem Absender und seiner Kommunikation sollte möglichst kein Interpretationsspielraum passen. Die Realität sieht leider anders aus: Denn zwischen dem, was ein Absender kommuniziert, und dem, wofür er wirklich steht, könnten Abgründe lauern." Jonas Gahr Støre nickte, während seine Fingerkuppen über den polierten Lack des funkelnden Gefährts glitten. „Mit 4.000er-Körnung poliert", kam Agora eine Bemerkung in den Sinn, die die Werftleute vor der Fahrt gemacht hatten. Wahrscheinlich wusste Jonas das alles.

„Das kann ich nachvollziehen", wandte Habeck ein. „Aber wie können Unternehmen diese Kluft zwischen Absicht und Kommunikation schließen?"

„Der Schlüssel liegt in der Kultur, antwortete Ben. „Und die", ergänzte der Thomie, „umfasst auch Customer Society Centricity, also eine gesellschaftlich ausgerichtete Kundenorientierung."

DIE BESTEN DER GUTEN LÄNDER.[6]

Was trägt jedes Land der Erde zum Gemeinwohl der Menschheit bei und was nimmt es ihr? Etwa bei Gesundheit, Wohlstand, Frieden, Klima, Technologie et cetera. Es werden ausschließlich die Auswirkungen außerhalb der einzelnen Länder auf die Welt betrachtet.

Ranking	Land	Demokratie-index
1.	Schweden	4
2.	Dänemark	6
3.	Deutschland	15
4.	Niederlande	11
5.	Finnland	3
6.	Kanada	12
7.	Belgien	36
8.	Irland	7
9.	Frankreich	22
10.	Österreich	20

15. Schweiz (10).

Aktuelles Hintergrundwissen.

FACT PRINT

CUSTOMER SOCIETY CENTRICITY.

„Customer Centricity" - noch immer hält sich in manchen Unternehmen der längst selbstverständlich gewordene „Geheimtipp", den Kunden in den Mittelpunkt der Aufmerksamkeit zu rücken. Daran ist grundsätzlich nichts falsch, der Customer hat sich jedoch verändert. Die bewährte Orientierung wandelt sich in Zukunft als „Customer Society Centricity" (CSC) zu einem Wert, der die gesellschaftliche Verantwortung berücksichtigt. CSC steht für eine kundenorientierte Ökonomie mit gesellschaftlicher Relevanz (und damit Akzeptanz), die über die bloße Schaffung von Arbeitsplätzen weit hinausgeht. Sie ist damit wichtiger Teil einer qualitativen Wirtschaft (Quality Economy). Am besten ist sie zu realisieren, wenn Menschen zusammenwirken, die etwas bewegen wollen. Unternehmen, die das erkennen und nutzen, können sich mit einem deutlichen Mehrwert gegenüber der Konkurrenz behaupten.[7]

Aktuelles Hintergrundwissen.

FACT PRINT

„Unternehmen müssen nicht nur verstehen, was Kunden zukünftig wirklich wollen, sondern auch verkörpern, welche Haltung sie als Organisation, als Team der Gesellschaft gegenüber vertreten", sagte Justin Trudeau. „Dann wählen Kunden sie und ihre Produkte als am geeignetsten aus." Der Thomie nickte zustimmend. Justin fuhr fort: „Und um die Klimakrise als Bedrohung der Menschheit zu bewältigen, sind Demokratien am geeignetsten."

„Das könnte eine weitere Hypothese sein", sagte der Thomie und hielt, was Trudeau gesagt hatte, bereits schriftlich fest.

„Verifiziert oder falsifiziert?", fragte Agora. „Ganz klar verifiziert!", antwortete Habeck. „In Autokratien haben Einzelpersonen oder kleine Gruppen von Leuten die Macht. Sie entscheiden, was gut für das Land ist. Das wirft, was den Klimawandel angeht, eine Menge Probleme auf. Wenige Mächtige, die das Sagen haben, müssen kaum Rechenschaft ablegen. Sie denken kurzfristig und vor allem an ihre eigenen Interessen. Und sie können Aktivisten oder NGOs, die sich für eine bessere Zukunft einsetzen, mit einem Wimpernschlag einschüchtern, verbieten oder gar aus dem Weg schaffen. Einmal ganz abgesehen davon, dass autokratische Systeme meist so undurchsichtig sind, dass die Bevölkerung schlecht oder gar nicht informiert ist." „Ganz genau." Trudeau reckte den Daumen hoch. „Deshalb zahlen Demokratien viel eher auf das Wohl des Planeten ein. Auch wenn da in vielen Ländern noch Luft nach oben ist."

Ben griff den Faden, den er vorher gesponnen hatte, in dem neuen Licht noch einmal auf. „Was du sagst, Justin, lässt sich bereits in der Wirtschaft erkennen. Jahrelang stand die ‚Customer Centricity', also der Kundenfokus, ganz vorne auf der Hitliste der Vorstände. Ich bin mir aber sicher, dass der alleinige Kundenfokus im Ranking der wichtigsten Erfolgsfaktoren schon sehr bald nicht einmal mehr zweistellige Werte erzielen wird. Deshalb werde ich nicht müde zu predigen, dass es in Politik und Wirtschaft um mehr geht: um gesellschaftliche Relevanz. Um ein Zusammendenken und -handeln mit einer Kultur. Aber bis vor Kurzem bekamen wir oft zu hören, Unternehmenskultur spiele keine Rolle."

„Und?", bohrte Habeck neugierig nach.

„Die Unternehmenskultur war bei den meisten Managern nicht mal in den Top 3"[8], führte der Thomie genauer aus und hatte die exakten Zahlen flugs auf seinem Mini-Tablet parat: „Als die wichtigsten Treiber des Erfolgs wurden ‚Strategie' mit 51 Prozent, ‚Führung' mit 39 Prozent und ‚Prozesse und Regeln' mit 38 Prozent beziffert."[9]

„Im Jahr 2021", fügte Ben hinzu, „wurde Kultur nur von jedem vierten CEO als wichtig angesehen." Beim Sprechen hatte Ben die Geschwindigkeit des Bootes gedrosselt, woraus Agora schloss, dass sie bald am Ziel angekommen sein müssten. Erleichterung machte sich in ihr breit. Auch konnte sie die anderen wieder viel besser hören. Vor ihr tat sich die kleine Bucht Baia Verde auf. Südwestlich krante eine

Open-Air-Werft kleine Boote, davor fuhren einige Stand-up-Paddling-Boards und nordwestlich genossen einige Badende, dass das Wasser so flach war, dass sie noch viele Meter vor der Küstenlinie im Wasser stehen konnten. Dorthin steuerte Ben. Er legte kurz den Rückwärtsgang ein, um das nur noch dahingleitende Boot vollständig zu stoppen, um dann bei einem der beiden Motoren wieder vorsichtig den Vorwärtsgang einzulegen. So manövrierte er mit dem Bug zum See und dem Heck zum flachen Bereich, gerade so weit, dass noch genug Wasser unter dem Kiel war, um verletzungsfrei ins Wasser springen zu können. Während er routiniert einen Fuß auf die Beifahrerbank und den anderen auf das Armaturenbrett schwang, um an Justin vorbei mit Leichtigkeit auf das Vorderdeck zu hüpfen, sagte er, als wäre das Ankern Nebensache: „Befragt wurden Unternehmenschefs aus führenden Wirtschaftsnationen wie zum Beispiel USA, Deutschland, Großbritannien, Kanada, Brasilien, Australien. Alle Firmen machten jeweils mehr als 2,5 Milliarden US-Dollar Umsatz. Unternehmen, denen es gelang, Kultur mit Strategie zu verknüpfen und Mitarbeitende an die erste Stelle zu setzen, hatten ein doppelt so hohes Wachstum wie diejenigen, die das nicht taten!“

„Sie erzielten“, so der Thomie, „ein Wachstum von 9,1 Prozent – die anderen Unternehmen kamen nur auf 4,4 Prozent.“[10] „Ja, mehr als Doppelte“, wiederholte Ben. „Gesellschaftlich sinnvolles Tun ist inzwischen zu einem entscheidenden Merkmal der Organisationskultur auf der ganzen Welt geworden.“

„Wird es die Kultur bei der nächsten Befragung also in die Top 3 schaffen?“, wollte Anthony Albanese, der Premier aus Australien, wissen, der bisher noch gar nichts gesagt hatte, weil ihm, so mutmaßte Agora, der Jetlag aus Down Under offensichtlich noch in den Knochen steckte. „Da bin ich mir sicher. Von unseren Mandanten arbeiten über 80 Prozent an dem Thema, es würde mich nicht wundern, wenn Kultur es auf Platz 1 schafft, also zum wichtigsten Faktor für Erfolg wird!“

„Mit welchen Fragen genau befassen sich diese CEOs, wenn sie über Kultur sprechen?“, hakte Anthony nach. „Und wie sind sie so?“ „Sie beziehen Menschen ein“, antwortete der Thomie, „anstatt in einem Silo zu operieren und von dort aus Veränderungen zu diktieren. Sie dienen als Vorbild und ermutigen, das Gleiche zu tun. Sie schätzen ihre Mitarbeiter auf allen Ebenen des Unternehmens, fordern aber auch, beizutragen, ein breites Engagement zu fördern und eine solche Dynamik in den Teams zu multiplizieren. Sie stellen sich Fragen wie diese: Wie geht man mit Fehlern um? Gibt es ein Grundvertrauen? Ist die Bereitschaft da, sich zu engagieren? Ist jedem im Unternehmen klar, wofür sie oder er einen Beitrag leistet, werden Ideen gehört?“

Alle nickten, nur Anthony nicht. „Ist uns die Wirtschaft gerade voraus?“, fragte er. „Müssten wir Politiker uns nicht genau diese vier Fragen auch stellen?“ Er schaute in die Runde. Aber keiner sagte etwas.

„Auch Marketing-Kommunikation war viel zu lang die vollständige Anpassung, um unter allen Umständen für die Kunden begehrenswert zu sein“, fuhr der Thomie fort. „‚Ich bin so, wie du mich haben möchtest‘, hat der Psychoanalytiker Erich Fromm das genannt. Was er als ‚Marketing-Charakter‘ bezeichnete, spiegelt Dilemma und Herausforderung von Authentizität gut wider, vor allem in der fünften Gewalt. Damit meine ich neben der Legislative, der Exekutive und der Judikative sowie als vierte Gewalt, den Medien, die sozialen Netzwerke: Was bewegt mich und was könnte Relevanz haben? Und wie entkomme ich dem Spannungsverhältnis zwischen Selbstdarstellung und Relevanz, wenn ich Themen adressieren möchte? Themen, die eben nicht dazu gemacht sind, gestrigem Marketing zu entsprechen, sondern inhaltliche Tiefe zu transportieren, die den eigenen Überzeugungen entspricht?“

Dieses Argument leuchtete Agora ein und war auch, wie der Thomie in einem Nebensatz erwähnt hatte, für Familienunternehmen relevant, die ihr Geschäft in der dritten oder vierten Generation führen. Sie öffneten sich zwar dem Thema der digitalen, persönlichen Kommunikation. Oft waren sie aber viel zu leise, wenn es darum ging, ihre gelebten Werte auch gegenüber Mitarbeitern, Kunden und Lieferanten zu kommunizieren und ihren Unternehmergeist authentisch in ihre digitale Social-Media-Kommunikation einzubringen. Agora musste schlucken. Ging es der Demokratie nicht genauso? Sie war zwar überall präsent, aber immer formal korrekt und zurückhaltend, um nur ja nicht zu laut sein. Wie einer der sogenannten Hidden Champions in der Wirtschaft, eine schwergewichtige Marktmacht, die aber niemand wirklich auf dem Radar hat. „Niemand" war vielleicht nicht mehr ganz richtig, korrigierte sie ihre Gedanken, denn seit dem Ukrainekrieg hatte sich die Wahrnehmung der Demokratie verändert. Sie war wieder mehr ins Blickfeld gerückt. Aber brauchte es dazu erst einen Krieg? Und wie lange würde das anhalten?

„Gar nicht zu kommunizieren ist schlecht", meldete sich Jonas Gahr Støre inzwischen vom Sonnendeck zu Wort. „Nicht werteorientiert und nicht authentisch zu kommunizieren ist noch viel schlimmer! Denn dann hat das Digitale negative Auswirkungen auf das Analoge und beschädigt die Reputation. Authentizität muss sich doch heute auf den analogen und den digitalen Raum gleichermaßen beziehen. Dabei muss und darf man aber nicht auf jeden Zug aufspringen, nur um Likes und Kommentare zu bekommen. Sein geht vor Schein, wenn es um Glaubwürdigkeit geht. So sehen wir das zumindest in Norwegen."

Ben war inzwischen am Bug angekommen, wo er die Ankerklappe öffnete, sich darüberstellte, den schweren Anker herauszog und in den Gardasee warf. Das Boot verstand sich gut mit seinem Anker. Das Wasser klatschte sanft gegen die Bordwände. So fühlte sich der Sommer an, dachte Agora, und zollte den Anwesenden Respekt, dass sie so ernsthaft diskutierten. Aber das war ja genau das, was Ben bezweckt hatte: die Leute aus ihrer gewohnten Umgebung zu holen und in entspannter Atmosphäre Klartext zu reden.

„Und was will die Gesellschaft zukünftig, wenn man sie als Customer betrachtet?", fragte Justin Trudeau. „Umwelt- und Klimaschutz,

Bildung, soziale Gerechtigkeit und Gleichberechtigung", zählte Ben auf, „um nur ein paar Punkte zu nennen." „Das ist ja nichts Neues. Darüber reden wir bei den Grünen schon lange." Habecks skeptischer Blick begleitete seinen Einwand.

„Mag sein", entgegnete der Thomie. „Aber die Wirtschaft musste in der Vergangenheit lernen, dass das Engagement für Menschen und die Umwelt für viele Unternehmen zulasten des finanziellen Erfolgs ging.[11] Wer braucht schon ein Produkt, das keiner will? Unternehmen spiegeln oft das gesellschaftliche Mindset. Und das ändert sich schneller, als viele denken. Heute beweisen innovative Firmen, wie es geht[12]: Zum Beispiel Oxo, die Gegenstände des täglichen Bedarfs, wie etwa Frischhalteboxen, herstellen, oder Modemarken wie Woolrich, die Schuhe und Kleidung, etwa ihre bekannten, warmen Jacken verkaufen, oder Patagonia[13], ein Unternehmen, das für seine Outdoorbekleidung bekannt ist. Diese Unternehmen spendeten mindestens ein Prozent ihres Umsatzes, also nicht etwa nur ihres Gewinns, für den Schutz und den Erhalt der Umwelt – bis heute über 500 Millionen US-Dollar. Patagonia hat seit 1985 allein über 80 Millionen US-Dollar in Sach- und Geldspenden an Umweltschutzgruppen weltweit gespendet.[14] So ist Patagonia weltweit zu einer Kultmarke geworden. Diese Form von Customer Society Centricity beruht vor allem auf Werten, die im Jahr 2050 für Unternehmen völlig selbstverständlich und ein Synonym für zukünftigen Erfolg sein werden: People und Planet.[15] Gesellschaftspolitisch reicht es übrigens nicht, sich über Marketing ein grünes Image zu geben und dann im operativen Geschäft keine nachhaltigen Taten folgen zu lassen, die das Klima retten und die Zukunft des Planeten sichern würden."

Habeck streckte den Daumen seiner linken Hand hoch. „Die Vereinten Nationen liefern mit ihren 17 Nachhaltigkeitszielen, den sogenannten SDG (Sustainable Development Goals), reichlich Anknüpfungspunkte, was demokratische Gesellschaften wollen."

17 ZIELE FÜR NACHHALTIGE ENTWICKLUNG.[16]

Die Vereinten Nationen verständigten sich im Rahmen der Agenda 2030 auf die folgenden Zielvorgaben:

1. Keine Armut.
2. Keine Hungersnot.
3. Gute Gesundheitsversorgung.
4. Hochwertige Bildung.
5. Gleichberechtigung der Geschlechter.
6. Sauberes Wasser und sanitäre Einrichtungen.
7. Erneuerbare Energie.
8. Gute Arbeitsplätze und wirtschaftliches Wachstum.
9. Innovation und Infrastruktur.
10. Weniger Ungleichheiten.
11. Nachhaltige Städte und Gemeinden.
12. Nachhaltige/r Konsum und Produktion.
13. Maßnahmen zum Klimaschutz.
14. Leben unter dem Wasser.
15. Leben an Land.
16. Frieden und Gerechtigkeit.
17. Partnerschaften zur Erreichung der Ziele.

Aktuelles Hintergrundwissen.

FACT PRINT

„Nur", griff Ben Roberts wertvollen Hinweis auf, „um diese Punkte zu erfüllen, müssen Wirtschaft und Politik an einem Strang ziehen."

„Ich kann das für Deutschland nur bestätigen", griff Robert Habeck den Gedanken auf. „Unsere Wirtschaftsordnung muss auch die Interessen zukünftiger Generationen und den Schutz des Planeten auf dem Schirm haben. Sterbende Fische, Hochwasserkatastrophen und Waldbrände rund um den Globus – das sind alles Symptome für die Klimakrise. Sie zu ignorieren ist so, als würden wir nicht nur der Erde, sondern auch unseren Kindern einen Fußtritt geben. Die Jungen werden geplagt von Hoffnungslosigkeit und Zukunftsangst. No Future wegen des Klimawandels. Dann noch der Ukrainekrieg. Es darf doch nicht sein, dass 20-Jährige überlegen, ob sie überhaupt noch Kinder in diese Welt setzen wollen." Er machte eine kurze Pause. „Wir arbeiten gerade am nächsten Jahreswirtschaftsbericht, in dem nicht nur Wachstum der Maßstab für Wohlstand ist.

Mit dem Regierungsstart haben wir neue Akzente gesetzt, Wohlstand weiter gefasst und Aspekte wie Nachhaltigkeit und Gerechtigkeit einbezogen, um Deutschland von einer sozialen Marktwirtschaft zu einer sozial-ökologischen Marktwirtschaft weiterzuentwickeln, die sehr differenziert nachhaltige und digitale Ziele etabliert. Das ist unser aller Jahrhundertaufgabe, aber machbar."

Ben nickte. „Und um das zu erreichen, braucht es, wie es in Punkt 17 der UN-Ziele für nachhaltige Entwicklung heißt: Partnerschaften unter Ländern, die gleiche demokratische Werte teilen. Wie das gehen kann, haben Justin und du gerade mit dem Wasserstoffabkommen vorgemacht."

Dieses Gespräch erinnerte Agora an eine Diskussion über Postwachstumsökonomie, der sie in einem der zurückliegenden Co-Labs beigewohnt hatte. Weil die Wirtschaft weltweit ganz offensichtlich nicht ins Unermessliche wachsen kann, argumentierten die Befürworter dieser Theorie, dass das reine Wirtschaftswachstum als einziges Ziel ausgedient hat. Sie plädieren für eine Aufhebung des Zwangs, das Bruttoinlandsprodukt müsse stetig wachsen, und für eine stabile Wirtschaft mit niedrigerem Konsumniveau. Aber ein solches Gesundschrumpfen birgt doch hohe Risiken: Länder, die dem Modell der Postwachstumsökonomie folgten, liefen Gefahr, als Wirtschaftsstandort unattraktiv zu werden.

„Geht es denn auch ohne Wirtschaftswachstum?", murmelte sie mehr vor sich hin als in die Gruppe. „Nein", antwortete Ben umgehend. „Dann wären wir schnell bei einer Planwirtschaft – und das funktioniert nicht. Die gescheiterte DDR hat den Beweis dafür erbracht. Auch Studien beweisen, wie wirtschaftliches Wachstum und das Wohl der Bürgerinnen und Bürger eines Landes zusammenhängen. Wohlstand trägt zu einem längeren, weil gesunden Leben bei, schafft Arbeitsplätze und zahlt auf Innovation ein, um nur ein paar Argumente zu nennen. Aber gleichzeitig wissen wir, dass Wirtschaftswachstum noch

Je demokratischer, desto reicher.

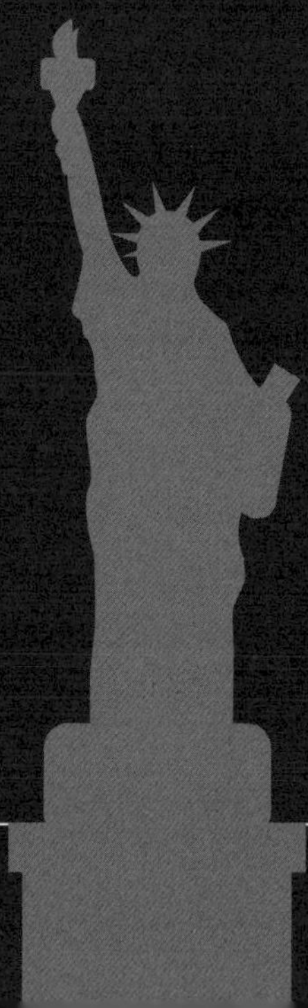

zur Zerstörung der Erde beiträgt. Deshalb müssen wir einen neuen Weg gehen.“

Das Wasser in der Bucht leuchtete beinahe türkis und war so klar, dass man den Grund des Sees sehen konnte. „Hier ist es nur noch drei Meter tief. Falls jemand sich im See erfrischen möchte, es sind nur wenige Meter zu schwimmen, dann könnt ihr stehen“, bot Ben der Runde an.

Agora war überrascht, wie wenig in der Bucht los war. Der Himmel hatte in der letzten Stunde aufgerissen. Die Reflektion des strahlenden Himmels verstärkte das Türkisblau der Wasseroberfläche. Was für eine Idylle! Aber selbst wenn das hier ein Geheimtipp zu sein schien, war Agora fest entschlossen, nicht baden zu gehen. Mit der Hand glättete sie ihre Bluse. Dabei wünschte sich ein Teil von ihr, sie könnte etwas lockerer sein und ein bisschen mehr loslassen.

„Und welchen Weg müssen wir deiner Meinung nach gehen?“ Dankbar nahm Agora zur Kenntnis, dass der südkoreanische Ministerpräsident Bens Angebot, schwimmen zu gehen, ignorierte und es vorzog, die Debatte fortzuführen.

„Zwei Punkte sind hier aus Zukunftssicht wichtig“, erklärte Ben: „Verantwortungswachstum und Circular Economy.“

DIE EINKOMMENS-WELTMEISTER.[17]

Ranking	Land	Demokratie-index
1.	Luxemburg	14
2.	Norwegen	1
3.	Schweiz	10
4.	USA	26
5.	Dänemark	6
6.	Island	5
7.	Schweden	4
8.	Irland	7
9.	Niederlande	11
10.	Australien	9

12. Österreich (20), 13. Deutschland (15).

Aktuelles Hintergrundwissen.

FACT PRINT

Agora zog die Augenbrauen hoch und beobachtete die Politiker. Robert Habeck setzte, fast wie in besten Wahlkampfzeiten in Anwesenheit von Fotojournalisten, seine Aviator-Sonnenbrille auf. Dabei dachte sie über das nach, was Ben soeben gesagt hatte. Verantwortungswachstum war für sie als international Denkende noch nachvollziehbar. Aber was sollte sie mit Kreislaufwirtschaft anfangen? Den Begriff hatten ihr Deutsche damals meist aus der Abfallwirtschaft hergeleitet. Sie trank einen Schluck Wasser, um sich davon abzuhalten, vorschnell darüber zu urteilen.

Ben fuhr mit der Erklärung der beiden Begriffe fort. „Fangen wir mit Verantwortungswachstum an: Unternehmer, Gesellschafter, Aufsichtsräte, Manager und Investoren der Zukunft werden von einem besonderen Mind- und Soulset, also einer Haltung und Herzenshaltung geprägt sein.“[18]

Er machte eine kurze Pause, als wollte er, dass sich das Gesagte bei allen erst einmal setzte, bevor er fortfuhr. Bei seinen Worten musste Agora allerdings sofort an Selfhelp-Phrasen denken, die im persönlichen Leben hilfreich sein mochten, aber in der Wirtschaft nichts verloren hatten.

„Im Mind- und Soulset zukünftiger Wirtschaftslenker steht die Sinnhaftigkeit ihres Tuns im Fokus. Und das hat nichts mit Spiritualität oder Esoterik zu tun. Es geht eher darum, dass Menschen in Demokratien Emotionen zu verstehen bereit sind und sie in positive Energie transformieren. Schließlich treffen wir Menschen die Mehrzahl unserer Entscheidungen emotional. Die Herzenshaltung, zu der auch Kreativität und Soziabilität gehören, befasst sich nicht nur mit emotionaler Intelligenz, sondern auch mit Empathie. Eine von Wertschätzung für Mitmenschen und Natur geprägte Grundeinstellung bildet künftig das Fundament eines demokratischen Wertekanons. Die Herzenshaltung schließt zudem sich wandelnde moralische Perspektiven ein. Waren etwa vor wenigen Jahrhunderten Sklaverei, vor wenigen Jahrzehnten Rassentrennung oder vor wenigen Jahren Diskriminierung von Homosexualität normal, ist es heute zum Glück nicht mehr so. Zukunftsorientierte Unternehmen entwickeln sich also zu einem Organismus, in dem alle Verantwortung für People, Planet und den – oft verteufelten – Profit übernehmen."

„Aber ..." Agora stockte und versuchte, sich auf die Zunge zu beißen, um Ben ausreden zu lassen, doch es ging mit ihr durch. „Was ist dann mit dem Wettbewerb? Einer, der sich um all das nicht schert? Sind solche Firmen im Zweifel nicht erfolgreicher und damit überlebensfähiger?"

An diesem Punkt schaltete sich der Thomie ein: „Verantwortungswachstum, also ein Wirtschaftskonzept, das eine ethisch korrekte und zunehmend auf die Gesellschaft ausgerichtete Wirtschaftsleistung beschreibt, bringt zwei entscheidende Wettbewerbsvorteile: Mitarbeiter und Kunden. Die Macht der Kunden ist: entscheiden zu können, welches Unternehmen sie mit ihrer Kaufkraft unterstützen. Und die Macht der Mitarbeitenden ist: zu entscheiden, welches Unternehmen sie mit ihrer Arbeitskraft unterstützen."

„Vertrauen", sagte der norwegische Ministerpräsident „war ja, wenn man euren schriftlichen Reports folgt, in allen Co-Labs ein wichtiger Wert. Nicht nur in der Politik, sondern auch in der Wirtschaft."

„Selbstverständlich", sagte der südkoreanische Premier. „Glaubwürdigkeit, Authentizität und soziales Engagement siegen gegenüber hohlen Phrasen und leeren Versprechen."

„Und wie fügt sich in diesem Kontext aus eurer Sicht die Kreislaufwirtschaft ein?", fragte Robert Habeck. Hatte er bei diesem Begriff auch primär Recycling im Sinn?

„Die Betrachtung der bisherigen Wertschöpfungsketten – und die waren bisher kein Kreislauf, sondern fast ausschließlich linear – ist heute in vielen Unternehmen auf das Muster „Take, Make, Waste" ausgerichtet", erklärte Ben.

CIRCULAR ECONOMY.

Die Circular Economy ist ein Produktions- und Konsummodell, bei dem Stoffe, Materialien und Produkte so lange wie möglich genutzt, geteilt, geleast, wiederverwendet, repariert, aufgearbeitet und recycelt werden. Auf diese Weise verlängert sich der Lebenszyklus von Produkten und Abfälle werden auf ein Minimum reduziert.[19] Selbst wenn ein Produkt das Ende seiner Lebensdauer erreicht hat, bleiben seine Materialien also dank des Recyclings im Wirtschaftskreislauf erhalten, können immer wieder produktiv genutzt werden und schaffen so weiteren Wert. Die Auswirkungen eines Produkts werden bereits in dessen Entwurfsphase bedacht, ein Quell hoher Innovationspower.
Dies ist eine Abkehr vom traditionellen linearen Wirtschaftsmodell einer „Wegwerf"-Gesellschaft, das sich auf das Muster „Take, Make, Waste", also: Rohstoffe (ent-)nehmen – herstellen – konsumieren – wegwerfen, und auf große Mengen nicht nur möglichst billiger Rohstoffe und Energie, sondern auch Müll stützt. Da die Förderung und Verarbeitung natürlicher Ressourcen 50 Prozent[20] aller globalen Treibhausgasemissionen und 90 Prozent[21] des Biodiversitätsverlusts (abnehmende Artenvielfalt und beschleunigtes Aussterben) und Wasserstresses (zu hohe Entnahme) verursachen, ist die Linearwirtschaft nicht zukunftsfähig.[22] Der Klimawandel ist mit dem Biodiversitätsverlust eng verbunden, weil er Lebensräume verändert und Ökosystemfunktionen stört.
Die Wiederverwertung von Rohstoffen mindert die mit der Versorgung verbundenen Risiken, wie Preisschwankungen, Verfügbarkeit und Importabhängigkeit. Dies gilt insbesondere für kritische Rohstoffe, die für die Produktion von Technologien benötigt werden, die für die Erreichung der Klimaziele entscheidend sind. Der Übergang zu einer Circular Economy steigert nicht nur die Wettbewerbsfähigkeit, fördert Innovationen, Wirtschaftswachstum und die Schaffung von Arbeitsplätzen, sondern bietet den Verbrauchern auch haltbarere und innovativere Produkte, die ihre Lebensqualität verbessern und ihnen langfristig Geld sparen.

Wichtiges Zukunftswissen.

FUTURE PRINT

„Ja, und?“, fragte Han Duck-soo. „Die Menschheit hat auch lange geglaubt, die Erde sei eine Scheibe“, sagte Ben, „obwohl schon die alten Griechen im vierten Jahrhundert v. Chr. die ersten Beweise lieferten, dass sie eine Kugel ist.“ Agora horchte auf. Die Antike, vertrautes Terrain. „Aristoteles beobachtete, wie der runde Schatten der Erde bei der Mondfinsternis durch das Mondlicht zog. Und Platon sah, wie bei Schiffen, die am Horizont verschwanden, zuerst der Rumpf und danach der Mast verschwand. Beide erkannten, dass die Welt nicht am eigenen Horizont endet, dass die Erde also rund sein muss. Genauso sollten wir im 21. Jahrhundert entdecken, dass die Zukunft von Produktion und die von Konsum nicht linear, nicht wie eine Scheibe, sondern rund, zirkulär sind.“

Der Thomie ergänzte, während er nickend den deutschen Vizekanzler ansah, dass „Kreislaufwirtschaft“ zwar die wörtliche deutsche Übersetzung von „Circular Economy“ sei, aber ursprünglich nur den Abfallaspekt benannte, während er inzwischen genauso ganzheitlich verstanden werde, wie es auch andere Länder täten.

Ben nahm einen Schluck aus seiner kleinen Flasche Wasser. „Zukünftige Erfolge werden durch ‚Knowledge Spillover‘ – als strategische Ressource – gefördert. Anders als bei einem schönen Braten sind in der Wirtschaft die im eigenen Saft geschmorten Lösungen oft nicht sehr schmackhaft. Wohingegen Unternehmen, die gemeinsame Lösungen anbieten, die besten Zukunftschancen haben. Mit Knowledge Spillover meine ich den Austausch, die Vernetzung und vor allem die Kooperation mit anderen Professionen und Branchen, um den eigenen Horizont zu erweitern. Habeck und Trudeau haben in Sachen Spillover mit dem Wasserstoffabkommen ein gutes Beispiel gesetzt.“

Die Sonne stand mittlerweile hoch am Himmel. Kein Wölkchen war mehr zu sehen. Agora zupfte an ihrem Kopftuch, während sie das bisher Gesagte reflektierte. Es stand außer Zweifel, dass finanzieller Erfolg auf Wertschöpfung beruhte. Doch erst die Kombination beider Bedeutungen lieferte den Schlüssel für Zukunftsfähigkeit: Wertschöpfung be-

KNOWLEDGE SPILLOVER.[23]

Die Kooperation von Unternehmen derselben Branche kann den Transfer von Informationen und Ideen stimulieren und Innovation ermöglichen. Typische Beispiele sind Business Parks, das Silicon Valley oder die Filmindustrie in Los Angeles. Ein anderes Beispiel stammt aus Detroit. Die Stadt wurde angesichts der starken Konkurrenz in der Automobilbranche aus Asien und der fortschreitenden Automatisierung bedeutungslos, ihre Central Station zu einer der bekanntesten Industrieruinen der USA. Der Autokonzern Ford setzt heute ein Zeichen und entwickelt dort nun die Zukunft der Mobilität.
Schon ab den 1830ern hatte die Automobilindustrie in Detroit von dem Spillover-Effekt[24] profitiert. Damals war dort die Schiffbauindustrie beheimatet. Den Motorenproduzenten fiel es leicht, von Schiffs- auf Automobilmotoren umzustellen. Entscheidend: Der Spillover wurde nicht nur von Unternehmen derselben Branche, sondern von Unternehmen verschiedener Industrien genutzt.
Diese Art Spillover findet sich auch bei der Übertragung von Gesundheitsdaten und -informationen: Um in der Diagnostik voranzukommen, sind Bewegungs-, Ernährungs-, Luftqualitäts-, Schlaf-, Stress- und viele weitere medizinische und psychologische Daten nötig, die ein Akteur, ein Unternehmen alleine nur sehr schwer erheben könnte.

Aktuelles Hintergrundwissen.

FACT PRINT

schrieb zum einen, um wie viel der monetäre Output den Input überstieg, sie war zum anderen aber auch das Ergebnis der Realisierung von ideellen und ethischen, ja unternehmerischen Werten.[25]

„Komplexe Herausforderungen löst die Wirtschaft der Zukunft anders als bisher“, resümierte Ben. „Sie berücksichtigt in ihren Entscheidungsprozessen künftig alle relevanten Faktoren, rationale sowieso, aber auch immer mehr emotionale. Dazu nutzt sie beispielsweise verhaltensökonomische und neurowissenschaftliche Erkenntnisse. Sie erweitert bisherige Modelle um mehr Praxisnähe und schafft mit der strategischen Früherkennung künftiger Entwicklungen konsequent eine qualitative Evolution der Leistungsniveaus von Unternehmen, Produkten, Dienstleistungen – und Menschen. Man könnte die Formel für zukünftigen wirtschaftlichen Erfolg auch zusammenfassen unter: Qualitative Ökonomie. Unternehmen, die Erfolg in Serie liefern, werden in Zukunft leidenschaftlich statt nur numerisch geführt. Wer sich dagegen darauf konzentriert, Fehler zu vermeiden, droht im Morast des Klein-Klein zu versinken, statt Beeindruckendes

ECONOMIES OF EMOTIONS.

Jeder Ökonom kennt die „Economies of Scale“ (EoS; Skaleneffekte). Sie beschreiben die Abhängigkeit der Produktionsmenge von der Menge der eingesetzten Produktionsfaktoren. Die „Economies of Emotion“ (EoE; Emotionale Effekte), die die Abhängigkeit menschlicher Entscheidungen von Gefühlszuständen beschreiben, werden dagegen allzu oft sträflich vernachlässigt oder durch Zuordnung zur Kommunikationsabteilung banalisiert. Dabei liefern die EoE uns die oft fehlende Brücke zwischen wirtschaftlichen und psychologischen Entscheidungsprozessen. Die Mehrzahl aller menschlichen Entscheidungen wird, auch wenn sie rational begründet werden, emotional getroffen.

Wichtiges Zukunftswissen.

FUTURE PRINT

zu erreichen.[26] Ein relevanter Schlüssel sind die Economies of Emotions. Die Zukunft ergänzt also rationale Herangehensweisen um emotionales Wissen, erweitert Kompetenzbereiche und nutzt innovative Prinzipien, Methoden und Instrumente."

„Hast du ein Beispiel?", fragte Trudeau, während er sein T-Shirt auszog und sich auf die Rückbank setzte. „Kann ja ruhig fiktiv sein."

„Nehmen wir an", führte Ben aus, „ein Vorstand, der die Sonne liebt, steht vor der Entscheidung, den Sitz des neuen Headquarters zu bestimmen. Nehmen wir dazu ebenfalls an, alle relevanten Gesichtspunkte sind identisch gut, nur abgesehen vom Standort, den wir jeweils als pulsierende Businessmetropole unterstellen. Während Alternative A am Mount Wai'ale'ale auf der Insel Kauai liegt, wo es durchschnittlich 335 Tage im Jahr regnet, befindet sich Alternative B in Yuma im US-Bundesstaat Arizona, mit zehn bis elf Sonnenstunden pro Tag weltweit unangefochtener Spitzenreiter. Das Wetter macht also in diesem Beispiel den Unterschied. Wofür wird sich unser Vorstand wohl entscheiden?"[27]

„Vermutlich für B, die Sonnenstadt Yuma." Habeck, der sich mittlerweile zu Trudeau auf die Rückbank gesetzt hatte, grinste. Agora konnte es ihm nicht verdenken, denn sie fühlte sich in der sommerlichen Atmosphäre auch leichter als unter grauem Himmel.

„Ganz genau. Die entscheidende Fähigkeit des Qualitativen Ökonomen ist an diesem Punkt aber nicht, auf wichtige Emotionen hören zu können (oder eben nicht). Sie besteht darin, sich völlig wertfrei bewusst zu machen, was die beste Lösung für das gesamte Unternehmen ist und dies in der Entscheidungsfindung zu berücksichtigen."[28]

„Also nicht nur auf das schauen, was man zählen kann?", hallte Agora nach.

„Ja. Die Qualitative Ökonomie liefert aber darüber hinaus auch quantitativ bessere Resultate. Denn egal ob Unternehmer oder Politiker: Wer sich auf Qualitative Ökonomie fokussiert, kratzt nicht an der Oberfläche und leidet auch nicht am Helikopter-Syndrom: über den Dingen schweben, mit großem Lärm einfliegen, viel Staub aufwirbeln, um dann wieder in den Wolken zu verschwinden. Qualitative Ökonomie holt Überflieger im Rekordtempo zurück auf den Boden der Tatsachen. Das genau ist beim Sturm auf das Kapitol passiert. Der Helikopter ist mitten in der politischen Realität der Bevölkerung gelandet."

„Und was müssen Unternehmer und Manager tun, um Qualitative Ökonomen zu werden?", fragte Trudeau.

„Vor allem drei Faktoren sind wichtig", antwortete Ben. „Erstens: nicht mit dem Strom schwimmen. Differenzierter denken, um Dinge zu erreichen, die sich außerhalb der Konsensmeinung verbergen mögen.[29] Etwas tun zu *müssen*, um gesellschaftlich relevant zu werden, ist nichts für die Führungsköpfe der Zukunft: Sie *wollen* etwas tun. Deshalb suchen sie sich Leute, die mit ihnen gegen den Strom schwimmen und vor allem auch gegen den Strom handeln, und liefern so auch die schon genannten quantitativ besseren Resultate. Zweitens: interdisziplinäre Relevanzbetrachtung. Ich weiß, das ist ein grauenhaftes Wortungetüm. Dabei ist es so einfach: Wir müssen Themen zusammen denken, die vermeintlich nichts miteinander zu tun haben. Nehmen wir als Beispiel bezahlbares Wohnen. Wer würde das mit luxuriösen Kreuzfahrtschiffen in Verbindung bringen? Werften sind aber Experten darin, kleinste Wohneinheiten in Serie zu fertigen. Oder nehmt zum Beispiel das Lieblingsauto eurer Kindheit. Wer hätte damit seinerzeit eine Rechenmaschine assoziiert? Heute sind Autos aber tatsächlich zu Computern auf Rädern geworden.[30] Und drittens: ‚Individual Persistence'.[31] Damit ist Beharrlichkeit und Konsequenz gemeint, und das mit gleichbleibend hoher Individualisierung. Also Aufgaben anzupacken sowie die richtigen Fragen zu stellen. Schluss mit Schema F, mit bürokratischem, routinemäßigem und stereotypem Handeln. Und zwar nicht nur, um Wichtiges von Unwichtigem zu unterscheiden, sondern vor allem, um beharrlich herauszufinden, was übersehen werden könnte und Leute wirklich bewegt."

Es wehte eine leichte Brise. Agora zog ihr Kopftuch enger. Habeck fragte nach: „Dann ist Qualitative Ökonomie so etwas wie der Herzschlag eines pulsierenden Gesellschaftslebens und eines gesunden Wirtschaftskreislaufs?“

„Ganz genau“, bekräftigte Ben mit einem Nicken.

„Robert“, sagte Justin, „ich finde, wir sollten den Begriff Wirtschaft in ‚Quality Economy‘ einfach durch ‚Gesellschaft‘ ersetzen. Quality Society wäre doch ein faszinierendes Ziel, ein verantwortungsbewusstes allemal.“

„Sehr gut“, pflichtete Agora bei. „Die tägliche gesellschaftliche Verantwortung ist ein wesentliches Indiz. Denn auf diese Weise ist der Grundgedanke darauf ausgerichtet, die Interessen und Bedürfnisse der Bevölkerung eines Landes, ja der Welt zu berücksichtigen. Und damit darf es eben nicht um eure Interessen“, sie schaute dabei in die Politikerrunde, „und die aller anderen Staats- oder Regierungschefs, der Parteien oder der Eliten gehen. Und damit meine ich auch jene, die am lautesten auftreten. Damit jede und jeder Einzelne am Fortschritt teilhat und merkt, dass es vorangeht, müssen alle gemeinsam in die gleiche Richtung wollen.“

FUTURE ASSET MULTIPLICITY.

Multiplicity beschreibt die positive Einstellung zur Vielfalt. In der Wirtschaft geht es um Verfügbarkeit und ausgewählte Vielfalt (statt einer Angebotsflut) von Produkten und Services für die Kunden, in einer Gesellschaft um liberale und pluralistische Diversität nach Alter, ethnischer, nationaler oder regionaler, auch kultureller sowie sozialer Herkunft, Geschlecht und Geschlechter- sowie sexueller Identität und Orientierung, körperlicher und geistiger Fähigkeiten sowie Religion und Weltanschauung. Gleichberechtigte Teilhabe verhindert Spaltung und stärkt Demokratie.

Wichtiges Zukunftswissen.

FUTURE PRINT

Es leuchtete Agora ein, dass die Aufgabe für den Qualitativen Ökonomen nicht darin bestand, auf wichtige Emotionen zu hören oder eben nicht, sondern anders als der bisher hoch gepriesene Homo oeconomicus bei der Entscheidungsfindung neben klassischen – oft kalten – Fakten auch neue Erkenntnisse zu berücksichtigen. Und manchmal einfach nur, ganz qualitätsorientiert, den gesunden Menschenverstand einzuschalten. Und genau an diesem Punkt kam, das ging ihr in diesem Moment auf, das Future Asset Shebility zum Tragen, das die Thomies im Workshop in Miami vorgestellt hatten. Fähigkeiten wie Empathie, Kommunikationsstärke und Konfliktfähigkeiten waren mehr als Soft Skills, die ein tägliches Miteinander im Berufsalltag erleichtern. Erst Shebility befähigte Unternehmer und Manager dazu, über den Tellerrand der nackten Fakten hinauszuschauen und die gesamte emotionale Bandbreite bei Entscheidungsfindungen zu berücksichtigen.

Der Thomie ergänzte: „Daten der Veränderung zeigen eines eindeutig auf: Kollaboratives Tun wird Gesellschaften prägen, ganz gleich, ob wir von Firmen oder Bürgergesellschaften sprechen. In gemeinschaftlicher diverser Zusammenarbeit schlägt die bessere Lösung die Gute. Weil Konsens erreicht werden kann, auch wenn er oft auf Basis eines Kompromisses erzielt wird.“[32]

„Oder anders ausgedrückt“, resümierte Ben: „Teilhabe ist morgen, Herrschaftswissen ist gestern, auch wenn einige Wirtschaftslenker, aber eben auch Kollegen von euch, also Staatslenker, das noch nicht wahrhaben wollen.“

„Ich würde sagen, das war eindeutig. Da liegt noch eine Mammutaufgabe vor uns“, sagte Trudeau mit einer Bewegung zwischen Nicken und Kopfschütteln. „Aber bevor wir Lösungen auf dem Weg zur Quality Society weiter diskutieren, muss ich ins Wasser.“ Mit Interesse betrachtete Agora das Tattoo auf seiner linken Schulter. Weil sie nicht genau erkennen konnte, was es war, kniff sie die Augen zusammen. Das sah aus wie ein Vogel, der einen Globus als Körper hatte. Aber er war schon mit einem großen Satz vom Vordeck gesprungen, bevor sie es genau wusste. Robert Habeck hechtete dem kanadischen Premier hinterher. Auch der Thomie sprang von der Rückbank aus in den See. Dabei rollte er sich wie eine Kugel zusammen, sodass Wasser ins Boot spritzte. Alle drei kraulten die kurze Strecke um die Wette zu der Stelle, wo das Wasser flach sein sollte. Wie Kinder, dachte Agora, während sie sich schmunzelnd das Spritzwasser vom Arm wischte, einmal mehr positiv davon überrascht, die menschliche Seite ihrer Teams in den verschiedenen Co-Labs und ihrer heutigen Mannschaft zu erleben. Irgendwie auch ein Teil von Quality Society, dachte sie und blinzelte zufrieden.

- Fallen dir Beispiele für „Green-“ oder ein anderes „-Washing“ ein? (Also unzutreffende oder übertriebene Behauptungen zum Beispiel zum Thema Umweltfreundlichkeit.)
- Setzt du selbst auf die Maxime: „Gesagt – getan!“? Oder hapert es manchmal am Tun?
- Kommunizierst du immer wertschätzend?
- Magst du die Vielfalt im Supermarkt oder nerven dich 50 statt 5 Nudelsorten?
- War die letzte gute Party für dich noch besser, weil Leute aus vielen Kulturen dort waren?

Das persönliche Denkspiel.

JOIN PRINT

Topic zwei

Eine Triade aus Politik, Wirtschaft und Digitalisierung

„Wollen wir uns aufs Sonnendeck setzen?“ Ben reichte Agora dcn Arm, damit sie über die Rückbank auf die große Liegefläche im hinteren Teil klettern konnte, wo Han Duck-soo und Jonas Gahr Støre sich gerade eine Flasche Sonnencreme hin- und herreichten. Während Agora einen der glänzenden, nach oben gewölbten Luftauslässe nutzte, um etwas sicherer Platz zu nehmen, holte der Thomie für alle eiskaltes, stilles Wasser aus der Getränkekiste, nur Han Duck-soo trank eines mit Kohlensäure. Agora beobachtete den südkoreanischen Premierminister, wie er sich mit auffälliger Gründlichkeit und einem Lächeln im Gesicht eincremte. Der Mann, den sie sonst nur im Anzug kannte, bot einen ungewohnten Anblick in seinen knielangen Funktionshosen und einem karierten Hemd. Sie schätzte ihn nicht nur als erfahrenen internationalen Handelsexperten, sondern auch für sein verbindliches und freundliches Wesen.

Die Sonne stach mittlerweile vom Himmel herunter. Agora fasste sich an eine Wange, die bereits etwas brannte. Auch Bens Glatze war schon leicht gerötet. Sollte sie etwas sagen oder war das unangebracht? Dieser Moment der Ruhe schien gerade allen gut zu tun.

Nach ein paar Minuten beschloss Agora dennoch, den Gesprächsfaden wieder aufzunehmen: „In autokratischen Ländern wie China sind Strenge und Disziplin ja staatlich verordnet. Das setzt die Demokratien, deren Entscheidungsprozesse zwangsläufig länger dauern, doch enorm unter Druck. Wie denkst du, können wir dem entkommen, Ben?“

Ben, der mittlerweile neben Agora am weiß gepolsterten Rand des Sonnendecks lehnte und Sonnencreme auf seiner Glatze verteilte, ließ sich Zeit mit seiner Antwort. Schließlich sagte er: „Die den Demokratien innewohnende Freiheit muss sich an die Anforderungen der Zeit anpassen. Wollen Demokratien im wirtschaftlichen Wettbewerb vorn bleiben, sollten sie überlegen, wie sie der Langsamkeit politischer Prozesse und einer bürokratischen Regulierungsflut entgegenwirken, ohne dabei ihre Werte zu vernachlässigen. Wir benötigen aus meiner Sicht neue demokratische Leitplanken, nicht überbordenden Gesetzesterrorismus.“[33]

Ben schraubte die Tube zu und wischte sich die Hände an einem Handtuch ab. Dann drehte er sich wieder zu Agora. „Hier ergibt sich übrigens gerade eine weitere Hypothese – Demokratien lassen Kriege und Krisen besser beherrschen –, die sich auch gleich verifizieren lässt.“

„Nämlich?“, fragte Agora, die Bens Gedankengang nicht folgen konnte.

„Freie Staatsformen begünstigen durch ihre Freiheit Innovation und Lösungsdenken. Das kann man gerade am Ukrainekrieg sehen: ukrainische Frauen, die Tinderprofile anlegen, um Standorte der angreifenden russischen Armee zu identifizieren. Von Russen zerstörte Internetinfrastruktur im Handumdrehen durch Satelliten-Internet ersetzt. Laut Militärexperten räumt die Ukraine ihren Soldaten auch einen größeren Spielraum für eigene Entscheidungen ein. Das macht Flexibilität im Kampf möglich – und technische Innovationen. Russland dagegen setzt weiter auf strenge Hierarchien, was den Experimentiergeist nicht fördert. Was ist denn die Alternative zu unseren freiheitlich-demokratischen Werten?“ Ben wartete erst gar nicht, bis Agora, Han Duck-soo oder Jonas Gahr Støre antworten konnten. „Die totale Überwachung.“

Der norwegische Ministerpräsident schüttelte den Kopf. „Ich weiß nicht, ob man das so hart formulieren kann.“

Agora schwieg, abgelenkt von einem winzigen Fleck Sonnencreme auf Bens Nase.

„Lasst mich ein Beispiel geben“, fuhr Ben fort. „Unternehmen, die heute in China Geschäfte machen und in Zukunft auf dem chinesischen Markt eine Rolle spielen wollen, müssen sich als demokratische Organisationen zwangsläufig mit den Folgen von Chinas Social Rating beschäftigen.“

CHINA UND SOCIAL CREDIT RATING.

Social Credit Rating (SCR) bezeichnet eine auf verschiedene Datenbanken zugreifende Bewertung beispielsweise der Kreditwürdigkeit zur Klassifizierung von Reputation. Das deutsche Fahreignungs-Bewertungssystem des Kraftfahrt-Bundesamtes, das jedermann mit Punkten bewertet, ist ebenso SCR wie Hotelsterne, Verkäuferbewertungen in Onlineshops, Likes oder Zertifikate.

In China ist SCR ein staatseigenes Überwachungssystem, das Unternehmen, Organisationen und Verbände und besonders Einzelpersonen, ob Staatsangestellte oder Bürger, über Bewertungen kontrolliert. Vorbildliches Verhalten wird mit Punkten belohnt, schlechtes beziehungsweise „staatsfeindliches" Verhalten mit Punktabzug bestraft. Dieser Kontrollmechanismus zielt auf die Umerziehung der chinesischen Bevölkerung ab. Die machthabende Kommunistische Partei interessiert sich dabei auch für die politische Haltung. Je weniger Punkte man hat, desto größer die Nachteile im gesellschaftlichen Alltag, während mehr Punkte Vorteile innerhalb des Systems bieten. In Xinjiang beispielsweise speichern die Sicherheitsbehörden gezielt Daten, ob Blutgruppe, Fingerabdrücke, Fotos, Augen-Scans oder DNA-Proben. China führt den Weltmarkt an, was digitale Kontroll-Software angeht. Die Daten dafür stammen vorwiegend aus Unternehmen, die mit dem Staat und dessen Sicherheitsapparat zusammenarbeiten: Huawei, Cloudwalk, Hikvision, Megvii oder Yitu. Der chinesische Staat bedient sich der erfolgreichen Marktposition großer Tech-Unternehmen, um wirtschaftliche und politische Interessen im eigenen Land, aber auch in der Welt zu verfolgen. Dazu trägt nicht nur Kommunikationstechnologie (zum Beispiel Mobiltelefonie) bei, sondern zunehmend auch die Flut chinesischer Automobile, die ihre Umgebung permanent über Kameras, Mikros und Sensoren erfassen und so zu heimlichen Spionagezentren in unserer heimischen Garage werden. Und in Bundesministerien und Nachrichtendiensten nicht weniger. Die Übertragung von Daten aus in China hergestellten Fahrzeugen in die Volksrepublik ist in den Geschäftsbedingungen chinesischer Unternehmen explizit vorgesehen. Und jedes chinesische Unternehmen ist grundsätzlich dazu verpflichtet, mit den chinesischen Behörden zu kooperieren.

Aktuelles Hintergrundwissen.

FACT PRINT

„Aber SCR ist doch an sich nichts Schlechtes“, wandte Han Duck-soo ein. „In Südkorea gibt es auch ein solches System zur Bewertung des Verhaltens der Bürger. Zum Beispiel soziales Engagement, Einhaltung von Vorschriften und Gesetzen oder Zahlungsfähigkeit. Ziel ist es, die soziale Einstellung und das Vertrauen in der Gesellschaft zu stärken. Unser SCR ist übrigens unabhängig von dem chinesischen System.“

DIE FREIHEIT DES EINZELNEN ENDET DORT, WO DIE FREIHEIT DES ANDEREN BEGINNT.

Philosoph Immanuel Kant (1724-1804)

Wörtliche Zitate.

QUOTE PRINT

Ben schaute ernst: „Ausschlaggebend ist, von welchen Werten, Absichten und Zielen die SCR-Verantwortlichen jeweils geleitet sind. In Demokratien können SCR-Systeme helfen, Rechte der Bürger und deren Freiheit zu bewahren. Nehmen wir die Wirtschaft: Da kann SCR darauf einzahlen, dass Unternehmen mehr Verantwortung übernehmen, zum Beispiel für den Klimaschutz, wie Bankhäuser, deren Kundenrating diesen wertet. In Autokratien dagegen kann SCR die individuelle Freiheit dramatisch einschränken. In einem Staatskapitalismus wie in China ist die Befürchtung gerechtfertigt, dass SCR und deren weitreichende digitale Kontrollmöglichkeiten eher dem Machterhalt und -ausbau der Kommunistischen Partei dienen. Ich will SCR auch nicht einfach diskreditieren, sondern eher die Absichten der dafür Verantwortlichen hinterfragen. In einem autokratischen politischen System, da werdet ihr mir alle zustimmen, konzentriert sich die Macht auf wenige, was zu Unterdrückung führen kann. Das schürt die Angst der Menschen, die auch vor Funktionären nicht Halt macht, weil sie fürchten, für schlechte Nachrichten verantwortlich gemacht zu werden. Nehmen wir zum Beispiel den Ausbruch des Coronavirus in Wuhan: Haben die Politiker vor Ort – wie es demokratisch legitimierte Politiker wohl täten – Verantwortung für das Geschehen in ihrer Stadt übernommen? Oder sind sie, wie geschehen, weil sie den Arm des Staates fürchteten, sehenden Auges in eine weltweite Gesundheitskrise gelaufen? Oder ein anderes Beispiel aus Shenzhen, einer Stadt im Südosten Chinas. Dort sind die undemokratischen Auswirkungen von sozialer Kontrolle bereits zu sehen. Im Taxi gibt es Kameras: eine für den Fahrer, die ihn legitimiert und ihn bei der Arbeit überwacht. Und eine für den Fahrgast, damit er die Fahrt machen kann, sofern es der SCR-Punktestand erlaubt. Da es nur gestattet ist, den öffentlichen Raum zu überwachen, hat der Staat den Innenraum von Taxis zum öffentlichen Raum gemacht. Die Kameras dürfen weder ausgeschaltet noch abgedeckt werden. Offiziell verlautet der Staat, dass alles verboten sei, was nicht der Gemeinschaft, also dem Anstand, der Moral und der Integrität innerhalb der Gesellschaft diene.“[34]

Han Duck-soo hörte Ben so konzentriert zu, dass Agora sich fragte, ob die Falte zwischen seinen Augenbrauen in den letzten 20 Minuten tiefer geworden war.

„Das autoritäre Regime demaskiert sich selbst“, fuhr Ben fort. „Mithilfe einer App, die mich an schreckliche Zeiten der deutschen Geschichte denken lässt, was Unterdrückung und Denunziation angeht, können Chinesinnen und Chinesen vermeintlich staatsfeindliches Verhalten anderer melden und bekommen dafür eine Belohnung. Wer bei Rot die Straße überquert, ist auf einem öffentlichen Bildschirm zu sehen, wie im Mittelalter, wo man bei einem Vergehen auf dem Marktplatz an den Pranger gestellt wurde. Außerdem kann man so auch in einer Millionenstadt von der Polizei sekundenschnell identifiziert werden. Chinesische Tech-Unternehmen, die mit dem Staat zusammenarbeiten, sind in der Lage, auf staatliche Persönlichkeitsdaten zuzugreifen, angeblich nur, um den Login in Apps zu erleichtern. Aber es ist doch nicht demokratisch, persönliche Daten als Kontrollinstrument der Bürgerinnen und Bürger zu nutzen!“ Nicht nur für Agora war sichtbar, wie sehr Ben das, was er gerade sagte, entsetzte. „Der chinesische Staat zensiert das Internet sowie die Medien. Im ganzen Land gibt es mehr als zwei Millionen Zensoren. Ein Bericht des deutschen Außenministeriums beschreibt die Menschenrechtslage in China in vielen Facetten als katastrophal. Die Geschehnisse gehen weit über die seit Jahrzehnten unterschiedliche Definition von Menschenrechten hinaus. Ein vertrauliches Regierungspapier belegt, dass die deutsche Regierung die Situation in China für bedrohlich hält. Seit Jahren komme es in Xinjiang zu einer alarmierenden Zunahme von Kontrollen, Repressionsmaßnahmen und Diskriminierungen, die lückenlose digitale Überwachung und willkürliche Verhaftungen nach sich zögen. Anwälten soll der Kontakt zu ihren inhaftierten Mandanten untersagt sein, den Juristen drohe sogar Folter. Insgesamt soll es Masseninternierungen von wohl über einer Million Menschen geben und die Unterdrückung unerwünschter Ansichten sowie die digitale Überwachung nehme weiter zu. Sippenhaft, repressive Limitierung von Religionsausübung, DNA-Identifikation und -Speicherung, auch Indoktrinierungen ideologischer Art gehören, so das Paper, zum Alltag. Die Insassen von Internierungslagern müssen gemäß Augenzeugen Umerziehungsmaßnahmen über sich ergehen lassen, die einer Gehirnwäsche gleichkommen, verbunden mit erzwungener Selbstkritik, Verleugnung von Religion und des Glaubens sowie eigener Herkunft. Aus den Lagern gebe es Berichte über Misshandlungen, sexuelle Gewalt und sogar Todesfälle.“ Ben holte tief Luft und resümierte dann: „Fakt ist: Der digitale chinesische Überwachungsstaat unterdrückt Meinungsfreiheit, macht umgekehrt aber alles publik, was steigenden Wohlstand belegen soll.“[35]

„Puh“, antwortete Agora, „die demokratischen Länder der Welt sind da als Verteidiger der individuellen Freiheiten ganz schön unter Druck. Aber nur darüber reden bringt ja nichts. Wie kommen wir dieser Gefahr bei?“

„Über eine Ménage à trois“, antwortete Ben wie aus der Pistole geschossen. „Wie bitte?“ Der südkoreanische Premierminister schaute irritiert zu Ben. „Damit meine ich eine stabile und gut funktionierende Beziehung zwischen Politik, Wirtschaft und Digitalisierung, die unsere freiheitlichen Werte sichert. Autokratien wie China bedienen sich dieser Ménage à trois aus politischen, ökonomischen und digitalen Systemen[36] schon, um weltweit ihre Führungsposition auszubauen. Vor der Digitalisierung war die Ausrichtung politischer Systeme jenseits des eigenen Landes weniger relevant. Digitale Systeme aber sind global, was ihnen eine gefährliche Machtposition verleiht, deren Entwicklungspotenzial ich als digitär[37] bezeichne, eine Wortkreation aus ‚digital‘ und ‚autoritär‘. Mit der Möglichkeit dieser sozialen Kontrolle kann ein Staat der ganzen Bevölkerung des Landes ein Kontrollsystem auferlegen, das den Staatslenkern uneingeschränkte Macht sicherte. Ich fürchte, dass das, was wir gerade in China beobachten, nicht nur dort passiert. Denn unter den autokratischen Importländern hat China zweifelsfrei die Führungsrolle in Sachen künstliche Intelligenz inne.“

Agora sah das Gesicht des chinesischen Präsidenten Xi Jinping vor sich. War dieser meist so milde lächelnde Mann der gefährlichste Gegner einer offenen Gesellschaft? Seine über Social Credit Rating begünstigten Machtbestrebungen mussten sich doch mittelfristig auf demokratische Gesellschaften auswirken. Fortschrittliche Technologien, wie Ben und sein Team im Co-Lab in Miami klargemacht hatten, befriedigten ja immer auch das menschliche Bedürfnis, sich den Alltag zu erleichtern. Daher riskierte die demokratische Welt, dass die vermeintlich digitalen Annehmlichkeiten vergessen ließen, wo künstliche Intelligenz die demokratischen Ideale unter Beschuss nahm. Die Technologie der Gesichtserkennung wie in China konnte in einer datengetriebenen Wirtschaft ja auch in die Demokratien der Welt gelangen. Dabei musste man sich aber bewusst machen, dass China diese Technologien unter anderem dafür einsetzte, um Millionen Uiguren zu unterdrücken. Die chinesische Regierung stellte die muslimische Minderheit unter den Generalverdacht, Terroranschläge durchzuführen. Deshalb hatte die Regierung beschlossen, sie in Lagern umzuerziehen. Aber ging es wirklich darum oder war der Plan, die Uiguren als kulturelle und religiöse Identität auszulöschen? Und hatte China das nicht schon vor 70 Jahren, ebenfalls vor den Augen der Weltöffentlichkeit, mit dem tibetischen Volk getan?

„Das digitale System ist innerhalb der Ménage à trois ein mächtiges Werkzeug“[38], führte Ben weiter aus, „weil die Hand der Wirtschaft damit die Hand des Staates waschen kann: Unternehmen liefern der Regierung firmeninternes Wissen, unlimitiert sensible Informationen und Daten über Menschen oder Firmen für staatliche Datenbanken mit einem unvorstellbaren Umfang. Der chinesische Onlinehändler Alibaba ist beispielsweise ein staatskapitalistischer Tech-Konzern. Auch Tencent, eine Firma, die allein mehr als zwei Milliarden Nutzer in Chat-Verläufen von WeChat, dem chinesischen WhatsApp, auswertet und Daten an die Kommunistische Partei liefert, die sie in den staatlichen Datenbanken zusammenführt. Damit gelingt der Regierung über das ursprünglich neutrale Werkzeug SCR ein Outsourcing nationaler (und immer mehr auch internationaler) Überwachung. Die Firmen übernehmen praktischerweise die Arbeit für die Partei. Auch Mitarbeiter und Zulieferer werden für ‚gutes‘, also auch parteikonformes Verhalten mit Ratingpunkten belohnt beziehungsweise im gegenteiligen Fall bestraft. In der Folge müssen sich auffällige Firmen häufigeren staatlichen ‚Inspektionen‘ unterziehen. Sie haben bei Lizenzvergaben kaum noch eine Chance, werden mit Steuererhöhungen belegt oder man kappt Subventionen sowie den Zugang zu öffentlichen Ausschreibungen. Gleichzeitig kann ein Angestellter einer in Misskredit geratenen Firma für sich selbst keine Flüge oder Bahnfahrten mehr buchen, Versicherungen abschließen oder eine Wohnung mieten oder erwerben.[39] Firmen und Menschen, die bei dem in Ungnade gefallenen Unternehmen beschäftigt oder mit ihm geschäftlich verbunden sind, werden an den Pranger gestellt.[40] Unternehmen, die mit – in den Augen des Staates – kritischen Produzenten oder Serviceanbietern kooperieren, laufen Gefahr, bestraft zu werden, auch wenn sie selbst nichts ‚Staatsfeindliches' gemacht haben."

Agora nahm einen Schluck Wasser, um sich zu beruhigen. Das Beängstigende an Bens Ausführungen erschien ihr die vermeintliche Ahnungslosigkeit der demokratischen Wirtschaft. Die meisten in China tätigen Unternehmen, in Deutschland beispielsweise etwa 70 Prozent, beschäftigten sich noch nicht einmal mit dem neuen System. Das bedeutete, dass sie weder wussten, wie ihre Haltung und ihr Handeln sich auf die Zukunft der Demokratie auswirken, noch, was sie dagegen tun. Während die Volksrepublik China einen Plan verfolgte, noch dazu einen langfristigen. Denn China wollte, wie die Kommunistische Partei des Landes hatte verlauten lassen, bis zum Jahr 2049, dem 100. Geburtstag der Volksrepublik, die globale wirtschaftliche und militärische Führungsmacht sein. Und die von Ben angesprochene systemische Triade war ein Weg dorthin, vor allem wirtschaftlich betrachtet. Agora seufzte und ließ ihren Blick schweifen. Der glatte, in der Sonne glänzende See beruhigte ihre Nerven zumindest ein wenig. Nicht allzu weit entfernt erkannte sie Justin Trudeau, Robert Habeck und den Thomie, die tatsächlich im Wasser standen, das ihnen gerade mal bis an die Knie reichte. Trudeau gestikulierte heftig, Habeck unterbrach ganz untypisch für ihn und der Thomie hörte zu. Die Diskussion dort drüben schien nicht weniger heiß als im Boot zu sein.

„Kapitalismus setzen ja viele in Verbindung mit Demokratie", Ben fuhr sich beim Reden über das Gesicht und wischte damit, ohne es zu merken, auch den kleinen Tupfer Sonnencreme weg. „Und tatsächlich gibt es demokratische Ordnungen bisher nur in Ländern, in denen es auch Kapitalismus gibt. Im Wettlauf der Wirtschaftssupermächte schien Chinas Aufstieg zur weltgrößten Wirtschaftsmacht bisher unaufhaltsam. Jedoch wird zunehmend erkennbar, dass die nicht-demokratische

Marktwirtschaft im Reich der Mitte den demokratischen Marktwirtschaften ganz und gar nicht überlegen ist. Das Bild ist also inzwischen nicht mehr so eindeutig."

„Bis zum Beginn der Corona-Pandemie", ergänzte Han Duck-soo, „lag Chinas Wirtschaftsleistung 43-mal so hoch wie im Jahr 1978. Das ist, wenn ich den Vergleich zu den USA ziehen darf, doch ein chinesischer Traum ‚vom Tellerwäscher zum Millionär'."

„Richtig", entgegnete Ben. „Dennoch lassen sich schon heute einige Faktoren ausmachen, wonach Chinas fette Jahre vorbei sind." „Zum Beispiel?", fragte der norwegische Ministerpräsident.

Ben begann aufzuzählen: „Erstens der Innovationsfaktor: Wer Supermacht werden und auch bleiben will, benötigt Innovationen. Die meisten internationalen Patente halten die USA, der Vorsprung ist zwar geschmolzen. Gemessen am Bruttoinlandsprodukt hat China zuletzt jedoch weniger Geld für Forschung und Entwicklung ausgegeben als die USA."

„Nicht zu vergessen", pflichtete der südkoreanische Premier bei, „dass Innovation ein Klima der Freiheit braucht."

„Der zweite Faktor betrifft geostrategische Abhängigkeiten. Die Chinesen expandieren, was sich an der ‚Neuen Seidenstraße' ablesen lässt. Die Investitionen, die sie in Ländern entlang der sogenannten ‚Belt and Road Initiative' tätigen, lagen seit dem Start 2013 immer im zweistelligen Milliardenbereich. Vor allem Länder wie Singapur, Indonesien und Thailand profitieren, aber auch Staaten in Afrika, die sich an Peking binden. Die meisten Direktinvestitionen tätigt China jedoch in Europa. Analysten warnen angesichts der Abhängigkeiten vor Pekings Seidenstraße. Oft werden dafür sicherheitspolitische, aber auch wirtschaftliche Gründe angeführt."

Han Duck-soo trank einen Schluck Wasser und sagte: „Das kann dann zum Problem werden, wenn Chinas Wirtschaft sich nicht mehr so stark entwickelt wie erwartet."

Ben nickte. „Im Land selbst gibt es noch den Faktor Demografie: Chinas Bevölkerung geht zurück. Das bedeutet, dass das Land mittelfristig vor einer demografischen Krise unbekannten Ausmaßes steht. Prognosen der UNO sehen einen Rückgang von derzeit 1,4 Milliarden Menschen auf möglicherweise unter 500 Millionen bis 2100! Darüber hinaus wird die Bevölkerung im Schnitt immer älter: Jüngere Alterskohorten sind halb so groß wie mittlere und ältere. Historische Maßnahmen wie die Einkindpolitik seit den 1980er-Jahren haben zu einer Schrumpfungsspirale geführt, die nicht einmal durch ihre Aufhebung im Jahr 2015 gestoppt werden konnte. Zum Vergleich: 2050 wird Indiens Bevölkerung fast 1,5-mal so groß sein wie die Chinas. Das Medianalter wird in Indien dann bei Ende 30 liegen. Es besteht eine starke Korrelation zwischen dem Medianalter und dem Wachstum des Bruttoinlandsprodukts. In den Vereinigten Staaten wird das Medianalter bei Anfang 40 liegen und in China dagegen bei …“, Ben machte eine lange Pause, „… fast 60! Im Jahr 1980 lag es dort noch bei 21 Jahren. Kurz: Die zunehmend älter werdende Bevölkerung wird für die chinesische Volkswirtschaft eine dauerhafte Belastung darstellen. Die Kosten für Erziehung und Ausbil-

MEDIANALTER.

Das Medianalter wird als Kennzahl benutzt, um die Alterung der Bevölkerung zu beschreiben. Es ist vom Durchschnittsalter zu unterscheiden. Zur Ermittlung des Medianalters wird die relevante Gruppe so geteilt, dass höchstens 50 % jünger und höchstens 50 % älter sind als dieses Lebensalter. Bei einer Familie, bestehend aus Vater (Alter: 35), Mutter (33) und Kind (5), ist das Medianalter der Familie 33 (5, 33, 35). Das Durchschnittsalter dagegen wäre 24 (35 + 33 + 5 = 73 ÷ 3 = 24,33).

Aktuelles Hintergrundwissen.

FACT PRINT

dung eines Kindes sind in China hoch, die Zahl der Frauen in einem Alter, in dem sie Mütter werden können, ist deutlich geringer als die ihrer männlichen Altersgenossen. Auch wollen immer mehr Frauen studieren und Karriere machen."

So hatte Agora das bisher nie betrachtet. „Es könnte also nicht nur schwierig werden für China, seine Wirtschaftsmacht bis 2049 zur Weltmarktführerschaft auszubauen, sondern auch, vergangene Erfolge abzusichern."

Wieder nickte Ben. „Der Demografiefaktor bewirkt zudem zusammen mit der Immobilienkrise eine toxische Mischung." „Was meinst du damit?", fragte Agora. „Die fatale Kombination aus gigantischer Immobilienblase und demografischer Malaise. In vielen OECD-Ländern wirkt sich das Aus der Niedrigzinspolitik schon auf den Immobilienmarkt aus. Doch in keinem Land ist das so ausgeprägt wie in China. Hier besteht eine Wechselwirkung: Wegen der hohen Wohnungspreise zögern Chinas Bürger, große Familien zu gründen, was wiederum die Nachfrage nach Immobilien dämpft. Die Kombination aus einer selbst verursachten Immobilienkrise und einer autoritären Bevölkerungspolitik könnte die chinesische Wirtschaft in eine anhaltende Periode der Stagnation treiben."

Agora seufzte tief. Der chinesische Staatschef Xi Jinping stand vor großen Herausforderungen. Doch anstatt ein temporär schwächeres Wachstum in Kauf zu nehmen, insistierte die Parteiführung auf einer kontinuierlichen Fortführung der bisherigen prosperierenden Trends und setzte feste Wachstumsziele. Hierbei waren es nicht Angebot und Nachfrage, die den Markt bestimmten, sondern die chinesische Regierung, die den Wohnungsmarkt steuerte. Sie verbot es den eigenen Bürgern, im Ausland zu investieren. Also kauften sie im Inland. Was sich wegen der Finanzierung wiederum auf die Familienplanung auswirkte. Autokratie begünstigte definitiv den Teufelskreis.

„Und was könnte China tun?", fragte Han Duck-soo.

„Das Ungleichgewicht der Wirtschaft müsste beseitigt werden“, antwortete Ben. „Lange war Chinas Wirtschaft von seinem gigantischen Immobilienbereich abhängig, sowohl was Beschäftigung angeht als auch das Wachstum. Dieser Anpassungsprozess würde jedoch dazu führen, dass die Vermögen von 87 Prozent der chinesischen Haushalte, die in Real Estate investiert sind, empfindlich schrumpfen. China verfügt bereits heute über viel zu viele Immobilien. Hohe Immobilienpreise erschweren es wie gesagt jungen Menschen, Familien zu gründen. Und machen wir uns nichts vor: Chinas Legitimität als autokratischer Staat hängt stark von der Wirtschaftsleistung und dem Lebensstandard ab. Zur Korrektur des aufgeblähten Immobiliensektors sollte auf den Markt gesetzt werden: Deutlich sinkende Immobilienpreise würden auch zu einer erheblichen Verringerung des Vermögens der Chinesen führen. Ein sinkender Immobilienmarkt könnte also zwar Wohnraum erschwinglicher machen, würde aber das Vermögen vieler Bürger verringern, was zu Unzufriedenheit und vermindertem Konsum führen würde. Das Risiko eines wirtschaftlichen Zusammenbruchs besteht.“

„Die Verschuldung stellt ein weiteres Problem dar“, fügte der südkoreanische Premier hinzu. „Genau“, pflichtete Ben bei und nickte. „Und die Verschuldung ist auf dem Land am stärksten. Dort hat die Bevölkerung am wenigsten von dem Boom profitiert. Ihre Verbitterung ist für Peking am gefährlichsten. Wie die chinesische Verschuldung verteilt ist, spielt daher auch eine große Rolle.

„Von der Arbeitslosigkeit brauchen wir gar nicht erst zu reden“, sagte der norwegische Ministerpräsident. Agora wusste, dass die Regierung die Zahlen zur Jugendarbeitslosigkeit gar nicht mehr veröffentlichte. Zuletzt lag sie in den Städten bei mehr als einem Fünftel. Doch als arbeitslos galt nur, wer auch auf Jobsuche war. Zählte man die 16 Millionen jungen Menschen dazu, die nicht mal mehr suchten und stattdessen etwa für ihre Eltern den Haushalt schmissen, war fast jeder zweite Chinese zwischen 16 und 24 Jahren arbeitslos, wie eine Pekinger Forscherin berechnet hatte.

CHINAS ZUKUNFTSPROBLEME.

„Wenn der chinesische Motor stottert, kann das starke Auswirkungen auf die Weltwirtschaft haben. Schließlich hat kein Land der Erde einen größeren Anteil an der kaufkraftbereinigten globalen Wirtschaftsleistung."[41] China ist „nicht nur die größte Exportnation, sondern auch nach den USA der zweitgrößte Importeur. Nachhaltig niedrigere Wachstumsraten Chinas würden daher auch die Exportnationen wie beispielsweise Deutschland mit all ihren Maschinenbauern und Autokonzernen schwer treffen."[42]

„Der jahrzehntelange Rückgang der Preise für dauerhafte Konsumgüter, den Chinas blühende Exportwirtschaft der Welt beschert hat, ist nicht lediglich durch Corona unterbrochen worden, sondern voraussichtlich beendet"[43] – nicht nur durch sinkende Einfuhrabhängigkeiten von China. Bei solchen pessimistischen Szenarien ist jedoch immer auch Vorsicht angebracht. Der wirtschaftliche Aufstieg Chinas währt seit über 40 Jahren und wurde stets von westlichen Stimmen begleitet, die sein baldiges Ende vorhersagten. Doch seit infolge der strikten Null-Covid-Politik Menschen teils monatelang eingesperrt, Fabriken geschlossen und Grenzen abgeriegelt wurden, sind die westlichen China-Fans verstummt. Spätestens das überstürzte Ende der Beschränkungen im Dezember 2022 hat ihnen vor Augen geführt, wie flüchtig Politik in einer Ein-Parteien-Diktatur, zugeschnitten auf einen großen Vorsitzenden, sein kann.

Trotz der Machtfülle scheint Präsident Xi Jinping besessen davon, die Kontrolle der Partei in allen Bereichen auszuweiten. Theoretisch müsste technischer Fortschritt dabei helfen, Produktivitätsschwächen zu überwinden. China investiert deshalb wie kaum ein anderes Land in Forschung im Bereich Zukunftstechnologien wie künstliche Intelligenz, Quantencomputer oder Kernfusion. Doch bisher gelingt es China nicht, diese Forschung in Produktivitätswachstum umzumünzen, was wiederum mit der politökonomischen Struktur und den mangelnden freiheitlichen Umständen, die Forschung beflügelt, zusammenhängt.

Je fester Xi die chinesische Gesellschaft im Griff hält, desto stärker könnte das Grundgesetz aller Diktaturen gelten: Sie erscheinen stabil – bis sie es plötzlich nicht mehr sind. Es ist die logische Folge einer immer autoritäreren Politik: Am Ende scheitern autoritäre Systeme an sich selbst.

Aktuelles Hintergrundwissen.

FACT PRINT

„Aber nicht nur das chinesische System steht unter Druck, auch der Kapitalismus steht heute wie lange nicht mehr in der Kritik“, gab Han Duck-soo zu bedenken. „Konzerne umgehen Steuern, weltweit agierende Tech-Unternehmen haben beinahe oder tatsächlich ein Monopol, es gibt mehr prekäre Beschäftigungsverhältnisse und Ungleichheit, für die man nicht selten den Kapitalismus zur Verantwortung zieht.“[44]

„Das ist ein Weltphänomen, wie das globale Trust Barometer[45] zeigt“, griff Ben den Gedanken auf. „Seit 20 Jahren misst es das Vertrauen gegenüber Institutionen. Weltweit wurden über 34.000 Menschen in 28 Märkten befragt. Mehr als die Hälfte davon ist der Meinung, dass der Kapitalismus in seiner heutigen Form mehr schadet als nutzt.[46] Dieses Problem wird meist Demokratien zugeschrieben, aber Kapitalismus existiert auch in China: als Staatskapitalismus mit vermeintlicher Menschenfreundlichkeit durch steigenden Wohlstand und faktischer Menschenfeindlichkeit, die Millionen Menschen in Lagern unterjocht und ihrer individuellen Menschenrechte beraubt. Das wirtschaftliche System des chinesischen Staatskapitalismus ist durch eine enge Beziehung zwischen dem Staat und dem wirtschaftlichen System, also den Unternehmen, gekennzeichnet. Über politische Einflussnahme kann die Konkurrenz des Marktes, die bekanntlich das Geschäft belebt, protegiert oder geschwächt werden. Staatskapitalismus[47] nutzt, wenn man so will, ein digitales Update der Planwirtschaft, das übrigens auch vom SCR geliefert wird und bereits in zahlreiche autokratische Systeme der Welt exportiert wurde.“[48]

„Aber man kann doch sagen, dass die soziale Marktwirtschaft die Mankos der im Europa des 18. und 19. Jahrhunderts vorherrschenden freien Marktwirtschaft beseitigte“, wandte der norwegische Ministerpräsident ein, der bisher nur wenig beigetragen hatte. „Die soziale Frage machte dem System im 19. Jahrhundert doch deutlich, dass Einkommen auf diese Weise nicht gerecht verteilt werden konnten. Die soziale Marktwirtschaft hingegen zielt im Hinblick auf eine gesellschaftliche

Ordnung bekanntlich darauf ab, den Lebensstandard und die Lebensqualität einer Gemeinschaft zu erhöhen. Oder wie es der ehemalige deutsche Bundeskanzler Ludwig Erhard vielleicht etwas populistisch formulierte: ‚Wohlstand für alle!'"

„Die ganze Diskussion um China bestätigt doch eure Hypothese Nummer 4", sagte Agora zu Ben. Sie kramte ihr Notizbuch heraus und las vor: „Wenn Menschen steigender Wohlstand widerfährt, reduziert das ihre zuvor negative Wahrnehmung der Staatsform beziehungsweise stärkt ihre positive Wahrnehmung der Staatsform, in der sie leben." Sie legte das Büchlein zurück in die Tasche und fügte hinzu: „Vielleicht etwas umständlich ausgedrückt, aber im Kern führt steigender Wohlstand zu mehr Lebenszufriedenheit in der Bevölkerung. Das funktioniert anfangs sogar in Autokratien. Was ich aus unserer Diskussion mitnehme, ist, dass manche Demokratien mit diesem Pfund nicht auseichend wuchern."

Der südkoreanische Premier rutschte unruhig auf dem Polster herum, als hätte er es auf einmal nicht mehr bequem. Das konnte man ihm nicht verübeln. Denn obwohl Südkorea ein starkes Wirtschaftswachstum vorweisen konnte, gab es eine große Kluft zwischen wohlhabenden und armen Bevölkerungsschichten. Und auch wenn das Bildungsniveau des Landes hoch war, gab es noch immer zahlreiche Arbeitsplätze mit Niedrigstlöhnen. Agora schaute zu Han Duck-soo hinüber, der sie freundlich anlächelte. Vielleicht dachte er das Gleiche wie sie: China nutzte die Vorteile des Kapitalismus, schaffte Wohlstand und beseitigte Armut – zumindest bevor Xi Jinping immer dirigistischer wurde. Dennoch war es gefährlich, den Kapitalismus zu idealisieren. Denn er sorgte „nicht automatisch für Gerechtigkeit oder eine gesunde Umwelt. Er förderte eine offene Gesellschaft, garantierte aber keine Chancengleichheit."[49] Und abzuwarten blieb, ob das chinesische Volk – sofern das Land in die Erfolgsspur zurückfinden sollte –, wenn ein gewisses Wohlstandslevel erreicht war, nicht irgendwann gegen die Einschränkung der Freiheit aufbegehren würde.

„Kapitalismus ist ein Wirtschaftssystem“, sagte Ben, „aber ‚kein allgemeiner Beglückungsautomatismus. Er ist stabil, aber dennoch verwundbar. Und er wird zwangsläufig immer wieder disruptiv Unternehmen, Arbeitsplätze, ja auch ganze Geschäftsfelder und Branchen zerstören.‘ Aber den demokratischen Kapitalismus zeichnete aus, was gleichzeitig seine Grundlagen sind: Rechtssicherheit, Transparenz und klare Eigentumsverhältnisse, was gleichbedeutend ist mit Schutz der Bürgerinnen und Bürger.[50] Werden geschäftliche Konflikte mit staatlicher Macht gelöst, können große Vermögen aufgrund der mangelnden Rechtslage unrechtmäßig angesammelt werden. Daher hat der Kapitalismus in Russland von Anfang an nicht funktioniert und wohin das führte, bekommt die Ukraine gerade täglich zu spüren. Der russische Präsident Putin spricht gern von Stabilität, schafft aber faktisch Instabilität, aktuell mit dem Krieg eine der größtmöglich denkbaren. Und es wird nicht bei staatlichen Auftragsmorden in fremden Ländern und vergifteten Oppositionellen bleiben! Im Kopf dieses Autokraten ist eine stabile wirtschaftliche und gesellschaftliche Ordnung eines demokratischen Nachbarn und gar dessen Prosperität ein No-Go. Es schließt durch seine Brille nicht nur eine NATO-Mitgliedschaft, sondern vor allem eine florierende Demokratie an der Grenze zu seinem Land aus. Und die fürchtet Putin am meisten, weil das innerrussischen Reformdruck entstehen und sein eigenes Ende nahen ließe. Am Ende verbindet den Kapitalismus und SCR zwei Dinge: Beide sind erst einmal neutral, also weder positiv noch negativ. Zum anderen ist entscheidend, wie Politik und Wirtschaft damit umgehen.“

Han Duck-soo nickte mehrmals, als wollte er Bens Worte bekräftigen. Dann fragte er: „Aber was bedeutet das für Politik und Wirtschaft in der Praxis ganz genau?“

„Es ist doch so“, setzte Jonas Gahr Støre an. „Die Bürger demokratischer Staaten, egal ob Privatpersonen oder ‚Unternehmenslenker, haben nicht nur Rechte, sondern auch Pflichten, nämlich die demokratischen Grundrechte zu erhalten. Rechte und Pflichten sind die beiden Seiten einer Medaille namens Freiheit. Die persönliche Freiheit endet immer dort, wo sie die eines Anderen verletzt.‘ Müssen wir uns vor dem Hintergrund dessen, was wir gerade besprochen haben, nicht noch viel mehr als bisher fragen, ob die globale Wirtschaft ein so machtpolitisch gesteuertes System wie das Chinas seitens der internationalen Wirtschaft wirklich hinnehmen muss? Oder ob es Alternativen gibt? Ist es hinsichtlich der weltweiten demokratischen Grundwerte wirklich richtig, wenn Unternehmen die Bedingung des chinesischen Staates, sich ihrer SCR-Politik unterzuordnen, einfach hinnehmen?“[51] Ben und Agora schüttelten gleichzeitig den Kopf. Das Gesicht des südkoreanischen Premiers blieb ausdruckslos.

„Firmen könnten dadurch Vertrauen bei den Shareholdern und Stakeholdern, also auch Kunden, aufbauen“, antwortete Ben, „wenn sie nicht einfach Ja sagen, sondern sich zur Wehr setzen. Hat die Wirtschaft nicht auch eine gesellschaftliche Verantwortung? Und wenn das so ist, dann stehen Unternehmen doch in der Pflicht, sich für eine menschenwürdige Zukunft einzusetzen, oder?“ Agora bejahte stumm.

„Und an diesem Punkt schließt sich der Kreis zu unserem Gespräch von heute Morgen“, fasste Ben zusammen. „Kompetenz und ethisches Verhalten sind die Schlüsselfaktoren für mehr Vertrauen und gesellschaftliche Verantwortung. Diese beiden Punkte zahlen in Zukunft auch auf die Sicherung der unternehmerischen Existenz ein. Das Trust Barometer, das ich vorhin erwähnt habe, zeigt: ‚Aktuell wird weltweit keine Institution, ob in der Wirtschaft oder unter staatlicher Aufsicht, ob Nicht-Regierungsorganisation oder Medien, als kompetent und gleichzeitig ethisch einwandfrei angesehen.‘[52] Die Wirtschaft gilt nur als kompetent, während die NGOs nur als ethisch eingeschätzt werden. Das heißt doch, dass die Menschen nur wenig Vertrauen in Unternehmen haben, dass diese einen Beitrag leisten wollen, um die dringendsten Herausforderungen unserer Zeit zu bewältigen.[53] Ethisches Verhalten – Ehrlichkeit, Zielstrebigkeit, Fairness und Visionen – hat einen vertrauensbildenden Effekt. Die kaufkräftige Bevölkerung erwartet von der Wirtschaft zukünftig mehr ethisches Verhalten und die Übernahme von Verantwortung. Die Unternehmensführung hat also gewissermaßen die Pflicht, sich nicht opportunistisch inakzeptablen Forderungen autokratischer Staaten zu beugen. Gelingt das, kann die Wirtschaft den politischen Wandel sogar beschleunigen. Denn Wohlstand mag so etwas wie ein Tranquilizer für das chinesische Volk sein oder, je nach künftiger Prosperitätseinschätzung, gewesen sein. Aber um diesen Zustand zu erhalten, braucht das Land Produkte – auch die ausländischer Unternehmen. China exportiert zwar Waren im Wert von 2,5 Billionen US-Dollar, importiert zugleich aber Waren für 2,1 Billionen.[54] Chinesen schätzen westliche Produkte, wenn diese auf einmal ausbleiben, wird das die Kommunistische Partei mächtig unter Druck setzen."

„Nehmen wir mal an", entgegnete Han Duck-soo, „ein westliches Unternehmen beschließt, seine Güter nicht mehr in der Volksrepublik zu verkaufen. Aber die Konkurrenz macht das weiterhin. In dem Fall ist der Wettbewerbsgedanke, der dem Kapitalismus zugrunde liegt, für China doch günstig, weil ein international verbindlicher wirtschaftsethischer Standard fehlt."

„Schauen wir mal, wie es in deinem Konsumgüter-Beispiel weitergehen würde", sagte Ben. „Das Ansehen des Herstellers, der sich gegen China wehrt und verantwortlich handelt, würde bei den Kunden, Mitarbeitern, ja allen Stakeholdern außerhalb Chinas deutlich steigen. Und weil er dadurch weiter Vertrauen aufbaut, könnte er mittelfristig in anderen Märkten Wettbewerber, die nicht integer erscheinen, beziehungsweise chinesische Anbieter verdrängen.[55] Das können viele in der Wirtschaft heute kaum glauben, aber diese neue Haltung darf nicht getrennt gedacht werden von den sich verändernden Anforderung der Gesellschaft von morgen an unternehmerische Verantwortung für Mensch und Natur, für ethisch Korrektes und, wie sagtet ihr selbst so schön, für

Quality Society. Diese demokratisch-freiheitliche Haltung betrifft nicht nur Unternehmen, sondern auch Staaten."

„Spielst du auf Litauen an?", fragte Jonas Gahr Støre. Agora runzelte die Stirn und versuchte, sich die jüngsten Ereignisse in Litauen in Erinnerung zu rufen. Im Herbst 2021 hatte Taiwan eine De-facto-Botschaft in Litauen eröffnet, dies aber nicht wie sonst aus Angst vor Sanktionen seitens China unter dem Namen „Taipeh-Büro", sondern als taiwanesische Vertretung. Ziel war eine engere Handelsbeziehung zwischen zwei Ländern, die gleiche demokratische Werte teilen. China hatte auf diesen Verstoß gegen die Ein-China-Politik mit weitreichenden Sanktionen reagiert und Litauen aus dem Handelsregister gelöscht, als existiere das Land wirtschaftlich nicht mehr. Auch andere Staaten wie Deutschland, die mit Litauen zusammenarbeiteten, gerieten aufgrund der Lieferketten zwischen die Fronten. Die ganze Aktion ging zulasten der Beziehungen zwischen der Europäischen Union und China. Gleichzeitig musste Agora eine gewisse Sympathie für den Widerstand Litauens eingestehen.

„Litauen hat sich politisch positioniert und zunächst sah es danach aus, als würde das Land deshalb wirtschaftlichen Schaden nehmen", führte Ben aus. „Aber rückblickend war das nicht der Fall. Die beiden Länder unterstützten sich während der Pandemie mit Hilfsgütern wie medizinischen Masken. Litauens Chipindustrie boomt seit der engeren Kooperation mit Taiwan, denn sie dürfen die Technologien des Marktführers Taiwan lizenzieren. Sie werden von Taiwan sogar beim Aufbau einer Halbleiterindustrie unterstützt. Und dass dieser Markt aufstrebend ist, brauche ich nicht weiter zu erklären. Die taiwanesischen Chips finden sich in E-Autos, in Solarkraftwerken, in elektronischen Devices, kurz: überall, wo Strom und Spannung benötigt wird. Litauens Exporte in die Inselrepublik sind um fast 30 Prozent gestiegen, die Zusammenarbeit hat ausländische Investoren angezogen. Die beiden Länder sind übrigens gerade dabei, ihre wirtschaftlichen Beziehungen auf die Lasertechnologie auszuweiten."

„Wirtschaft und Politik sind für dich also nicht trennbar, wenn es um den Erhalt der Demokratie geht?“, fragte Han Duck-soo.

„Sie gehören als Partner zusammen. Sie müssen aber auch nachhaltig eingestehen, dass die Wandel-durch-Handel-Idee, die originär mit deutscher Außenpolitik verbunden war – vom SPD-Politiker Egon Bahr formuliert und bis zu Kanzlerin Angela Merkel intensiv praktiziert –, gescheitert ist. Ein intensiver Handel mit autoritären Regimen führt eben nicht zu politischem Wandel.“

„Einverstanden. Aber warum ist Litauen mutiger als andere Länder?“ Kaum hatte sie die Frage gestellt, machte es Klick in Agoras Kopf. Das Land hatte sich mit einem mutigen Schritt nicht nur einen Wettbewerbsvorteil und hohes demokratisches Ansehen verschafft. Es stand für den Erhalt der eigenen Freiheit ein. Über Jahrhunderte wurde Litauen von Russland vereinnahmt, etwa im 18. Jahrhundert nach den polnisch-litauischen Teilungen oder 1939 im Rahmen des Hitler-Stalin-Paktes. 1990 erklärte Litauen als erste Sowjetrepublik seine Unabhängigkeit, woraufhin der damalige sowjetische Präsident Gorbatschow im Januar 1991 militärische Spezialeinheiten in die Hauptstadt Vilnius entsendete. Das militärisch unterlegene Litauen verteidigte sich und Gorbatschow, der wohl nicht mit so viel Gegenwehr gerechnet hatte, rief seine Truppen zurück. Am 6. September desselben Jahres erkannte die machtpolitisch geschwächte Sowjetunion die Unabhängigkeit Litauens an. Im Versuch, sich weiter unabhängig von autokratischen Regimen zu machen, war Litauen sogar bereits nach Russlands Annexion der Krim aus russischem Gas ausgestiegen. Dieser unbedingte Wille zur demokratischen Freiheit war es, der gerade auch das ukrainische Volk im Kampf gegen Russland antrieb.

„Um noch mal auf dein Konsumgüter-Beispiel zurückzukommen“, wandte sich Ben an den südkoreanischen Premier. „Was würde denn mit einem Unternehmen passieren, das sich den Bedingungen Chinas nicht unterwirft? Die Regierung würde vermutlich einen wirtschaftlichen

Bann gegen dieses Vorreiter-Unternehmen aussprechen und es wäre erst einmal allein auf weiter Flur. Doch ich bin überzeugt, dass andere Unternehmen folgen, weil die Zustimmung der kritischen Konsumenten, die andernorts vermehrt die Produkte und Dienstleistungen des Vorreiters kaufen, sie dazu zwingen wird. Darüber hinaus könnten westliche Unternehmen auch im eigenen Land einen Beitrag leisten, um eine zukunftsgerichtete, freie Wirtschaft zu fördern. Banken könnten nachhaltiges Investment über attraktive Kredite für ihre Kunden fördern, die sich verpflichten, Lieferkettengesetze einzuhalten, Kinderarbeit abzuschaffen oder zu verhindern, existenzdeckende Löhne zu gewährleisten und den Klimaschutz zu fördern. Die größte Bank Europas, die HSBC, machte das bereits vor und widmete sich verstärkt dem Thema Nachhaltigkeit. Sie traf CO_2-basierte Risikoentscheidungen, interessierte sich also für den ökologischen Footprint ihrer Kunden. Auch der US-Einzelhandelskonzern Walmart, eines der laut Fortune Global 500 umsatzstärksten Unternehmen und mit über zwei Millionen Angestellten der größte privater Arbeitgeber der Welt, zählte zu den Kunden des Londoner Bankhauses und unterwarf sich damit den nachhaltigen Ansprüchen.“[56]

„Konsumgüterhersteller“, meldete sich der norwegische Ministerpräsident zu Wort, „waren ja nur ein Beispiel von Han Duck-soo“. Dieser nickte.

„Die Wirkung ist ja noch viel größer, wenn wir bei den allerwichtigsten Importgütern Chinas ansetzen. Und das sind gemäß der Standard International Trade Classification der Vereinten Nationen Geräte, Apparate und Maschinen sowie Teile davon, noch vor Erdöl“, sagte der Thomie mit Blick auf den Screen seines Tablets.[57]

„Aber die Märkte können es doch nicht allein richten!?“ Agora wollte sich zwar überzeugt zeigen, dennoch ging ihre Stimme zu einer Frage hoch.

„Richtig“, antwortete Ben. „Denn unsere demokratischen Werte sind nicht nur wegen Autokratien in Gefahr, sondern auch wegen westlicher

Länder, die Angst haben, im internationalen Wettbewerb mit China an Boden zu verlieren. Die USA haben zum Beispiel nicht verhindert, dass Bürger bei der Einreise nach China das Kennwort ihres Computers offenlegen müssen. Auch das Silicon Valley sollte sich angesichts des Drucks seitens China fragen: Tun wir tatsächlich, was wir tun könnten? Was wir brauchen, ist ‚Frostschutz' für Demokratien, um mittel- bis langfristig nicht zu Übernahmekandidaten eines eisigen Totalitarismus zu werden. Und da komme ich wieder zu der demokratisch verankerten und konzertierten Ménage à trois aus Digitalisierung, Wirtschaft und Politik: Sie sichert den Erhalt und die Entwicklung der freiheitlichen Werte.[58] Ohne eine supranationale Zusammenarbeit, um die gemeinsamen freiheitlichen Grundwerte zu schützen, werden Demokratien den Wettbewerb kaum für sich entscheiden können!"

„Am Ende ist also nicht Chinas vermeintliche Stärke das größte Problem, sondern die Schwäche von Demokratien." Ein Seufzer entfuhr Han Duck-soo, während er sprach. Auch Agora musste tief durchatmen, weil sie Ben gern widersprochen hätte. Aber bei Licht betrachtet musste sie sich eingestehen, dass die Verständigung der Staaten untereinander in Europa und global noch ziemlich ausbaufähig war. In Europa gelang es oft nicht, gemeinschaftliche und vor allem zukunftsfähige Lösungen für globale Probleme, von Klimaschutz bis Sicherheitsfragen, zu erarbeiten. Auch die Staaten an der europäischen Peripherie fanden zu wenig Beachtung. Erschwerend kam hinzu, dass Chinas finanzielle Angebote für wirtschaftlich schwächere Länder wie Ungarn oder Griechenland so attraktiv waren, dass diese einfach nicht Nein sagen konnten. Eines stand fest: Die Demokratien der Welt mussten stärker zusammenhalten. Vor allem auch, damit der Kapitalismus auf politischer Ebene neue freiheitliche Ziele entwickelte. Dies war schwer, musste aber doch möglich sein. Nur wie?

Ben warf einen Blick auf die Uhr und setzte sich auf: „Künstliche Intelligenz ist in Autokratien eine echte Geheimwaffe. Bereits zu Beginn des Jahres 2019 veröffentlichte ein deutsches Wirtschaftsblatt eine Prognose, wonach der Anteil der künstlichen Intelligenz am Bruttoinlandsprodukt 2030 in Nordeuropa keine zehn Prozent, in den USA keine 15 Prozent, aber in China über 25 Prozent betragen werde."[59]

„Da mag was dran sein", antwortete Agora ein wenig zögerlicher als gewollt, denn im Grunde stimmte sie Ben zu. Demokratie und Fortschritt waren in vielen demokratischen Ländern nicht gerade ein Geschwisterpaar. Die Digitalisierung zog sich oft schleppend hin, Innovation musste viele gesetzliche Hürden überwinden. Sie verspürte das dringende Bedürfnis nach einem Themenwechsel und sagte: „In China gibt es seit Jahrhunderten einen relativ gut funktionierenden Staat, allerdings keine Tradition der Rechtsstaatlichkeit. In Indien ist es umgekehrt. Bis heute hat der Staatskapitalismus Chinas schon mehr Wohlstand geschaffen, die Behörden sind inzwischen bemüht, sicherere Eigentumsrechte zu entwickeln. In Indien fehlt es nicht an einem Rechtsverständnis, erst recht nicht an hoch motivierten jungen Menschen, aber Chaos – zum Beispiel in der Verwaltung – entzieht dem Land Tempo."[60]

„Ja", sagte Han Duck-soo, „aber wenn ich Ben richtig verstanden habe, ist in den Beispielen gar nicht der Kapitalismus Schuld, sondern in China und Russland eine Politik der Unterdrückung und in Indien eher eine mangelhafte Politik."

„Bingo", stimmte Ben zu. „In einem chinesischen Selbstdarstellungsvideo heißt es übrigens: Der Schlüssel zu Chinas Erfolg liegt in seinem System der Demokratie."[61]

Agora lachte auf. „Da klafft aber eine Lichtjahres-Lücke zwischen Fiktion und Realität."

„Die entscheidende Frage ist doch", sagte Jonas Gahr Støre, „wie können Demokratien sich ohne Machtmissbrauch einen Wettbewerbsvorteil gegenüber autokratischen Systemen sichern?"

Ben, der offenbar dem Themenwechsel nicht folgen wollte, antwortete: „Datensicherheit ist aus meiner Sicht die technologische Lösung für das Problem der totalitären Kontrolle. Sie garantiert der globalen Wirtschaft darüber hinaus auch Zukunftschancen. Denn digitale Infrastrukturen schaffen die Grundlage für neue Wertschöpfungsketten und sichere Datenkanäle und damit einen Wirtschaftszweig der Zukunft. Es wird in wenigen Jahren kaum noch Produkte geben, die ohne digitale Lösungen ihre Wettbewerbsfähigkeit sichern können. Ob Kundennutzen oder Fertigungsprozesse: Daten sind entscheidend für das Wirtschaftswachstum."[62]

„Und wie kann Europa da mit China und den USA mithalten?", fragte der norwegische Ministerpräsident. „Wir sind ja im Vergleich zu den beiden Wettstreitern in der Plattformökonomie eher ein Leichtgewicht."[63]

„Im Segment Business-to-Consumer, also bei Geschäftsbeziehungen zwischen Unternehmen und Konsumenten, könnte Europa bereits abgehängt sein, beim Business-to-Business, den Geschäftsbeziehungen zwischen Unternehmen, bestehen durchaus noch Chancen, eine Spitzenposition einzunehmen. Aber: B2C und B2B eint die Notwendigkeit von Sicherheit. Zu den wichtigsten Hemmnissen der sogenannten Industrie 4.0 zählen für Unternehmen neben den Kosten, die rund 66 Prozent nennen, die Anforderungen an den Datenschutz, etwa 65 Prozent, und die Datensicherheit, 61 Prozent.[64] Du siehst: Hier liegen technologische Datenpotenziale der Verschlüsselung für zukünftige Weltmarktführer, die auch dem sensiblen Umgang mit Daten, den viele Demokratien an den Tag legen, zugrunde liegen. Ich fasse diesen Punkt mal als ‚Safetainty' zusammen."

Nicht zum ersten Mal an diesem Vormittag sahen ihn sechs Augenpaare fragend an. „Safetainty setzt sich zusammen aus ‚safety', Sicherheit, und ‚certainty', Gewissheit. Ursprünglich kommt das Wort aus dem Lateinischen und bedeutet sorglos, Sorge und Fürsorge. Und genau das ist die gesellschaftliche Pflicht einer demokratischen Wirtschaft. Fürsorge zu tragen für die unumstößliche Gewissheit, dass die

FUTURE ASSET SAFETAINTY.

Die zunehmende Sehnsucht nach Sicherheit vor dem Hintergrund von Krieg, Krankheiten wie Covid-19, aber auch sozialer Ungerechtigkeit bei gleichzeitig steigender Relevanz der Eigenverantwortung, veränderten Arbeitsverhältnissen und -anforderungen, Gefahren durch künstliche Intelligenz, Fluchtströmen und Migration, abnehmendem psychischen Rückhalt in der Familie, einem gefühlt rasanten Tempo von Veränderung allenthalben – das Future Asset Safetainty bezeichnet genau das.
Die Menschen fühlen sich trotz zunehmender Informiertheit durch die Digitalisierung nicht zwangsläufig sicherer. Insbesondere dann nicht, wenn sich Unsicherheitszonen verlagern, weg von klassischer Kriminalität, hin zu den beschriebenen Themen.
Viele Menschen sind der Meinung, dass sie in besonders unsicheren Zeiten leben.[65] Und empfinden soziale, materielle und physische Sicherheit als sehr wichtige Werte. Nicht zuletzt spielt hier auch der politische Vertrauensverlust hinein, der sich in Form von Politikverdrossenheit äußert.

Wichtiges Zukunftswissen.

FUTURE PRINT

Daten der Bürgerinnen und Bürger, mit denen sie arbeiten und Geld verdienen, sicher und letztlich damit auch ihre freiheitlichen Rechte und Pflichten gewährleistet sind."

Agora ließ ihren Blick in die Ferne schweifen. Dabei bemerkte sie, dass Robert Habeck, Justin Trudeau und der Thomie dabei waren, zurückzuschwimmen. Sie räusperte sich und sagte: „Lass mich noch einmal zusammenfassen, welche Erkenntnisse ich aus unserem Gespräch mitnehme. Jeder Wandel beginnt im Kopf. Die Menschen in demokratischen Ländern – Unternehmer, Manager, Bürgerinnen und Bürger – können anders als in autokratischen Staaten ‚NEIN!‘ sagen und trotzdem gewinnen. Die demokratische Wirtschaft ist gefordert, ihre Integrität nicht an ein totalitäres System zu verkaufen.[66] Sowohl die Politik als auch die Wirtschaft können von der wenig beliebten Planwirtschaft etwas lernen.“

Alle horchten auf.

„Sie können lernen, nämlich dass geballte Zielausrichtung sowie das konsequente Umsetzen der gemeinsamen Ziele elementar sind, um China mindestens einen Schritt voraus zu sein.“ Agora schöpfte kurz Luft, während Ben die Holzleiter einhängte, damit die Schwimmer wieder ins Boot kommen konnten. „Es gibt doch so gut wie keine staatlichen Konzepte, die sich auf globale wirtschaftliche Veränderungsprozesse, auch und gerade die der Zukunft, fokussieren. Oder sie sind zu ausführlich und schon veraltet, bevor es losgeht, weil die politischen Entscheidungsprozesse so lang dauern. Unternehmen, die innovativ und dynamisch sind und sich auf Zukunftschancen konzentrieren, können ihren geschäftlichen Erfolg messbar steigern. Das gilt auch für Regierungsplanung. Und wenn ich noch etwas hinzufügen darf, was ich aus den vielen Diskussionen in den Co-Labs mitgenommen habe: Weil wir alle Menschen sind, ist es wichtig, Erreichtes zu würdigen, gern auch mal zu feiern und immer wieder mit neuem Mut durchzustarten.“

„Alles, was ich von dir gehört habe, verifiziert eine weitere Hypothese, die wir noch gar nicht aufgestellt haben“, sagte Robert Habeck, während er sich abtrocknete. „Je weniger Vielfalt und Gleichberechtigung, desto schwächer sind Demokratien.“

„Das ist definitiv so, wie die demokratischen Erfolge der skandinavischen Länder belegen. Das haben wir ja im Co-Lab in Miami gesehen“, sagte Agora. Nach diesem Schlusswort ergriff sie Bens Arm, der ihr half, nach vorn auf den Beifahrersitz zu klettern. Jonas Gahr Støre folgte ihr, während Han Duck-soo auf dem offenen, vertieft gepolsterten und zu den Seiten geschützten Sonnendeck sitzenblieb, als sei er dort angewachsen. Er war wohl auch kein Bootsmensch.

„Gleich 12 Uhr", sagte Ben. „Das passt genau für ein frühes Mittagessen. Die anderen Teilnehmer sollten mittlerweile alle da sein." Er hielt die seitlich ausgestreckte Hand vor die Stirn und suchte das Wasser ab. „Sobald die anderen wieder an Bord sind, fahren wir zur Isola del Garda."

Agora nutzte den kurzen Moment der Ruhe, um noch einmal in ihrem Notizbuch zu checken, wer heute Nachmittag anwesend war.

Anthony Albanese, Premierminister Australien
Robert Habeck, Vizekanzler Deutschland
Micheál Martin, Premierminister Irland
Yair Lapid, Ministerpräsident Israel
Justin Trudeau, Premierminister Kanada
Jonas Gahr Støre, Ministerpräsident Norwegen
Ignazio Cassis, Bundespräsident Schweiz
Pedro Sanchez, Ministerpräsident Spanien
Naledi Pandor, Außenministerin Südafrika
Han Duck-soo, Premierminister Südkorea

Vorausgesetzt, auch die Politiker mit einer sehr weiten Anreise hatten es geschafft. Diese Runde am Gardasee war ohnehin viel kleiner als beispielsweise in Miami. Im Vorfeld hatte der brasilianische Präsident Jair Bolsonaro bereits abgesagt mit der Begründung, er sei im Wahlkampf und müsse sechs Wochen vor der Wahl Stärke demonstrieren. Agora sah ihn schon länger kritisch.

Mittlerweile waren auch die letzten beiden Schwimmer wieder angekommen. Trudeau und der Thomie stiegen ins Boot hoch, während die Wellen eines vorbeifahrenden Ausflugsdampfers das Boot erreichten. Agora verstaute in Windeseile ihr Notizheft, um sich mit einer Hand am Sitz und mit der anderen am Arm des norwegischen Ministerpräsidenten festzukrallen.

„Wir drei sind im Wasser zu einer interessanten Erkenntnis gekommen", sagte Robert Habeck, während er sich sein Shirt überzog. „Und die wäre?", fragte Jonas Gahr Støre. „Dass Hypothese 3 – Politiker in Demokratien sind erheblich zu abhängig von der Wirtschaft – falsch ist." „Ganz einfach", ergänzte Trudeau, „weil Wirtschaft und Politik Partner sind und in Zukunft noch viel stärkere Partner werden müssen."

Agora war froh, als Ben die Motoren startete und das Boot in Richtung Isola del Garda steuerte. Für dieses Treffen hatte Agoras Team die größte Insel am Gardasee, vor der Küste von San Felice del Benaco gelegen, für einen Tag gemietet. Nach einer sehr kurzen Fahrt würden sie die Insel erreichen, die seit fünf Generationen im Besitz der Familie Cavazza war. Agora sah die Insel schon. Und war froh, das schwankende Gefährt bald verlassen zu können. Die gute Alberta, wie Agora ihre mädchenhafte und ungezwungene Freundin, die Gräfin Cavazza, nannte, hatte, als Agora ihr von den Co-Labs erzählt hatte, sofort Himmel und Hölle in Bewegung gesetzt, um die Insel, die sonst über 20.000 Touristen pro Jahr besuchten, einen Tag lang exklusiv für sie zu reservieren. „Die Isola ist ganz nah an der Küste und doch entrückt. Der perfekte Ort also", hatte sie gesagt, „um euch eine andere Perspektive zu erlauben." Der Fahrtwind blies Agoras Kopf durch. Je näher sie der Insel kamen, desto spektakulärer wurde der Blick auf die von Felsen zerklüftete Insel, in deren Mitte eine herrschaftliche Villa stand, die Albertas Urgroßeltern 1890 im venezianischen Stil der Palazzi am Canale Grande erbaut hatten, wie ihre Freundin gern stolz erzählte. Von der Terrasse vor dem palastartigen Gebäude, das umgeben von Zypressen und üppigem, bis ans Ufer reichendem Grün war, musste man eine wunderbare Aussicht auf das Westufer des Gardasees haben. Mit jedem Meter, den sie sich dem klitzekleinen Hafen näherten, konnte Agora ihrer Freundin nur zustimmen. Die Insel war perfekt. Einziger Wermutstropfen: Wegen der vielen Flugverspätungen hatten sie bereits ein paar Stunden an diesem inspirierenden Ort verloren.

„Der israelische Premierminister Jair Lapid kann nicht teilnehmen", sagte der Thomie nach einem Blick auf sein Handy, „aufgrund der schlechten Wetterbedingungen." Wie ärgerlich, dachte Agora. Israel war ein junges, spannendes Land und hätte sicher etwas beizutragen gehabt. Das Boot schaukelte erneut. Agora bohrte ihre Hand fest in den Sitz. Nur noch ein paar Meter … Auf festem Boden würden alle, das hoffte Agora zumindest, ausreichend Standfestigkeit haben, um herauszufinden, was Demokratien jetzt zu tun hatten, um ihre Werte nicht nur im Angesicht des Ukrainekrieges zu verteidigen, sondern sie in eine erfolgreiche Zukunft zu führen.

Topic drei

Im Raum der Möglichkeiten

Agora schreckte von ihrer Liege hoch und sah sich um. Die Terrasse war leer, die lange Tafel abgeräumt. Wo waren alle? Jetzt dämmerte es ihr: Nach dem Mittagessen hatte sie auf einer der Liegen bloß ein paar Minuten die Füße hochlegen wollen und musste eingeschlafen sein. Gähnend rieb sie sich die Müdigkeit aus den Augen. Die Diskussion beim Lunch war spannend, aber auch erschöpfend gewesen. Zumal ihr die Mittagshitze etwas zugesetzt hatte. Sie schaute in den Himmel, der mittlerweile von zahlreichen Wolken überzogen war.

Ein Lächeln huschte über Agoras Gesicht, als sie an das Mittagessen und vor allem an das technische Equipment der Villa zurückdachte. Man hatte am Kopf der langen Tafel, an der sie aßen, eine klapprige Leinwand aufgebaut und auf der anderen Seite einen altmodischen Projektor. Bens leicht verzweifelter Blick angesichts der altertümlichen technischen Ausstattung war Gold wert gewesen. Vielleicht vermisste er ja jetzt die moderne und luxuriöse Villa in Miami. Die Gruppe war in eine angeregte Debatte geraten und zu dem Schluss gekommen, dass zwei wesentliche Faktoren zur Überwindung der allgegenwärtigen gesellschaftlichen Spaltung und zum Wiedererstarken von Demokratien beitrugen: Zum einen musste die Bevölkerung mehr teilhaben können an politischen Entscheidungen. Und zum anderen brauchte es steigenden Wohlstand für alle, nicht nur für die Privilegierten. Aber wie um Himmels willen ließen sich diese Forderungen zeitnah umsetzen? Im Sinne des demokratischen Verständnisses erforderte das doch Diskussion, Prüfung und genaues Abwägen. So etwas ließ sich nicht von gestern auf heute etablieren. Wohlstand war auch nichts, das man wie ein Kaninchen aus dem Hut zaubern konnte. Das alles brauchte Zeit! Die sie nicht hatten! Ein Kellner erschien und Agora bestellte einen Espresso. Sie suchte in ihrer Tasche nach dem Handy. Ah, eine Nachricht von

Ben: „Wir haben uns in kleine Gruppen aufgeteilt und sind im Opportunity Room unterwegs. Du findest uns im Garten."

Der Opportunity Room. Agora stöhnte. Wieder einer von Bens kreativen Ausdrücken, mit denen sie zunächst gar nichts anfangen konnte, auch wenn sie inzwischen zugeben musste, dass es ziemlich effizient ist, allem einen spezifischen Namen zu geben. Das sorgt für Eindeutigkeit und spart Zeit. „Seit Beginn der Co-Labs sammeln wir im Opportunity Room ungefiltert die in den Diskussionen aufgekommenen Lösungen, wie Demokratie wieder attraktiv, nachhaltig und vor allem zukunftsfähig werden kann", hatte er ihr vor dem Treffen erklärt. „Diese Ansätze sind noch nicht strategisch beleuchtet und auch noch nicht mit Markt- beziehungsweise Zukunftsforschung verifiziert. Aber sie sind es wert, noch einmal tiefer beleuchtet zu werden." „Dann sollten wir dieses Co-Lab auf der Isola del Garda doch eher Opportunity Island nennen." „Touché", hatte Ben mit einem Augenzwinkern erwidert.

Agora kramte Lippenstift und Handspiegel aus ihrer Tasche und zog sich die Lippen roséfarben nach. In der Zwischenzeit brachte der Kellner den Kaffee. Einen Ristretto, den zu klein geratenen Bruder des Espresso, den man in einem Schluck getrunken hatte. Das konzentrierte, nussig-bittere Aroma entfaltete sich in Agoras Mund und aktivierte ihre Lebensgeister. Es war ihr, als hätte sie gerade eine Portion Zuversicht konsumiert. Vielleicht fanden sich ja heute Nachmittag ein paar Lösungen für ihre Probleme. Also nichts wie auf in den neudeutschen Möglichkeitenraum! Sie machte sich auf den Weg.

Nachdem sie eine Weile im Park unterwegs gewesen war, stieß sie auf eine kleine Gruppe, die um einen Baum herumstand. Beim Näherkommen machte sie Justin Trudeau aus, Robert Habeck, Spaniens Ministerpräsidenten Pedro Sanchez, zwei Thomies, eine Frau und einen Mann, sowie Ben. Um die raue Rinde des Baumstamms war eine Schnur gewickelt, an der eine Schiefertafel hing, auf die etwas mit Kreide geschrieben stand: „Grundeinkommen für alle!“ Oh, entfuhr es ihr. Ausgerechnet dieses komplexe Thema, das die Menschen in Demokratien kontrovers diskutierten, musste hier zur Sprache kommen. Die Diskussion schien auch schon in vollem Gange.

„Ich mache mal eine kurze Summary, was wir besprochen haben“, sagte die Thomie. „In zahlreichen demokratischen Ländern gibt es Pilotprojekte zum Grundeinkommen: in Finnland, in den Niederlanden, in Nordirland, in Kanada, Kenia oder Brasilien, um nur ein paar zu nennen. Ziel dieser Projekte ist es, Daten und Erfahrungen zu sammeln, um die Machbarkeit und die Effektivität eines Grundeinkommens zu überprüfen. Es wurde aber meist nur in bestimmten Regionen zeitlich

BEDINGUNGSLOSES GRUNDEINKOMMEN.[67]

Ein fester Betrag unabhängig vom Einkommen für jeden, ein Leben lang jeden Monat vom Staat überwiesen – ohne dass Bürgerinnen und Bürger etwas dafür tun müssten. Sehr vereinfacht ist das die Idee des bedingungslosen Grundeinkommens (BGE oder englisch BIG). Bisher gibt es das nirgends auf der Welt. Einige Länder diskutieren und erproben jedoch Varianten des Grundeinkommens, die allerdings nicht bedingungslos sind, sondern den einkommensschwachen Bevölkerungsschichten zugestanden werden.
Unterschiedlichste Varianten werden diskutiert. Befürworter wollen den Sozialstaat damit einfacher und effektiver machen. Gegner halten das bedingungslose Grundeinkommen für ungerecht, sie glauben auch, dass es der Arbeitsmotivation schadet. Kontrovers diskutiert wird auch die Finanzierung eines solchen Modells und auf welche Höhe sich das bedingungslose Grundeinkommen belaufen sollte.

Aktuelles Hintergrundwissen.

FACT PRINT

befristet ausgetestet und war nicht bedingungslos, weil es für einkommensschwache Bevölkerungsgruppen galt."

Agora wusste um die Vorteile, aber auch die Nachteile des bedingungslosen Grundeinkommens: Armutsbekämpfung, Mindestsicherung für alle, berufliche Weiterentwicklung, Reduzierung von Bürokratie und insgesamt eine Stärkung der individuellen Lebensfreiheit waren die Pros. Auf der anderen Seite warf das Sozialmodell natürlich auch Fragen auf: Die Finanzierung war komplex und weltweit noch ungelöst. Es bestand die Sorge, ein bedingungsloses Grundeinkommen könne die Leistungsbereitschaft und die Produktivität der Bevölkerung schwächen. Und natürlich gab es da noch die Frage, wie gerecht es war, wenn auch diejenigen dieses Geld erhielten, die gar nicht darauf angewiesen waren.

„Zu welchen praktischen Ergebnissen sind die Pilotprojekte gekommen?", wollte Agora wissen. „Beim finnischen Projekt, das zwischen 2017 und 2018 landesweit stattfand, berichteten die dafür ausgewählten Teilnehmer, dass sich durch den geringeren finanziellen Druck ihre Lebensqualität und die psychische Gesundheit verbesserte. Der Arbeitsmarkt wurde nicht negativ beeinflusst, was man an den unveränderten Beschäftigungszahlen ablesen konnte", erklärte die Thomie. „Ähnliches zeigte sich in Kanada", ergänzte Justin Trudeau. „In den 1970ern gab es in der Stadt Dauphin das sogenannte Mincome-Projekt, bei dem einkommensschwache Familien finanziell unterstützt wurden. Die Gesundheit der Leute verbesserte sich ebenso wie das Bildungsniveau. Die Beschäftigungszahlen verringerten sich leicht, das lag aber auch daran, dass sich mehr Leute weiterbildeten."

Wenn Justin sprach, erinnerte er Agora manchmal an seinen Vater, der in den 1970ern und 1980ern 16 Jahre lang Premierminister in Kanada war. Schon als Kind saß Justin mit Politgrößen wie Reagan, Thatcher und Co am Esstisch. Es hieß, der frühere Präsident Nixon hätte ihm schon als Kind prophezeit, dass er mal Premierminister werden würde.

Agora hätte nie gedacht, dass das passieren würde. Denn als junger Mann war er Barkeeper und Türsteher gewesen und viel in der Welt herumgereist. Er hatte Tattoos und schien, wie es hieß, Cannabis nicht abgeneigt. Er war Hobbyboxer und hatte Literatur und Ingenieurswesen studiert. Keine klassische Politkarriere. Eher ein athletisch gebauter Rockstar unter den Politikern, dem der Pomp der Mächtigen jedoch fremd war. Agora erinnerte sich noch gut an die Trauerrede, die der damals 29-jährige Justin auf der Beerdigung seines Vaters gehalten hatte. „Ich liebe dich, Papa,“, sagte er damals, während er seinen Kopf auf den Sarg legte. Ein Mann, der Gefühle zeigen konnte. Mit 44 Jahren wurde Justin Kanadas Premier.

Der Thomie übernahm: „Im Pilotprojekt der Niederlande in Utrecht kamen die Teilnehmer zu dem Schluss, dass sie weniger Stress hatten und zufriedener mit ihrem Leben waren. Das bedingungslose Grundeinkommen schmälerte auch nicht die Bereitschaft, einer bezahlten Arbeit nachzugehen.“

„Insgesamt hängen die Auswirkungen eines Grundeinkommens natürlich stark von den konkreten Umsetzungsbedingungen ab“, sagte Pedro Sanchez. „Wir haben im Jahr 2020 ein Grundeinkommen eingeführt.“ Agora warf Sanchez einen überraschten Blick zu. So wie sie es verstanden hatte, war dieses spanische Grundeinkommen nur dem Namen nach ein solches. In der Umsetzung kam es eher einer Sozialhilfe gleich. Seit Sommer 2020 erhielten rund 2,5 Millionen bedürftige Menschen von insgesamt 50 Millionen etwa 500 Euro pro Kopf. Einen Anspruch hatte nur, wessen Einkommen unter 1.000 Euro lag. Mit dieser Maßnahme wollte die Regierung der wachsenden Armut entgegenwirken, aber ob es wirklich etwas brachte, war noch nicht klar.

Robert Habeck meldete sich zu Wort: „In Deutschland unterstützen laut Umfragen 50 Prozent der Menschen ein bedingungsloses Grundeinkommen. Die Befürworter sind eher jünger, gebildet, aber nicht sehr einkommensstark. Sie haben einen Sinn für Gerechtigkeit. Wir müssen

ROBOTIK UND KÜNSTLICHE INTELLIGENZ (KI).

Robotik kann als eine Disziplin der KI verstanden werden. Roboter sind demnach eine KI mit Körper. Die künstliche Intelligenz versetzt die Maschinen in die Lage, angemessen und vorausschauend zu agieren. Passiert etwas ohne Mitwirkung des Menschen, wird von Automatisierung gesprochen und die ist schon heute viel häufiger Realität, als viele glauben. Rasenmähroboter kommunizieren selbstständig mit der Bewässerungsanlage und bleiben stehen, solange der Rasen gesprengt wird. Automatisierung lässt Volkswirtschaften wachsen: Der globale Produktivitätszuwachs durch die Informations- und Datenverarbeitung Ende des letzten Jahrhunderts war doppelt so hoch als der durch die Einführung der Dampfmaschine. Automatisierung bringt dagegen bis zu sechsmal so viel.
Werden Menschen dann bald von Robotern beherrscht? Zutreffend ist, dass Technologie bereits heute einiges besser kann. Nehmen wir nur den Sieg künstlicher Intelligenz über den Schachweltmeister. Würde ein Mensch dagegen im Halma oder einem anderen banalen Spiel gegen denselben Roboter antreten, würde er kein einziges Mal gewinnen. Machen wir uns also klar, was die Technologie auszeichnet: Sie ist besser als wir, wenn es um jegliche Art von Mustern, also Regeln geht, die lassen sich berechnen. So bietet sie uns zahlreiche Vorteile, wie Verbesserungen im Gesundheitswesen, Umweltschutz, Bildung, autonome Mobilität und Energieeffizienz. Jedoch birgt sie auch erhebliche Risiken. Wenn es hingegen um die wichtigsten menschlichen Talente geht – kreative, soziale und emotionale Kompetenz –, wird uns mindestens in diesem Jahrhundert keine Maschine schlagen.

Aktuelles Hintergrundwissen.

FACT PRINT

dabei eines klar festhalten: Das Interesse am bedingungslosen Grundeinkommen nimmt in der Gesellschaft in den letzten Jahren auch zu, weil die Leute immer älter werden und die Digitalisierung voranschreitet. Das kann die Sozialsysteme zum Explodieren bringen. Wir brauchen dringend alternative Lösungen, damit für alle gesorgt ist. Ein bedingungsloses Grundeinkommen ist da nur ein Teil einer größeren Diskussion über die Pflicht der sozialen Sicherheit und das Recht auf Selbstbestimmung in Demokratien." Man merkte, stellte Agora wieder einmal fest, dass Habeck Übersetzer gewesen war und Kinderbücher geschrieben hatte. Seine Art zu reden war so klar und ungeschminkt. Gar nicht wie ein Politiker.

„Das ist genau der Punkt, Robert", warf die Thomie ein. „Roboter und KI, die fortscheitende Automatisierung wird in den kommenden Jahren große Herausforderungen für die internationalen Arbeitsmärkte darstellen." Alle Anwesenden nickten wissend.

„Hier laufen zwei parallele Entwicklungen ab", führte der Thomie weiter aus. „Zum einen brauchen viele Länder in Zukunft immer mehr Fachkräfte. Und zum anderen werden die Menschen in Zukunft anders über Roboter denken als heute. 2050 sind sie nicht mehr Science-Fiction oder etwas, das nur in Fabriken gebraucht wird. In 25 Jahren werden Roboter in unserem Alltag ganz normal sein, auch wenn sie ganz anders aussehen, als wir uns das heute vorstellen, weil ihre Form der spezifischen Funktion folgen wird. Heute denken viele an künstliche Menschen. Diese fast kindliche Vorstellung dient oft der Bekämpfung von diffusen Ängsten rund um das Thema Automatisierung – erreicht damit aber nicht selten genau das Gegenteil: noch größere Verunsicherung."

„Und genau da kommt das bedingungslose Grundeinkommen in Spiel", ergriff Ben das Wort. „Wenn die Menschen Zukunftstechnologien nicht als Bedrohung fürchten, weil sie sich keine Sorgen um die Sicherung ihrer finanziellen Existenz machen müssen, sind sie eher bereit, sich für Innovationen zu öffnen. Denn es ist ja nicht so, dass künstliche Intelligenz und all die anderen Zukunftstechnologien uns alle wegrationalisieren. Auch in Zukunft werden Arbeitskräfte gebraucht, aber in ganz anderen Berufen, als wir es uns heute vorstellen. Die traditionellen Berufe, die es in 20 Jahren noch gibt, werden durchschnittlich nicht mehr acht, sondern nur noch drei Stunden Arbeit erfordern. Die Welt steht auch heute wieder vor großen Herausforderungen – wie schon einmal zu Zeiten der Industriellen Revolution vor über 200 Jahren, als Maschinen die Art und Weise, wie wir arbeiten, zum ersten Mal grundlegend veränderten. Erstens müssen wir eine Übergangszeit überbrücken, in der alte Berufe wegfallen und die neuen noch nicht existieren. Manche Menschen können und wollen den Transformationsprozess vielleicht auch nicht mitmachen. Und zweitens müssen wir finanzieren, dass Menschen vielleicht nicht mehr so viel arbeiten werden wie früher. Aber eines bleibt für die nächsten hundert Jahre sicher: Der Mensch wird in der Arbeitswelt der Zukunft gebraucht. Überall dort, wo KI-Software in den Arbeitsplatz integriert wird, bildet er ein Team mit Maschinen."

An Pedro Sanchez' düsterem Blick konnte Agora ablesen, dass er nicht überzeugt war. Absolut verständlich angesichts der Arbeitslosenquote von fast 13 Prozent, der höchsten in der gesamten Europäischen Union.

„Die Zukunft der Arbeit wird", versuchte Agora, die sich an die Diskussion darüber in Miami erinnerte, zu beschwichtigen, „von einer Kombination aus zwei Faktoren geprägt sein: Kreativität und Soziabilität. Für die Politik bedeutet das, für Aufklärung zu sorgen und zu informieren. Wir Menschen werden weiterhin die Nase vorn haben, wenn es ums Regelbrechen geht. Und die Kreativität potenziert sich über Soziabilität! Gemeinsam machen wir Ideen besser. So wie jetzt gerade. Oder?"

WAS SIND ZUKUNFTSTECHNOLOGIEN?

Hierunter werden nicht nur künstliche Intelligenz und Robotik verstanden:

- Conscious Technologies befassen sich mit der Konstruktion eines Systems, das zu einem System mit Bewusstsein führen würde.
- Synthetische Biologie, also die Schaffung biologischer Systeme, die in der Natur nicht vorkommen. Ein praktisches Beispiel ist der Einsatz von modifizierter mRNA als Impfstoff zur Bekämpfung des COVID-19-Erregers.
- 4D-Druck, ein Prozess, bei dem Material schichtweise aufgetragen wird, um dreidimensionale Objekte zu erstellen, die auf sensorische Reize wie Wasser, Wärme, Vibrationen oder Schall reagieren und sich dadurch bewegen oder verformen.
- Nanotechnologie ist ein Sammelbegriff. Sie hilft beispielsweise, Krankheiten schneller zu erkennen, Medikamente effizienter an den Zielort im Körper zu transportieren oder die Verträglichkeit von Implantaten zu verbessern. Effekte, wie sie viele Nanotechnologien nutzen, kommen häufig in der Natur vor. Das bekannteste Beispiel ist der Lotoseffekt, durch den die Haftung von Schmutzpartikeln minimiert wird.
- Cyborgs sind Menschen, deren Körper dauerhaft durch maschinelle Bauteile ergänzt werden. Ob Gehirnchips und Handimplantate, die zuvor Gelähmte wieder sprechen lassen oder die Fahrkarte für die schwedische Reichsbahn ersetzen: Es geht darum, mit Hightech unseren Körper und unseren Verstand zu optimieren.
- Quantencomputing beschreibt Computer, die millionenfach schneller als herkömmliche sind, da sie Rechenprozesse nicht nacheinander, sondern gleichzeitig durchführen.

Aktuelles Hintergrundwissen.

FACT PRINT

„Aufklärung ist eines“, sagte Justin Trudeau. „Aber es braucht auch finanzielle Auffangnetze, um die Verunsicherung und Angst in der Bevölkerung zu überwinden. Müssen wir als Demokratien nicht Sorge dafür tragen, dass diejenigen, die bereits heute und morgen von der Automatisierung betroffen sind, nicht durchs soziale Raster fallen?“ Alle stimmten ihm zu. „Das Grundeinkommen hat noch einen wichtigen Aspekt“, brachte sich Habeck erneut ein. „In Ländern mit Sozialleistungen wie Arbeitslosengeld gehen solche staatlichen Zahlungen oft mit gesellschaftlicher Stigmatisierung einher. Die Betroffenen können aber nichts für ihre Situation, wenn sie der Fortschritt dorthin gebracht hat. Da muss der Staat, die Gesellschaft mit innovativen Lösungen helfen.“

„Das bedeutet aber doch im Umkehrschluss“, argumentierte die Thomie, „dass es ein Grundeinkommen für alle sein muss und nicht nur für sozial schwächer Gestellte. Bedingungen graben eine Gerechtigkeitslücke und spalten die Gesellschaft weiter. Ein bedingungsloses Grund-

NEUE BERUFE.

In den nächsten 25 Jahren werden so viele neue Berufe entstehen wie in den letzten 250 Jahren nicht. Sie werden mehr als nur die verlorenen Arbeitsplätze ausgleichen.[68] Ein Äquivalent von 300 Millionen Vollzeitarbeitsplätzen wird zuvor durch künstliche Intelligenz ersetzt. Automatisierbare Tätigkeiten verlieren an Bedeutung. Nicht automatisierbare hingegen werden wichtiger oder es kommen neue hinzu. Es gilt also zu unterscheiden, ob ein Beruf nur transformiert wird, sich also verändert, oder ganz entfällt. Neue Berufe, die hinzukommen, sind beispielsweise:

Wichtiges Zukunftswissen.

FUTURE PRINT

- *Agritechnicians*, also auf den Agrarsektor spezialisierte Hightech-Experten. Bisher richtete der Sektor sich an Mengenwachstum aus. Die bisherige großflächige Ausbringung von Pflanzenschutzmitteln wird durch Hightech ersetzt, die das individuelle Wohlergehen der Pflanze misst und sicherstellt.
- Der *Data Scientist*, wörtlich „Datenwissenschaftler". Gibt es bei einer Windkraftanlage Probleme, sind Daten von vielen gleichen Anlagen sinnvoll, die zusammengestellt und ausgewertet werden.
- *Prompt Engineers*, wörtlich „Schnelle Ingenieure". Sie können Befehle an eine KI so zielgerichtet eingeben, dass die Maschine die optimalen Ergebnisse liefert.
- *Waste Designers*, also Menschen, die aus Abfällen oder nutzlosen Stoffen hochwertige Produkte konzipieren. Im Zuge der an Bedeutung gewinnenden Kreislaufwirtschaft wird in diesem Beruf, der sich kreativ mit Produktionsprozessen auseinandersetzt, dafür gesorgt, dass es erst gar nicht zur Produktion von zu viel unnötigem Müll kommt. Der Beruf ist somit an der Schnittstelle zwischen Industriedesign, Ingenieur- und Materialwissenschaften angesiedelt.
- *Remote Surgeons*, also Mediziner, die über weite Distanzen mithilfe von Robotern und Kameras Operationen durchführen (computer-assistierte Chirurgie).
- *Prevention Experts* werten umfangreiche Datenbestände aus und beraten Ärztinnen, Therapeuten und Patienten. Präventionsexperten sind Teil der Computermedizin, die KI-Methoden nutzt.
- *Drohnenpiloten*, an Bord oder in der Steuerungszentrale.
- *Simplifyer* kümmern sich um die Vereinfachung betrieblicher Abläufe.
- *Consent Manager*, der Einwilligungen von Kunden zur Verwendung ihrer Daten managt, Anfragen steuert und klärt, welche Einwilligungen dem Unternehmen erteilt werden. Ein hochrelevanter Job, denn 2050 wird der Einzelne den Wert seiner Daten gewinnbringend nutzen.[69]

einkommen hingegen bringt sie zusammen. Gemeinschaft geht nur, wenn alle Zugang haben. Denkt nur an das 9-Euro-Ticket für den öffentlichen Nah- und Fernverkehr, das Deutschland im Juni, Juli und August 2023 anbot. Da saßen Menschen allen Alters, unterschiedlichster Herkunft und sozialer Stellung zusammen im Regionalzug. Das verbindet, statt zu trennen."

„Man darf vor allem auch nicht vergessen", fügte ihr Kollege hinzu, „dass künstliche Intelligenz in kürzester Zeit Jobs völlig überflüssig macht, wie einen Bus-, Bahn- und Taxifahrer, oder den Jobinhalt erheblich verändern kann, wie etwa beim Rechtsanwalt, dessen Schriftstückerstellung durch KI erleichtert und dessen Verfahren dadurch erheblich beschleunigt werden. Deshalb müssen wir Lösungen finden, damit sich alle Menschen angesichts dieser Herausforderungen gesehen fühlen."

„Für ein bedingungsloses Grundeinkommen spricht auch", führte Habeck aus, der noch auf dem Grünen-Bundesparteitag Ende vorletzten Jahres gegen die Mehrheit der Delegierten gegen das bedingungslose Grundeinkommen votiert hatte, „dass wir damit die Sozialsysteme entschlacken könnten. Ein universelles Tool löst bürokratische Hürden auf. Die Bedingungslosigkeit könnte auch die Innovationskraft eines Landes beflügeln. Wer finanziell grundgesichert ist, muss sich nicht vorrangig auf Bezahlung konzentrieren, sondern kann beruflich neue Wege einschlagen und die eigenen Talente einbringen."

Agora sah auf die Uhr. Wenn sie noch andere Diskussionen mitbekommen wollte, musste sie dringend weiter. Aber dieser Punkt war gerade zu wichtig, denn eines hatten die anwesenden Politiker und auch die Thomies noch nicht genannt: Selbstbestimmung. „Wenn mit einem bedingungsloses Grundeinkommen die Grundbedürfnisse unabhängig von Arbeit gedeckt werden", sagte sie, „gibt das den Menschen mehr Freiheit, wie sie ihr Leben gestalten. Vielleicht würden sich auch mehr Leute, als wir glauben, gesellschaftlich einbringen, in der Kommunalpolitik oder in einem Ehrenamt zum Beispiel." Sie schaute zu Sanchez und setzte hinzu: „Aber knapp 500 Euro pro Monat, wie ihr euer Grundeinkommen angesetzt habt, werden dafür nicht ausreichen."

„Wie hoch sollte ein bedingungsloses Grundeinkommen sein?", wollte Trudeau von dem Thomie wissen. „Ein realistischer Betrag würde voraussichtlich bei 2.000 Euro pro Monat liegen."

Das war eine Ansage! Alle schwiegen. Auch Agora musste einmal tief durchatmen, bevor sie sagte: „Wie um Himmels willen soll sich das denn realisieren lassen?" Sie checkte erneut die Uhrzeit. „Vielen Dank an alle. Ich muss jetzt weg. Aber ihr solltet dringend über die Finanzierung sprechen."

Agora war fast ein wenig erleichtert, diesem Teil des Gesprächs nicht mehr beiwohnen zu müssen. Sie war bereits einige Minuten durch den Park gelaufen, als sie auf eine weitere Tafel stieß. Darauf stand: „Überalterung der Gesellschaft". Immer mehr alte Menschen – das war weltweit ein Problem, mit dem sie sich nur ungern beschäftigte. Vielleicht durfte man es ihr angesichts ihres hohen Alters nachsehen, wenn sie das Thema etwas zu persönlich nahm. Aber wegschauen half ja nichts. Bis ins Jahr 2100 würde, wie Hochrechnungen zeigten, der Anteil der über 65-Jährigen in Europa, Nordamerika und Asien auf rund 30 Prozent ansteigen. Da konnte es sie nur wenig trösten, dass China beim Medianalter im Jahre 2050 an der traurigen Spitze liegen würde. Überalterung in Demokratien hatte nicht nur Folgen für die Sozialsysteme, sondern auch für die Wahlergebnisse. In vielen Ländern machten wahlfreudige Ältere die Mehrheit der Wählerinnen und Wähler aus. Bevölkerungsschichten mit geringerer Schulbildung und niedrigem Einkommen hingegen gingen seltener wählen. Das Wort Seniorendemokratie schoss ihr durch den Kopf. Mist, ausgerechnet diese Diskussion hatte sie verpasst. Auf einmal raschelte es hinter dem Baum, an dem die Tafel hing, und Agora bemerkte, dass jemand an der hinteren Seite des Stammes lehnte.

„Hallo?“, rief sie und im nächsten Moment stand Han Duck-soo vor ihr, der sich tief vor ihr verbeugte, während er sein Handy in die Hosentasche steckte. Der südkoreanische Premierminister war ein etwas steifer Politiker, der seinem Land bereits vier Jahrzehnte lang unter verschiedenen Administrationen diente, als Botschafter in den USA, als Finanzminister und in zwei Amtszeiten als Premier. Man sagte ihm nach, er sei mit Joe Biden befreundet. Zwei alte Herren, dachte Agora, und bekam ein schlechtes Gewissen, weil sie ja auch nicht mehr die Jüngste war.

Der südkoreanische Premier wirkte etwas blass um die Nase. Agora musste an ein paar kritische Stimmen denken, die ihn zum Zeitpunkt seiner Ernennung zum stellvertretenden Premierminister als „farblos“ bezeichneten. Damals hatte er sehr schlagfertig gekontert, er sei ein Beamter der Blutgruppe 0 in einem Land der Blutgruppe 0, der die Rolle eines Katalysators spiele und die Aktivitäten der Wirtschaftsakteure hinter den Kulissen unterstütze.

„Wir sind hier fertig“, sagte er mit ernster Miene. „Im wahrsten Sinne des Wortes.“ „Habe ich was verpasst?“, fragte Agora, weil es ihr komisch vorkam, dass Han Duck-soo nicht wie sonst lächelte. „Das kann man wohl sagen.“ „Dein Fazit?“, hakte sie nach. „Demokratie wird in doppelter Hinsicht immer älter. Nicht nur in Jahren, auch was das Alter der Bevölkerung angeht.“ „Und?“, fragte Agora, auch wenn sie bereits wusste, warum das ein Problem war. „Die Kombination aus niedriger Geburtenrate und steigender Lebenserwartung. Südkorea hat eine der am schnellsten alternden Gesellschaften der Welt. Die Regierung hat aber bereits einige Maßnahmen ergriffen, um die sozialen Auswirkungen einer alternden Gesellschaft zu bewältigen.“

Agora horchte auf, während Han Duck-Soo aufzuzählen begann: „Erstens: finanzielle Anreize, etwa Steuervergünstigungen und gute Elternzeit-Regelungen, um Geburten zu fördern. Zweitens: Erhöhung des Rentenalters, um den Arbeitskräftemangel zu dämpfen. Drittens: Erleichterung der Migration von ausländischen Arbeitskräften. Viertens: Förderung innovativer Technologien, um die Produktivität zu erhöhen. Stichwort künstliche Intelligenz und Robotik. Und fünftens: Verbesserung der Arbeitsbedingungen für Frauen, also Vereinbarkeit von Familie und Beruf sowie breiteren Zugang zum Arbeitsmarkt."

Das wurde auch Zeit, dachte Agora. Denn sie hatte gehört, dass die Sorge unter den Südkoreanerinnen groß war, es könne für sie, seit Yoon Suk-yeol 2022 zum Präsidenten gewählt worden war, zurück an den Herd gehen. Ihm eilte der Ruf eines Misogynisten voraus, der den Feminismus für die niedrige Geburtenrate des Landes verantwortlich mache. Schon im Wahlkampf argumentierte er, das Gleichstellungs-Ministerium abschaffen zu wollen, weil es zu frauenfreundlich sei. Agora schüttelte den Kopf. So weit war es glücklicherweise nicht gekommen. Dafür litt der Frauenanteil im südkoreanischen Parlament, der unter sechs Prozent lag. War hier ein Populist mit einem überholten Gesellschaftsbild an der Macht? Aber das konnte Agora den Premierminister, den Präsident Yoon ernannt hatte, schlecht fragen.

Wie bringt man wieder mehr Menschen an die Wahlurnen? Ist die Wahlpflicht vielleicht eine Lösung? In Australien funktionierte das, wie der australische Premier Anthony Albanese beim Mittagessen erzählt hatte. Die Wahlbeteiligung in seinem Land lag bei rund 90 Prozent. Wer nicht wählen ging, musste eine Geldstrafe von etwa 20 Dollar bezahlen. Blieb man wiederholt fern, war sogar mit einer Gefängnisstrafe zu rechnen. Der Gedanke war verführerisch, aber wäre Ben jetzt gerade hier gewesen, hätte er vermutlich gefragt: Ist Zwang wirklich der demokratische Königsweg, um die politische Wahlmöglichkeit einer demokratischen Gesellschaft repräsentativ abzubilden? Du hast recht, antwortete Agora ihm in ihrem fiktiven Dialog. Es musste andere Wege geben, mehr Menschen und vor allem Jüngere zum Wählen zu bringen.

„Würde es etwas bringen, das Wahlalter, das ja in den meisten Demokratien bei 18 liegt, auf 16 zu senken?" Han Duck-soo schüttelte den Kopf. „Das mag eine Aufmerksamkeitsleistung sein. Da würden junge Leute sagen: ‚Hey, da geht es mal um uns.' Aber die Thomies haben vorgerechnet, dass das die gesamte Wahlbeteiligung nicht signifikant erhöhen würde, weil ja das Durchschnittsalter stetig zunimmt. Weil wir aber gelernt haben, wie wichtig die Economies of Emotion sind, sollte es dennoch kommen." „Okay, aber was ist dann die Lösung?", wollte Agora wissen. „Die Politik muss dafür sorgen, dass junge Menschen sich als Teil der Gesellschaft verstehen, dass sie sich gesehen fühlen und politisch aktiver werden. Auch über die Digitalisierung." Das Handy des südkoreanischen Premierministers läutete. Er trat ein wenig zur Seite und begann mit leiser Stimme auf Koreanisch zu sprechen.

Agora ließ sich Han Duck-soos letzten Satz durch den Kopf gehen, der ihr aus dem Mund eines Mannes, der auf die 75 zuging, irgendwie ironisch erschien. Wieso gab es eigentlich so wenig junge Premierminister und Präsidenten? Brauchte es für die politische Führungsarbeit eine gewisse Reife? Sie überschlug kurz im Kopf, dass gut zwei Drittel der Lenker in den Top-30-Demokratien über 50 Jahre alt waren. Sanna Marin, die finnische Premierministerin, war eine der wenigen Ausnahmen – nicht nur als Frau auf diesem Posten, sondern auch, weil sie noch nicht einmal 40 war. Für ihren Lebensstil im Privatleben, sie hatte ausgelassen Partys gefeiert und auch Alkohol getrunken, wurde die Politikerin vor allem von der konservativen Opposition gerügt. In den sozialen Medien hingegen schwappte eine internationale Welle der Solidarität mit Marin hoch. Unter dem Hashtag #solidaritywithsanna teilten Frauen ihre Partyclips. Hatte sie aber auch national genug Unterstützer? US-Präsident Joe Biden hingegen war der weltweit älteste Amtsinhaber und so wie es aussah, würde er bei der nächsten Wahl im Jahr 2024 noch einmal antreten. Dann wäre er 82 Jahre alt. Weil er in unsicheren Zeiten Beständigkeit und Standfestigkeit ausstrahlte, hatten ihn 2020 trotz seines Alters viele gewählt. Aber reichte Stabilität aus, um die Demokratie zukunftssicher zu machen? War er die demokratische Alternative für Wählerinnen und Wähler zu Trump, wenn der denn Kandidat werden würde? Was dachte ein über 80-Jähriger über die Zukunft, über Metaverse und künstliche Intelligenz und was ein 30-Jähriger? Agora hatte ja selbst Mühe, allen innovativen Themen die nötige Aufmerksamkeit zu widmen. Wie also stellten die politischen Leader sicher, die jungen Generationen, ihre Bedürfnisse und ihre Probleme zu verstehen, auf deren Zukunft ihre Arbeit ja auch einzahlte? Das alles wollte Agora den südkoreanischen Premierminister fragen, wenn er endlich sein Telefonat beenden würde. Doch kaum hatte Han Duck-soo aufgelegt, verbeugte er sich mit einem „Ich bitte um Verzeihung!“ vor Agora und eilte mit den Worten „Mein Flug geht in zwei Stunden“ davon.

Agora sah ihm hinterher. Wo sollte sie als Nächstes hingehen? Sie sah sich im Garten um, aber weit und breit war kein Mensch zu sehen. Einzig vom Ufer her vernahm sie ein paar Stimmen. Auf Verdacht lief sie in diese Richtung und stieß nach ein paar Hundert Metern auf eine weitere Gruppe. „Mehr Mitbestimmung“ stand auf der Tafel, die am nächstliegenden Baum befestigt war.

„Die Schweiz ist von allen Demokratien das einzige Land mit so weitreichender direkter Demokratie“, hörte sie beim Näherkommen einen der beiden anwesenden Thomies sagen. „Warum ist das so?“

„Das beantworte ich gern“, griff der Schweizer Bundespräsident Ignazio Cassis die Frage auf. Die Schweizer Regierung bestand, wie der aus dem italienischsprachigen Tessin stammende Politiker den Anwesenden beim Nachtisch erklärt hatte, aus einem Bundesrat mit sieben Mitgliedern. Der Bundespräsident, jeweils für ein Jahr gewählt, hatte den Vorsitz, das aber als Primus inter pares, als Erster unter Gleichgestellten, wie er es formulierte. Und 2022 hatte Ignazio dieses Amt inne.

DIREKTE DEMOKRATIE.

Erhalten die Bürgerinnen und Bürgern eines demokratischen Landes neben der Entscheidung, Vertreter in politische Ämter zu wählen, die Möglichkeit, aktiv an politischen Entscheidungsprozessen teilzuhaben, nennt man das Direkte Demokratie. In einigen Ländern gibt es direktdemokratische Elemente (zum Beispiel Liechtenstein, Italien, Deutschland, in vielen Staaten der USA), die aber oft nicht sehr ausgeprägt beziehungsweise thematisch oder regional eingeschränkt sind und keine große Rolle im politischen Leben der Bevölkerung spielen. Die Schweiz ist das einzige Land, in dem die Stimmberechtigten regelmäßig in allen wichtigen politischen Fragen und auf nationaler, regionaler und lokaler Ebene abschließend entscheiden können. Die Mehrheit des Schweizer Volkes erachtet die Direkte Demokratie als wichtigen Teil der politischen Kultur ihres Landes. Die Instrumente der Direkten Demokratie sind:

- obligatorische und freigestellte Volksabstimmungen, um über Gesetze, Verfassungsänderungen und andere Themen zu entscheiden;
- Referenden, um über bereits beschlossene Gesetze beziehungsweise Entscheidungen abzustimmen, sofern eine ausreichende Anzahl der Bürger das Referendum unterstützt;
- Volksinitiativen, um eigene Gesetzesvorschläge einzubringen, wenn eine bestimmte Anzahl von Befürworter-Unterschriften vorliegt.

Aktuelles Hintergrundwissen.

FACT PRINT

„Die Schweiz hat eine historisch gewachsene politische Tradition, was die freie Selbstverwaltung der Gemeinden angeht", erklärte Cassis. „Wir sind eine Konsensdemokratie und gewissermaßen geprägt von Volksversammlungen und Abstimmungen." „Was sind für dich die Vorteile der Direkten Demokratie?", fragte eine Thomie. „Ganz eindeutig die aktive Beteiligung der Bürger am politischen Prozess. Mitwirken zu können stärkt das Vertrauen in die politischen Institutionen, weil die verschiedenen Interessen des Volkes breiter berücksichtigt werden können. Diese Unmittelbarkeit legitimiert die politischen Entscheidungen."

Eine breite Beteiligung am politischen Prozess war Agoras lang gehegter Traum. Direkte Demokratie hatte die Kraft, Aussagen wie „Man kann ja doch nichts machen" oder „Die da oben tun, was sie wollen" im Keim zu ersticken. Aber in der Realität war eine Zuschauer-Demokratie leichter zu bewerkstelligen als eine Mitmach-Demokratie. Dennoch sprach vieles für die Direkte Demokratie, nicht zuletzt die Tatsache, dass die Schweiz sich immer auf den ersten Rängen im Demokratieindex befand, 2021 auf Platz 10.

„Aber es gibt auch Nachteile", sagte Anthony Albanese, der erst seit ein paar Monaten im Amt war. Agora kannte ihn noch kaum, wusste nur, dass er bereits über 25 Jahre in der Politik war, der Arbeiterschicht entstammte und als uneheliches Kind aufwuchs. Seine Mutter war alleinerziehend gewesen, weil sein Vater bei einem Autounfall starb, noch bevor Anthony geboren war. Heute war Alleinerziehung nicht mehr außergewöhnlich, aber im Australien der 1960er-Jahre durfte das nicht leicht gewesen sein. In Interviews erzählte er manchmal, dass seine Mutter alles daransetzte, ihm eine bessere Zukunft zu ermöglichen. Und das war der Mutter des australischen Premierministers auch gelungen.

„Ich würde nicht Nachteile, sondern eher Herausforderungen sagen wollen", antwortete Cassis. „Erstens müssen wir die Bevölkerung aufklären." Er hob zur Bekräftigung den Daumen seiner linken Hand. „Es braucht also ausreichend und leicht verfügbare Informationen, damit die Leute eine fundierte Entscheidung treffen können. Zweitens“, nun hob er den Zeigefinger, „muss sichergestellt werden, dass aktive Interessengruppen die Stimmberechtigten nicht zulasten von Minderheiten beeinflussen.“

Albarese nickte mit nachdenklicher Miene. „Für Australien kann ich mir das nur schwer vorstellen. Wir sind ein Einwanderungsland. Jeder vierte Australier ist im Ausland geboren. Etwa 2,5 Prozent der Bevölkerung sind Aborigines. Ich bezweifle, dass sich die Vielfalt mit Direkter Demokratie abbilden lässt.“

„Das halte ich für kein Argument dagegen“, konterte Cassis. „Denn die Schweiz ist ebenfalls vielfältig geprägt, sprachlich, ethnisch und religiös. Wir haben zum Beispiel vier Sprachregionen: die deutsche, französische, italienische und rätoromanische Schweiz. Und trotzdem funktioniert es. Im Kern stärkt die Direkte Demokratie aufgrund des Bürgerengagements nicht nur das Gemeinwesen, sondern auch die Gemeinschaft. Und das wiederum wirkt sich positiv auf die Lebenszufriedenheit aus.“

„Dabei muss man aber bedenken“, wandte Agora ein, „dass die Schweiz ein kleines Land mit weniger als neun Millionen Einwohnern ist. Wie soll Indien das Mit-

WARUM DEMOKRATISCHE MITWIRKUNG GLÜCKLICH MACHT.

Es gibt einen Zusammenhang zwischen Glück und Demokratie. Der Glückseffekt ist in Ländern am nachhaltigsten, wo die Bevölkerung direkt am demokratischen Prozess beteiligt ist – wie zum Beispiel in der Schweiz. Je größer der direktdemokratische Anteil, desto höher die gefühlte Lebensqualität.[70]

Aktuelles Hintergrundwissen.

FACT PRINT

entscheiden logistisch bewältigen?" „Das ist richtig", bestätigte Cassis. „Die praktische Umsetzung ist in der Tat nicht ganz einfach. Vier Abstimmungstermine pro Jahr, neben den klassischen Wahlen, erfordern eine Menge Logistik, Ressourcen und Infrastruktur. Wie das in Indien gehen soll, weiß ich nicht. Aber ich würde sagen, dass uns die Digitalisierung hier in die Hände spielt." „Das stimmt", ergänzte eine der Thomies. „Wir sehen in der wachsenden Akzeptanz von Technologie eine große Chance für eine E-Partizipation bei politischen Entscheidungen."

„Aber viele wollen doch gar nicht so eng am politischen Prozess beteiligt sein", wandte Albanese ein. „Das stimmt und zeigt sich auch in der Schweiz. Nicht selten nimmt nur die Hälfte der Stimmberechtigten an Abstimmungen teil. Dennoch scheint die Wahlfreiheit über die Abstimmung hinaus zu bewirken, dass die Bürger sich mehr als Teil des Ganzen verstehen."

Aufklärung war die Herausforderung, die Agora am schwersten zu bewältigen schien. Der Staat musste dann ja nicht nur sicherstellen, dass alle Bürgerinnen und Bürger über die wesentlichen Argumente für und gegen eine Abstimmung informiert wurden, sondern auch, dass sie sich für das, was entschieden werden

FUTURE ASSET TECCEPTANCE.

Das Vertrauen in Algorithmen steigt, nicht nur am Arbeitsplatz. Schon in naher Zukunft wird die Integration technologischer Innovationen in menschliche Lebenswelten völlig normal sein. Dinge sind smart, miteinander vernetzt und können intuitiv durch Sprache, Gestik und Gedanken gesteuert werden. Technologien, die wir morgen als Wearables an uns tragen, werden wir übermorgen in uns tragen können. Der Grund dafür besteht in der zunehmenden Akzeptanz, faktischem Nutzen sowie dem Gewinn an Lebensqualität.

Wichtiges Zukunftswissen.

FUTURE PRINT

sollte, interessierten. Das war ein elementarer Punkt. Agora machte sich eine gedankliche Notiz, darüber noch einmal mit Ben zu sprechen. Wo war er überhaupt abgeblieben?

„Aber wenn nur die Hälfte der stimmberechtigten Bevölkerung an einer Abstimmung teilnimmt“, entgegnete der australische Premierminister, „spiegelt das doch nicht mehr das breite Spektrum der Bevölkerung wider.“

„Ich denke doch“, antwortete Cassis. „Denn jeder Bürger und jede Bürgerin hat die Wahl, eine Entscheidungsfreiheit und die Verantwortung für das eigene Handeln. Zudem haben die Wahlergebnisse oft ihre eigene Aussagekraft. Nehmen wir zum Beispiel die Abstimmung über das Grundeinkommen im Jahr 2016, initiiert durch die engagierte Volksinitiative ‚Für ein bedingungsloses Grundeinkommen‘. Sie forderte die Einführung eines bedingungslosen Grundeinkommens, um der Schweizer Bevölkerung ein menschenwürdiges Dasein zu ermöglichen, und zwar unabhängig von einer Erwerbsarbeit. Die Initiative forderte pro Kopf eine monatliche Summe von 2.500 Schweizer Franken, das entsprach damals etwa 2.600 Dollar. Eigentlich eine gute Sache. Bundesrat und Parlament empfahlen die Ablehnung der Initiative, weil sie Sorge hatten, die ‚Einführung des bedingungslosen Grundeinkommen könnte die Schweizer Wirtschaft und das System der sozialen Sicherheit‘[71] überlasten. Knapp die Hälfte der Schweizerinnen und Schweizer haben sich damals an der Abstimmung beteiligt. Aber das Ergebnis war trotz der geringen Wahlbeteiligung deutlich: Rund 77 Prozent lehnten die Initiative ab.“ Er machte eine kurze Pause, dann fügte er hinzu: „Man darf hier allerdings nicht vergessen, dass wir ein wohlhabendes und stabiles Land sind. Dennoch ist Direkte Demokratie kein Allheilmittel. Es stimmt nicht, wie in Hypothese 7 behauptet, dass Direkte Demokratie die Probleme der Demokratie löst. Wie viele andere demokratische Länder steht auch die Schweiz vor Herausforderungen: Umweltprobleme, steigende Lebenshaltungskosten, Fachkräftemangel, Migration, eine alternde Bevölkerung und so weiter. An dem Punkt sollten wir uns eher fragen, ob Hypothese 6 richtig oder falsch ist: Menschen fühlen sich in repräsentativen Demokratien nicht mehr repräsentiert. Der Demokratie fehlt damit Legitimität. Meiner Meinung nach ist das nicht so. Was meint ihr?"

Alle in der Gruppe schüttelten vehement den Kopf, auch Agora. Cassis' Anmerkung stieß in der Gruppe auf ein klares Votum. Hypothese falsifiziert. „Und warum?" fragte Agora. „Weil auch die repräsentative Demokratie viele Vorteile hat", antwortete Albanese. „Das muss ich ja nicht näher erläutern."

„Es ist sicher ein gangbarer Weg für mehr Zufriedenheit unter der Bevölkerung, sie mehr an den politischen Prozessen zu beteiligen", meldete sich Albanese erneut zu Wort. „Aber es muss auch Mittel und Wege geben, das mit einer repräsentativen Demokratie zu erreichen."

In einiger Entfernung lief Ben vorbei. Agora winkte ihm zu. Er blieb stehen und Agora eilte, nach-

REPRÄSENTATIVE DEMOKRATIE.

Wählen die Bürgerinnen und Bürger eines Landes Vertreter, die ihre Interessen im Parlament vertreten und in ihrem Namen politische Entscheidungen treffen und Gesetze erlassen, nennt man das Repräsentative Demokratie. Im Idealfall treffen die gewählten Vertreter nicht nur Entscheidungen im Interesse ihrer Wählergruppen, sondern für die Gesellschaft als Ganzes.

- Vorteile: Effiziente Regierungsführung. Fachliches Know-how der Repräsentanten durch Konzentration auf die Aufgabe. Eine Vertretung auch für Minderheiten. Stabilität durch einen geregelten politischen Prozess.
- Nachteile: Eingeschränkte Teilhabe der Bevölkerung an politischen Entscheidungen, die zu geringerer Identifikation führen kann. Gefahr von Beeinflussbarkeit von Abgeordneten. Keine Immunität gegen Populismus.

Aktuelles Hintergrundwissen.

FACT PRINT

dem sie sich von der Runde verabschiedet hatte, zu ihm. „Lass uns zum Gewächshaus gehen“, schlug Agora vor. Denn sie hatte das dringende Bedürfnis, ein Resümee des Tages zu ziehen. Außerdem hatte sie von ihrer Freundin gehört, dass es im Gewächshaus einige ausgefallene Rosenarten gab. Wobei die Frage war, ob die um diese heiße Jahreszeit nicht schon verblüht waren. Agora kannte sich nicht wirklich mit Rosen aus, mochte aber Anmut und Duft der Blüten. Beschwingt hakte sie sich bei Ben unter. Ein paar Minuten schlenderten die beiden durch den Park. Nach den anstrengenden Diskussionen tat es gut, gemeinsam in der Nachmittagssonne zu schweigen.

„Ein Parlament muss eine diverse Gesellschaft gerecht abbilden.“ Die sonore Stimme der südafrikanischen Außenministerin Naledi Pandor, die zusammen mit dem irischen Premierminister und dem norwegischen Ministerpräsidenten auf Gartenstühlen vor dem Gewächshaus saß, hallte durch die Stille. Als Ben und Agora sich dazugesellten, lächelte Naledi. Sie war die Tochter des Aktivisten und Politikers Joe Matthews, der während der Apartheid ins Exil gezwungen worden war und erst 1992 zurückkehrte. Pandor wuchs in Botswana auf, wo sie Englisch und Geschichte studierte und ihren Mann kennenlernte, für den sie zum Islam konvertierte. Apartheid, die Rassentrennung und ihre Folgen, war gewissermaßen von klein auf eines ihrer großen Themen. Die Wunden seien noch lange nicht verheilt, wurde sie in der Öffentlichkeit nicht müde zu betonen.

„In einer repräsentativen Demokratie müssen alle Gruppierungen der Bevölkerung eingeschlossen sein“, führte Pandor weiter aus. „Echte politische Power ist, wenn sich jeder Bürger und jede Bürgerin repräsentiert fühlt. Deshalb ist für mich Hypothese Nummer 7 verifiziert: Menschen fühlen sich in der repräsentativen Demokratie nicht mehr repräsentiert. Der Demokratie fehlt damit die Legitimität. Besteht die Macht von Politikern darin, Autorität über andere zu haben, ist das nicht wirklich Power, sondern eher Mobbing. Südafrika ist eine der größten Volkswirtschaften in Afrika, aber es hat in der Vergangenheit seine Power nicht immer zum Wohl des Kontinents eingesetzt. Deshalb müssen wir uns als Politiker und Politikerinnen noch stärker hin zu demokratischen Werten orientieren."

„Nenn mal ein Beispiel", bat Micheál Martin. Er trug wie die meisten Herren Shorts, ein Hemd und Sneakers. Agora kannte den irischen Premier sonst nur in blauem Anzug, hellblauem Hemd und dunkelroter Krawatte. Sie musste schmunzeln, als ihr einfiel, wie er im Fernsehen erzählt hatte, er habe es auch einmal mit einem weißen Hemd und einer blauen Krawatte versucht. Martin hatte mit dem Verlust von zwei seiner Kinder große Schicksalsschläge erlitten, die seine politische Arbeit, wie er sagte, beeinflussten. Vielleicht setzte er sich deshalb sehr für Kinder ein.

„In Südafrika sind ähnlich wie in Botswana die zahlreichen ethnischen Gruppen des Landes – die Zulu, die Xhosa, die Sotho, nur um ein paar zu nennen – anteilig vertreten. Auch der Frauenanteil liegt im Parlament bei etwa 45 Prozent. Das ist beachtlich im Vergleich zu anderen Demokratien. Die sogenannte proportionale Vertretung der Ethnien in den politischen Institutionen wurde 1994 nach dem Ende der Apartheid eingeführt und 1996 in der neuen Verfassung verankert."

Ein interessanter Ansatz, dachte Agora, vielleicht auch für Länder jenseits des afrikanischen Kontinents. In vielen Demokratien gab es ein Proporzwahlsystem, zum Beispiel in Deutschland, der Schweiz, den Niederlanden, Norwegen oder Österreich. Aber es bezog sich nur auf die Parteien, deren Sitze im Parlament im Verhältnis der abgegebenen Wählerstimmen verteilt wurden.

„Das heißt aber noch lange nicht, dass Parteien das diverse Spektrum eines Landes ausreichend widerspiegeln", warf Ben ein. „Etliche Bevölkerungsgruppen kommen im Parlament zu kurz, das ist ein Problem für die Demokratie. Wo sind denn die Unternehmer oder Pflegekräfte? Die Leute, die nicht in der Stadt wohnen und die jungen Bürger? Die Volks- und Hauptschulabsolventen? Ich schätze, in Deutschland gibt es mehr als 25 Millionen Bürger mit diesem Schulabschluss, vielleicht ein Drittel der Bevölkerung. Ich schätze, kaum mehr als zwei Handvoll sitzen im Bundestag, wo deren Erfahrungen aber fehlen. Juristen und Lehrer hingegen sind völlig überrepräsentiert. Welche Auswirkung auf die Zufriedenheit mit der Demokratie hat das wohl auf die sogenannten ‚kleinen Leute'?", fragte Ben in die Runde, ohne eine Antwort abzuwarten. Alle guckten betreten auf den Boden. Es schien Agora ohnehin eine rhetorische Frage zu sein. „Und die Frauen?", fuhr Ben fort, „Machen wir es einfach. Frauen machen 50 Prozent der Bevölkerung in Demokratien aus. Und dennoch sind in vielen demokratischen Ländern nicht einmal 30 Prozent in den Parlamenten vertreten."

„Aber es gibt doch substanzielle Repräsentation", unterbrach Agora Ben, der entgegnete: „Ich weiß um den Ansatz: Nicht die Bürger selbst, sondern ihre Interessen sollen vertreten sein. Nicht nur Frauen können sich für Frauen einsetzen. Und doch ist etwas gefährlich: Es hat nämlich einen psychologisch-symbolischen Wert, wenn zum Beispiel Frauen Frauen im Parlament wissen, also jemand aus der ‚eigenen Gruppe'. Wähler empfinden solche Parlamentarier tatsächlich als kompetenter und vertrauenswürdiger.[72] Von der Wirkung für die Demokratie mal ganz abgesehen!"

„Ganz genau", bekräftigte Naledi Pandor. „Mitreden kann nur, wer eingeladen ist!" Mehr musste die südafrikanische Außenministerin nicht sagen, damit Agora begriff, worauf sie anspielte. Nach Russlands Einmarsch in der Ukraine hatte sich Südafrika in der UNO-Vollversammlung enthalten, als es um die Verurteilung des russischen Völkerrechtsbruchs ging. Ganz offen hatte Naledi zugegeben, dass sie sich nicht für die eine oder andere Seite entscheiden werde. Bisher hätte die Meinung Südafrikas ja auch nicht gezählt, musste Agora einräumen. Ben beugte sich vor und flüsterte ihr ins Ohr: „Schöner Beweis, wozu mangelnde Wertschätzung führt. Ganz wichtiges Thema! Haben wir in der Ergebnispräsentation dabei!"

Micheál nahm den großen Bogen wieder auf. „Dieses Prinzip der proportionalen Vertretung gibt es auch bei uns in Irland. Die Wähler haben nicht bloß eine Stimme, sondern können mehrere Kandidaten auswählen und sie in eine Reihenfolge bringen. Hat cin Kandidat die für einen Sitz benötigte Stimmzahl erreicht, werden die übrigen Stimmen auf den nächstbeliebtesten Kandidaten übertragen. Das heißt: Jede Stimme zählt! Dieses Wahlverfahren ist sehr fair. Zum einen fühlen sich die Wählerinnen und Wähler gesehen, weil es die Wahrscheinlichkeit erhöht, dass ein Wunschvertreter einen Sitz erhält. Und zum anderen fördert es die Zusammenarbeit von Parteien, weil dieses Wahlverfahren es schwieriger macht, eine absolute Mehrheit zu erringen. Die Parteien müssen also koalieren, Kompromisse eingehen und auch die Wählerschaft auffordern, ihre Präferenzen gut zu verteilen, um eine handlungsfähige Regierung zu bilden."

„Eine ziemlich gute Maßnahme, auch wegen der Leute aus der eigenen Gruppe." Jonas Gahr Støre beugte sich zu seinem irischen Amtskollegen und bekräftigte seine Anerkennung mit einem Nicken. Diese Bemerkung war typisch norwegisch, kommentierte Agora im Stillen. Nicht nur in Norwegen, auch in den anderen skandinavischen Ländern war die Politik vom Konsensgedanken geprägt mit dem Ziel, in allen wichtigen Fragen und bei allen Entscheidungen zu einer breiten Übereinstimmung zu kommen. Es gehörte zur politischen Kultur des Landes, dass die Regierung, die Opposition, andere politische Akteure und Interessengruppen zusammenarbeiten, um Kompromisse zu finden. Dieser Gedanke ließ Agoras Herz höherschlagen. Genau das war doch das Wesen einer Demokratie: der lebendige Austausch. Da durfte, ja musste argumentiert und gestritten werden, aber immer in der Sache. Jeder Mensch, im Politikbetrieb wie im alltäglichen Leben, musste die eigenen Ansichten frei aussprechen und die Hand zum Einspruch heben können – ohne dafür persönlich angegriffen zu werden. Andersdenkende zu verurteilen, ohne zumindest eine Meile in ihren Schuhen gegangen zu sein, entsprach nicht dem demokratischen Ideal, das auch auf einem Miteinander, auf Verständnis und Empathie fußte.

„Wir reden viel miteinander", fügte der norwegische Ministerpräsident mit einem Lächeln hinzu. „Um das Wohl der Bürgerinnen und Bürger im Auge zu behalten, bindet die Regierung die verschiedenen Parteien in die Entscheidungsprozesse ein. Das sichert Vielfalt und sorgt für stabile politische Arbeit. Was wiederum das Vertrauen der Bevölkerung in unsere Arbeit stärkt." Er lehnte sich entspannt in seinem Gartenstuhl zurück. „Vielleicht sind das alles Gründe, warum wir seit vielen Jahren die Nummer 1 auf dem Demokratieindex sind." Agora musste an Multiplicity denken, das diesen Aspekt für die Zukunft beleuchtete.

DEMOKRATIE UND STREIT GEHÖREN ZUSAMMEN. EINE DEMOKRATIE, IN DER NICHT GESTRITTEN WIRD, IST KEINE.

Helmut Schmidt,
5. Bundeskanzler der Bundesrepublik Deutschland

Wörtliche Zitate.

QUOTE PRINT

„Ein wichtiger Punkt ist vielleicht noch die Rotation der gewählten Vertreterinnen und Vertreter", brachte sich der anwesende Thomie ein, der bisher noch nichts gesagt hatte. „In der Schweiz wechselt der Bundespräsident jährlich. In den USA kann der Präsident zweimal für eine Amtszeit von vier Jahren gewählt werden. In Frankreich gilt dasselbe, nur beträgt die Amtszeit fünf Jahre. In Südkorea hat der Präsident nur eine Amtszeit von fünf Jahren. Dann kann er oder sie nicht mehr gewählt werden. In Deutschland beträgt die Amtszeit im Kanzleramt vier Jahre, eine Begrenzung für eine Wiederwahl gibt es nicht. Findet ihr eine Begrenzung eher gut oder schlecht?"

Keiner meldete sich zu Wort. Alle schienen über diese Frage nachzudenken, die Agora schwierig erschien angesichts der Tatsache, dass sie die anwesenden Politiker ja unmittelbar betraf. War die Möglichkeit der Wiederwahl förderlich für die Demokratie? Die deutsche Bundeskanzlerin Angela Merkel kam Agora in den Sinn. Sie hatte 16 Jahre lang und damit vier Legislaturperioden regiert. Ihr Vorvorgänger Helmut Kohl, der Kanzler der deutschen Einheit, ebenso. In Italien hingegen gaben sich die Premierminister jährlich die Klinke in die Hand. Das ist guter Arbeit nicht dienlich. Zu lange Amtszeiten können aber in Stillstand münden. Möglicherweise mussten Amtszeiten verkürzt und begrenzt, aber Legislaturperioden verlängert werden, damit zwischen der Einarbeitung der Abgeordneten und dem nächsten Wahlkampf genug Regierungszeit verblieb.

Immer noch herrschte Schweigen. Kein Wunder, steckte in der Forderung nach einer begrenzten Amtszeit indirekt auch der Vorwurf, man könne in jahrzehntelanger politischer Arbeit betriebsblind werden. Wie hatte Ben die eingefahrene Rückwärtsorientierung noch genannt? Ach ja, HAWISOMA. Haben wir so schon immer gemacht. War es überhaupt realistisch, dass Politiker und Politikerinnen langfristig im Kopf dynamisch blieben, um die Bedürfnisse aller Gruppierungen innerhalb der Bevölkerung nachzuvollziehen? Dieses Ziel musste doch über der Parteipolitik stehen. Das bedingungslose Grundeinkommen war ein Beispiel für auseinanderdriftende Ansichten und ein Reizthema, an dem sich die Generationen schieden, weil sie unterschiedliche Vorstellungen vom Leben hatten: Die Jüngeren befürworteten es vielerorts, die Älteren waren eher skeptisch. Ging es deshalb nicht vorwärts? War eine politische Doppelspitze vielleicht die Lösung für eine umfassende Diversität in der Regierung: eine Frau, ein Mann, eine Junge, ein Alter et cetera, die hierarchisch gleichgestellt führten? In der Wirtschaft wurde dieses Modell als diverser Erfolgsfaktor heiß diskutiert. Oder waren in der Politik zwei Chefs einer zu viel? Diese Frage verwarf sie umgehend, denn auch das widersprach dem demokratischen Ideal.

Egal in welcher Regierungsform – Politiker trugen jede Menge Verantwortung für ihr Land, dessen Bevölkerung und auch für die Welt. Zugleich waren sie über Wahlen austauschbar. Kam es also auf die einzelnen Menschen an der Spitze an? Oder eher auf ihre Werte? Was wäre Frankreich ohne Macron? Immer noch eine Demokratie. Was wäre China ohne Xi? Immer noch eine Autokratie. Das lag daran, dass Demokratie am Ende kein Familienunternehmen war, das an der Nachfolge scheiterte. Die Grundfesten der Demokratie waren stark. Damit das so blieb, musste man den Menschen regelmäßig die Wahl lassen. Sie mit politischem Nachwuchs und neuen Ideen dazu motivieren, immer wieder aufs Neue die für sie beste Wahl zu treffen. Sie animieren, genau zu prüfen, wer Wahlversprechen eingelöst hatte und wer hinter den Erwartungen zurückgeblieben war. Aber das ging nur, wenn Amtszeiten begrenzt waren. Wenn die Neuen, die Unbekannten die Chance hatten, aus dem Schatten der Bekannten herauszutreten.

Aus dem Augenwinkel verfolgte Agora, wie ein Thomie schnellen Schrittes in Richtung Gewächshaus lief. „Hallo zusammen, bitte entschuldigt die Störung“, sagte er, als er etwas außer Atem bei ihnen angekommen war. „Wir haben gerade eine Unwetterwarnung erhalten. Da braut sich was zusammen und wir sollten zügig aufbrechen. Sonst kommen wir nicht mehr rechtzeitig von der Insel runter.“ Erst da bemerkte Agora, dass der Himmel mittlerweile komplett zugezogen und die Brise an Fahrt aufgenommen hatte.

„Vielen Dank für die aufschlussreiche Diskussion“, beendete Ben die Runde und stand auf. Während die Anwesenden nach einer knappen Verabschiedung zum kleinen Hafen zurückliefen, reichte er Agora den Arm. „Wollen wir?“ Sie gingen zügigen Schrittes, aber schweigend nebeneinander durch den Park. „Wie geht der Job denn jetzt weiter?“, wollte Agora wissen. „Teilen wir uns den doch: Wir schließen die Arbeit ab und du und deine Leute freut euch auf die Präsentation.“

AUSGEWÄHLTE HIGHLIGHTS DES VIERTEN KAPITELS.

- Vorbildfunktion, Wertschätzung, Fehlerkultur, Engagement und Sinn machen politische Arbeit erfolgreich.
- Die Klimakrise und andere Gefährdungen der Menschheit können von Demokratien am besten bewältigt werden.
- Dass China die USA überholt, ist nicht ausgemacht.
- Manager und Bürger können, anders als in autokratischen Staaten, „NEIN!“ sagen und trotzdem gewinnen.
- Amtszeiten sollten begrenzt, Legislaturperioden aber verlängert werden.
- Überalterung ist für die Produktivität kritisch, für Wahlentscheidungen kann sie es sein.
- Die Senkung des Erstwähleralters hat Symbolkraft, aber keine signifikanten quantitativen Auswirkungen.
- Bedingungsloses Grundeinkommen kann Innovationsoffenheit begünstigen, die Zustimmung steigt.
- Künstliche Intelligenz, Robotik und Automatisierung können der Menschheit helfen – und sie bedrohen.
- Kreativität und Soziabilität lassen uns gegenüber Maschinen überlegen bleiben.
- Zukunftstechnologien sind wichtig, ihre Entwicklung erfordert stimulierende Freiheit.
- Knowledge Spillover wird zu wenig genutzt.

Strategie-Finalisierung.

Konkrete Maßnahmen.

Eine Corporate Strategy ist von einer Umsetzungsstrategie (für die anschließende Operationalisierung) zu unterscheiden: Die Konkretisierung der Maßnahmen wird nämlich regelmäßig separat mandatiert, ist hier also nicht enthalten. Je nach individueller Mandatierung entwickeln wir auf Wunsch aber bereits erste Umsetzungsbeispiele.

WOCHE 34

Danke, Resilienz-Management!

Mandanten erwarten zu Recht, dass wir alles tun, damit das Ganze, also unser Lösungspaket, auch langfristig funktioniert. Und vor allem auch dann, wenn sich die Rahmenbedingungen künftig ändern sollten. Hierum hat sich ein spezielles Team bei uns gekümmert, das jetzt ein letztes Mal alles für die finale Verifizierung durch die Preta-Forschung vorbereitet.

WOCHE 34

Der Höhepunkt der Verifizierung.

Jetzt wird die schon vorgestellte Preta-Forschung abgeschlossen. Sie wird nämlich nicht nur zur Ermittlung wichtiger Grundlagen und zur Verifizierung von Zukunftsentwicklungen genutzt, sondern auch zur Verifizierung möglicher Lösungen. Hierzu haben wir einen revolvierenden, also sich wiederholenden Prozess etabliert, denn eine erfolgte Forschungswelle wirft zumeist neue Fragen auf oder weist neue, mögliche Wege. Das erfordert die nächste Welle und diese vielleicht abermals eine weitere. Denn es geht um Nummer sicher. Erst wenn keine Fragen mehr offen sind, ist der Prozess abgeschlossen. Nun steht also alles fest.

WOCHE 36

Alle freuen sich auf die Ergebnispräsentation.

Auch wenn die Ergebnisse der gemeinschaftlichen Arbeit im gesamten Projekt größtenteils bereits auf dem Tisch liegen, ist dieses Meeting ein Höhepunkt. Die Ergebnisse werden zumeist vorgestellt mittels Multimedia-Präsentation. Mitarbeiter unserer Gruppe erläutern mündlich, was die sonst auf Charts üblichen Textfluten überflüssig macht. Auch erfolgt eine gemeinsame Sichtung der inzwischen erstellten Dokumentation, bei der im Sinne 1+1 = 3 die Summe spannender sein soll als ihre Einzelteile. Darüber hinaus können seit den letzten Co-Labs oder Jours fixes, an denen, anders als bei dieser Ergebnispräsentation, nicht alle Führungskräfte regelmäßig teilnahmen, noch spannende Erkenntnisse hinzugekommen sein. Schließlich liefern wir bei diesem Termin auch eine zentrale Bewertung und eine Empfehlung von Handlungsalternativen.

Jetzt gibt es alles auf einen Blick.

Die Strategie steht fest. Das sogenannte BRACS-Deck zeigt Mandanten auf einer einzigen Seite, welche Elemente ihres bisherigen Tuns künftig verstärkt (Boost), verringert (Reduce), hinzugefügt (Add), fortgesetzt (Continue) und beendet (Stop) werden müssen, um erfolgreicher zu werden.

WOCHE 36

WOCHE 39

Zwischen allen Kapiteln hast du nicht nur erfahren, was in den Wochen passiert ist, in denen du nicht dabei warst. Sondern auch, wie Strategien tatsächlich entwickelt werden. Bevor du in Kapitel 5 Agora und Ben drei Monate später in New York wiedertreffen wirst, lernst du auf den 18 folgenden Seiten die Ergebnisse kennen, die Ben und sein Team den Politikern in Woche 39 vorstellen. Eines ist dabei besonders wichtig. Es ist:

Keine fiktive Strategie.

Die Lösungsformel. Und die Maßnahmen.

Eine echte Strategie.[1]

Nr.	Aussage	✓	🗑
1	Machtmissbrauch und Korruption sind in Demokratien der Ursprung ihrer Beschädigung.		🗑
2	Der Bildungsgrad der Bevölkerung repräsentiert den Demokratiegrad des betreffenden Landes.	✓	
3	Politiker in Demokratien sind erheblich zu abhängig von der Wirtschaft.		🗑
4	Wenn Menschen steigender Wohlstand widerfährt, reduziert das ihre zuvor negative Wahrnehmung der Staatsform, in der sie leben, beziehungsweise stärkt es ihre positive Wahrnehmung der Staatsform, in der sie leben.	✓	
5	Die Langsamkeit demokratischer Prozesse bringt Demokratien in Gefahr.		🗑
6	Menschen fühlen sich in der repräsentativen Demokratie nicht mehr repräsentiert. Der Demokratie fehlt damit Legitimität.		🗑
7	Direkte Demokratie löst die Probleme der Demokratie.		🗑
8	Wenn Menschen an Entscheidungsprozessen beteiligt werden, gewähren sie jene Wertschätzung, die sie durch die Beteiligung empfinden, auch der Staatsform, in der sie leben.	✓	
9	Technologie hat entscheidenden Einfluss auf den Erfolg von Demokratien.		🗑
10	Populisten sind ursächlich für den Niedergang der Demokratie.		🗑
11	Je weniger Vielfalt und Gleichberechtigung herrscht, desto schwächer sind Demokratien.	✓	
12	Je demokratischer ein Land, desto fortschrittlicher ist es.	✓	
13	Demokratie ist am geeignetsten, die Klimakrise als eine Bedrohung der Menschheit zu bewältigen. Somit zahlt sie auf das Wohl des Planeten ein.	✓	
14	Demokratien können die Bedrohungen durch KI besser bekämpfen.	✓	
15	Demokratien lassen Krisen und Kriege besser beherrschen.	✓	
16	Nationalismus kann Demokratien beschädigen und Kriege provozieren.	✓	
17	Demokratien sind vom Aussterben bedroht.		🗑
18	Die Wertschätzung von Individuen und Gruppen der Gesellschaft ist einer der entscheidenden Erfolgsfaktoren von Demokratien.	✓	

Zu Beginn der Ergebnispräsentation werden alle untersuchten Hypothesen betrachtet.

Welche Hypothesen wurden verifiziert? Und welche wurden falsifiziert?[2]

Die wichtigste Doppelseite ist die nächste. Die gesamte Strategie auf einen Blick in einer einfachen Lösungsformel.

Die Strategie zur Rettung der Demokratie lässt sich in einer Lösungsformel zusammenfassen. Sie lautet: POP.

Die Demokratie steht (oder fällt) mit der Zustimmung ihrer Bürgerinnen und Bürger. Nur Menschen, die Teilhabe und Wertschätzung spüren, sind zufrieden. Inhaltliche Teilhabe (Partizipation) und finanzielle Teilhabe (Prosperität) rücken die Wertschätzung (Ovation) in die Mitte. Alle drei strategischen Komponenten gemeinsam begründen die POP-Kultur, die die Herausforderungen der Demokratie meistern kann. POP kann die Demokratie retten.

Partizipat

Ovation

Prosperit

ion

Optionen der Beteiligung an Entscheidungs- und Gestaltungsprozessen. Sie ermöglichen den Bürgern, ihre Meinungen, Perspektiven und Interessen besser und einfacher in die Entscheidungsfindung einzubringen.

Wertschätzung und Anerkennung für die eigene Person und eigene Leistungen, aber auch für die Gruppe, der man sich zugehörig fühlt (Familie, Freunde, berufliche oder akademische Gemeinschaften, Sportvereine, also Hobby- und Interessengruppen, der Landesteil, in dem man lebt, kulturelle, religiöse oder ethnische Gemeinschaften, Lifestyle- und Online-Communities und vieles mehr).

ät

Mehr im Portemonnaie. Auch wenn immaterieller Wohlstand wie Lebensqualität eine hohe Bedeutung hat, geht es hier besonders um eine mittelbare (zum Beispiel durch Bildung) und unmittelbare persönliche Aufwärtsentwicklung des materiellen Wohlstands, vor allem im Verhältnis zu anderen.

POP.
Klingt banal, wirkt global.

Wer will mitmachen (Partizipation), wenn Politiker die Bürger emotional nicht erreichen? Das macht die Menschen empfänglicher für die Botschaften von Populisten, Aufpeitschern und Verführern. Wer fühlt sich gesehen (Ovation), wenn in Parlamenten und Medien überwiegend großstädtische Mehrheitskultur und gehobene Bildungsschichten, aber wenige Nicht-Akademiker und systemrelevante Berufe vertreten sind? Und wer spürt Prosperität, wenn Lösungen fehlen gegen den das Selbstbewusstsein von Millionen Menschen erschütternden relativen Abstieg der Industriegesellschaft?

Alle auf den folgenden Seiten vorgestellten neun beispielhaften Maßnahmen dienen der POP-Strategie und zahlen mindestens auf eine der Säulen Partizipation, Ovation und Prosperität ein. Mehrfach wirken sie dabei zusammen. Die Formel der POP-Kultur wirkt nicht nur innerhalb von Demokratien, sondern auch zwischen ihnen und sogar außerhalb. POP ist damit eine 3-in-1-Formel.

POP wirkt innerhalb demokratischer Gesellschaften.
Wessen Meinung in einer Gruppe zählt (Partizipation), egal ob als Teil einer Familie, Jugendgruppe, Firma oder einer ganzen Gesellschaft, wer gesehen wird, also Wertschätzung und Anerkennung erfährt (Ovation), und wer sich und seinen Wohlstand langfristig gerecht wachsen sieht, wer Aufstieg spürt (Prosperität), ist nicht verdrossen. Das gilt auch und gerade für Politik, damit die Menschen dem Gemeinwesen wieder vertrauen. POP weiß um die Relevanz von Emotionen, so wie die Fachgebiete der Medizin seit Langem wissen, dass die deutliche Mehrheit menschlicher Entscheidungen emotional getroffen wird. Gesellschaftliche Spaltung hat keine Chance, wenn jeder Bürger POP spürt. Im Gegenteil:

Diese Einheit der Vielfalt schafft Wertschätzung für die Demokratie und sichert damit nicht nur sie, sondern auch die ihr innewohnende Freiheit und unseren Lebensstil. POP ist also die entscheidende Formel für das Gelingen von Gesellschaften.

Doch POP wirkt im gleichen Maße auch zwischen demokratischen Gesellschaften.
Auch andere Länder, ihre Repräsentanten und Bürger wollen, dass ihre Sicht zählt (Partizipation), dass sie Wertschätzung erfahren (Ovation) und ihr Wohlstand gerecht wächst (Prosperität). Welch maßgebliche Rolle Ovation spielt, beweist auch das teilweise ausbleibende Aufbegehren demokratischer Staaten gegen den völkerrechtswidrigen und verbrecherischen Angriffskrieg Putins. Die südafrikanische Außenministerin begründet es für ihr Land ganz offen: In der Vergangenheit sei man nicht gefragt worden, jetzt werde man nicht Partei ergreifen ...

Und selbst außerhalb demokratischer Gesellschaften, und das ist der dritte Teil der Formel, wirkt die POP-Kultur.
Dabei kommt POP aber nicht als Wundermittel daher, schon gar nicht als eines, das ganz ohne Unterstützung Kriege verhindert. Denn Unterstützung ist Stärke: etwa militärische, die Länder und ihre Ideale schützt, schützen muss, nämlich so lange, bis eine friedliche Utopie zu einer realen Utopie wird. Zugegeben, die meisten Utopien sind nur schwer oder gar nicht in die Realität umzusetzen. Doch diese hat eine Chance – durch POP-Kultur. Denn die wichtigste Stärke freiheitlicher Gesellschaften ist deren Einheit. Nicht umsonst versuchen Autokratien, Demokratien durch Desinformation zu spalten. POP aber deswegen außerhalb von Demokratien nicht anzuwenden ist ein Fehler. Auch Autokraten wollen auf der Weltbühne mitreden (Partizipation) statt ausgeschlossen zu werden. Sie wollen sich nicht als irrelevant empfinden (Ovation) und erleben, wie sich ihr Staat wirtschaftlich entwickelt (Prosperität). Das kann Kriege verhindern und aus ihnen herausführen, allerdings (noch) nur im Doppelpack mit den beiden Säulen der Stärke, der militärischen und der der gesellschaftlichen Einheit, die durch POP erreicht wird.

Deine Meinung zählt, du erfährst Anerkennung und siehst deinen Wohlstand gerecht wachsen.

Beispielhafte Maßnahmen:

Die Lösungsformel	Kurzfristig bis 2030
Partizipation	Digitalisierungs-Boost.
Ovation	Gesellschaft repräsentierende Parlamente und Medien.
Prosperität	Lernendes Land.

Beispielhafte Maßnahmen.

Das Ziel:
Rettung der Demokratie.

Der Zielzustand.
So muss es sein, damit das
Ziel erreicht wird.

Die Maßnahmen
führen in drei Phasen
zum Zielzustand.

Mittelfristig bis 2030–2035	Langfristig bis 2035–2040
Power of People Non-Profit-Organisation.	**Straciatella-Strategie für Direkte Demokratie.**
Zukunfts-ministerien.	**Global Organisation of Liberal Democracies (GOLD).**
Neues Bildungs-Ökosystem.	**Universal Basic Income (BIG Basic Income Guaranteed), International.**

Partizipation.
Digitalisierungs-Boost.

Digitalisierung ist Buzzword und No-Brainer zugleich, wird also übermäßig oft und oft ohne tiefes Verständnis benutzt. Gleichzeitig scheint völlig klar, dass wir sie dringend brauchen (siehe ab Seite 128). Ein Digitalisierungs-Boost steht erstens für eine deutliche Ankurbelung der technologischen Verbreitung.

Die dringend nötige Ankurbelung wird jedem Reisenden klar, wenn im Ausland das Internet viel schneller, die Netzabdeckung und der Handyempfang viel besser und ohnehin alles viel reibungsloser als zu Hause funktioniert. Doch das alles ist nicht nur eine Frage des Komforts, sondern auch der Demokratie: Digitale Systeme machen die Verwaltung effizienter, was zu schnelleren und kostengünstigeren Dienstleistungen für die Bürgerinnen und Bürger führt. Sie ermöglichen es, einfacher auf Informationen zuzugreifen. Dies fördert eine informierte Wählerschaft, die in der Lage ist, fundierte Entscheidungen zu treffen. Bürgerbeteiligung wird technologisch befördert, Plattformen lassen die Bürger leichter mit ihren Vertretern kommunizieren und sich an politischen Diskussionen beteiligen. Und digitale Wahlen, seit 2005 in Estland möglich, senken die Hürden und erhöhen die Wahlbeteiligung. Auch werden Regierungsaktivitäten transparenter, was das Vertrauen in öffentliche Institutionen stärkt und Korruption reduziert. Digitale Lösungen können zudem dazu beitragen, Barrieren für Menschen mit Behinderungen oder für diejenigen, die in entlegenen Gebieten leben, zu überwinden, indem sie den Zugang zu politischen Prozessen und Informationen erleichtern.
Die nötige Ankurbelung fällt je nach Land ganz unterschiedlich aus. Beim digitalen Vorreiter Estland, wo bei den Parlamentswahlen 2023 mehr digitale Stimmen abgegeben wurden als physische Papierwahlstimmen, geht es eher um eine neue Wahl-App, während es in Deutschland um unzählige Anwendungen geht. (In Deutschland wird es auch 20 Jahre nach der Einführung in Estland keine digitale Bundestagswahl geben.)

Ein Digitalisierungs-Boost steht zweitens für eine Überwindung der digitalen Kluft zwischen verschiedenen Bevölkerungsgruppen. Zentral ist dabei nicht nur, Zugang zu Technologie zu ermöglichen (siehe Ankurbelung der Verbreitung), allen voran eine stabile und schnelle Internetverbindung in allen Landesteilen. Sondern der Zugang zu erschwinglicher Technologie ist grundlegend. Hier spannt sich auch der Bogen zur mittelfristigen Maßnahme „Bildungs-Ökosystem". Digitale Fähigkeiten, die die Nutzung der Technologien ermöglichen, sind die Basis für die Partizipation der Bürger.

Ein Digitalisierungs-Boost steht drittens für ein Regelwerk, das Spielregeln für alle Anbieter setzt, die einzuhalten sind, ob im Metaverse, der digitalen Parallelwelt, bei KI oder anderen digitalen Lösungen.

POP.	*Kurzfristig.*	*Mittelfristig.*	*Langfristig.*
Partizipation	●		
Ovation			
Prosperität			

Partizipation.
Non-Profit-Organisation.

POWER OF PEOPLE

Alle 9 POP-Maßnahmen sind Empfehlungen für die gesellschaftliche Agenda, die es dir ermöglichen, sie in den Diskurs einzubringen oder als Entscheidungshilfe für die nächste Wahl zu nutzen. 2 Maßnahmen sind jedoch noch mehr, du erkennst sie am Geschenksymbol unten auf der Timing-Tabelle. Es sind Non-Profit-Geschäftsmodelle, also Konzepte nichtunternehmerischen Handelns, die den Nutzen und den Ertrag für die Gesellschaft beschreiben. Gemacht, um sofort loszulegen. Ready-to-go von der Value Proposition (dem Wertangebot) über Key Activities bis zu registrierten Internetdomains. Bist du Kopf oder Teil eines be- oder entstehenden internationalen Netzwerks, einer Foundation oder Bewegung? Ihr setzt euch schon für die Demokratie ein oder wollt euer Engagement darauf ausweiten? Dann nutzt den QR-Code. Und warum ein Geschenksymbol? Weil der Autor dieses Non-Profit-Geschäftsmodell global wirksamen Köpfen überlassen will. Eine Spende, die idealerweise viel mehr für unsere Demokratie bewirken kann, als ein auch noch so hoher Geldbetrag es könnte.

Mit vielen Initiativen und viel Geld versuchen Länder, Organisationen und Medien für die Demokratie zu werben. Warum sind sie dennoch oft nicht erfolgreich? Weil sich 76 Prozent der Menschen nicht für Politik interessieren. Power-of-People, die globale Bewegung, die nicht politisch argumentiert, sondern persönlich, erreicht genau diese Menschen. Power-of-People, die sich wie die Lösungsformel dieses Buches auch POP abkürzt, hat sich eines aber selbst verboten: das Wort „Demokratie“ im Munde zu führen. Denn die zu gewinnenden Menschen assoziieren sonst sofort Politik damit. POP übersetzt Demokratie in unzählige Alltagsvorteile: Games, die Werte vermitteln, POP-Songs der begnadetsten Künstler der Welt, Celebrities und Influencer, die als Botschafter Brücken bauen. Und über die künftige globale Plattform agorapop.org unpolitische Grassroots-Abstimmungen für dich, deine Familie oder deinen Sportverein (Mehr dazu: einfach QR-Code scannen).

POP.	*Kurz-fristig.*	*Mittel-fristig.*	*Lang-fristig.*
Partizipation		●	
Ovation			
Prosperität			

Partizipation.
Straciatella-Strategie für Direkte Demokratie.

Direkte Demokratie fördert die Bürgerbeteiligung. Gut umgesetzt heißt das, die „Richtigen" zu beteiligen (nicht nur die Gebildeten und rhetorisch Begabten), also alle Milieus (auch Bildungsferne, sozial Schwache und Nichtwähler), und das mit Formaten und Themen, die die Menschen betreffen.

Bürgerbeteiligung kann zu einer stärkeren Identifikation der Bevölkerung mit politischen Entscheidungen führen. Allerdings setzt sie auch ein hohes Maß an politischem Engagement und Wissen in der Bevölkerung voraus. Leider reduziert sich heute Demokratieförderung zu oft auf Extremismusprävention. Es geht aber nicht nur darum, Radikales zu bekämpfen, sondern vor allem das Gefühl der Selbstverständlichkeit von Demokratie und Gleichgültigkeit ihr gegenüber!

Namensgeber dieser Strategie ist die Speiseeissorte, bei deren Herstellung beim Rühren geschmolzene Schokolade in Milchspeiseeis geträufelt wird; so entstehen die charakteristischen Schokoladenstückchen im Eis. Das Milchspeiseeis in dieser Eissorte steht sinnbildlich für die repräsentative Demokratie, die knackigen Schokoladenstückchen für Elemente direkter Demokratie, die mehr Teilhabe bieten. Da eine Strategie einen Zielzustand beschreibt, sieht diese bewusst langfristige Maßnahme vor, in sogenannten Splittesting-Phasen die geeignetsten Arten und Umfänge direktdemokratischer Elemente zu ermitteln. Splittesting ist eine Methode zur Bewertung zweier Varianten, wobei befragte Bürgerinnen und Bürger zufällig in zwei Untergruppen A und B aufgeteilt werden. Anders als beim Splittesting üblich, müssen sich die verschiedenen direktdemokratischen Elemente deutlich voneinander unterscheiden. Es wird also eine Vielzahl von Methoden direkter Demokratie ausprobiert und die besten zur dauerhaften Anwendung (daher Timing „langfristig") ausgewählt. Zu den Methoden zählen beispielsweise Bürgerräte, bei denen zufällig ausgewählte Bürger zusammenkommen, Fachinformationen von Expertinnen erhalten und zumeist nicht bindende Empfehlungen an Parlamente erarbeiten. Splittesting steht immer auch für ein ergebnisoffenes Ausprobieren, auch der folgenden beispielhaften Methode. Hierbei handelt es sich um „Liquid Democracy", bei der die Wählerschaft durch direkte Beteiligung und dynamische Repräsentation an Entscheidungsfindungen beteiligt ist. Die Wähler haben dabei das Recht, direkt abzustimmen wie in der direkten Demokratie; sie haben aber auch die Möglichkeit, ihre Stimme an jemanden zu delegieren, der in ihrem Namen abstimmt. Jeder Person können Stimmen übertragen werden und diese Bevollmächtigten können wiederum ihre eigene Stimme sowie die Stimmen, die ihnen von anderen übertragen wurden, delegieren. Es soll eine Häufung bei kompetenten Personen erreicht werden. Diese Vollmachten zur Stimmabgabe sind aber jederzeit widerrufbar.

Alle Methoden lassen sich wie folgt einteilen: Bürger als Wähler, als Berater, als Entscheider.

POP.	*Kurzfristig.*	*Mittelfristig.*	*Langfristig.*
Partizipation			●
Ovation			
Prosperität			

Beispielhafte Maßnahmen.

Ovation.

Gesellschaft repräsentierende Parlamente und Medien.

Etwa 0,2 Prozent der Deutschen sind Rechtsanwälte, deren Anteil im Deutschen Bundestag aber ist 74 (!) Mal so hoch. Rund 95 Prozent der US-amerikanischen Abgeordneten im Kongress, der aus den zwei Kammern Senat und Repräsentantenhaus besteht, haben einen Hochschulabschluss, in der Bevölkerung nur rund die Hälfte. Dagegen gibt es im US-Kongress nur eine Krankenschwester, in der Bevölkerung prozentual aber fast 6-mal so viele. In Deutschland gibt es immerhin fünf Krankenpfleger im Bundestag, in der Bevölkerung prozentual aber immer noch doppelt so viele. Und obwohl Frauen in beiden Ländern rund die Hälfte der Bevölkerung stellen, sind in den USA nur halb so viele im Parlament, auch in Deutschland nur wenig mehr: 30 Prozent. Diese Zahlen belegen, dass Parlamente ihre Bürger oft nicht angemessen repräsentieren (Ausnahmen sind Länder wie Botswana, die sich diesem Thema bereits angenommen haben). Parlamente sind als Legislative (gesetzgebende) neben der Judikative (rechtsprechende) und Exekutive (ausführende) eine der drei Staatsgewalten. Als kontrollierende Vierte Gewalt gilt die Presse. Doch auch die Mitarbeiter der Massenmedien repräsentieren nicht die Bevölkerung. Beispiel Deutschland: In öffentlich-rechtlichen Medien sind überproportional viele Hochschulabsolventen aus politisch grünen Großstadtmilieus tätig. Das lässt sich jedoch ändern. Eine repräsentativere Zusammensetzung der Parlamente kann gesetzlich beschlossen werden. Und auch öffentlich-rechtliche Medien können dazu verpflichtet werden. Dabei können sich verändernde gesellschaftliche Einstellungen normativ wirken, also zu einer Richtschnur, einer Regel oder einem Maßstab werden, sodass auch die Journalisten privater Medien die Gesellschaft besser repräsentieren würden. Diese „Maßnahme" ist also eine Empfehlung für die gesellschaftliche und besonders deine persönliche Agenda, die Wertschätzung für repräsentierte Diversität, also für kleine wie große gesellschaftliche Gruppen fördern kann.

POP.	*Kurzfristig.*	*Mittelfristig.*	*Langfristig.*
Partizipation			
Ovation	●		
Prosperität			

Ob es nun Zukunftssekretariat, -amt oder -ministerium heißt: Diese Institution beschränkt sich nicht auf Technologie, sondern versetzt Demokratien in die Lage, mit der Beschleunigung der Welt in allen Bereichen Schritt zu halten. Und damit ihren Bürgerinnen und Bürgern die besonders wichtige Wertschätzung zu zeigen. Jene nämlich, Verantwortung wahrzunehmen und werteorientiert zu handeln. Nicht hinter der Welle zu surfen, den Anschluss zu verpassen, wirtschaftlich und ideell zurückzufallen. Vorreiter zu sein bedeutet rechtzeitig – und das heißt immer mehr frühzeitig – zu agieren statt zu reagieren. Eben ein 360-Grad-Ministerium mit sehr langfristigen Betrachtungs- und Analysezeiträumen. Ob es die Klimakrise ist, Energiefragen oder die künstliche Intelligenz (KI). Warum muss das Automobil in vielen Ländern regelmäßig zum TÜV, KI aber darf fast regelbefreit Fahrt aufnehmen? Fragen dieser Tragweite erfordern andere, viel weitreichendere Kompetenzen, als bisher in den Verwaltungen der Demokratien vorzufinden sind.

Finnland etwa hat eine Tradition langfristiger Planung und ein Ressort, das sich mit Zukunftsfragen befasst und eine wichtige Rolle in der Politikgestaltung spielt. Und auch Südkorea befasst sich mit der Vorbereitung auf zukünftige Herausforderungen mit einem Ministerium für Zukunftsplanung, das sich allerdings auf Wissenschaft und Technologie konzentriert. Es gilt, die besten Köpfe aus den jeweiligen Themenfeldern anzuziehen. Eine attraktive Perspektive mit echten politischen Gestaltungsmöglichkeiten – und einem wertvollen Purpose (siehe Seite 203) – lässt die Chance, anderswo mehr Geld verdienen zu können, in den Hintergrund rücken. Mehr zum Zukunftsministerium auf Seite 329.

POP.	*Kurzfristig.*	*Mittelfristig.*	*Langfristig.*
Partizipation			
Ovation		●	
Prosperität			

Beispielhafte Maßnahmen.

ACTION PRINT

Ovation.
Globale Organisation für Liberale Demokratien.

Hier ist die zweite Maßnahme, die mehr ist als eine Empfehlung für die gesellschaftliche und persönliche Agenda der Bürgerinnen und Bürger. Wie bei Power-of-People zwei Doppelseiten zuvor erkennst du auch das zweite Konzept nicht-unternehmerischen Handelns, das den Nutzen und den Ertrag für die Gesellschaft beschreibt, am Geschenksymbol am Fuß der Seite: das zweite Non-Profit-Geschäftsmodell also. Auch gemacht, um sofort loszulegen: von der Value Proposition (dem Wertangebot) über Key Activities bis zu registrierten Internetdomains (democracygold.com und democracygold.org). Bist du Kopf oder Teil eines be- oder entstehenden internationalen Netzwerks, einer Foundation oder Bewegung? Ihr setzt euch schon für die Demokratie ein oder wollt euer Engagement dahin ausweiten? Dann nutzt den QR-Code. Auch dieses Non-Profit-Geschäftsmodell will der Autor global wirksamen Köpfen überlassen. Eine Spende, so die Idee, die idealerweise viel mehr für unsere Demokratie bewirken kann, als ein auch noch so hoher Geldbetrag es könnte.

Die weltweit erste unabhängige Instanz für die Demokratie – GOLD steht für Global Organization for Liberal Democracies. Während Power-of-People für Menschen entwickelt wurde, die sich nicht für Politik interessieren, ist GOLD für alle, die sich sehr wohl dafür interessieren. Während POP innerhalb demokratischer Gesellschaften wirkt, tut es GOLD außerhalb. Hier braucht es nämlich noch mehr, um von unseren demokratischen Werten zu überzeugen. Zurzeit gibt es weltweit keinen unabhängigen Fürsprecher der Demokratie, keine Organisation, die eine Verteidigerin demokratischer Werte wäre und die glaubwürdig ist, weil sie Fehler in einzelnen demokratischen Gesellschaften offen benennt und für den richtigen Weg steht. Noch müssen Menschen in nicht-demokratischen Staaten in Ermangelung einer solchen unabhängigen Organisation auf einzelne demokratische Staaten und im Zweifel auf deren vermeintliche oder tatsächliche Fehler blicken. Beispiel: der völkerrechtswidrige Angriff der USA auf den Irak. Demokratien können also selbst eine Gefahr für die Demokratisierung (noch) nicht-demokratischer Gesellschaften sein. Was fehlt ist: GOLD. Die Globale Organisation für liberale Demokratien. Mehr dazu: einfach QR-Code scannen.

POP.	*Kurz-fristig.*	*Mittel-fristig.*	*Lang-fristig.*
Partizipation			
Ovation			●
Prosperität			

Prosperität.
Lernendes Land.

In vielen Ländern investiert die Regierung in die Unterstützung durch externe Berater, vor allem Unternehmensberatungen, die Fachwissen als Dienstleistung anbieten. (Anm.: Auch der Autor und seine Gruppe sind in internationaler Regierungsberatung tätig.) Kritiker wenden ein, dass der Einkauf von Fachwissen zu teuer und wegen der vielen Mitarbeiter in den Ministerien überflüssig sei. Kritisch beurteilen sie auch den Einfluss auf die Regierungsarbeit. Befürworter dagegen sehen frischen fachlichen Input, insbesondere durch externe Perspektiven, als wichtig an. Weiterhin erforderten spezielle Aufgaben keine festen Mitarbeiter und die Nutzung externer Berater sei günstiger als die Einstellung neuer Mitarbeiter. Erfahrungswissen ist dabei ein wichtiges Kriterium. Beratungen zeichnen sich wie nur wenige andere Branchen durch die Vielfalt ihrer Berufe aus. Die Maßnahme „Lernendes Land" setzt genau da an. Die gesamte Gesellschaft kann als größte „Unternehmensberatung eines Landes" verstanden werden, mit einem wichtigen Unterschied: Wenn es um Demokratie geht, ist jeder Bürger, der sein Land berät, auch Betroffener. Lernendes Land nutzt ein Drittel des Beratungsbudgets nicht für Beratungsfirmen, sondern für Bürger, für Betroffenenberater, die ihr Land beraten. Jeder kann sich mit seiner spezifischen Expertise bewerben. Rechnen wir einmal sehr vereinfacht: Bei einem konservativ zugrunde gelegten weltweiten Beraterumsatz von 300 Milliarden US-Dollar und einem Anteil von 10 Prozent entfallen 30 Milliarden auf die Regierungsberatung. Investieren die Regierungen ein Drittel davon in das Lernende Land, stehen 10 Milliarden US-Dollar zur Verfügung. Bei einem Beispiel-Tagessatz der Betroffenenberaterinnen und -berater von 1.000 US-Dollar können Jahr für Jahr zusammen eine Million Beratungstage für das weltweite Projekt Lernendes Land genutzt werden. Die Nutzung dieses gesellschaftlichen Erfahrungswissens ist von hohem Wert. Die wertschätzende, gesellschaftliche Wirkung zum Wohle der Demokratie ist jedoch ungleich höher. Betroffenenberater tragen zur Prosperität, zum Wohlstandswachstum bei.

POP.	*Kurzfristig.*	*Mittelfristig.*	*Langfristig.*
Partizipation			
Ovation			
Prosperität	●		

Beispielhafte Maßnahmen.

Prosperität.
Neues Bildungs-Ökosystem.

Bildung ist für Demokratie entscheidend, kritisches Hinterfragen unterscheidet sie von einer Autokratie.

Das Bildungs-Ökosystem stellt das Individuum, das auch der Gesellschaft dient, und sein Potenzial in den Mittelpunkt – ein Leben lang. **Es besteht aus fünf Dimensionen.** Die Bedeutung der ersten Dimension, **Wissensbildung**, also die Erlangung persönlichen Wissens, reduziert sich zugunsten einer neuen Bildungsharmonie, die auch Fertigkeits-, Herzens- und Haltungsbildung umfasst.[3] Auch Verständnisbildung gehört dazu.

Fertigkeitsbildung konzentriert sich auf erlernbare Umsetzungskompetenz. (Auch wenn Fertigkeiten und Fähigkeiten fälschlicherweise oft synonym verwendet werden, geht es bei der Fertigkeitsbildung nicht um quasi angeborene Kompetenzen, die man kaum erlernen kann. Mit anderen Worten: Es gibt Dinge, die alle lernen können. Und jeder wird darüber hinaus ganz nach seinen individuellen Fähigkeiten gefördert.)

Herzensbildung, die dritte Dimension, ist die Lehre der Gefühle (schließlich trifft der Mensch die Mehrzahl seiner Entscheidungen emotional) und zielt darauf ab, Emotionen in positive Energie umzuwandeln. Glück ist ein Lerninhalt genau wie Selbstwirksamkeit: Jeder Einzelne kann etwas erreichen und bewegen. Diese Dimension, die sich auch mit Empathie und Perspektivwechsel beschäftigt, umfasst ebenso Kreativität und Sozialkompetenz, die uns von Robotern unterscheiden. Anders als Maschinen können wir vielversprechende Ideen im Teamwork entwickeln.

Die vierte Dimension, **Haltungsbildung**, konzentriert sich auf tief verankerte Überzeugungen und Einstellungen. Sie reflektiert sich wandelnde moralische Perspektiven und bildet einen Wertekanon aus. Waren etwa vor wenigen Jahrhunderten Sklaverei, vor wenigen Jahrzehnten Rassentrennung oder vor wenigen Jahren Diskriminierung von Homosexualität normal, ist es heute zum Glück nicht mehr so.

Verständnisbildung differenziert sich von Wissensbildung, aber auch von Empathie. Sie bildet analytische Fähigkeiten aus, damit kausale Zusammenhänge verstanden werden. Dies ist auch wichtig für die Unterscheidung von Fiktion und Fakten im Kontext von KI und Metaverse.

Das Bildungs-Ökosystem fördert Gemeinsinn und setzt qualitätsfördernden Wettbewerb unter Bildungspersonal mit noch mehr Enthusiasmus voraus. Es bestimmt maßgeblich eine würdevolle Gesellschaft und die Zukunft einer ökologisch, ökonomisch sowie gesellschaftlich gebildeten Menschheit. Daher muss es unterschiedliche, etwa asiatische, Weltanschauungen berücksichtigen, global ausgerichtet und lokal angepasst sein. Das Bildungs-Ökosystem ist nicht nur der Schlüssel zu einem neuen Miteinander in der Weltgesellschaft, sondern auch zu demokratischer Prosperität.

POP.	*Kurzfristig.*	*Mittelfristig.*	*Langfristig.*
Partizipation			
Ovation			
Prosperität		●	

Prosperität.

BIG (Bedingungsloses Grundeinkommen).

Nachdem Arbeit im Mittelalter in Zentraleuropa noch als Mühsal und Plage, ja als Strafe empfunden wurde, erfuhr sie im Hochmittelalter mit seinem Bevölkerungswachstum und der wirtschaftlichen Entfaltung einen Bedeutungswandel zum Positiven: eine Disruption, also eine tiefgreifende Veränderung. Den Beginn einer solchen erleben wir heute gerade wieder. Auch heute geht es um die sich wandelnde Bedeutung von Arbeit.

Dass Menschen oft weniger, sehr oft anders arbeiten wollen, ist einer von zwei Bächen, die zu einem reißenden Strom werden können. Arbeit verliert also an Bedeutung, die Bedeutung dessen, womit sich Menschen beschäftigen, gewinnt. Wenn Arbeit weniger wichtig wird, wird „Arbeitslosigkeit" langfristig zu einer leeren Phrase, zumindest aber ohne heutige Abstiegsassoziation, ohne Stigma. Diese Entwicklung läuft fast parallel zum rasanten Wachstum künstlicher Intelligenz. Das ist der zweite Bach, ein Gewässer, das immer schneller anschwillt. Wenn aus dem einen Bach, wonach Menschen keine Arbeit mehr wollen, und dem anderen Bach, wonach Menschen keine Arbeit mehr haben, ein reißender Strom zu werden droht, dessen Kraft Gesellschaften und Demokratien niederzureißen imstande ist, braucht es eine Flutschutz-Strategie. Ausgerechnet US-Präsident Richard Nixon, der für immer mit „Watergate" in Verbindung bleibt, brachte es auf die Agenda: das heute viel diskutierte „BIG" (Basic Income Guarantee, heute oft auch Universal Income Guarantee), also ein bedingungsloses Grundeinkommen (siehe Fact Print Seite 261 sowie zur Finanzierbarkeit ab Seite 331).
Es kann helfen, die größte Gefahr für die Demokratie, die Spaltung der Gesellschaft, zu bannen.

POP.	*Kurzfristig.*	*Mittelfristig.*	*Langfristig.*
Partizipation			
Ovation			
Prosperität			●

Beispielhafte Maßnahmen.

Plus 1.
Elderly Power.

Selbst internationale Demokratie-Experten, die bislang immer davon überzeugt waren, dass die Demokratie im Wettlauf der politischen Systeme gegen die Autokratien der Welt obsiegen würde, zweifeln entweder inzwischen oder haben ihre Zuversicht völlig verloren und glauben an den Niedergang der Demokratie. Manche blicken zu Recht auf die künstliche Intelligenz. Oder auf Kriege. Insbesondere die Folgen des Klimawandels in Verbindung mit der Überalterung demokratischer Gesellschaften lassen manche glauben, die Demokratie halte die Folgen nicht aus. Weil sich junge Menschen von der Demokratie abwenden würden, da sie machtlos das Wahlverhalten der großen älteren Kohorten missbilligen.

Diese Pessimisten irren, sie werden nicht recht behalten. Die Schwarzmaler lassen etwas außer Acht: Diese von den Economies of Emotions beeinflussten Einstellungsveränderungen führen dazu, dass auch die Elterngeneration sich Themen öffnet, die ihnen heute noch fremd sind. Unterschiede im Wahlverhalten reduzieren sich damit.

Dennoch ist es sinnvoll, sich Bedrohungen genau anzusehen. Daher findest du per QR-Code Informationen über die größte Bedrohung der Menschheit. Es sind die drei „K“ Klimawandel, künstliche Intelligenz („New Economy“) und Kriege mit Kernwaffen („Old Economy“). Aber: Keine andere Staatsform besiegt die drei „K“ besser als die Demokratie.

Nachbereiten, analysieren und bewerten.

Nach Beendigung eines Projekts findet das sogenannte Debriefing statt. Es erfolgt sowohl in unserer Gruppe als auch gemeinsam mit Mandanten, um aus Fehlern zu lernen. Dazu werden Erlebnisse, Projekterfahrungen und Erkenntnisse strukturiert, reflektiert, evaluiert, also bewertet und gesichert: Was ist passiert (sowohl Positives als auch Negatives, jeweils mit Ursachenanalyse)? Warum ist es passiert? Zum Schluss halten wir fest, was wir beim nächsten Mal anders machen wollen.

3 MONATE SPÄTER.

3 Monate später

Kapitel fünf
DEBRIEFING IN NEW YORK.

4:00 Uhr. Ich legte das Handy auf den Nachttisch und drehte mich um, um noch eine Runde zu schlafen. Leider vergeblich, denn ich fühlte mich hellwach. Der Jetlag hatte mich im Griff. Draußen hörte ich einen Müllwagen, den ich am lauten Piepsen beim Rückwärtsfahren erkannte. Ansonsten schlief die Stadt, die niemals schlief. Vielleicht sollte ich aufstehen und tun, was ich immer tat, wenn ich die erste Nacht in den Staaten wach lag: in einem Fastfood-Restaurant um die Ecke ungesunde Pancakes oder French-Toast-Sticks mit viel zu heißem Kaffee genießen. Gähnend setzte ich mich auf. In fünf Stunden war das Debriefing mit Agoras Team anberaumt. Im Mittelpunkt dieser Nachbesprechung, die wir oft ein paar Wochen nach der Präsentation unserer Strategie durchführten, standen folgende Kernpunkte: Welche Fragen sind nach der Präsentation noch aufgetaucht, haben sich möglicherweise bei der Umsetzung ergeben? Und gab es Learnings aus der Zusammenarbeit, die sich als relevant für die Zukunft erwiesen? Um eine möglichst tiefe Diskussion zu erreichen, hatte Agora die ärgsten Kritiker wie auch die stärksten Befürworter der Strategie zur Rettung der Demokratie eingeladen.

Mein Handy blitzte auf. „Hey Ben, ich kann nicht schlafen", schrieb mir Agora, die im selben Hotel wie ich abgestiegen war, in einer WhatsApp. „Lust auf einen Kaffee?" Okay, dachte ich und rieb mir die müden

Augen. „In 20 Minuten in der Lobby. Ich weiß, wo wir hingehen können." Dann stand ich auf, um zu duschen.

Eine knappe halbe Stunde später saßen wir in einer Ecke des Fast-Food-Restaurants. Wir waren die einzigen Gäste. Ein Angestellter wischte den Boden. Im Hintergrund lief leise Musik. Mit Genuss biss Agora in ihren Frühstücksburger. Etwas Sirup tropfte auf das Tablett, der knusprige Bacon krachte in ihrem Mund. Ich war nicht nur überrascht von ihrem Appetit zu dieser frühen Stunde, sondern auch von ihrem neuen Look. Ihr langes Haar, bisher immer elegant hochgesteckt, war zu einem lässigen Pferdeschwanz gebunden. Und sie trug einen frechen Pony bis über die Augenbrauen, der ihr nicht nur gut stand, sondern sie, obwohl die Neonbeleuchtung des Restaurants für keinen von uns schmeichelhaft war, um Jahre jünger machte. Statt in Kostüm und Pumps saß sie in Jeans, Sweater und Sneakers vor mir. Eine völlig neue Frau, dachte ich, begeistert von ihrem Look.

„Also", sagte Agora und tupfte sich den Mund ab, „die neun Maßnahmen, die ihr uns vor drei Monaten präsentiert habt, wussten wir ja irgendwie schon vorher." „Aha!?", antwortete ich. Ich trank einen Schluck Kaffee und dachte: Um diese Uhrzeit schon ein K.-o.-Argument? Mit einem „Na ja …" schien Agora zurückrudern zu wollen. „Was genau wusstet ihr denn schon vorher?", hakte ich nach. „Digitalisierung und Bildung zum Beispiel. Das sind doch No-brainer." Ihre Wortwahl überraschte mich. No-brainer hätte sie vor einem Jahr vermutlich nicht gesagt. „Und was ist mit den anderen sieben?", fragte ich. Agora lächelte und erhob ihren Kaffeebecher. „Lass uns erst mal anstoßen. Das ist zwar kein Champagner, aber die Geste zählt." Ich tat wie geheißen.

„Danke für die gute Zusammenarbeit!" Sie stellte den Becher wieder auf das Tablett zurück und tunkte ihren Hashbrown, die amerikanische Version eines Kartoffelpuffers für Frühaufsteher, genießerisch in das Plastiktöpfchen mit Ahornsirup. Dann sagte sie: „Hättest du mir bei unserem ersten Treffen vor einem Jahr in Hamburg gesagt, Demokratie braucht POP-Kultur, ich wäre aufgestanden und gegangen." Ich musste schmunzeln, weil Agora, auch wenn sie wie immer klang, an diesem Morgen viel weniger steif und viel zeitgemäßer wirkte. „Und warum bleibst du heute sitzen?", fragte ich. „Weil man bei näherer Betrachtung die Lösung für die Probleme der Demokratie nicht einfacher auf den Punkt bringen kann." „Auch wenn du die zwei P-Flanken in POP – also mehr Teilhabe, wie in unserer Strategie unter P wie Partizipation zusammengefasst, und wachsender Wohlstand unter P wie Prosperität – schon von Politologen gehört hast?" „Ja, ja", winkte Agora ab. „Ich habe es schon verstanden. Das Neue an eurer POP-Strategie ist die praktische Verortung der drei Flanken und vor allen Dingen die Wertschätzung, also das O wie Ovation. Ich weiß noch genau, wie du mir auf der italienischen ‚Opportunity Island'", sie grinste mich an, „ins Ohr flüstertest, dass Wertschätzung ein ganz wichtiges Thema sei. Heute weiß ich: Erst die drei Säulen geben der Rettung der Demokratie höchste Stabilität. Aber ..." Sie biss in ihren Burger und kaute langsam und bedächtig, bevor sie weitersprach: „Es gibt noch einige Fragen und einige meiner Leute haben Bedenken, was die Strategie angeht. Erst kamen sie mit dem Begriff POP nicht klar. Aber als wir zusammen noch mal genauer hinschauten und darüber sprachen, machte es für die meisten Sinn. Trotzdem sorgt sich ein Teil des Teams, dass es in Sachen Digitalisierungsstrategie Probleme geben könnte."

Irgendwie scheint da etwas durcheinandergeraten zu sein, befürchtete ich, und sagte: „Lass mich das alles einmal aufdröseln." Agora nickte zustimmend.

„Du hattest uns gebeten, für euch eine Strategie zu entwickeln, wie die Demokratie zu retten ist. Bei unserem ersten Treffen in Hamburg hatte ich dir zusätzlich drei beispielhafte Maßnahmen versprochen. Agora grinste. „Jetzt sind daraus neun geworden." „Plus eins" ergänzte ich in Gedanken, hob mir das Gespräch darüber aber für später am Tag auf. Stattdessen fragte ich: „Erinnerst du dich an unser Gespräch in Hamburg, in dem du unser CIDD frech nanntest?“ Agora nickte erneut. „Wir sprachen ausführlich über Strategien, zunächst über Unternehmensstrategien. Wir sprachen über den Unterschied zwischen Strategie und Taktik. Über Seiten, die mit der Beschreibung von Unternehmensvision und -mission geflutet werden, bis die Mitarbeiter darin untergehen: Rund 90 Prozent können die Strategie ihrer Firma nicht benennen. Deswegen plädierte ich für eine Passion, die mit einem Satz oder drei Wörtern auskommt.“ „POP eben“, unterbrach sie mich. „Stimmt. Und vor allem sprachen wir über einen großen Fehler. Er besteht darin, Strategien und Maßnahmen zu verwechseln. Digitalisierung ist keine Strategie, sondern eine Maßnahme. Eine Strategie – ganz wichtig – definiert, wie der Zielzustand sein muss. Also zum Beispiel: Wie sieht es aus, wenn die Demokratie gerettet ist? Wie fühlen sich die Menschen, was ist dann für sie anders? Ganz konkret in unserem Fall spüren sie Teilhabe, Wertschätzung und Wachstum. Kurz: POP. Mit dem Zielzustand POP

DER UNTERSCHIED ZWISCHEN STRATEGIE UND MASSNAHMEN.

Aktuelles Hintergrundwissen.

FACT PRINT

kann das Ziel, die Demokratie zu retten, erreicht werden. Leider ist meine Erfahrung, dass in Strategiediskussionen oft längst nicht allen Beteiligten der zu erreichende Zielzustand bekannt ist. Ohne ihn, also ohne Strategie, gibt es keine Orientierung. Deshalb tappen Beteiligte in die voreilige ‚Maßnahmenfalle': Es werden viel zu früh – also bevor es eine Strategie gibt – Maßnahmen definiert. Und die sind oft ungeeignet, weil der Zielzustand damit nicht erreicht werden kann."

„Ja, Herr Professor", sagte Agora, während sie sich durch den Pony wuschelte und dann nach ihrem Kaffeebecher griff. „Willst du mir damit sagen, dass die Maßnahmen, die ihr uns präsentiert habt, nicht für alle demokratischen Länder gelten?" „Wollte ich nicht sagen, stimmt aber trotzdem. Denn jedes Land wird die Maßnahmen individuell umsetzen, weil sich die Probleme in den Demokratien nicht alle über einen Kamm scheren lassen. Was ich aber tatsächlich sagen wollte: Wenn nicht alle genau wissen, wie wir die Demokratie retten können, macht jeder irgendwas. Die von dir angesprochene Digitalisierung ist ein gutes Beispiel: Vorreiter Estland braucht hier einen anderen Boost, einen viel niedrigeren als Deutschland und die USA." Agora sah mich mit echauffiertem Blick an und stellte den Becher abrupt ab. Etwas Kaffee schwappte heraus. „Das weiß ich doch! Aber viele der von euch vorgeschlagenen Veränderungen brauchen mindestens eine Generation, bis sie wirklich greifen. Das sagen übrigens auch meine Leute." „Deshalb haben wir ja drei Maßnahmen-Phasen: kurz, mittel- und langfristig. Die Timeline reicht bis ins Jahr 2040." Ich schaute Agora durchdringend an, bevor ich sagte: „Aber darum geht es doch gar nicht." „Sondern?"

„Wären unsere Maßnahmen Obstbäume, würden manche 75 Prozent Früchte tragen, andere 25 Prozent und wieder andere nur 3,5 Prozent. Wichtig ist, dass alle Maßnahmen auf die angestrebte Quality Society einzahlen." „Hä?", entfuhr es Agora. „Wieso genau 3,5 Prozent?" „Mehr braucht es nicht, um eine Veränderung zu initiieren. Wenn etwas unumkehrbar angestoßen ist, hat das genauso viel Wert wie 75 Prozent sofortige Ernte. Das beweisen 323 weltweite gesellschaftliche Initiativen zwischen den Jahren 1900 und 2006."[1] „Okay, und welche davon waren besonders erfolgreich?" „Die gewaltlosen! Aber das ist für uns ja sowieso klar. Was hier am wichtigsten ist: Alle Maßnahmen bringen Ertrag. Manche weniger, manche mehr. Manche langsamer, manche schneller. Aber allen ist gemein – und das ist entscheidend –, dass sie POP Tag für Tag ein wenig mehr Wirklichkeit werden lassen." „Ist ja schon gut", winkte Agora ab. „Ich habe verstanden. Es kommt darauf an, loszulegen."

„Genau! Solange die Maßnahmen auf die Strategiesäulen von POP einzahlen, manche zahlen sogar auf mehrere ein. Ein neues Bildungs-Ökosystem zum Beispiel schafft nicht nur Prosperität, sondern sorgt auch für mehr Wertschätzung. Apropos loslegen: Möchtest du noch etwas zu essen oder noch einen Kaffee?" „Ich nehme drei Pancakes und einen Kaffee, danke", sagte Agora. Als ich zum Tisch zurückkam, hatte Agora ihren Frühstücksburger aufgegessen und ihren Tabletcomputer aus ihrer Handtasche geholt. Sie deutete auf den Action Print, der die Timeline mit den jeweils

DAS GESETZ DER 3,5 PROZENT.[2]

Es braucht keine Mehrheit in der Bevölkerung, um politische Veränderungen herbeizuführen. Die Analyse von 323 zwischen 1900 und 2006 untersuchten Protestbewegungen hat bewiesen: Bereits 3,5 Prozent der Menschen eines Landes reichen dafür aus. Sie müssen nicht alle auf die Straße gehen, aber sie müssen sich engagieren, indem sie zum Beispiel Petitionen unterschreiben oder ihre Haltung klar und deutlich zum Ausdruck bringen. Fazit: Wenige Aktivisten können sogar Regierungen in die Knie zwingen. Und friedvoller ziviler Ungehorsam ist doppelt so effektiv, wie es bewaffnete und gewalttätige Ausschreitungen sind.

Aktuelles Hintergrundwissen.

FACT PRINT

DER VERGLEICH VON STAATSFORM (RATIONAL) UND LEBENSFORM (EMOTIONAL).

STAAT UND POLITIK.	LEBENSEINSTELLUNG.
■ Ehe und Familie unter besonderem Schutz der staatlichen Ordnung.	■ Heiraten, wenn, wann und wen du willst. ■ Gleichberechtigt leben. ■ Kinder bekommen, wenn, wann und mit wem du willst.
■ Verfassungen gewähren Rechte rund um den Beruf.	■ Beruf ergreifen oder ausüben, den du willst. Niemand darf zu einer bestimmten Arbeit gezwungen werden.
■ Recht, seine Meinung in Wort, Schrift und Bild frei zu äußern.	■ Denken und sagen, was du willst.
■ Recht auf Eigentum.	■ Deins bleibt deins. Klauen geht gar nicht.
■ Fernmeldegeheimnis: Unverletzlichkeit staatlich garantiert.	■ Fremde E-Mails lesen geht gar nicht.

drei Maßnahmen pro Strategiesäule darstellte, und sagte: „Schauen wir uns doch zusammen die Maßnahmen noch mal an. Beginnen wir mit ‚Partizipation'. Kurzfristig, sagt ihr, sei ein Digitalisierungsboost wichtig. Ich gehe da voll mit, auch wenn einige Länder finden, es gäbe zu viele bürokratische Hürden und jede Menge Gegenwind von Bedenkenträgern. Trotzdem Haken dran." Sie ließ den fluffig-heißen Pancake auf der Zunge zergehen. „Lecker!" Es gefiel mir, mit welcher Hingabe sie das von mir zusammengestellte Fast-Food-Menü genoss.

Agora machte schnell wieder den durchsichtigen Deckel auf die Pancake-Packung, aus der es dampfte, und fuhr fort: „Eure mittelfristige Maßnahme für Partizipation, ‚Power of People', war ganz schwierig, eigentlich für alle im Team. Was bitte soll eine gemeinnützige Stiftung für Demokratie bringen?" „Agora, du denkst politisch. 75 Prozent der Menschen tun das jedoch nicht. Sie interessieren sich nicht für Politik. Aber sie interessieren sich für ihr eigenes Leben. Mehr noch: Sie lieben die Art, wie sie leben. Also müssen wir ihnen vor Augen führen, dass Demokratie nicht nur eine Staatsform ist. Begreifen wir die Demokratie als Lebensform, als Einstellung, können wir sie retten. Aber du hast recht, es wäre paradox, das ausgerechnet von Politikern zu verlangen. Genau deshalb braucht es eine Stiftung, die diesen freiheitlichen Lifestyle über alle Kanäle auf allen Kontinenten verbreitet: eine globale Internetplattform, Berühmtheiten und Influencer, die als Demokratie-Botschafter auftreten, Musikstars, die POP-Songs bringen, so wie seinerzeit Michael Jackson mit ‚USA for Africa'."

„Ah, jetzt verstehe ich das erst richtig. Eine enorme Vielfalt also. Und mit der Musik ist das so ähnlich wie nach dem Dritten Reich in Deutschland, wo Elvis Presley mehr erreichte als jedes Entnazifizierungs-Programm der Alliierten."

Sehr gut, dachte ich. Es war also nicht nötig, Agora zu erläutern, dass Wissenschaftler genau diesen Aspekt bei der Entnazifizierung bewiesen hatten. Maßnahmen wie Filme und Bildungsarbeit waren wesentlich weniger wirkungsvoll als POP-Musik, die entscheidend dazu beitrug, nach dem Ende des Zweiten Weltkrieges den Sound der Freiheit zu transportieren.

„Gekauft“, sagte Agora, griff wieder nach ihrem Tabletcomputer und deutete auf GOLD, die langfristige Maßnahme von Ovation: „Aber wieso braucht es dann noch eine zweite Organisation? Power of People reicht doch!“ „Mit Power of People erreichen wir alle, die sich nicht für Politik interessieren. GOLD dagegen richtet sich an diejenigen, die sich für Politik interessieren. Denk mal an die nicht-demokratischen Entwicklungs- und Schwellenländer. Woran denken die Menschen dort, wenn sie Demokratie hören?“ Agora kräuselte die Stirn, gab mir aber keine Antwort. „Sie denken an die USA als die bekannteste und älteste durchgehende Demokratie der Welt. Aber leider denken viele Menschen auch an von ihr getötete Kinder in Afghanistan, an den völkerrechtswidrigen Einmarsch in den Irak und an die absichtlich so abgelegen platzierten Wahllokale, dass Colored People nicht wählen gehen können. Sie denken teilweise aber auch an Demokratien in Europa, zum Beispiel an Italien, das vor seiner Küste Bootsflüchtlinge sterben lässt. Kurz: Sie halten die Demokratien aus dem Westen für Heuchler.“

Agora schwieg betreten, während sie ihre braune Papierserviette zerzupfte. Sie wich meinem Blick aus. „Und warum denken sie an das, was einzelne Länder taten und nicht an die unzähligen Vorteile der Demokratie?“ Ich ließ Agora keine Zeit, um auf meine Frage zu antworten. „Weil die Demokratie keine weltweit einheitliche Stimme hat. Und deshalb das, was einzelne demokratische Länder tun, mit Demokratie gleichsetzen. Eine Globale Organisation Liberaler Demokratien, kurz GOLD, liefert genau diese fehlende Stimme. Das gibt es bisher nicht: In der UNO sitzen auch Autokraten. Die NATO kümmert sich um militärische Fragen, übrigens auch nur im Nordatlantik und nicht weltweit.“

„Und was wäre dann die Aufgabe von GOLD?“, wollte Agora wissen. „Die Werte der Demokratie in Reinkultur hochzuhalten, sodass demokratische Länder, beispielsweise die USA oder Italien, bei undemokratischem Verhalten kritisiert werden. Dass Menschen in aller Welt unterscheiden können zwischen der Qualität der Demokratie und den Qualen, die einzelne Demokratien zu verantworten haben. In GOLD sitzen keine Bürokraten oder Politiker, sondern Bürgerinnen und Bür-

Exponentielles Wachstum am Beispiel Social Media.

JEDEN TAG DOPPELT SO VIELE FOLLOWER WIE AM VORTAG.

Am ersten Tag einen Follower, am zweiten zwei, dann vier, acht, sechzehn ... Was meinst du: Wie viele Follower hättest du am 64. Tag?
Antwort: 18 Trillionen, 446 Billiarden, 744 Billionen, 73 Milliarden, 709 Millionen, 551 Tausend und 615 Follower.
Zum Vergleich: Im Herbst 2023 belegte der für seine Parodien bekannte Khabane Lame mit knapp 162 Millionen Followern den ersten Platz im Ranking der beliebtesten TikTok-Accounts weltweit.[3]
Du wärst in unserem Social-Media-Beispiel übrigens nach nicht mal einem Monat besser als er: Am 28. Tag hättest du mehr als 134 Millionen und am 29. Tag exakt 268.435.456 Follower.
Wolltest du dagegen Cristiano Ronaldo mit rund 608 Millionen Instagram-Followern schlagen, bräuchtest du in unserem Beispiel 31 Tage.
Am 30. Tag hättest du über 500 Millionen und am 31. Tag schon mehr als eine Milliarde, exakt: 1.073.741.824.[4]

Aktuelles Hintergrundwissen.

FACT PRINT

ger, die wie Schöffen dafür Sorge tragen. Und im Zweifel Verfehlungen einzelner Staaten weltweit mit einem Shitstorm beantworten.“ Agora dachte einen langen Moment nach und sagte schließlich sichtlich beeindruckt: „Das würde ja bedeuten, dass POP außerhalb der demokratischen Grenzen wirkt.“ „Ja, außerhalb ist der große Effekt, den GOLD bringt, dass die Demokratie als Staats- und Lebensform nicht mehr durch Vergehen einzelner demokratischer Länder in Verruf kommt. Das entkräftet auch den Vorwurf demokratischer Heuchelei, weil demokratisches Verhalten herausragen kann und nicht-demokratisches kritisiert wird. Und das Beste: GOLD wäre in der Lage, sich dessen zu bedienen, was wir das ‚exponentielle Wachstum der öffentlichen Aufmerksamkeit‘ nennen.“

„Damit wäre im Umkehrschluss ein Fehler eines demokratischen Landes nicht mehr automatisch ein Fehler der Demokratie“, ergänze Agora mit einem Anflug der Erleichterung. „Und das heißt im Klartext: Ich bin nicht mehr dauernd schuld!“ „Ja“, sagte ich mit einem Lächeln und versuchte wieder zurückzukommen zu unserem Thema: „POP wirkt vor allem innerhalb der Demokratien. Auch GOLD kann es. Nehmen wir noch einmal die Wahllokale in den USA als Beispiel. In anderen demokratischen Gesellschaften nimmt damit ‚Ovation‘, die Wertschätzung der Bürger für ihre Demokratie, zu, weil die Menschen sehen, dass es in ihrem Land besser funktioniert als in den USA, dass jede Stimme zählt und alle einfach wählen gehen können.“

Agora schwenkte ihren Kaffeebecher, als hielte sie ein Glas Rotwein, der Sauerstoff braucht, in ihrer Hand. Ich hatte das Gefühl, dass sie die Chancen dieser beiden Organisationen inzwischen erahnen konnte. Deshalb fügte ich hinzu: „Power of People und GOLD sind zwei wichtige Hebel, um einen Mindset Change zu bewirken. Die Menschen bekommen damit wieder mehr Zuversicht und Motivation, um nicht mehr bloß die Probleme, sondern auch die sich bietenden Möglichkeiten zu erkennen.“

„Gut, also zwei Organisationen. Dann können wir zurückgehen zu ‚Partizipation‘, da haben wir über die langfristige Maßnahme ja noch nicht gesprochen.“ Agora setzte ihre Brille auf und las: „Direkte Demokratie.“ Dann zog sie die Brille abrupt wieder von der Nase und sagte: „Da hat es so was von Gegenwind im Team gegeben. Vor allem die Politiker und Politikerinnen in repräsentativen Demokratien waren sehr irritiert.“ „Und warum?“, fragte ich, obwohl mir klar war, dass wir mit dieser Maßnahme einen wunden Punkt getroffen hatten. „Erstens“, Agora deutete mit spitzem Zeigefinger auf mich, „haben sie wohl Sorge, ihren politischen Einfluss zu verlieren und, das ist meine Interpretation, fühlen sich dadurch sogar entmachtet. Und zweitens sagen sie, dass das Volk den Job nicht will und auch nicht so gut machen würde wie sie.“ „Total menschlich. Wer nicht mit der Zeit geht, geht mit der Zeit.“[5] Agora sah mich entsetzt an: „Du meinst damit die Politiker, oder?“

„Ja, aber am Ende auch dich“, antwortete ich und versuchte, noch einmal zu erklären, worum es wirklich ging. „Ziel direkt-demokratischer Elemente ist es in unserer Straciatella-Strategie nicht, die repräsentative Demokratie zu ersetzen, sondern sie zu ergänzen. Und herauszufinden, was am besten funktioniert. Weil ein demokratischer Lebensstil mehr Teilhabe braucht. Es stimmt: Manche wollen das nicht. Andere aber schon! Dass die wahlberechtigten Bürgerinnen und Bürger keine Ahnung haben, ist genauso relativ wie bei Politikern. Auch die brauchen Expertenberatung. Aber die Bevölkerung eines Landes hat eine Kompetenz, die nicht selten größer ist als die der Politik, nämlich Betroffenheit, über die wir später auch noch beim ‚Lernenden Land‘ sprechen sollten. Betroffen sein heißt: Ihre Entscheidungen wirken sich unmittelbar auf sie aus. Und die Sache mit der Macht brauche ich ja wohl nicht zu erklären. Das entscheidet sich ohnehin in der Wahlkabine.“

„Touché.“ „Erinnerst du dich noch an die Bootsfahrt auf dem Gardasee, als Justin Trudeau so vehement darauf bestand, dass die Politik von

Unternehmen lernen kann? Das gilt auch für Direkte Demokratie: Vor Jahren pilgerten Unternehmenslenker ins Silicon Valley, um vermeintlich die höheren Weihen modernen Arbeitens zu erhalten. Viele kamen mit der Idee zurück, dass Hierarchien abgeschafft werden müssten. Meine Leute und ich glaubten nicht daran. Deshalb starteten wir eine europaweite Untersuchung: Was ist Mitarbeitern wirklich wichtig? Das Ergebnis: Für 97 Prozent waren Hierarchien kein Kriterium, um happy im Job zu sein." „Und was war dann wichtig für sie?" „Zwei wesentliche Kriterien waren Wertschätzung und Teilhabe. Genauso ist es in der Demokratie: Beides ist wichtig. Du weißt ja inzwischen, wir nennen es Ovation und Partizipation. Die Teilhabe ermöglichst du durch Digitalisierung, durch Power of People und direkt-demokratische Elemente. Weißt du, was den Menschen am wichtigsten ist, sobald sie beteiligt werden?" „Dass passiert, wofür sie abgestimmt haben?" Ich schüttelte den Kopf. „Nein, sie wollen wissen, wie es mit dem demokratischen Prozess weiterging. Ob er zu ihren Gunsten ausging, ist ihnen weniger wichtig. Und das bedeutet doch, dass die Information über die Ergebnisse als Wertschätzung empfunden wird. Partizipation stimuliert also auch Ovation. Damit funktioniert POP wie ein Netzwerk, das sich gegenseitig verstärkt."

Ein Pärchen, das ganz offensichtlich die Nacht durchgemacht hatte, torkelte mit Kaffeebechern in der Hand an uns vorüber. Die Mascara der jungen Frau war verschmiert und ihr Begleiter gähnte herzhaft. Sie ließen sich eng umschlungen etwas weiter von uns entfernt an einem Tisch nieder. Agora schien ihre Umgebung gerade nicht zu interessieren. Schweigend widmete sie sich dem letzten Rest ihres Kaffees. In dem Moment kam sie mir, wie schon ein paar Mal im Laufe unserer Zusammenarbeit, wie ein trotziges Kind vor, das unbedingt den eigenen Willen durchsetzen wollte. Aber ich wusste, sie kämpfte gerade damit, die angesprochenen großen Veränderungen zu akzeptieren. Als der Becher leer war, wischte sie sich mit der Serviette den Mund ab und sagte: „Ich nehme mit, dass Partizipation wie ‚Vitamine für die Demokratie‘ ist.“ Sie zwinkerte mir zu und schien sich wieder gefangen zu haben.

„POP insgesamt ist ein Immun-Booster gegen Unfreiheit“, entgegnete ich.

„Machen wir mit ‚Ovation‘ weiter.“ Agora nahm erneut ihr Tablet zur Hand und sagte: „Den ersten Punkt kannst du abhaken. Dass eine Demokratie ihre Gesellschaft wirklich repräsentiert, also auch im Parlament anteilig genauso viele Unternehmer, Pflegekräfte, Colored People, Frauen et cetera sitzen, das müssen wir hinkriegen! Aber was meint ihr in dem Zusammenhang mit den Medien?“ „Genau das Gleiche. Auch deren Teams sollten die Gesellschaft repräsentieren. In Deutschland sind in den Medien überproportional viele Hochschulabsolventen aus politisch grünen Großstadtmilieus tätig. Wie sollen diese Journalisten die Themen eines Handwerkers vom Land repräsentieren?“ „Aber das geht doch nicht in einer freien Wirtschaft! Das müssen doch die Verleger und Sender entscheiden!“ Agora hielt kurz inne und fragte dann: „Oder wollt ihr dafür eine Quote einführen?“ „Unabhängig davon, dass es in einigen Ländern nicht nur private, sondern auch öffentliche Medien gibt, werden Unternehmen der Zukunft, auch die Medien, immer mehr gesellschaftliche Verantwortung wahrnehmen. Daher muss das Thema auf die gesellschaftliche Agenda, damit die Wirtschaft schon heute diese Verantwortung übernehmen kann.“

Der Restaurantangestellte, der die ganze Zeit den Boden gewischt hatte, kam mit Eimer und Mop bei uns vorbei. „Wenn er nicht aufpasst, fällt er gleich hin“, sagte ich zu Agora. „Wie bitte?“ Agora schaute irritiert zu ihm hin. „Sein Schnürsenkel ist offen, er merkt es aber nicht.“ „Und was hat das jetzt mit unserer Diskussion zu tun?“ „Es geht um vorausschauendes Denken. Die Energieabhängigkeit des Westens von Putins Unrechtsregime war länger vorhersehbar als der offene Schnürsenkel. Aber keiner wollte es sehen. Die Wirtschaft nicht wegen der extrem niedrigen Energiepreise. Und die Regierung nicht, weil man sich lieber in einer prosperierenden Volkswirtschaft sonnte." „Was schlägst du vor als Lösung?" „Was wir euch schon präsentiert haben: ein Zukunftsministerium. Jedes demokratische Land braucht eine solche Institution, damit unsere Demokratie nicht wie bisher oft hinter der Welle surft, statt Vorreiter zu sein." „Und was hat das mit Ovation zu tun?", wollte Agora wissen. „Nehmen wir die fossilen Energien aus Russland: Gibt es mehr Wertschätzung als zu verhindern, dass die Bürger die Zeche zahlen für erst verfehltes und dann verspätetes Handeln?" „Also beschäftigt sich ein Zukunftsministerium vorrangig mit Energiefragen?" „Keineswegs. Es ist ein 360-Grad-Ministerium, egal, ob es um das frühzeitige Erkennen der Auswirkungen der Klimakrise geht, um Einstellungsveränderungen in der Bevölkerung oder um künstliche Intelligenz. Es kann nicht sein, dass unsere politischen Vertreterinnen und Vertreter über eine Technologie, die bald intelligenter als wir Menschen sein könnte, weniger wissen als digitale Großkonzerne." „Also meinst du, wir müssen so jemanden wie dich haben?", fragte Agora mit unschuldigem Blick. „Nein", antwortete ich und überging ihre Provokation mit einem Lächeln. „Denn dazu müsste ich entweder Experte für Klima, Digitalisierung oder künstliche Intelligenz sein."

„Aber in den herkömmlichen Ministerien, zum Beispiel für Forschung und Entwicklung oder Digitalisierung, gibt es doch schon Fachabteilungen, die sich auch mit Zukunft beschäftigen", wandte Agora ein. „Richtig. Die Frage ist nur, wie Zukunft dort definiert wird. Geht es lediglich um die nächsten Jahre? Die nächste Legislaturperiode? Oder um viel mehr? In Wales gibt es eine Ministerin für zukünftige Generationen. Sie steht für die Interessen derjenigen ein, die noch nicht einmal geboren worden sind. Aber noch viel wichtiger als der Forschungszeitraum ist, dass echte Cracks, die größten Talente bei der Regierung arbeiten. Das ist eben nicht das Gleiche, als wenn ein Jurist im Ministerium eine externe Beraterschar anheuert."

Je demo-
kratischer,
desto
talen-
tierter.

Um unsere demokratischen Länder voranzubringen, braucht es vor allem die Relevanz des Zukunftsministeriums. Das heißt: Soll irgendwo Geld gekürzt oder ausgegeben werden, muss das Zukunftsministerium genau wie das Finanzministerium gefragt werden. Mit echtem Vetorecht. Nur so sind wir wirklich vor der Welle!"

„Womit würde dieses Ressort sich beispielsweise beim Thema KI beschäftigen?", hakte Agora nach. „Etwa damit, was es bedeutet, wenn KI nicht von Menschen trainiert wird, sondern von anderer KI. ‚Artificial General Intelligence' wird es genannt, wenn KI unabhängig von ihren ursprünglichen Entwicklern lernt und agiert. Aber auch Inhalte, die von Menschen stammen, etwa die, die sich die KI im Internet ansieht, sind nicht unproblematisch. Denn die KI ahmt auch menschliche Vorurteile und Eigenarten nach, von Diskriminierung gegenüber Colored People bis zum Machtstreben von Menschen. Selbst eine weltweit erste, umfassende risikobasierte KI-Verordnung der EU ist nur ein erster Schritt. Müssen Demokratien nicht auch über das, was sie untersagen, besser Bescheid wissen als Autokraten, um deren Weltherrschaftsfantasien im Zaum zu halten? Dies ist eines von vielen Fachgebieten des Zukunftsministeriums." „Ich muss zugeben, dass ich das Zukunftsministerium bei eurer Präsentation banal

DIE WELTMEISTER DER TALENTE.[6]

Ranking	Land	Demokratieindex
1.	Schweiz	10
2.	Schweden	4
3.	Island	5
4.	Norwegen	1
5.	Dänemark	6
6.	Finnland	3
7.	Luxemburg	14
8.	Österreich	20
9.	Niederlande	11
10.	Deutschland	15

Aktuelles Hintergrundwissen.

FACT PRINT

fand. Aber jetzt, wo ich das alles noch einmal höre, steckt da mehr Schubkraft drin. Manchmal braucht es vielleicht mehrere Wiederholungen", gestand Agora ein.

„Ganz anders ging es mir beim Lernenden Land, der kurzfristigen Maßnahme der dritten Säule Prosperität. Da hattet ihr mich sofort! Die Idee, die Heerscharen von professionellen Beratern durch Bürger teilweise zu ersetzen, die für ihre Kompetenz als Betroffene vergütet werden. Sensationell!" Ich lächelte wieder, wohl wissend, dass wir beim Debriefing unbedingt noch einmal darüber sprechen mussten, wie wichtig eine angemessene Vergütung dieser Tätigkeit sein würde. Diese Maßnahme war aber nicht deshalb unter Prosperität aufgeführt, weil sie bezahlt werden sollte, sondern weil „Betroffenenberater" eher zum Wohlstandswachstum beitrugen.

Agora fuhr fort: „Jetzt bleiben nur noch zwei Punkte zu Prosperität: Bildung und BIG, das bedingungslose Grundeinkommen. Bildung kam, das habt ihr ja schon bei der Präsentation gemerkt, insgesamt gut an. Der einzige Einwand, den meine Leute nach reiflichem Überlegen hatten: Das ist eine langfristige Maßnahme, keine mittelfristige."

Typisch, dachte ich und sagte: „Du kennst doch mittlerweile unsere Haltung: Langsamer als Autokratien ist okay. Aber schneller als bisher müssen wir schon werden. Deshalb mittelfristig. Aber haben wir wirklich Konsens darüber, dass Bildung, wie sie bisher war, sterben muss, damit ein Bildungs-Ökosystem entstehen kann?" „Wieso denn auf einmal sterben?" Agora schüttelte leicht entnervt den Kopf. „Wissen ist doch Macht!" „Die Zukunft der Demokratie braucht aber mächtige Menschen und keine mächtigen Maschinen." „Und wie kommst du jetzt bitte auf Maschinen?" wollte Agora irritiert wissen. „Weil die zukünftig für Wissen stehen." „Würdest du uns noch einen Kaffee holen? Sei so gut", sagte Agora plötzlich.

Ich ging los. So ist es oft in der Beratung, dachte ich mir: Gesagt ist nicht gehört. Gehört ist nicht verstanden. Verstanden ist nicht einverstanden. Einverstanden ist nicht getan. Getan ist nicht beibehalten. In diesem Dilemma befand sich offenbar auch Agora gerade, was das Thema Bildung anging. Wofür mussten wir Menschen lernen, wenn immer mehr Maschinen schon heute vieles besser konnten als wir, wenn Wissen im Internet unlimitiert anzapfbar war? Kreativität und Soziabilität waren die zentralen Fähigkeiten der „Lehre des Lebens“, die uns gegenüber Robotern mit ihrem schier unendlichen Wissensspeicher überlegen machten. Darüber hatten wir mehrfach in den Co-Labs gesprochen. Weil wir anders als Maschinen mit Andersdenken algorithmische Muster brechen und vielversprechende Ideen im Teamwork entwickeln konnten.[7] Ich verzichtete darauf, das noch einmal zu erklären, als ich zurückkam.

Agora rührte etwas Zucker in ihren Becher und nahm den ersten Schluck. Danach sagte sie: „Ich habe es doch längst verstanden mit der Bedeutung von Kreativität und Soziabilität für die Zukunft. Aber es ist einfach so schwer, das zu akzeptieren, weil ich es jahrtausendelang anders gelernt habe.“ Sie atmete tief durch. Dann zog sie ihr Handy hervor und sagte zu meiner Überraschung: „Lass uns ein Selfie machen für meine Social-Media-Kanäle.“ Dieser Satz war fast so gut wie das frühmorgendliche Date in einem Fast-Food-Restaurant. Denn er zeigte mir, dass Agora das mit der Aufmerksamkeit für die Demokratie verstanden hatte.

„Bis hierher war unser Gespräch sehr fruchtbar und der Morgen trotz Jetlag gut“, sagte sie, als die Aufnahme im Kasten war, und setzte ganz leise hinzu: „Aber das größte Problem kommt ja erst: BIG. Im wahrsten Sinne des Wortes.“ „Du meinst bestimmt die Finanzierbarkeit.“ „Ja, auch“, winkte Agora ab. „Die Wichtigkeit dieses Punktes hatte ich schon in der Präsentation verstanden. Ihr habt es auch ausführlich dargelegt. Aber der Widerstand in meinem Team ist so groß, weil sie immer noch das Gefühl haben, dass Arbeit im Mittelpunkt steht und Faule nicht belohnt werden dürfen. Ich spüre, dass ihr richtig damit liegt, dass sich der gesellschaftliche Wert von Arbeit verschiebt, aber ich kann es ihnen einfach nicht erklären."

Ich konnte Agoras Problem verstehen. So dachten die meisten Menschen, nicht nur Politiker. „Vergessen wir für einen Augenblick die vielen neuen Berufe, die kommen werden, die aber andere Skills erfordern, die viele noch nicht haben: Diese lange Transformationsphase – viele Skills nicht mehr benötigt, benötigte Skills noch nicht vorhanden – müssen wir im Kopf behalten, um zu verstehen. Wir haben Einvernehmen, dass die künstliche Intelligenz immer mehr Aufgaben übernehmen wird?" Agora nickte. „Immer weniger Menschen werden demnach einer Erwerbsarbeit nachgehen. Das heißt, und das wird deine Leute überzeugen, dass der Sozialstaat nicht mehr finanzierbar sein wird. Logisch, oder?" Sie nickte wieder und sagte: „So wie bisher geht es nicht weiter. Aber dann ist doch auch BIG nicht finanzierbar." „Doch! Es ist finanzierbar über eine internationale Steuerreform. Dazu muss BIG aber globaler sein als nationalstaatliche Sozialsysteme, die wir bisher hatten. Denn es funktioniert nur mit einer internationalen Kooperation." „Und warum sollten zum Beispiel die USA, egal wer nächster Präsident wird, da mitmachen?", wollte Agora wissen. „Auch die USA werden sich überzeugen lassen – etwa wenn sie sich nicht mehr einem Automatismus gegenübersehen, der ihnen weltpolizeiliches Engagement zuschreibt. Und wenn die USA sich stattdessen auf Abschreckung gegen die einen Krieg vorbereitende chinesische Autokratie fokussieren können. Und wenn andere Länder, auch und gerade die europäischen, sich endlich selbst zu verteidigen wissen, werden die USA zuhören und nicht reflexartig ihre Tech-Giganten schützen wollen."

„Damit der ganze Punkt klarer wird, würde ich gern hinter die Kulissen der Wirtschaft schauen", fuhr ich fort. Agora richtete sich auf. In diesem Jahr werden wir mehr von Sam Altman hören. Er ist der prominenteste Kopf des KI-Hypes und CEO der US-Firma OpenAI." „Ach ja, die ChatGPT-Leute", warf Agora ein. „Genau. Altman wird eine

Kryptowährung herausbringen, die sicherstellt, dass Nutzer Menschen und keine Maschinen sind. In diesem Fall jedoch nicht in den USA, denn dort ist die Anlagenaufsicht sehr streng. Ich glaube zudem, dass der Firmensitz weder in Europa noch in den USA sein wird. Sondern dort, wo sowohl die Datenschutzregeln als auch die Steuerpflicht besonders niedrig sein werden. Dieses Beispiel zeigt, dass die bisherige mangelnde internationale Kooperation Schlupflöcher bietet, um Steuern und Regelungen zu umgehen."

„Inwiefern ist das für BIG wichtig?", wollte Agora wissen. „Weil gemeinsam abgestimmte Regeln dazu führen, dass sich alle daran halten müssen, dass Konzerne ihrer gesellschaftlichen Verantwortung gerecht werden können. Ein Beispiel: Angenommen, Deutschland würde zur BIG-Finanzierung eine nationale Steuerreform vornehmen, hätten steuerpflichtige Unternehmen internationale Ausweichmöglichkeiten. Deswegen müssen Steuerreformen länderübergreifend abgestimmt sein. Die wichtigsten demokratischen Länder der Welt müssen gemeinsam eine von Grenzen unabhängige Steuerbemessung, das Schließen von Steuerschlupflöchern und schließlich die Verhinderung von Ausweichreaktionen in Steueroasen schaffen."

Agora runzelte erst die Stirn, als würde sie angestrengt nachdenken, dann sagte sie mit verschmitztem Blick: „Wenn die Steuerreform BIG finanzieren kann, dann könnte man doch auch die bisherigen Sozialsysteme finanzieren." Sie machte eine kurze Pause, als wollte sie mir Zeit geben, das Gesagte zu verdauen. „Was wäre, wenn eure Annahme, dass viele Menschen in Zukunft arbeitslos werden, falsch ist? Dann wäre diese leidige BIG-Diskussion doch vom Tisch!" „Nein", entgegnete ich. „BIG wird nicht nur kommen müssen, sondern auch bis Mitte dieses Jahrhunderts da sein." „Aber …", unterbrach mich Agora, doch ich redete weiter. „BIG ist weniger von der Diskussion über Arbeitslosigkeit getrieben, weil Arbeitsplätze wegrationalisiert werden, weil künstliche Intelligenz die Arbeitsproduktivität steigert." „Sondern?"

Ich versuchte so ruhig und sachlich wie möglich zu argumentieren. „Wir reden hier von etwas Größerem, von einem gesellschaftlichen Phänomen. Es beginnt gerade ein epochaler gesellschaftlicher Wandel: In Zukunft dreht sich das Leben nicht mehr um Arbeit. Bis zur Generation Z waren und sind Menschen davon geprägt, dass sie ohne Arbeit nichts sind.“ Ich suchte Blickkontakt zu Agora. Sie musste spüren, wie ernst es mir mit dem war, was ich zu sagen hatte: „Deshalb hat deine Idee mit der Neufinanzierung der bisherigen Sozialsysteme einen Haken: Und das ist der Almosengedanke. Dabei geht es nur um die Unterstützung der Schwachen. So leben wir doch weiter in einer Zweiklassengesellschaft mit Arbeit und ohne Arbeit, was Spaltung begünstigt. Und genau das wollen wir doch nicht. Solange Arbeit als Dreh- und Angelpunkt im Fokus steht, wird der Sozialstaat die Menschen danach fragen, warum sie nicht arbeiten, wenn sie nicht arbeiten. Und dann checken, ob für ihn die Gründe okay sind oder eben nicht.“ Wieder machte ich eine kurze Pause. „Nur fürs Protokoll: Mir geht es nicht um Staatskritik, sondern darum, dass demokratische Staaten den Paradigmenwechsel, wenn es um den von dir genannten gesellschaftlichen Wert von Arbeit geht, nicht verschlafen.“

Was ich nicht sagte: Schon August Bebel, der 1869 die Sozialdemokratische Partei in Deutschland gründete, hatte die Bibel zitiert: „Wer nicht arbeitet, der soll auch nicht essen.“ Die UdSSR sah es genauso.

Immer drehte sich alles um die Arbeit: Um welche Uhrzeit die Menschen morgens aufstanden. Wie lange und wann sie Zeit für ihre Kinder hatten. Und selbst der Begriff Urlaub definierte sich primär über die Abwesenheit von Arbeit. Nach der Schulzeit begann das Arbeitsleben und es endete mit dem Eintritt in den Ruhestand. Das war doch Wahnsinn, dachte ich: Wenn mich meine Kinder brauchen wie später nie mehr im Leben, habe ich keine Zeit für sie. Wegen der Arbeit! Und wenn mein Erfahrungsschatz riesengroß ist, muss ich aufhören zu arbeiten.

„Dieser Monofokus auf Arbeit“, sagte ich schließlich, „hat manche nicht einmal finanziell belohnt, andere dagegen reichlich. Und jetzt kommt auf einmal die Generation Z um die Ecke und interessiert sich nicht mehr dafür, mehr Geld zu verdienen, ein großes Eckbüro mit Aussicht zu bekommen oder einen teuren Firmenwagen zu fahren. Und auch wenn klar ist, dass keine Generation über einen Kamm geschoren werden kann, dass Verallgemeinerungen nicht hilfreich sind, weil sämtliche Mitglieder einer bestimmten Altersgruppe keine homogene Einheit sind, da jeder Mensch ganz individuelle Einstellungen hat, gilt künftig dennoch: Menschen wollen nicht mehr im Hamsterrad laufen, ohne nach links und rechts zu sehen. Für sie macht es Sinn, am Wochenende das Handy auszumachen und aufzutanken. In vielen Ländern finden Handwerker keine jungen Mitarbeiter mehr. Der Grund scheint für viele einfach: Diese Generation ist verweichlicht, verwöhnt und faul!“ „Also nein, so platt würde ich das nicht formulieren“, ging Agora dazwischen. „Scheint ja auch nur so! Die junge Generation ist der Vorbote der bereits erwähnten gesellschaftlichen Umwälzung: weg von Arbeit, hin zu Bedeutung! Sie hinterfragen die Dinge: Ist das, womit ich mich beschäftige, sinnvoll? Welche Auswirkungen hat mein Tun auf Mensch und Natur? Wie kann ich meiner Verantwortung gerecht werden? Wie verbringe ich meine Zeit? Sie wollen genug Zeit für ihre jeweilige Aufgabe haben, weil der qualitative Aspekt in den Vordergrund tritt. Wenn du eine 360-Grad-Perspektive auf eine Arbeit hast, übersiehst du weniger. Aber dafür brauchst du Zeit.“

„Verstehe ich dich richtig: Zeit ist nicht mehr Geld? Zeit ist Qualität?“ „Sehr treffend formuliert!“ bestätigte ich. „Für nachfolgende Generationen wird Arbeitslosigkeit keine Bedeutung mehr haben. Sie wird zu einer Worthülse, weil die Abwesenheit von Arbeit nicht als Mangel, sondern als Fülle empfunden wird.“ „Also sind sie doch faul?“ „Nein“, entgegnete ich brüsk. „Der heutige Arbeitsbegriff stammt aus dem Hochmittelalter, also etwa von 1050 bis 1250 n. Chr. Damals nahm die positive Bedeutung, die Arbeit bis heute hat, ihren Anfang. Ein epochaler Wandel, denn bis dahin war Arbeit verpönt. Die Gesellschaft betrachtete Arbeit als Mühsal und als Strafe Gottes für begangene Sünden. Die Übersetzung von ‚faul' ist ‚arbeitsscheu'. Diese veränderte Betrachtung von Arbeit im Hochmittelalter ging mit wirtschaftlicher Entfaltung einher. Und in dem gesellschaftlichen Wandel, der jetzt beginnt, koppelt sich eine erfolgreiche Wirtschaft vom bisherigen Arbeitsbegriff ab. Selbst wenn KI nicht so viele Leistungen erbringen sollte, wie alle annehmen, wird BIG auf jeden Fall kommen. Denn es ist ein nötiger Bestandteil des Wandels." Mit einem Grinsen fügte ich hinzu: „Spätestens zu deinem 2.500. Geburtstag wird das der Fall sein."

„Also da bräuchte ich jetzt wirklich ein konkretes Beispiel", forderte Agora ein, die letzte Bemerkung bezüglich ihres Alters ignorierend. „Gern. Die Wirtschaft wird in Zukunft über die Bedeutung dessen, was Menschen tun, florieren. Dabei wird die KI vieles übernehmen, was früher Menschen gemacht haben. Es wird aber auch neue Berufe geben. Menschen werden also auch in Zukunft arbeiten. Aber dann mit dem bereits erwähnten Bedeutungsanspruch. Es wird keine unbesetzten Stellen und keinen Fachkräftemangel mehr geben, weil über Teilzeit und Selbstständigkeit mehr Motivation entsteht. Nehmen wir die Pflege. Eigentlich ein erfüllender Job, Menschen zu helfen. Aber durch die körperliche und seelische Anstrengung, die diese Arbeit mit sich bringt, und die Überlastung, weil es in vielen Ländern zu wenig Pflegepersonal gibt, kann dieser Helferaspekt nicht gedeihen. Gäbe es BIG, könnte eine Pflegekraft nur zwei oder drei Tage arbeiten. Das ist weniger anstrengend und könnte die Perspektive wieder auf das Menschliche lenken. Und weil es BIG gibt, ist Geld sekundär."

„Das klingt zu schön, um wahr zu sein. Dieses Bild, das du gerade skizziert hast, passt zu meiner Utopie von einer idealen demokratischen Gesellschaft. Aber ist das realistisch?", wollte Agora wissen. „Gegenfrage: Was hätten wohl die Leute im Mittelalter gesagt, hätte ich ihnen das Hochmittelalter beschrieben?" „Die hätten dich für verrückt gehalten!", rief Agora aus. „Oder die Leute im Mittelalter hätten gesagt: Zu schön, um wahr zu sein. Endlich bin ich nicht mehr geächtet oder von Gott gestraft!", antwortete ich mit leiser Stimme. „Ja, ja, ja. Ich habe es. Wenn wir eine Quality Society wollen, dürfen wir nicht aufhören, diesen gesellschaftlichen Wandel zu erklären, bis es bei allen angekommen ist. Vor allem bei den älteren Kohorten."

Ich kapierte, worauf Agora gerade anspielte. Bei der Strategiepräsentation hatten wir neben den neun Maßnahmen auch noch eine Plus-eins-Maßnahme vorgestellt, die das Thema „Gerontokratie", die demografisch bedingte „Herrschaft der Alten", betraf. In vielen demokratischen Ländern mit umgekehrten Bevölkerungspyramiden wie zum Beispiel in Japan, Deutschland oder Italien stieg der Anteil an älteren Menschen unter den Wahlberechtigten. Im Verlauf unserer Beratungsarbeit machten wir es als Problem aus, wenn junge Wähler, die ihr Leben noch vor sich hatten, in überalterten Gesellschaften ihre Wählerstimme für wertlos hielten, weil die vielen alten Wähler, die im Übrigen bei Wahlen auch häufiger ihre Stimme abgaben, die Wahlen dominierten. Die Sicht der Jungen, etwa zur Notwendigkeit, den Klimawandel stärker zu bekämpfen, wurde dadurch nicht ausreichend repräsentiert, was wiederum zu einer Form der Spaltung beitrug.

Was wünschst du dir von Politik und Gesellschaft, um besser verstanden zu werden? Was würdest du tun, damit nicht die älteren Menschen in einer Demokratie über das bestimmen, was die Jüngeren betrifft? Welche Ideen hast du, um den Prozess zur Quality Society besser zu machen und zu beschleunigen? Was kannst du tun, um mehr mit Älteren in den Dialog zu gehen?

Das persönliche Denkspiel.

JOIN PRINT

„Es wäre doch eine Möglichkeit, das Wahlalter von 18 Jahren auf 16 zu senken“, zitierte Agora eine bekannte Idee. Ich hob den Kopf: „Das hat sicherlich Symbolcharakter, besonders für junge Menschen, aber zahlenmäßig würde sich nicht viel ändern, weil die Gruppe der 16- bis 18-Jährigen zu klein ist“ „Was schlägst du dann vor, um dieses Problem zu lösen?“

„Wir hatten diese Maßnahme als ‚Plus eins‘ gesetzt, weil es eine offene Herausforderung ist, weil vor allem die jungen Menschen sich in vielen Demokratien nicht mehr vertreten fühlen. Sie haben zunehmend weniger Vertrauen in die staatlichen und politischen Institutionen. Länder, die das demografisch betrifft, müssen also einen Dialog zwischen Alt und Jung begünstigen.“ „Aber warum dann 9 plus eins? Und nicht 10 Maßnahmen? Denn das Problem überalternder Gesellschaften wird ja eher zunehmen“, wandte Agora ein. „Plus 1 deshalb“, ich machte eine kurze Pause, um mir Agoras volle Aufmerksamkeit zu sichern, „weil die Quality Society, die wir mit POP anstreben, dieses Problem mittelfristig organisch beseitigen wird.“

„Entschuldige, aber jetzt kann ich dir nicht ganz folgen.“ „Die Zukunftsforschung, über die wir seit unserem ersten Treffen in Hamburg sprechen, beruht auf einem wesentlichen Aspekt. Wir erfassen früh gegenwärtige gesellschaftliche Veränderungen, insbesondere der Einstellungen und Motive, sogenannte Aktivposten des Wandels, die sich zukünftig durchsetzen werden. Seit einiger Zeit können wir in den nachwachsenden jungen Kohorten eine veränderte Einstellung zur Arbeit beobachten: Teilzeitpräferenz, der Wunsch nach einer Viertagewoche et cetera. Diese Strömung wird sich nach und nach in der Gesellschaft verbreiten, auch bei den Älteren. Das gilt auch für andere Themen, wie zum Beispiel den Klimaschutz.“

„Deine Argumentation hat einen Haken!“, widersprach Agora. Ich war gespannt, was nun kommen würde. „Junge Menschen werden älter, sie verändern ihre Einstellung, etwa wenn sie eine Familie gründen.

Das ist ein natürlicher Veränderungsprozess, der die Strömung, von der du sprichst, doch behindert." „Natürlich unterliegen auch Einstellungen im Laufe des Lebens gewisser Veränderungen. Und doch gilt: Disruption bleibt Disruption. Eine besonders tiefgreifende Veränderung wird nicht dadurch verschwinden, weil Menschen älter werden. Zudem kommen ja neue Generationen nach. Statt wegzuschauen und zu hoffen, dass alles so bleibt wie es ist, wäre es also besser, den gesellschaftlichen Wandel zu erkennen und anzuerkennen, also zu akzeptieren. Und welche Kraft zur Überwindung der Kluft zwischen Alt und Jung in Ovation steckt. Damit sich die einen möglichst schnell genauso gesehen fühlen wie die anderen."

„Aber …", wollte mich Agora unterbrechen, doch ich ließ das nicht zu. „Lass es mich bitte noch einmal wiederholen: Erstens ist das Problem zwischen Alt und Jung keines, was besonderer Beachtung bedarf, weil der gesellschaftliche Wandel es ohnehin beseitigen wird. Denn der Prozess hin zu einer Quality Society läuft schon. Und zweitens werden die älteren Kohorten das Fremde – in diesem Fall eine neue Haltung zur Arbeit und eine andere Finanzierung der Grundbedürfnisse, etwa über BIG – und notwendige Maßnahmen, um den Klimawandel zu besiegen, besser kennen lernen und leichter annehmen. Sind Ältere noch mit einem Verwöhnt-und-faul-Urteil über junge Menschen schnell bei der Hand, beginnen Eltern junger Twenties bereits deren Haltung zu verstehen und zu verteidigen." Ich beugte mich vor und sagte etwas leiser. „Ich muss dir doch nicht erklären, dass der Mensch ein Gewohnheitstier ist, dass also die meisten erst lernen müssen, mit dem Neuen, dem Fremden, dem Wandel zurechtzukommen. Die Grabenkämpfe in den bisher zunehmend gespaltenen demokratischen Gesellschaften – zwischen Links und Rechts, Alt und Jung, Arm und Reich, Tradition und Innovation – werden erst aufhören, wenn wir die Verunsicherung, den Vertrauensverlust und die Orientierungslosigkeit überwinden. Und das schaffen wir mit POP." Ich setzte zum finalen Argument an: „Und ge-

ERSTE SCHRITTE EINER POP-KULTUR IN AFRIKA, USA UND EUROPA.

Das an Südafrika grenzende Botswana hat nicht nur die geringste Korruptionsrate des Kontinents und eine durchgehende Demokratie (ohne Militärputsche oder totalitäre Regime), sondern auch erste POP-Schritte unternommen: ein Parlament, das die Vielzahl der Ethnien repräsentiert (Partizipation und Ovation). „Diamanten fürs Volk“: Jeder dritte Diamant der Welt kommt aus Botswana, das über 50 Prozent der Gewinne erhält (Ovation und Prosperität). Und das Land hat mit die höchsten Bildungsausgaben der Welt (Prosperität).
Auch im größten Bundesstaat der USA, in Alaska, profitieren die Bürger von den Ressourcen des Landes. Seit einem Volksentscheid (Partizipation und Ovation) fließen 25 Prozent der staatlichen Rohstoffeinnahmen an einen Fonds, der eine jährliche Dividende direkt an die Einwohner ausschüttet, 2022 waren es 3.284 US-Dollar (2023: 1.312).[8] Einige Beobachter bezeichnen die Zahlung als Grundeinkommen (Ovation und Prosperität).
In Europa beweisen erste POP-Schritte deren Wirkmacht: Im Bundesland Brandenburg bewies ein örtlicher Bürgermeister, dass Innovation nicht am Protest der Bürger scheitern muss.[9] Durch Bürgerbeteiligung (Partizipation) gelang die Ansiedlung eines Windparks und der Bau des größten Windrads der Welt (Ovation), was jedem Bürger und jeder Bürgerin von der Betreiberfirma alle zwei Jahre 80 Euro bringt. Die grüne Energie lockt immer mehr Unternehmen an den Standort, vielleicht auch Porsche, statt nach Kanada oder in die USA zu gehen – mit einer Investition von 3,5 Milliarden Euro und 5.000 Arbeitsplätzen (Prosperität).

Aktuelles Hintergrundwissen.

FACT PRINT

nau deshalb dürfen wir BIG, das Bedingungslose Grundeinkommen, auch nicht als Kosten betrachten. Sondern als Investition! Kosten sind nur Ausgaben. Eine Investition dagegen ist eine Anlage, die zum Ziel hat, Vermögen zu vergrößern und zukünftige Gewinne und Werte zu steigern. Da kommt hinten etwas raus, denn die Aufwendungen bringen einen besonderen Nutzen. In unserem Fall sind das unzählige, wie etwa Motivation und Innovation. Und in Summe aller Effekte: die Quality Society."

Wenn ich Agoras mütterliches Zwinkern und ihr lächelndes Nicken richtig interpretierte, hatte mein Elternbeispiel und die Investitions- statt Kostensicht offensichtlich ihre letzten Zweifel an den Maßnahmen der ohnehin schon gekauften POP-Kultur beseitigt. Doch ich bemerkte auch, wie sie versuchte, ein Gähnen zu unterdrücken. Ich konnte es ihr nicht verdenken. Unsere Diskussion war harter Stoff für unsere gejetlagten Gehirne gewesen.

„Wollen wir zurück ins Hotel gehen? In drei Stunden findet das Debriefing statt. Da sollten wir beide frisch sein, um auch die letzten Kritiker von der neuen POP-Kultur zu überzeugen." Mit diesen Worten stand ich auf und reichte Agora meinen Arm.

Ich war auch ein wenig müde, aber zugleich sehr zufrieden, denn unser frühmorgendliches Gespräch hatte mich abermals in der Überzeugung bestärkt, dass wir es alle zusammen schaffen konnten, der Demokratie als Staatsform wieder Auftrieb zu geben. Wenn wir es wollen, dachte ich, aber wer will denn schon die demokratische Lebensform missen? Ja, POP war kein Wundermittel, weder innerhalb eines demokratischen Landes noch außerhalb in Konfrontation mit Autokratien. POP konnte ohne politische und gesellschaftliche Unterstützung auch keine Kriege verhindern. Denn Unterstützung bedeutete Stärke, etwa militärische, die Länder und ihre Ideale schützt. Oder besser gesagt schützen muss, nämlich so lange, bis eine friedliche Utopie zu einer realen Utopie werden kann. Schweigend gingen wir die Treppen zum

Ausgang hinunter. Als wir ins Freie traten, blitzte bereits die Sonne durch die Wolkenkratzer und die Straßen waren schon belebt: Autos hupten, Polizeisirenen waren zu hören, Fußgänger eilten über die Gehwege oder warteten in der Schlange an einem Imbisswagen, um sich ihren ersten Kaffee zu holen. Ich traute meinen Ohren kaum, als Agora auf einmal sagte: „Die meisten Utopien sind nur schwer oder gar nicht in die Wirklichkeit umzusetzen. Doch diese hier", sie meinte offensichtlich nicht nur die Rettung der Demokratie, sondern auch eine Quality Society, „diese hier hat eine Chance. Durch unsere POP-Kultur!"

Agoras Worte machten mich ein wenig stolz. Besonders, dass sie bereits von „unserer" POP-Kultur sprach. Die Morgenluft schien ihre Müdigkeit vertrieben zu haben, denn sie sprach beschwingt weiter, während sie ins Morgenlicht blinzelte: „Wenn die Bürger und Bürgerinnen POP spüren, weil sie erstens merken, dass ihre Meinung zählt, zweitens Anerkennung für ihre Leistungen erhalten und drittens sehen, dass ihr Wohlstand zunimmt, dann hat Spaltung – als meine größte Bedrohung – keine Chance mehr! Im Gegenteil!" Während sie sprach, hatte Agora ihren Schritt, fast enthusiastisch, beschleunigt. Ein paar junge Leute kamen uns entgegen. Agora ließ meinen Arm los, zog ihr Haarband vom Pferdeschwanz ab und lockerte ihre Haare mit einem temperamentvollen Kopfschwung. Dabei sagte sie, während sie ihr Spiegelbild in der Schaufensterscheibe betrachtete: „Eine neue Einheit der Vielfalt schafft Wertschätzung für die alte Dame Demokratie. Und sichert die ihr innewohnende Freiheit!"

Um den jungen Leuten Platz zu machen, blieb ich einen Schritt zurück und beobachtete, wie sich alle bewundernd nach dieser zeitlos charismatischen Dame umsahen, die mir fröhlich zurief: „Wo bleibst du denn?" ■

Epilog

A nice day, a perfect day. Tatütata!

Solltest du bisher keinen der QR-Codes genutzt haben – diesen hier rechts solltest du dir nicht entgehen lassen.

Vielleicht bis du ein Zoomer aus der Generation Z, den jüngsten Lesern dieses Buches, und erhoffst dir von mir einen Zukunftsausblick. Vielleicht bist du eine Führungskraft aus Wirtschaft oder Politik und suchst eine Management-Summary. Oder aber du bist keines von beidem und willst einfach noch mehr Impulse zum Reflektieren, zum Verknüpfen loser Enden oder auch zum kritischen Hinterfragen. Genau diese Puzzleteile ergeben das vollständige Bild dieses Nachworts.

Die vielen Gespräche, die ich in den letzten fünf Jahren zum Thema Demokratie führte, haben mir jede Menge Insights und Input gegeben. Sie weckten aber auch die Sorge in mir, den hohen Erwartungen von Leserinnen und Lesern nicht gerecht werden zu können. Keinerlei Bedenken dagegen hatte ich bei dem Film, der in nur 26 Sekunden zusammenfasst, worüber wir, wenn es um Demokratie geht, vor allem nachdenken sollten. (Der QR-Code rechts führt dich hin.) Das Video habe ich vor einigen Jahren mit dem Smartphone gemacht, um die Fortschritte meines jüngsten Sohnes festzuhalten. Collin, damals noch keine zwei Jahre alt, war gerade mit seinem Dandy Horse, einem Laufrad ohne Pedale, unterwegs. Und dann: gestürzt! Er klopfte sich den Straßenstaub von seiner rechten Hand, mit der linken hielt er sein kleines Fernglas umklammert. Dann tat er so, als würde er kurz schlafen. Nur, um sich Sekunden später wieder auf sein Rad zu schwingen und mit einem fröhlichen „A nice day, a perfect day. Tatütata!“ weiterzufahren.

Warum mich dieser kurze Film auch noch nach Jahren beeindruckt? Weil auf den Sturz weder Tränen noch Verärgerung oder Entmutigung folgten. Mein kleiner Sohn stand einfach auf und setzte seinen „Einsatz“ fort. Könnten wir erwachsenen Bürgerinnen und Bürger, wenn etwas misslingt, wenn uns, unserer Gesellschaft oder anderen Ländern Negatives widerfährt, auch so positiv bleiben wie Collin? Könnten auch wir wieder aufstehen und voller Tatendrang erneut optimistisch durchstarten? Für viele scheint das nur schwer machbar angesichts der aktuellen, bedrückenden Flut der Ereignisse und Veränderungen: Klimawandel, Kriege, Flüchtlingsströme, hohe Preise, die sich rasant verändernde Arbeitswelt. Und bei alledem weiß man kaum noch, was wahr ist und was Lüge.

Zumindest eines ist nach der Lektüre hoffentlich deutlich geworden: Keine andere Staatsform wird die Herausforderungen besser meistern als die Demokratie. Je demokratischer ein Land ist, desto aktiver, reicher, klüger und glücklicher sind die Menschen. Und das sind nur ein paar Beispiele der vielen Vorteile.

Apropos Glück. Der „Next Generation“ ist „Haben“ (wie etwa ein großer Firmenwagen oder ein üppiges Gehalt, was bei den Eltern noch hoch im Kurs stand) weniger wichtig. Dafür aber ist ihnen beispielsweise Glück umso wichtiger. Diese Global Citizens lassen Gesellschaften offener, kollaborativer und digitaler werden.

Wir stehen vor großen Veränderungen, was unsere Zukunft angeht. Für einige Menschen sind es einfach zu viele, die da auf uns einprasseln. Das kann ich verstehen und doch scheint es mir manchmal, als wäre die Angst vor der Veränderung größer als das, was diese Veränderungen tatsächlich mit sich bringen. Dabei empfiehlt es sich, Themen, seien sie nun komplex oder nicht, entspannter zu sehen. Das bedeutet weniger Stress, was uns wiederum schneller Lösungen finden lässt. Nehmen wir das Beispiel geschlechtsneutraler Sprache, über die in vielen Ländern diskutiert wird. Selbst in den USA, wo die meisten Nomen ohnehin genderneutral sind, gibt es Vorschläge, statt „mankind“ lieber „humanity“ zu sagen. Viele aufgeregte Debatten, in diesem Fall über das Gendern, ließen sich aber vermeiden, wenn wir uns öfter klarmachen würden, worum es eigentlich geht. Einer geschlechtsneutralen Sprache geht es um Wertschätzung gegenüber allen Menschen. In diesem Buch hast du kein Gendersternchen und keine (was ich als eine Übertreibung empfinde) stoische Nennung beider Geschlechter gefunden. Lieber spreche ich einmal von der „Ärztin" und dem „Putzmann" und mache so auf meine Art deutlich, dass Achtung für mich nichts mit dem Geschlecht oder der Identität zu tun hat.

Keine Übertreibung allerdings ist es, sich dagegen zu wehren, dass Rechtsextreme versuchen, mit verharmlosenden Sprachbegriffen Debatten zu setzen und Horror zu normalisieren, wie etwa mit dem Begriff „Remigration", der die völkische Absicht kaschieren soll, Millionen Menschen zu vertreiben.

Doch nicht nur Übertreibungen, sondern auch Tiefpunkte machen es dem Optimismus schwer. Etwa wenn Politiker an die Macht kommen, die für genau das Gegenteil von dem stehen, was du für richtig hältst. Eines solltest du aber nie vergessen: Auch aus Steinen, die dir in den Weg gelegt werden, kannst du etwas Cooles bauen!

Veränderungen, Herausforderungen, Übertreibungen und Tiefpunkte wird es immer und überall geben. Ein, je nach Perspektive, weiterer künftiger Tiefpunkt: Zahlreiche Menschen werden ohne Arbeit sein. Das Wegfallen von Arbeitsplätzen, weil künstliche Intelligenz die Aufgaben erledigt, korreliert dabei mit einer abnehmenden Bedeutung von Arbeit. Die Generation Z, der man heute noch oft Faulheit vorwirft, hat ein anderes Werteset als vorangegangene Generationen. Die gute Nachricht lautet: Maschinen werden uns Arbeit abnehmen, die ohnehin kein Mensch machen möchte. Neue Berufe werden entstehen. Und es wird ein Investment in erfolgreiche Gesellschaften kommen, nämlich BIG, ein bedingungsloses Grundeinkommen für alle, das sozialstaatliche Almosen ersetzt. Da sind sie wieder: die Steine im Weg, aus denen wir Demokraten eine gute Zukunft bauen können!

Erfolgreiche Demokratien werden auf Zukunftsministerien mit einem 360-Grad-Aufgabenbereich setzen (müssen). Dieses Ressort wird mit seinem innerhalb der Regierungen inhaltlich wie finanziell hohen Gewicht gerade innovative Demokratien zu besonders starken Demokratien machen, mit Nordstern-Funktion und Know-how, das führenden Konzernen nicht mehr unterlegen ist. Hier werden Anbieter digitaler Technologien zu Spielregeln und Zukunftstechnologien zum Wohle der Menschheit verpflichtet.

Es ist längst nicht mehr ausgemacht, dass die künftig überalterte Volksrepublik China (Seite 239) die USA überholen wird. Dazu fehlt es den Innovatoren im Reich der Mitte an stimulierender Freiheit, die für Erfolg elementar ist.

Ein wichtiger Faktor zur Rettung der Demokratie wird Bildung sein. Je früher Kinder demokratische Werte kennenlernen, desto mehr werden sie diese als Heranwachsende und Erwachsene schätzen. Bildungssysteme in KI-Zeiten sind aber nur zukunftsfähig, wenn sie Kreativität und Soziabilität (Seite 109) fördern, die Menschen gegenüber Maschinen überlegen machen. Wenn es darum geht, den Gefahren für die Demokratie zu begegnen, ist ein neues Bildungs-Ökosystem (Seite 309) wichtig, das Analysekompetenz vermittelt und damit die Fähigkeit, Facts von Fakes zu unterscheiden – ob es nun um Nachrichten geht oder gepostete Fotos oder neue Technologien wie das Metaverse, dessen DNA aus Fiktion besteht.

Demokratien können zur Heimat von Neugier und Knowledge Spillover (Seite 222) werden. Das klappt aber nur, wenn die Menschen Teilhabe und Wertschätzung spüren. Nur so sind sie in und mit ihrem Land zufrieden.

Inhaltliche Teilhabe (Partizipation) und finanzielle Teilhabe (Prosperität) rücken die Wertschätzung (Ovation) in deren Mitte. Alle drei strategischen Komponenten gemeinsam begründen die POP-Kultur, die die Herausforderungen der Demokratie bewältigen kann.

Bei Partizipation geht es um die Beteiligung an Entscheidungs- und Gestaltungsprozessen. Sie ermöglicht den Menschen, ihre Meinungen, Perspektiven und Interessen besser und einfacher in die politische Entscheidungsfindung einzubringen.

Ovation beschreibt die gefühlte Wertschätzung und Anerkennung für die eigene Person und die eigenen Leistungen, aber auch für die Gruppe, der man sich zugehörig fühlt (Familie, Freunde, berufliche oder akademische Gemeinschaften, Sportvereine, also Hobby- und Interessengruppen, der Landesteil, in dem man lebt, kulturelle, religiöse oder ethnische Gemeinschaften, Lifestyle- und Online-Communities und vieles mehr).

Das wichtigste Wort des letzten Absatzes lautet „fühlt". Die Mehrzahl aller (nicht nur der politischen) menschlichen Entscheidungen wird emotional getroffen. Weil wir Menschen aber so geschickt darin sind, emotional getroffene Entscheidungen rational zu begründen, fristen die Economies of Emotion (Seite 223), also emotionale Effekte, in Wirtschaft und Politik noch immer ein Schattendasein. Ein gravierender Fehler, aber zum Glück ändert sich das gerade. In der Wirtschaft gewinnt die Quality Economy (Seite 224) zunehmend Anhänger, in der Gesellschaft die Quality Society, die Gleichberechtigung, nicht nur zwischen Mann und Frau, und Verantwortung für Mensch und Natur schätzt.

Bei Prosperität geht es, auch wenn immaterieller Wohlstand wie Lebensqualität immer höhere Bedeutung erfährt, um eine mittelbare (wie durch Bildung) und unmittelbare Steigerung des materiellen Wohlstands.

POP wirkt aber nicht nur innerhalb und zwischen, sondern auch außerhalb demokratischer Gesellschaften. Die Global Organisation of Liberal Democracies (kurz: GOLD; Seite 307) kann eine wichtige Rolle dabei spielen, mehr statt weniger Länder demokratisch zu wissen.

Auf Seite 340 habe ich dir drei Beispiele für POP-Kultur aus den USA, Afrika und Europa genannt. Und ab Seite 300 hast du neun beispielhafte kurz-, mittel- und langfristige Maßnahmen an die Hand bekommen, wie unsere Demokratie zu retten ist: Bildung etwa und GOLD habe ich eben schon aufgezählt. Vielleicht konnte ich dich auch für die Stracciatella-Strategie (Seite 304) gewinnen. Welche Maßnahmen hältst du noch für besonders wichtig?

Vielleicht ist es das Allerwichtigste, Demokratie nicht nur als Staatsform, sondern als Lebensform, ja als Lifestyle zu begreifen. Schau dir auf Seite 319 noch einmal den Kasten mit konkreten Beispielen an, wie wir leben, was für uns völlig selbstverständlich ist. Da konntest du sehen, wie unpersönlich und steif demokratische Grundsätze zwar formuliert sind, aber auch, was sie praktisch bedeuten. Und wie großartig sie sind. Die Demokratie ist es, die die Art und Weise, wie du lebst, mit deinen Vorlieben und Gewohnheiten, erst möglich macht! Nicht nur, wenn es um die dort gezeigten Beispiele wie Familie und Beruf geht. Dein gesamter Lifestyle wäre ohne Demokratie undenkbar.

Hier hast du alle Freiheit, zu wohnen, wie du willst. Keiner schreibt dir deinen Geschmack vor, zum Beispiel in Sachen Mode. Auch interessieren in einer Demokratie den Staat deine Vorlieben für Musik und Filme, Kunst und kulturelle Aktivitäten herzlich wenig. Was du mit wem unternimmst, die Art und Weise, wie du deine sozialen Beziehungen pflegst, ist nur deine Sache. Du bist Vegetarier oder Veganer? Oder liebst Fleisch ohne Panade? Deine Entscheidung! Du hast religiöse Überzeugungen, die deinen Lebensstil prägen? Vielleicht ein bestimmtes Konsumverhalten? Ob und wie du dich um deine Fitness kümmerst, Yoga machst oder Boxen liebst, deine Gesundheitsgewohnheiten: Wer will schon, dass sich der Staat da einmischt? Noch gar nicht gesprochen habe ich von deiner Haltung, etwa zu Nachhaltigkeit und Umweltbewusstsein. Wie du zu Finanzen, zu Wohlstand stehst, ist ebenfalls dein Ding. Denn Lifestyle umfasst auch deine Werte und Überzeugungen, eben alle Aspekte, die deine Persönlichkeit, deine Identität ausmachen. Demokratie macht möglich, so zu sein wie du willst! Sie ist eben nicht nur Staatsform, sondern auch Lebensform.

Natürlich lässt sich über die vielen Themen dieses Buches lange diskutieren. Auch ist es normal, unsicher zu sein, ob die genannten Veränderungen wirklich eintreffen. Und vor allem, ob wir alles erreichen, wie zum Beispiel die Klimaziele. Werden wir schnell genug sein?

Entscheidend ist, dass wir uns auf den Weg machen!

Ja, die Rettung der Demokratie ist kein Kinderspiel. Sind wir aber erst einmal auf dem richtigen Weg, werden wir auch das richtige Tempo finden.

Apropos Kinderspiel: Vielleicht finden einige Leser das Gelesene naiv, andere werden das Video zu diesem Epilog möglicherweise kindisch finden. Nicht nur jenen möchte ich die nochmalige Lektüre des Future Prints „Kidability“ (Seite 136) ans Herz legen. Denn nicht nur dass, sondern auch wie wir uns auf den Weg machen, macht einen Unterschied.

Ob Barack Obamas „Yes, we can!“ oder Angela Merkels[1] „Wir schaffen das!“ – Menschen, die Optimismus verbreiten, wird das später gern um die Ohren gehauen. Die Nörgler, Pessimisten und Miesmacher scheinen es über alles zu lieben, wenn etwas doch nicht wie gewünscht klappt. Das hält mich aber nicht davon ab, meine Überzeugung zu formulieren oder, noch besser, dazu meinen Sohn Collin zu zitieren:

A nice day, a perfect day. Tatütata!

Wenn du Lust auf mehr hast.

Danksagung

Wichtige, vor allem aber wunderbare Menschen

Leider war der liebe Gott bei der Verteilung des Sensibilitäts-Gens bei mir etwas sparsam. Bei Simone, der Frau, mit der ich bald 20 Jahre glücklich bin, hat er es dagegen wiedergutgemacht. Etwas Besseres konnte diesem Buch, konnte mir nicht passieren. Ich danke Simone für jedes Erden, für jeden Rat, 1001 Mal.

Die nächsten der zehn wunderbaren Menschen, die ich nennen möchte, hast du schon kennengelernt. Zunächst meine vier Kinder ganz vorne in der Widmung. Sie waren meine größte Motivation, auch dann mit diesem Buch weiterzumachen, wenn alles wieder viel größer war als ich selbst. Ich möchte, dass sie auch dann noch in einer freien Welt leben, wenn sie selbst Kinder haben.

Es sind drei Jungs und ein Mädchen, die, so individuell ihre Persönlichkeiten auch sind, alle vier eine Eigenschaft teilen, die die Demokratie so dringend braucht. Auch wenn ich Gefahr laufe, dass der Vaterstolz hier mit mir durchgeht, vielleicht erkennst du den roten Faden und auch die Ähnlichkeit mit Bens Erziehungsmethode in der Geschichte dieses Buches. Ob Nico, meine Jüngste, gerade des Laufens mächtig, bei Ab- und Anlegemanövern einem Bootsführer den Schweiß auf die Stirn trieb, weil sie sich schneller als alle anderen an Bord um die Leinen „kümmerte“. Heute wird die Stimme des kleinen, blonden Mädchens „groß“, wenn in ihrem Tennismatch ein Ball, der aus war, gut gegeben wird. Oder Leon, damals keineswegs älter und des Sprechens noch nicht mächtig, dem es dennoch gelang, einzig mit einer (damals ausreichenden) 1-Dollar-Note bewaffnet, sich in einem New Yorker Fast-Food-Restaurant Pancakes zu bestellen. Heute führt er eine von ihm gegründete Unternehmensgruppe, die der Customer Society Centricity (siehe Seite 208) folgt. Oder Vasco, damals gerade mal vier Jahre alt, der sich an einer hohen Hafenkante so intensiv der „Erforschung“

der Fische widmete, dass Leon hinterherspringen und ihn retten musste. Forschung und Entwicklung sollte Vascos Thema bleiben: Ob es fremde Kulturen waren, als er mit zehn (!) Jahren unbedingt wochenlang in einem Camp Kinder aus 20 anderen Nationen – natürlich ohne Eltern – in Spanien (und später in Mexiko) treffen wollte (und es auch tat) oder ob es seine heutige Tätigkeit ist, bei der er Unternehmen in R&D-Fragen (Forschung und Entwicklung) berät. Und Collin, mein jüngster Sohn, der es früher viel praktischer fand, nachts nicht zu den Eltern zu gehen, sondern vielmehr das Babyfon nutzte, um uns zu ihm zu bitten, ist bestimmt einer der jüngsten Barista. An unsere Siebträger-Espressomaschine trauen sich selbst viele Erwachsene nicht heran. Kein Hochseilparcour ist ihm zu schwierig, keine Skischanze ist ihm zu hoch, nur die Altersbeschränkungen für bestimmte Risikosportarten findet er hinderlich. (Sorry, der Vaterstolz ließ sich doch nicht bändigen.)

Die Eigenschaft, die alle vier teilen, du hast es vielleicht längst erkannt, ist: Mut. Natürlich wollen Eltern niemals ihre Kinder entmutigen. Leider tun sie es unbewusst doch oft, statt sie zu ermutigen. Ob du es nun Mut nennst oder Energie, Mumm oder (Zivil-)Courage: Ohne Menschen, die engagiert für unsere Demokratie einstehen, wird es schwer. Mut ist der Zaubertrank für die Demokratie, den auch du trinken kannst. Dass mich meine Kinder so oft daran erinnern, dafür danke ich ihnen.

Und auch den sechsten Menschen kennst du schon – aus dem Vorwort. Da hast du Stephanie kennengelernt, die Autorin, Verlagsleiterin, Wissenschaftsjournalistin. Keiner dieser Titel vermag ihr gerecht zu werden, hat sie doch von Stunde null an etwas in mir gesehen, was andere partout nicht sahen. Sie hat mir geholfen, etwas zu schaffen, was ich ohne sie, auch wenn sie bestimmt das Gegenteil behaupten würde, nicht geschafft hätte.

Auch meinem Freund Oli sage ich dieses eine wunderbare, wichtige Wort: Danke! Können wir doch eine halbe Ewigkeit gemeinsam schweigen und es dennoch genießen. Oder ich kann einen ganzen Abend wenig sagen, während seine Stimme unaufhörlich jede Minute bereichert. Unzählige Ideen und Learnings aus diesen Gesprächen haben Eingang in dieses Buch gefunden.

Das gilt auch für die Gespräche mit Flo, Silvia und Michael, die meine Top 10 abrunden und die beispielhaft für unzählige weitere ebenso wunderbare wie wichtige Menschen stehen, die ich treffen durfte und ohne die dieses Buch ganz anders geworden wäre. Mit Flo diskutierte ich bei unserer ersten Begegnung intensiv über unsere Demokratie, genau genommen nur darüber, obwohl es ein Bewerbungsgespräch war. Und wir diskutierten viel über Bildung, ein für die Demokratie wichtiger Aspekt. Flo war es auch, der mir riet, dieses Buch so zu machen, wie ich es für richtig halte. Silvia war nicht nur der erste Mensch, der meine ersten „literarischen" Gehversuche las, sondern mich nach ihrem Finnland-Aufenthalt auch darin bestärkte, das gesellschaftliche Mindset der Menschen zu berücksichtigen. Rund 20 Jahre begleitete mich Michael auf meinem beruflichen Weg, ein Vordenker, der auch an der Identifizierung von Future Assets, die dieses Buch präsentiert, in unserer Gruppe mitwirkte.

Halt! Hatte ich nicht auf den ersten Seiten dieses Buches ein Plädoyer für das Brechen von Regeln gehalten? Warum also sollte ich meine eigene Regel auf der letzten Seite nicht brechen und nur zehn wunderbare und wichtige Menschen nennen?

Mein Dank geht an die beiden Sebastians, meinen Verlagsleiter und meinen Agenten aus Zürich, sowie Claus, meinen deutschen Lektor, und Jessica, meine amerikanische Lektorin aus Kalifornien, sowie Daniela, meine Art-Direktorin, alle fünf stellvertretend für die diversen Menschen innerhalb und außerhalb der Verlagswelt, die mich bei der Entstehung dieses Buches begleitet und unterstützt haben.

Meinen jüngsten Freund (dabei wurde er nur gut 6 Jahre später geboren als ich), Markus, will ich nicht unerwähnt lassen. Wir lernten einander kennen, als dieses Buch so gut wie fertig war. Unsere Diskussionen haben mich aber bestärkt, es genau so zu lassen, wie du es jetzt in Händen hältst. Zugegeben, sein Rat war mir wichtig, weil er nicht ganz unerfahren ist ... Er war es, den Barack Obama anrief, um sein Buch zu verlegen, er war es, der den größten Publikumsverlag der Welt schuf.

Womit sich der Kreis schließt. Während Markus mein jüngster Ratgeber war, war Volker mein erster. Lange, sehr lange bevor dieses Buch in Rede stand, sah er – ob in Istanbul, Palma oder unbeirrt zuletzt in Kopenhagen – in mir einen Autor.

Und dann wäre da noch Maria. Mit ihr widme ich mich jeden Montag und Mittwoch, an dem ich in Hamburg bin, dem Sport (und dabei regelmäßig politischer Diskussion). Rund um die Alster schenkt sie mir genauso viel Sauerstoff, wie es die beste Staats- und Lebensform verdient hat.

Bernd Thomsen
Hamburg, im April 2024

Prolog

1 Bester sozialer Aufstieg: World Economic Forum (2020, Januar). The Global Social Mobility Report 2020. https://www3.weforum.org/docs/Global_Social_Mobility_Report.pdf
Die Grundgesamtheit sind 82 Länder.
Am besten für Kinder: O. V. (o. D.). The World's Best Countries for Raising Kids. https://ceoworld.biz/2021/02/01/the-worlds-best-countries-for-raising-kids-2021/
Grundgesamtheit: In dem Bericht „The World's Best Countries For Raising Kids" wurden 159 Länder anhand von zwölf verschiedenen Kriterien bewertet. Zu diesem Zweck wurden mehr als 260.000 Menschen in Nord- und Südamerika, Asien, Europa, Ozeanien, dem Nahen Osten und Afrika befragt.
Geringste Korruption: Transparency International e.V. (o. D.). Corruption Perceptions Index 2021. https://www.transparency.org/en/cpi/2022
Die Grundgesamtheit sind 180 Länder.
Glücklichste Menschen: Helliwell, J. F., Layard, R., Sachs, J. D., De Neve, J.-E., Aknin, L. B. & Wang, S. (Hrsg.) (2022). World Happiness Report. New York: Sustainable Development Solutions Network. https://happiness-report.s3.amazonaws.com/2022/WHR+22.pdf
Die Grundgesamtheit sind 146 Länder (World Happiness Report).
Am meisten Talente: Bris, A., Cabolis, C. (2022). IMD World Talent Ranking https://www.imd.org/wp-content/uploads/2023/03/2022-imd-world-talent-ranking-.pdf
Die besten Demokratien der Welt (vollständige Demokratien): The Economist Intelligence Unit Limited (2022). *Democracy Index 2021.* https://pages.eiu.com/rs/753-RIQ-438/images/eiu-democracy-index-2021.pdf?mkt_tok=NzUzLVJJUS-00MzgAAAGDUQaWvJrSwDLbNz1vXroBku0kDINBZ7MsPJjfOj4YCiHaa-k96ikcCMHpEdU3NVekKSFMStXIKgCzY67yrXBSavI7zIqgPlu3GvZmaq2pBpwctIg
Die Grundgesamtheit sind 167 Länder.

2 Institut für Demoskopie Allensbach (2022, Juni). Interesse der Bevölkerung an Politik. „Nicht so sehr", „Kaum", „Gar nicht": 53,51 Mio = 75,79 %. 23.015 Befragte, repräsentativ für deutschsprachige Bevölkerung ab 14 Jahren.

3 Börsenverein des Deutschen Buchhandels (2023, 5. Juli). Wie geht es dem Buchmarkt? GfK Consumer Panel Media Scope Buch. 2021: Buchkäufer am Publikumsbuchmarkt, Anzahl 27,2 Mio., Reichweite 41 % (= 59 % keine Buchkäufer; zum Vergleich 2022: 62 %). Repräsentativ für die deutsche Wohnbevölkerung ab 10 Jahren, ohne Schul- und Fachbücher, inklusive Downloads (Hörbücher und E-Books).

Reader's Manual

1 Dieses Buch referenziert bis zu 195 Länder der Welt. Insgesamt wurden 39 Länder detailliert untersucht. Hierbei handelt es sich um alle 21 vollständigen Demokratien der Welt (gemäß Demokratieindex, Definition der Regierungssysteme am Ende dieser Endnote) und die zwölf bestplatzierten unvollständigen Demokratien, die um drei weitere unvollständige Demokratien ergänzt wurden: die größte Demokratie der Welt (Indien), das größte Land Südamerikas (Brasilien) und das Land mit der größten Wirtschaft (nach Bruttoinlandsprodukt) der unvollständigen Demokratien Afrikas

(Südafrika). Diese 36 Länder bilden die sogenannte Peergroup dieser Untersuchung (aufgrund ihrer ähnlichen politischen Systeme mindestens unvollständige Demokratien). Darüber hinaus wurden ein Land hybrider Staatsform (Ukraine) und zwei autoritäre Länder (Russland und China) untersucht. Die gesamte Untersuchung umfasste Afrika, Asien, Australien-Ozeanien, Europa, Nord- und Südamerika, mithin alle Kontinente. Die analysierten Länder in alphabetischer Reihenfolge sind: Australien, Botswana, Brasilien, Chile, China, Costa Rica, Dänemark, Deutschland, Estland, Finnland, Frankreich, Indien, Irland, Island, Israel, Italien, Japan, Kanada, Luxemburg, Malta, Mauritius, Neuseeland, Niederlande, Norwegen, Österreich, Portugal, Russland, Schweden, Schweiz, Spanien, Südafrika, Südkorea, Taiwan, Tschechien, Vereinigte Staaten, Vereinigtes Königreich, Ukraine, Uruguay, Zypern. Die Grundgesamtheit, also die Gruppe der Länder, zu der in Rankings einzelner Fact Prints dieses Buches eine Aussage getroffen wird, ist in der Endnote des jeweiligen Fact Prints vermerkt. Wenn eine Endnote auf eine Quelle verweist, die mehr Länder als die Grundgesamtheit enthält, werden nur die Länder der in der Endnote definierten Grundgesamtheit berücksichtigt. Wird dagegen in einer Endnote auf eine Quelle verwiesen, die einzelne Länder der Grundgesamtheit nicht enthält, so können diese Länder folglich nicht ausgewiesen werden. Nachstehend die Definition der Regierungssysteme:
Vollständige Demokratien: Länder, in denen nicht nur die politischen Grundfreiheiten und die bürgerlichen Freiheiten geachtet werden, sondern in denen auch eine politische Kultur herrscht, die dem Gedeihen der Demokratie förderlich ist. Das Funktionieren der Regierung ist zufriedenstellend. Die Medien sind unabhängig und vielfältig. Es gibt ein wirksames System der gegenseitigen Kontrolle. Die Justiz ist unabhängig und Gerichtsentscheidungen werden vollstreckt. Es gibt nur begrenzte Probleme in der Funktionsweise von Demokratien.
Unvollständige Demokratien: In diesen Ländern finden ebenfalls freie und faire Wahlen statt und selbst wenn es Probleme gibt (zum Beispiel Verstöße gegen die Medienfreiheit), werden die grundlegenden bürgerlichen Freiheiten geachtet. Andere Aspekte der Demokratie weisen jedoch erhebliche Schwächen auf, darunter Probleme bei der Staatsführung, eine unterentwickelte politische Kultur und ein geringes Maß an politischer Beteiligung.
Hybride Systeme: Bei Wahlen kommt es zu erheblichen Unregelmäßigkeiten, die häufig verhindern, dass sie frei und fair sind. Druck der Regierung auf Oppositionsparteien und -kandidaten kann üblich sein. Die politische Kultur, die Funktionsweise der Regierung und die politische Partizipation weisen schwerwiegende Schwächen auf, die noch stärker ausgeprägt sind als in unvollständigen Demokratien. Korruption ist tendenziell weit verbreitet und die Rechtsstaatlichkeit ist nicht gewährleistet. Die Zivilgesellschaft ist schwach. In der Regel werden Journalisten schikaniert und unter Druck gesetzt und die Justiz ist nicht unabhängig.
Autoritäre Regime: In diesen Staaten gibt es keinen staatlichen, politischen Pluralismus oder er ist stark eingeschränkt. Viele Länder in dieser Kategorie sind regelrechte Diktaturen. Es mag zwar einige formale demokratische Institutionen geben, aber diese haben wenig Substanz. Wenn Wahlen stattfinden, dann sind sie nicht frei und fair. Verstöße gegen die bürgerlichen Freiheiten werden missachtet. Die Medien befinden sich in der Regel in Staatsbesitz oder werden von Gruppen kontrolliert, die mit dem herrschenden Regime verbunden sind. Kritik an der Regierung wird unterdrückt und es herrscht eine weit verbreitete Zensur. Es gibt keine unabhängige Justiz.

2 Pretastudien kombinieren Primärmarktforschung, also eine Methode zur Erhebung bisher noch nicht erfasster Daten, mit Meta-Studien, also der quantitativ-statistischen Zusammenfassung bereits vorliegender Ergebnisse, und die systematische Zusammenfassung qualitativer Resultate.

Kapitel 1

1 Gorokhovskaia, Y., Shahbaz, A. & Slipowitz, A. (2023, März). *Freedom in the World 2023.* https://freedomhouse.org/sites/default/files/2023-03/FIW_World_2023_DigtalPDF.pdf
https://freedomhouse.org/report/freedom-world/50-Year-Timeline
https://freedomhouse.org/sites/default/files/2020-02/Freedom_in_the_World_2006_complete_book.pdf
Die Grundgesamtheit dieses Fact Prints sind 195 Länder und 15 Regionen.
https://freedomhouse.org/countries/freedom-world/scores https://freedomhouse.org/report/freedom-world#Data

2 Obama, B. (2020). *Ein verheißenes Land.* Penguin Verlag.

3 The Economist Intelligence Unit Limited (2022). *Democracy Index 2021.* https://pages.eiu.com/rs/753-RIQ-438/images/eiu-democracy-index-2021.pdf?mkt_tok=NzUz-LVJJUS00MzgAAAGDUQaWvJrSwDLbNz1vXroBku0kDINBZ7MsPJjfOj4YCi-Haak96ikcCMHpEdU3NVekKSFMStXIKgCzY67yrXBSavI7zIqgPlu3GvZmaq2pB-pwctIg Die Grundgesamtheit dieses Fact Prints sind 167 Länder

4 Wiking, M. (2017). *Lykke: Der dänische Weg zum Glück.* Bastei Lübbe.

5 Greta Thunberg wurde als schwedische Klimaschutzaktivistin durch ihre Schulstreiks, aus denen die globale Bewegung „Fridays for Future" hervorging, weltweit bekannt. Das US-Magazin *Time* kürte sie zur jüngsten „Person des Jahres" aller Zeiten. Das fiktive Gespräch in diesem Buch, in dem „Greta" erwähnt wird, wurde lange vor dem Angriff der Hamas auf Israel verfasst. In der Zwischenzeit sind Greta Thunbergs Positionen zum Nahostkonflikt zu einer Quelle der Irritation geworden. Dies veranlasste den Autor zu der Überlegung, ihren Namen zu streichen. Aufgrund ihrer früheren Verdienste um den Klimaschutz hat der Autor jedoch davon Abstand genommen.

Kapitel 2

1 Psaki, J. (2022, 23. Februar). *Press Briefing.* https://www.whitehouse.gov/briefing-room/press-briefings/2022/02/23/press-briefing-by-press-secretary-jen-psaki-february-23-2022/

2 Duggan, W. (2015, 19. Mai). *The Seventh Sense: How Flashes of Insight Change your Life.* Columbia Business School Publishing.

3 Thomsen, B. (2019, 08. März). *Über das Geheimnis innovativer Unternehmen.* Handelsblatt. https://www.thomsengroup.com/storage/app/media/whitepaper/Expertenrat/11-uber-das-geheimnis-innovativer-unternehmen.pdf

4 Transparency International e.V. (o. D.). Corruption Perceptions Index 2021. https://www.transparency.org/en/cpi/2021 Die Grundgesamtheit dieses Fact Prints ist die sogenannte Peergroup gemäß Endnote 1, Reader's Manual.

5 Kahneman, D., Deaton, A. (2010, 07. September). *High income improves evaluation of life but not emotional well-being.* https://doi.org/10.1073/pnas.1011492107

6 O. V. (o. D.). http://de.china-embassy.gov.cn/det/zgyw_/202112/t20211208_10464354.htm

7 Helliwell, J. F., Layard, R., Sachs, J. D., De Neve, J.-E., Aknin, L. B. & Wang, S. (Eds.). (2022). *World Happiness Report.* New York: Sustainable Development Solutions Network. https://happiness-report.s3.amazonaws.com/2022/WHR+22.pdf
Die Grundgesamtheit dieses Fact Prints sind 146 Länder (World Happiness Report) beziehungsweise 167 Länder (Demokratieindex).

8 World Economic Forum (2020, Januar). *The Global Social Mobility Report 2020.* https://www3.weforum.org/docs/Global_Social_Mobility_Report.pdf
Die Grundgesamtheit dieses Fact Prints sind 82 Länder (Global Social Mobility) beziehungsweise 167 Länder (Demokratieindex).

9 CIA (o. D.). *The World Factbook.* https://www.cia.gov/the-world-factbook/
https://www.cia.gov/the-world-factbook/countries/india/#people-and-society

10 International Monetary Fund (2022). *World Economic Outlook 2022: Recovery During a Pandemic.* Datenbasis 2022 https://data.worldbank.org/indicator/NY.GDP.PCAP.CD Grundgesamtheit: Peergroup gemäß Endnote 1, Reader's Manual.

11 O. V. (2021). *World Competitiveness Ranking,* IMD – International Institute for Management Development https://cedakenticomedia.blob.core.windows.net/cedamedia-container/kentico/media/researchcataloguedocuments/pdfs/wcy2021_imd-ranking_2021.pdf Das IMD World Competitiveness Ranking umfasst 64 Volkswirtschaften. Grundgesamtheit: Peergroup gemäß Endnote 1, Reader's Manual.

12 Enste, D., Suling, L. (2020, 17. März). *Vertrauen in Wirtschaft, Staat, Gesellschaft.* Institut der deutschen Wirtschaft. https://www.iwkoeln.de/studien/dominik-h-enste-lena-suling-vertrauen-in-wirtschaft-staat-gesellschaft-2020.html
Grundgesamtheit: Die in dieser Studie untersuchten 20 Länder in Europa.

13 O. V. (o. D.). *The World's Best Countries For Raising Kids, 2021.* https://ceoworld.biz/2021/02/01/the-worlds-best-countries-for-raising-kids-2021/
Grundgesamtheit: In dem Bericht „The World's Best Countries For Raising Kids, 2021" wurden 159 Länder anhand von zwölf verschiedenen Kriterien bewertet. Zu diesem Zweck wurden mehr als 260.000 Menschen in Nord- und Südamerika, Asien, Europa, Ozeanien, dem Nahen Osten und Afrika befragt.

14 Enste, D., Suling, L. (2020, 18. März). *IW-Vertrauensindex: Deutsche vertrauen einander.* https://www.iwkoeln.de/presse/pressemitteilungen/dominik-h-enste-lena-suling-deutsche-vertrauen-einander.html

15 Thomsen, B. (2019, 5. April). *Das muss die Schule der Zukunft leisten.* Handelsblatt. https://www.thomsengroup.com/storage/app/media/whitepaper/Expertenrat/09-das-muss-die-schule-der-zukunft-leisten.pdf

16 World Bank Group (2022, Juni). *Government expenditure on education, total (% of GDP).* https://data.worldbank.org/indicator/SE.XPD.TOTL.GD.ZS?name_desc=false 2022 Das Fact Print berücksichtigt die aktuellsten der zur Schwarz-auf-weiß-Erzählung im Jahr 2022 vorliegenden Daten, Grundgesamtheit: Peergroup gemäß Endnote 1, Reader's Manual.

17 Moreland, R. L., Zajonc, R. B. (1982, September). *Exposure effects in person perception: Familiarity, similarity, and attraction,* Journal of Experimental Social Psychology, https://www.sciencedirect.com/science/article/abs/pii/0022103182900622 Life, B. (2014, 16. April). *The Mere Exposure Effect and How It Helps with Networking.* Business Insider. https://www.businessinsider.com/the-mere-exposure-effect-and-how-it-helps-with-networking-2014-5

18 Thomsen, B. (2019, 5. April). *Das muss die Schule der Zukunft leisten.* Handelsblatt. https://www.thomsengroup.com/storage/app/media/whitepaper/Expertenrat/09-das-muss-die-schule-der-zukunft-leisten.pdf

19 Thomsen, B. (2019, 5. April). *Das muss die Schule der Zukunft leisten.* Handelsblatt. https://www.thomsengroup.com/storage/app/media/whitepaper/Expertenrat/09-das-muss-die-schule-der-zukunft-leisten.pdf

20 Thomsen, B. (2019, 5. April). *Das muss die Schule der Zukunft leisten.* Handelsblatt. https://www.thomsengroup.com/storage/app/media/whitepaper/Expertenrat/09-das-muss-die-schule-der-zukunft-leisten.pdf

21 Thomsen, B. (2019, 5. April). *Das muss die Schule der Zukunft leisten.* Handelsblatt. https://www.thomsengroup.com/storage/app/media/whitepaper/Expertenrat/09-das-muss-die-schule-der-zukunft-leisten.pdf

22 Global Education Monitoring Report Team (2017, August). *Accountability in education: meeting our commitments; Global education monitoring report, 2017/8* https://gem-report-2017.unesco.org/en/current-report/

23 Inter-Parliamentary Union (2022, März). *Monthly rankings of women in national parliaments*. https://data.ipu.org/women-ranking?month=3&year=2022

24 Zwei Jahre, nachdem der Autor das Zitat von Cornel West in das Manuskript dieses Buches aufgenommen hatte, kündigte West seine Kandidatur für das US-Präsidentenamt an.

25 Thomsen, B. (2018, 14. Dezember). *Manager, die ihren Job behalten wollen, brauchen weibliche Kompetenzen.* Handelsblatt. https://www.thomsengroup.com/storage/app/media/whitepaper/Expertenrat/18-manager-die-ihren-job-behalten-wollen-brauchen-weibliche-kompetenzen.pdf

26 International Institute for Democracy and Electoral Assistance (o. D.). Parliamentary election voter outcome. https://www.idea.int/data-tools/data/question-region?question_id=9188&countries=all&database_theme=293 Das Fact Print berücksichtigt die aktuellsten der zur Schwarz-auf-weiß-Erzählung im Jahr 2022 vorliegenden Daten gemäß „Parliamentary Voter Turnout“ dieser Database. Grundgesamtheit: Alle vollständigen Demokratien gemäß The Economist Intelligence Unit Limited. Democracy Index 2021, siehe Endnote 3, Kapitel 1.

27 dpa (2017, 07. Mai). https://www.noz.de/deutschland-welt/politik/artikel/wahl-in-frankreich-blog-zum-nachlesen-frankreich-waehlt-macron-zum-neuen-praesidenten-22589389

28 Thomsen, B. (2019, 08. März). *Über das Geheimnis innovativer Unternehmen.* Handelsblatt. https://www.thomsengroup.com/storage/app/media/whitepaper/Expertenrat/11-uber-das-geheimnis-innovativer-unternehmen.pdf

29 Thomsen, B. (2019, 26. April). *Wie hoch ist Ihr Unternehmer-Wert?* Handelsblatt. https://www.thomsengroup.com/storage/app/media/whitepaper/Expertenrat/08-wie-hoch-ist-ihr-unternehmer-wert.pdf

30 Thomsen, B. (2019, 08. März). *Über das Geheimnis innovativer Unternehmen.* Handelsblatt. https://www.thomsengroup.com/storage/app/media/whitepaper/Expertenrat/11-uber-das-geheimnis-innovativer-unternehmen.pdf

31 Thomsen, B. (2019, 08. März). *Über das Geheimnis innovativer Unternehmen.* Handelsblatt. https://www.thomsengroup.com/storage/app/media/whitepaper/Expertenrat/11-uber-das-geheimnis-innovativer-unternehmen.pdf

32 Winston Churchill sagte: „Demokratie ist die schlechteste Staatsform, ausgenommen all diese anderen, die man von Zeit zu Zeit ausprobiert hat.“

Kapitel 3

1 Anderson, J., et al. (2017, November). *Third-party social evaluations of humans by monkeys and dogs.* Neuroscience & Biobehavioral Reviews. Elsevier. https://www.sciencedirect.com/science/article/abs/pii/S0149763416303578

2 Der Begriff Situation Room bezeichnet Lagebesprechungszentren der Regierungen. In den USA befindet sich der Sitroom im West Wing des Weißen Hauses und ist die von John. F. Kennedy initiierte Zentrale für verschlüsselte Kommunikation des Präsidenten der Vereinigten Staaten. 2011 wurde er durch ein ikonisches Foto von Biden, als er Vizepräident war und Barack Obama Präsident, bekannt. Der Terrorist Osama bin Laden und vier Soldaten der Navy wurden damals getötet.

3 Effron, D. A. (2022). *The moral repetition effect: Bad deeds seem less unethical when repeatedly encountered.* Journal of Experimental Psychology, https://psycnet.apa.org/doiLanding?doi=10.1037%2Fxge0001214

4 Lieberknecht, W. (2021, 24. Mai). *Wie machen wir die Welt zu einer Welt weltweit für uns alle?: Hannah Arendt über den Totalitarismus.* www.internationale-friedensfabrik-wanfried.org/post/wie-machen-wir-die-welt-zu-einer-welt-weltweit-f%C3%BCr-uns-alle-hannah-arendt-%C3%BCber-den-totalitarismus

5 Lieberknecht, W. (2021, 24. Mai). *Wie machen wir die Welt zu einer Welt weltweit für uns alle?: Hannah Arendt über den Totalitarismus.* www.internationale-friedensfabrik-wanfried.org/post/wie-machen-wir-die-welt-zu-einer-welt-weltweit-f%C3%BCr-uns-alle-hannah-arendt-%C3%BCber-den-totalitarismus

6 Posener, A. (2014, 24. Februar). *Sagt endlich, dass Mao der größte Massenmörder war.* https://www.welt.de/kultur/literarischewelt/article125158458/Sagt-endlich-dass-Mao-der-groesste-Massenmoerder-war.html

7 Hendricks, V. F., Vestergaard, M. (2018). *Postfaktisch: Die neue Wirklichkeit in Zeiten von Bullshit, Fake News und Verschwörungstheorien*. Blessing.

8 Coats, D. R. (2019, 29. Januar). Statement for the Record, Worldwide Threat Assessment of the US Intelligence Community. https://www.dni.gov/files/ODNI/documents/2019-ATA-SFR---SSCI.pdf

Kapitel 4

1 Thomsen, B. (2019, 22. März). *Die Wirtschaft muss sich neu ausrichten, um nachhaltig erfolgreich zu sein.* Handelsblatt. https://www.thomsengroup.com/storage/app/media/whitepaper/Expertenrat/10-die-wirtschaft-muss-sich-neu-ausrichten-um-nachhaltig-erfolgreich-zu-sein.pdf

2 Kotter, J. P., Heskett, J. L. (2011). *Corporate Culture and Performance*. Free Press. https://books.google.de/books?id=pWudzigl0ucC&lpg=PR7&ots=PLvFumn9hj&dq=Corporate%20Culture%20and%20Performance&lr&pg=PR7#v=onepage&q=Corporate%20Culture%20and%20Performance&f=false

3 Savell, K. (2021, 17. Juli). *Purpose and Profit: What Companies Are Getting it Right?*, https://www.theworddepot.com.au/blog/purpose-to-profit-harvard-weighs-in, Thomsen, B. (2019, 22. März). *Die Wirtschaft muss sich neu ausrichten, um nachhaltig erfolgreich zu sein.* Handelsblatt. https://www.thomsengroup.com/storage/app/media/whitepaper/Expertenrat/10-die-wirtschaft-muss-sich-neu-ausrichten-um-nachhaltig-erfolgreich-zu-sein.pdf

4 Thomsen, B. (2019, 22. März). *Die Wirtschaft muss sich neu ausrichten, um nachhaltig erfolgreich zu sein.* Handelsblatt. https://www.thomsengroup.com/storage/app/media/whitepaper/Expertenrat/10-die-wirtschaft-muss-sich-neu-ausrichten-um-nachhaltig-erfolgreich-zu-sein.pdf

5 Thomsen, B. (2019, 22. März). *Die Wirtschaft muss sich neu ausrichten, um nachhaltig erfolgreich zu sein.* Handelsblatt. https://www.thomsengroup.com/storage/app/media/whitepaper/Expertenrat/10-die-wirtschaft-muss-sich-neu-ausrichten-um-nachhaltig-erfolgreich-zu-sein.pdf

6 Anholt, S. et al. (o. D.). *The Good Country Index. Version 1.5.* https://index.goodcountry.org Grundgesamtheit: Die 169 in dieser Studie untersuchten Länder.

7 Thomsen, B. (2021, 09. April). *Qualität statt Quantität: Es ist höchste Zeit, Ökonomie neu zu denken.* Handelsblatt. https://www.thomsengroup.com/storage/app/media/whitepaper/Expertenrat/01-qualitat-statt-quantitat.pdf, Thomsen, B. (2019, 26. April). *Wie hoch ist Ihr Unternehmer-Wert?* Handelsblatt. https://www.thomsengroup.com/storage/app/media/whitepaper/Expertenrat/08-wie-hoch-ist-ihr-unternehmer-wert.pdf

8 Hoffmann, M. (2021, 15. Juli). *Glückliche Mitarbeiter, Geld in der Kasse.* www.spiegel.de/karriere/unternehmenskultur-glueckliche-mitarbeiter-geld-in-der-kasse-a-30b9027d-e7ff-48d2-b534-1f23d19f6a8a?sara_ecid=soci_upd_KsBF0AFjflf0DZCxp-PYDCQgO1dEMph

9 Hoffmann, M. (2021, 15. Juli). *Glückliche Mitarbeiter, Geld in der Kasse.* www.spiegel.de/karriere/unternehmenskultur-glueckliche-mitarbeiter-geld-in-der-kasse-a-30b9027d-e7ff-48d2-b534-1f23d19f6a8a?sara_ecid=soci_upd_KsBF0AFjflf0DZCxp-PYDCQgO1dEMph

10 Hoffmann, M. (2021, 15. Juli). *Glückliche Mitarbeiter, Geld in der Kasse.* www.spiegel.de/karriere/unternehmenskultur-glueckliche-mitarbeiter-geld-in-der-kasse-a-30b9027d-e7ff-48d2-b534-1f23d19f6a8a?sara_ecid=soci_upd_KsBF0AFjflf0DZCxp-PYDCQgO1dEMph

11 Thomsen, B. (2019, 22. März). *Die Wirtschaft muss sich neu ausrichten, um nachhaltig erfolgreich zu sein.* Handelsblatt. https://www.thomsengroup.com/storage/app/media/whitepaper/Expertenrat/10-die-wirtschaft-muss-sich-neu-ausrichten-um-nachhaltig-erfolgreich-zu-sein.pdf

12 https://www.onepercentfortheplanet.org, zuletzt abgerufen am 1. Februar 2024

13 Patagonia (o. D.). *1% for the Planet.* https://eu.patagonia.com/de/de/one-percent-for-the-planet.html, sowie O. V. (2022, 24. September). *Patagonia auf der Überholspur.* https://www.lectra.com/de/bibliothek/patagonia-auf-der-ueberholspur#:~:text=Die%20Kultmarke%20Patagonia%20ist%20weltweit,Platz%20im%20Outdoorbekleidungssektor%20verdient%20ha.

14 Patagonia (o. D.). *1% for the Planet.* https://eu.patagonia.com/de/de/one-percent-for-the-planet.html

15 Thomsen, B. (2019, 26. April). *Wie hoch ist Ihr Unternehmer-Wert?* Handelsblatt. https://www.thomsengroup.com/storage/app/media/whitepaper/Expertenrat/08-wie-hoch-ist-ihr-unternehmer-wert.pdf

16 Vereinte Nationen (o. D.). *Die Ziele für nachhaltige Entwicklung.* https://sdgs.un.org/goals

17 World Bank Group (2021). *World Development Report.* Datenbasis 2021 https://data.worldbank.org/indicator/NY.ADJ.NNTY.PC.CD Grundgesamtheit: Peergroup gemäß Endnote 1, Reader's Manual.

18 Thomsen, B. (2019, 22. März). *Die Wirtschaft muss sich neu ausrichten, um nachhaltig erfolgreich zu sein.* Handelsblatt. https://www.thomsengroup.com/storage/app/media/whitepaper/Expertenrat/10-die-wirtschaft-muss-sich-neu-ausrichten-um-nachhaltig-erfolgreich-zu-sein.pdf

19 Holzinger, H. (2020, 01. Februar). *Mehr Effizienz allein reicht nicht: Potenziale und Grenzen von Kreislaufwirtschaft.* https://link.springer.com/chapter/10.1007%2F978-3-658-27379-8_13

20 Manz, E. (2022, 26. Oktober). *Erwin Manz: „Für mehr Klimaschutz brauchen wir eine konsequente Kreislaufwirtschaft".* https://mkuem.rlp.de/service/pressemitteilungen/detail/erwin-manz-fuer-mehr-klimaschutz-brauchen-wir-eine-konsequente-kreislaufwirtschaft

21 acatech (2021). *Circular Economy Initiative Deutschland,* SYSTEMIQ (Hrsg.) (2021, 11. Mai). *Circular Economy Roadmap für Deutschland,* Oberle, B. et. al. (2019). *Global Resources Outlook 2019: Natural Resources for the Future We Want.*

22 Oberle, B. et. al. *Global Resources Outlook 2019.* Kumar, P. (2012) *The Economics of Ecosystems,* Routledge. https://teebweb.org/

23 Carlino, G. (2001). *Knowledge Spillovers: Cities' Role in the New Economy.* https://www.researchgate.net/publication/5051709_Knowledge_spillovers_Cities'_role_in_the_new_economy

24 Glaeser, Edward L. et al. (1992). *Growth in Cities.* Journal of Political Economy, 1992, Vol. 100, No. 6

25 Thomsen, B. (2019, 26. April). *Wie hoch ist Ihr Unternehmer-Wert?* Handelsblatt. https://www.thomsengroup.com/storage/app/media/whitepaper/Expertenrat/08-wie-hoch-ist-ihr-unternehmer-wert.pdf

26 Thomsen, B. (2021, 09. April). *Qualität statt Quantität: Es ist höchste Zeit, Ökonomie neu zu denken.* Handelsblatt. https://www.thomsengroup.com/storage/app/media/whitepaper/Expertenrat/01-qualitat-statt-quantitat.pdf

27 Thomsen, B. (2021, 09. April). *Qualität statt Quantität: Es ist höchste Zeit, Ökonomie neu zu denken.* Handelsblatt. https://www.thomsengroup.com/storage/app/media/whitepaper/Expertenrat/01-qualitat-statt-quantitat.pdf

28 Thomsen, B. (2021, 09. April). *Qualität statt Quantität: Es ist höchste Zeit, Ökonomie neu zu denken.* Handelsblatt. https://www.thomsengroup.com/storage/app/media/whitepaper/Expertenrat/01-qualitat-statt-quantitat.pdf

29 Thomsen, B. (2021, 09. April). *Qualität statt Quantität: Es ist höchste Zeit, Ökonomie neu zu denken.* Handelsblatt. https://www.thomsengroup.com/storage/app/media/whitepaper/Expertenrat/01-qualitat-statt-quantitat.pdf

30 Thomsen, B. (2021, 09. April). *Qualität statt Quantität: Es ist höchste Zeit, Ökonomie neu zu denken.* Handelsblatt. https://www.thomsengroup.com/storage/app/media/whitepaper/Expertenrat/01-qualitat-statt-quantitat.pdf

31 Thomsen, B. (2021, 09. April). *Qualität statt Quantität: Es ist höchste Zeit, Ökonomie neu zu denken.* Handelsblatt. https://www.thomsengroup.com/storage/app/media/whitepaper/Expertenrat/01-qualitat-statt-quantitat.pdf

32 Flaig, M. (2020, 04. November). *US-Wahl: Das Undenkbare ist jetzt eingetreten.* https://www.wuv.de/Archiv/US-Wahl-%22Das-Undenkbare-ist-jetzt-eingetreten%22

33 Thomsen, B. (2020). *Social Credit Rating – Und nun?* In: Everling, O. (Hrsg.): Social Credit Rating, Reputation und Vertrauen beurteilen, Springer Nature, Springer Gabler, Springer Fachmedien, https://doi.org/10.1007/978-3-658-29653-7, 677-694.

34 Thomsen, B. (2020). *Social Credit Rating – Und nun?* In: Everling, O. (Hrsg.): Social Credit Rating, Reputation und Vertrauen beurteilen, Springer Nature, Springer Gabler, Springer Fachmedien, https://doi.org/10.1007/978-3-658-29653-7, 677-694.

35 Thomsen, B. (2020). *Social Credit Rating – Und nun?* In: Everling, O. (Hrsg.): Social Credit Rating, Reputation und Vertrauen beurteilen, Springer Nature, Springer Gabler, Springer Fachmedien, https://doi.org/10.1007/978-3-658-29653-7, 677-694.

36 Thomsen, B. (2020). *Social Credit Rating – Und nun?* In: Everling, O. (Hrsg.): Social Credit Rating, Reputation und Vertrauen beurteilen, Springer Nature, Springer Gabler, Springer Fachmedien, https://doi.org/10.1007/978-3-658-29653-7, 677-694.

37 Thomsen, B. (2020). *Social Credit Rating – Und nun?* In: Everling, O. (Hrsg.): Social Credit Rating, Reputation und Vertrauen beurteilen, Springer Nature, Springer Gabler, Springer Fachmedien, https://doi.org/10.1007/978-3-658-29653-7, 677-694.

38 Thomsen, B. (2020). *Social Credit Rating – Und nun?* In: Everling, O. (Hrsg.): Social Credit Rating, Reputation und Vertrauen beurteilen, Springer Nature, Springer Gabler, Springer Fachmedien, https://doi.org/10.1007/978-3-658-29653-7, 677-694.

39 Thomsen, B. (2020). *Social Credit Rating – Und nun?* In: Everling, O. (Hrsg.): Social Credit Rating, Reputation und Vertrauen beurteilen, Springer Nature, Springer Gabler, Springer Fachmedien, https://doi.org/10.1007/978-3-658-29653-7, 677-694.

40 Thomsen, B. (2020). *Social Credit Rating – Und nun?* In: Everling, O. (Hrsg.): Social Credit Rating, Reputation und Vertrauen beurteilen, Springer Nature, Springer Gabler, Springer Fachmedien, https://doi.org/10.1007/978-3-658-29653-7, 677-694.

41 Göpfert, A. (2023, 06. März). *Chinas fette Jahre sind vorbei.* https://staging .tagesschau.de/wirtschaft/weltwirtschaft/china-wachstum-bip-immobilienkrise-bevoelkerung-101.html Dieses Fact Print referenziert zur umfassenden Information des Lesers auch Quellen, die nach der Schwarz-auf-weiß-Erzählung datieren.

42 Göpfert, A. (2023, 06. März). *Chinas fette Jahre sind vorbei.* https://staging .tagesschau.de/wirtschaft/weltwirtschaft/china-wachstum-bip-immobilienkrise-bevoelkerung-101.html Dieses Fact Print referenziert zur umfassenden Information des Lesers auch Quellen, die nach der Schwarz-auf-weiß-Erzählung datieren.

43 Göpfert, A. (2023, 06. März). *Chinas fette Jahre sind vorbei.* https://staging .tagesschau.de/wirtschaft/weltwirtschaft/china-wachstum-bip-immobilienkrise-bevoelkerung-101.html Dieses Fact Print referenziert zur umfassenden Information des Lesers auch Quellen, die nach der Schwarz-auf-weiß-Erzählung datieren.

44 Thomsen, B. (2020). *Social Credit Rating – Und nun?* In: Everling, O. (Hrsg.): Social Credit Rating, Reputation und Vertrauen beurteilen, Springer Nature, Springer Gabler, Springer Fachmedien, https://doi.org/10.1007/978-3-658-29653-7, 677-694.

45 https://www.edelman.com/trust/trust-barometer

46 https://www.edelman.com/trust/trust-barometer

47 Thomsen, B. (2020). *Social Credit Rating – Und nun?* In: Everling, O. (Hrsg.): Social Credit Rating, Reputation und Vertrauen beurteilen, Springer Nature, Springer Gabler, Springer Fachmedien, https://doi.org/10.1007/978-3-658-29653-7, 677-694.

48 Thomsen, B. (2020). *Social Credit Rating – Und nun?* In: Everling, O. (Hrsg.): Social Credit Rating, Reputation und Vertrauen beurteilen, Springer Nature, Springer Gabler, Springer Fachmedien, https://doi.org/10.1007/978-3-658-29653-7, 677-694.

49 Thomsen, B. (2020). *Social Credit Rating – Und nun?* In: Everling, O. (Hrsg.): Social Credit Rating, Reputation und Vertrauen beurteilen, Springer Nature, Springer Gabler, Springer Fachmedien, https://doi.org/10.1007/978-3-658-29653-7, 677-694.

50 Thomsen, B. (2020). *Social Credit Rating – Und nun?* In: Everling, O. (Hrsg.): Social Credit Rating, Reputation und Vertrauen beurteilen, Springer Nature, Springer Gabler, Springer Fachmedien, https://doi.org/10.1007/978-3-658-29653-7, 677-694.

51 Thomsen, B. (2020). *Social Credit Rating – Und nun?* In: Everling, O. (Hrsg.): Social Credit Rating, Reputation und Vertrauen beurteilen, Springer Nature, Springer Gabler, Springer Fachmedien, https://doi.org/10.1007/978-3-658-29653-7, 677-694.

52 Thomsen, B. (2020). *Social Credit Rating – Und nun?* In: Everling, O. (Hrsg.): Social Credit Rating, Reputation und Vertrauen beurteilen, Springer Nature, Springer Gabler, Springer Fachmedien, https://doi.org/10.1007/978-3-658-29653-7, 677-694.

53 Thomsen, B. (2020). *Social Credit Rating – Und nun?* In: Everling, O. (Hrsg.): Social Credit Rating, Reputation und Vertrauen beurteilen, Springer Nature, Springer Gabler, Springer Fachmedien, https://doi.org/10.1007/978-3-658-29653-7, 677-694.

54 Worldbank (o. D.). China trade balance, exports and imports. https://wits.worldbank.org/CountryProfile/en/Country/CHN/Year/2019/TradeFlow/EXPIMP

55 Thomsen, B. (2020). *Social Credit Rating – Und nun?* In: Everling, O. (Hrsg.): Social Credit Rating, Reputation und Vertrauen beurteilen, Springer Nature, Springer Gabler, Springer Fachmedien, https://doi.org/10.1007/978-3-658-29653-7, 677-694.

56 Thomsen, B. (2020). *Social Credit Rating – Und nun?* In: Everling, O. (Hrsg.): Social Credit Rating, Reputation und Vertrauen beurteilen, Springer Nature, Springer Gabler, Springer Fachmedien, https://doi.org/10.1007/978-3-658-29653-7, 677-694.

57 United Nations (o. D.). Trade Data. https://comtradeplus.un.org/TradeFlow

58 Thomsen, B. (2020). *Social Credit Rating – Und nun?* In: Everling, O. (Hrsg.): Social Credit Rating, Reputation und Vertrauen beurteilen, Springer Nature, Springer Gabler, Springer Fachmedien, https://doi.org/10.1007/978-3-658-29653-7, 677-694.

59 Thomsen, B. (2020). *Social Credit Rating – Und nun?* In: Everling, O. (Hrsg.): Social Credit Rating, Reputation und Vertrauen beurteilen, Springer Nature, Springer Gabler, Springer Fachmedien, https://doi.org/10.1007/978-3-658-29653-7, 677-694. Bei dem Wirtschaftsblatt handelt es sich um das *Handelsblatt*.

60 Thomsen, B. (2020). *Social Credit Rating – Und nun?* In: Everling, O. (Hrsg.): Social Credit Rating, Reputation und Vertrauen beurteilen, Springer Nature, Springer Gabler, Springer Fachmedien, https://doi.org/10.1007/978-3-658-29653-7, 677-694.

61 Thomsen, B. (2020). *Social Credit Rating – Und nun?* In: Everling, O. (Hrsg.): Social Credit Rating, Reputation und Vertrauen beurteilen, Springer Nature, Springer Gabler, Springer Fachmedien, https://doi.org/10.1007/978-3-658-29653-7, 677-694.

62 Thomsen, B. (2020). *Social Credit Rating – Und nun?* In: Everling, O. (Hrsg.): Social Credit Rating, Reputation und Vertrauen beurteilen, Springer Nature, Springer Gabler, Springer Fachmedien, https://doi.org/10.1007/978-3-658-29653-7, 677-694.

63 Thomsen, B. (2020). *Social Credit Rating – Und nun?* In: Everling, O. (Hrsg.): Social Credit Rating, Reputation und Vertrauen beurteilen, Springer Nature, Springer Gabler, Springer Fachmedien, https://doi.org/10.1007/978-3-658-29653-7, 677-694.

64 Riemensperger, F., Pfannes, P. & Bongardt, S. (2020). *Top500-Studie Deutschland – Weltmarktführer von morgen.*

65 Centrum für Strategie und höhere Führung (o. D.). Das Wachstum des Sicherheitsbedürfnisses lässt sich mithilfe eines Reports des Instituts für Demoskopie Allensbach veranschaulichen. https://www.sicherheitsreport.net

66 Thomsen, B. (2020). *Social Credit Rating – Und nun?* In: Everling, O. (Hrsg.): Social Credit Rating, Reputation und Vertrauen beurteilen, Springer Nature, Springer Gabler, Springer Fachmedien, https://doi.org/10.1007/978-3-658-29653-7, 677-694.

67 BIG steht für „Basic Income Guarantee“, heute wird häufig auch von „Universal Income Guarantee“ gesprochen. Im deutschsprachigen Raum ist BIG unter „Bedingungsloses Grundeinkommen“ bekannt.

68 Thomsen, B. (2018, 30. November). *Mensch und Maschine sind das Team der Zukunft.* Handelsblatt. https://www.thomsengroup.com/storage/app/media/whitepaper/Expertenrat/19-mensch-und-maschine-sind-das-team-der-zukunft.pdf

69 Thomsen, B. (2018, 30. November). *Mensch und Maschine sind das Team der Zukunft.* Handelsblatt. https://www.thomsengroup.com/storage/app/media/whitepaper/Expertenrat/19-mensch-und-maschine-sind-das-team-der-zukunft.pdf

70 Frey, B.S., Frey Marti, C. (2010). *Glück – Die Sicht der Ökonomie.* https://www.wirtschaftsdienst.eu/inhalt/jahr/2010/heft/7/beitrag/glueck-die-sicht-der-oekonomie.html, Frey, B.S., Frey Marti, C. (2021, 24. November). *Macht Demokratie glücklich?* Ruegger. https://www.dgpp-online.de/post/macht-demokratie-glücklich

71 Schweizerische Eidgenossenschaft (2016, 5. Juni). Eidgenössische Volksinitiative „Für ein bedingungsloses Grundeinkommen“ – Volksabstimmung vom 5. Juni 2016. www.bsv.admin.ch/bsv/de/home/sozialpolitische-themen/soziale-absicherung/revenu-de-base-inconditionnel.html

72 Kuklinski, J. H., Hurley N. L. (1994, August). *On Hearing and Interpreting Political Messages: A Cautionary Tale of Citizen Cue-Taking.* https://www.journals.uchicago.edu/doi/abs/10.2307/2132190

Lösungsformel

1 Dieses Sachbuch enthält zwar eine fiktive Erzählung (Farbcode Schwarz auf weiß), die genauso hätte stattfinden können. Aber die Strategie, mit der die Demokratie gerettet werden kann, hat der Autor (über 5 Jahre) tatsächlich entwickelt. Hierzu kam Pretaforschung (siehe Endnote 2, Reader’s Manual) zum Einsatz, die bis zu 195 Länder referenziert und 39 Länder tiefer untersucht hat, davon 36 Länder in einer Peergroup (siehe Endnote 1, Reader’s Manual). Die Strategie wird daher mit dem Farbcode Weiß auf schwarz dargestellt, ebenso die „Prints“, die dich durch das ganze Buch begleiten und all die Fakten und das Wissen klassischer Sachbücher, nur eben kurz und leicht verständlich, enthalten.

2 Hypothesen, die verifiziert wurden, sind mit einem Okay-Haken gekennzeichnet. Hypothesen, die nicht verifiziert, also falsifiziert wurden, sind mit dem Symbol „Mülltonne“ gekennzeichnet. Strategische Arbeit erfordert den exakten Wortlaut von Hypothesen zu berücksichtigen, um zum Kern eines Problems vordringen zu können. Beispiel 1: Machtmissbrauch und Korruption schwächen (wie auch andere Fehlentwicklungen und gemeinsam mit jenen) zweifellos Demokratien. Aber Machtmissbrauch und Korruption sind nicht DER Ursprung ihrer Beschädigung. Daher: Symbol „Mülltonne“. Beispiel 2: Menschen müssen sich (besser) repräsentiert fühlen. Das trifft zu. Die Legitimität der Demokratie fußt aber auf vielen Grundlagen, daher trifft es nicht zu, dass ihr aufgrund dieser einen Schwäche ganzheitlich Legitimität fehlt. Daher: Symbol „Mülltonne“. Insgesamt 18 Hypothesen wurden im Rahmen dieses Buches entwickelt, um Chancen und Risiken der Demokratie zu ermitteln. Davon wurden acht falsifiziert und zehn verifiziert. Drei dieser zehn erwiesen sich als so entscheidend, dass sie in die Lösungsformel einflossen: POP, die Kurzform für Partizipation, Ovation und Prosperität.

3 v. Schreitter, F. (2022). *Die Macht der Bildung. Warum wir dringend ein neues Bildungsideal brauchen.* Florian Schreitter Ritter von Schwarzenfeld.

Kapitel 5

1 Chenoweth, E., Stephan, M. J. (2012). *Why Civil Resistance Works.* Columbia University Press. Chenoweth war in Harvard, Stanford und Berkeley tätig.

2 Chenoweth, E., Stephan, M. J. (2012). *Why Civil Resistance Works.* Columbia University Press. Chenoweth war in Harvard, Stanford und Berkeley tätig.

3 Harms, F. (2024, 24. Januar). *Ranking der beliebtesten TikTok-Accounts nach Anzahl der Follower weltweit im April 2024.* https://de.statista.com/statistik/daten/studie/973018/umfrage/top-10-tiktok-accounts-mit-den-meisten-followern-weltweit/

4 Harms, F. (2024, 24. Januar). *Ranking der beliebtesten Instagram-Accounts nach Anzahl der Follower weltweit.* https://de.statista.com/statistik/daten/studie/427067/umfrage/top-10-instagram-accounts-mit-den-meisten-followern-weltweit .

5 Dieses Zitat wird häufig dem Dichter Friedrich Schiller (1759 bis 1805) zugeschrieben. Auch wird behauptet, dass es von Josef Carl Neckermann stammt, der eine Nazivergangenheit hat und im Entnazifizierungsprogramm nach dem Krieg als Mitläufer eingestuft wurde. Er war Begründer des seinerzeit größten deutschen und international bekannten Versandhauses, das im Jahr 2012 aufgelöst wurde und dessen Markenrechte von der Otto-Gruppe übernommen wurde. Der Niedergang von Neckermanns Geschäftsmodell zählte zu den größten Wirtschaftsaffären Nachkriegsdeutschlands. Tatsächlich scheinen aber weder Schiller noch Neckermann die Urheber zu sein, denn das Wortspiel kursierte erst beziehungsweise bereits 1885 in humoristischen Zeitschriften.

6 The 2022 IMD World Talent Ranking. https://www.imd.org/wp-content/uploads/2023/03/2022-imd-world-talent-ranking-.pdf Die Grundgesamtheit dieses Fact Prints sind 63 Länder.

7 Thomsen, B. (2019, 5. April). *Das muss die Schule der Zukunft leisten.* Handelsblatt. https://www.thomsengroup.com/storage/app/media/whitepaper/Expertenrat/09-das-muss-die-schule-der-zukunft-leisten.pdf

8 Duckstein, St. (2007, 07. Juli). *Diamanten fürs Volk.* https://www.dw.com/de/botswana-diamanten-f%C3%BCrs-volk/a-*2648339* State of Alaska (2022, 08. September). *2022 Permanent Fund Dividend Hits a Record $3,284.00.* https://gov.alaska.gov/2022-permanent-fund-dividend-hits-a-record-3284-00/ Dieses Fact Print referenziert zur umfassenden Information des Lesers auch Quellen, die nach der Schwarz-auf-weiß-Erzählung datieren.

9 Stehle, A. (2023, 10. September). *Sie bauen das höchste Windrad der Welt und keinen stört's.* https://www.zeit.de/wirtschaft/2023-09/windenergie-schipkau-lausitz-groesstes-windrad Dieses Fact Print referenziert zur umfassenden Information des Lesers auch Quellen, die nach der Schwarz-auf-weiß-Erzählung datieren.

Epilog

1 Angela Merkel stand 16 Jahre als Kanzlerin Deutschlands für Stabilität. Seit dem russischen Angriffskrieg gegen die Ukraine, das größte Land Europas, fragen einige Beobachter, ob ihre biografische Nähe zu Russland nötige Härte in der Putin-Politik vermissen ließ, wie etwa bei der Energieabhängigkeit oder beim – gegen den Wunsch der USA – verhinderten NATO-Beitritt der Ukraine im Jahr 2008.

JEDERZEIT ZUSÄTZLICHE DIGITALE INHALTE.